तुलनात्मक राजनीति एवम् राजनीतिक विश्लेषण

डॉ. अनिल कुमार सैनी

प्रशांत पब्लिशिंग हाउस

प्रथम प्रकाशन–2019

इस पुस्तक में व्यक्त विचार लेखकों के व्यक्तिगत हैं। इस पुस्तक में व्यक्त विचारों से किसी भी प्रकार की होने वाली हानि के लिए शब्द संयोजक, मुद्रक तथा प्रकाशन का कोई भी दायित्व नहीं होगा।

प्रकाशक

प्रशांत पब्लिशिंग हाउस

सी–34, 28 फुटा रोड़ गली न. 3
वेस्ट करावल नगर
दिल्ली–110094
मो : 9810396373, 8826258746
email : prashantpublishinghouse@gmail.com
www.pphbooks.co.in

ISBN : 978-93-88526-09-8

मुद्रक

रोशन आफसेट प्रिंटर्स दिल्ली

अनुक्रम

प्रस्तावना

तुलनात्मक राजनीति का अध्ययन 20वीं शताब्दी के छठे दशक में काफी लोकप्रिय हो चला था। यद्यपि तुलनात्मक राजनीति और तुलनात्मक सरकार नामक दो पदबन्धों का प्रयोग शिथिल रूप में और एक दूसरे के स्थान पर किया जाता है। किन्तु दोनों में निश्चित भेद है। तुलनात्मक सरकार से अभिप्राय होता है कि, "विभिन्न देशों के विधायी, कार्यकारी, न्यायिक एवं प्रशासनिक अंगों का तुलनात्मक अध्ययन किया जाए।" इसमें राजनीतिक आचरण, राजनीतिक प्रक्रियाओं और गैर–सरकारी तथा अनौपचारिक संस्थाओं का अध्ययन शामिल नहीं है। परन्तु तुलनात्मक राजनीति अपेक्षाकृत ज्यादा व्यापक शब्दावली है। इसमें विभिन्न समाजों या व्यक्तियों का सम्पूर्ण राजनीतिक व्यवहार आ जाता है। तुलनात्मक राजनीति का सम्बन्ध केवल 'औपचारिक संस्थाओं' से ही नहीं होता बल्कि उसमें राजनीतिक प्रक्रियाओं (चुनाव व मतदान), अनौपचारिक संस्थाओं (राजनीतिक दल एवं दबाव गुट) तथा गैर सरकारी समुदायों (कबीलों और सम्प्रदायों) का अध्ययन भी शामिल है।

तुलनात्मक राजनीति तथा तुलनात्मक सरकार का उपरोक्त अंतर सिद्धान्तः तो ठीक है, किन्तु व्यवहार में इसका कोई विशेष मूल्य नहीं है। आज सभी लेखक औपचारिक संस्थाओं के साथ 'अनौपचारिक राजनीति' की भी चर्चा करने लगे हैं। ब्लोन्डेन की पुस्तक का नाम यद्यपि 'तुलनात्मक सरकार का परिचय' है, किन्तु यह केवल औपचारिक राजकीय संस्थाओं तक सीमित नहीं है। अधिकांश आधुनिक लेखकों ने 'तुलनात्मक सरकार' और 'तुलनात्मक राजनीति' दोनों का समानार्थक ढ़ंग से प्रयोग किया है।

1970 के बाद तुलनात्मक राजनीति के क्षेत्र में एक नया विकास देखा जा सकता है। लेखकों ने सामाजिक परिवर्तनों तथा राजनीतिक विकास को अपने ध्यान में रखते हुए विभिन्न राजनीतिक व्यवस्था एवं संस्थाओं की तुलना की।

—लेखक

1

तुलनात्मक राजनीति एवं राजनीतिक विश्लेषण
(Comparative Politics and Political Analysis)

तुलनात्मक राजनीति का विषय वस्तुतः **'राजनीति विज्ञान के विस्तृत होते क्षितिज'** की दिशा में एक अध्ययन है। इस महत्त्वपूर्ण दिशा में जिसने अभिप्रेरक बल की भूमिका निभाई है। उसका सम्बन्ध ऐसे नये तरीकों, तकनीकों और उपागमों के माध्यम से राजनीतिक वास्तविकता के अध्ययन के निरूपण से है जिससे इसके अन्तर्गत राजनीति का समस्त क्षेत्र आ जाये। परिणामस्वरूप **'सरकार'** नहीं बल्कि **'सरकारों'** का अध्ययन तुलनात्मक राजनीति का केन्द्रीय विषय बन गया है। जिसका निहितार्थ निर्णयों का निर्माण है। **ब्लान्डेल** के अनुसार, **"चाहे यह निर्णय संयुक्त राष्ट्र में लिया गया हो या नगर परिषद् में, व्यापार संघ में अथवा पोप की गुप्त सभा में, बोर्ड के कक्ष में हो या किसी कबीले में।"** इसी महत्त्वपूर्ण कारणों से तुलनात्मक राजनीति एक ऐतिहासिक महत्त्व का विषय बन गई है और अब तुलनात्मक राजनीति में नए उपागमों, नई परिभाषाओं तथा नये अनुसंधान उपकरणों के माध्यम से प्रयोग किये जा रहे हैं। जिससे इसका क्षेत्र विस्तृत होता जा रहा है।

तुलनात्मक राजनीति : अभिप्राय, प्रकृति और क्षेत्र–

राजनीति एक अविरल, कालातीत सतत् परिवर्तनशील और सार्वजनीय

कार्यकलाप है; जिसकी महत्त्वपूर्ण अभिव्यक्ति **'विषमावस्था'** आ पड़ने पर उसका समाधान करने के लिए निर्णय–निर्माण करने में होती है। **सेम्युल ई० फाइनर** के अनुसार, **"यह (तुलनात्मक राजनीति) एक विशेष प्रकार की क्रिया है जो मानव व्यवहार के एक रूप में से प्रभावित होती है।"** किन्तु राजनीति विज्ञानी **'राजनीतिक कार्य'** की व्याख्या अपने–अपने तरीके से करते हैं; जिससे उन्हें रूढ़िवादी, परम्परावादी अथवा आधुनिकतावादी कहा जाता है।

तुलनात्मक राजनीति के क्षेत्र में **'राजनीति'** शब्द के तीन लक्षण हैं– **राजनीतिक कार्य–कलाप, राजनीतिक प्रक्रिया** और **राजनीतिक सत्ता**।

राजनीतिक कार्य–कलाप के अन्तर्गत वे प्रयास आते हैं जिनसे विरोध की स्थितियों का निर्माण और समाधान ऐसे ढ़ंग से किया जाता है। जिससे सत्ता के संघर्ष में लगे लोग अपने हितों की यथासम्भव रक्षा कर सके। राजनीति का लक्ष्यार्थ न केवल **'राजनीतिक कार्यकलाप'** से है। बल्कि इसका निहितार्थ **'कार्य–कलाप के क्रम'** से भी है अर्थात् तनाव की स्थितियों के निर्माण और उनके समाधान की दिशा में किये गये उन सभी प्रयासों से है। जिनसे **'नैसर्गिक मतैक्य'** की स्थिति प्राप्त हो जाये।

राजनीतिक प्रक्रिया राजनीतिक गतिविधियों की भावना का विस्तार है। यहाँ उन सभी अभिकरणों की भूमिका का महत्त्व है। जिनकी निर्णय–निर्माण प्रक्रिया में कुछ न कुछ भूमिका रहती है। अतः राजनीति का क्षेत्र इस तरह व्यापक कर दिया जाता है कि इसमें राज्येत्तर अभिकरणों को भी लिया जा सके।

तुलनात्मक राजनीति के क्षेत्र में **राजनीतिक सत्ता** का भी विषय आता है। **'सत्ता'** को सभी ने अपनी दृष्टि से परिभाषित करने का प्रयत्न किया है। **कार्ल जे० फ्रेडरिक** ने **'एक प्रकार का मानव सम्बन्ध'** तो **टॉनी** ने **'आपेक्षित विधि से अन्य व्यक्तियों अथवा समूहों के आचररण को संशोधित करने की किसी व्यक्ति या व्यक्ति समूह की क्षमता'** कहा है। सत्ता के दृष्टिकोण से राजनीति के विषय के अध्ययन ने तुलनात्मक राजनीति का क्षेत्र इतना अधिक व्यापक कर दिया

है कि इसमें राजनीतिक प्रणालियों की अवसंरचना का अध्ययन भी शामिल हो गया है। इसका परिणाम यह हुआ है कि **राजनीति** न केवल **'राज्य और सरकार'** बल्कि **'सत्ता के प्रयोग'** का अध्ययन हो गई है।

तुलनात्मक राजनीति की सीमा–निर्धारण का कार्य उतना आसान नहीं जितना उसे समझा जाता है। **संस्थागत दृष्टिकोण तुलनात्मक राजनीति को संकीर्ण** तथा **व्यवहारवादी दृष्टिकोण तुलनात्मक राजनीति को बहुत व्यापक बना देता है।** संस्थागत तथा व्यवहारवादी दृष्टिकोण की उलझन के कारण ही **जी०के० राबर्ट्स** को यह कहना पड़ा कि, **"तुलनात्मक राजनीति या तो सब कुछ है या फिर कुछ भी नहीं।"** तुलनात्मक राजनीति के सभी बड़े विद्वान **ऐप्टर, रस्टोव, ब्लान्डेन, आमण्ड** एवं **पावेल** इस बात पर सहमत है कि इस विषय के अन्तर्गत निम्न बातों का अध्ययन किया जाना चाहिए–

(i) राजनीतिक समाजीकरण तथा राजनीतिक संस्कृति,

(ii) विभिन्न सरकारी संस्थाओं का ब्यौरेवार विवरण,

(iii) राजनीति दल और हित समूह,

(iv) राजनीतिक विशिष्टजन, राजनीतिक हिंसा और राजनीतिक भ्रष्टाचार,

(v) आधुनिकीकरण और नगरीकरण की समस्याएँ,

(vi) नौकरशाही की भूमिका, तथा

(vii) प्रतियोगी राज्यों के बीच शक्ति संतुलन।

तुलनात्मक राजनीति और तुलनात्मक सरकार–

तुलनात्मक राजनीति का अध्ययन 20वीं शताब्दी के छठे दशक में काफी लोकप्रिय हो चला था। यद्यपि तुलनात्मक राजनीति और तुलनात्मक सरकार नामक दो पदबन्धों का प्रयोग शिथिल रूप में और एक दूसरे के स्थान पर किया जाता है। किन्तु दोनों गें निश्चित भेद है। **तुलनात्मक सरकार** से अभिप्राय होता है कि, **"विभिन्न देशों के विधायी, कार्यकारी, न्यायिक एवं प्रशासनिक अंगों का तुलनात्मक अध्ययन**

किया जाए।" इसमें राजनीतिक आचरण, राजनीतिक प्रक्रियाओं और गैर–सरकारी तथा अनौपचारिक संस्थाओं का अध्ययन शामिल नहीं है। परन्तु तुलनात्मक राजनीति अपेक्षाकृत ज्यादा व्यापक शब्दावली है। इसमें विभिन्न समाजों या व्यक्तियों का सम्पूर्ण **राजनीतिक व्यवहार** आ जाता है। तुलनात्मक राजनीति का सम्बन्ध केवल **'औपचारिक संस्थाओं'** से ही नहीं होता बल्कि उसमें **राजनीतिक प्रक्रियाओं** (चुनाव व मतदान), **अनौपचारिक संस्थाओं** (राजनीतिक दल एवं दबाव गुट) तथा **गैर सरकारी समुदायों** (कबीलों और सम्प्रदायों) का अध्ययन भी शामिल है।

तुलनात्मक राजनीति तथा तुलनात्मक सरकार का उपरोक्त अंतर सिद्धान्तः तो ठीक है, किन्तु व्यवहार में इसका कोई विशेष मूल्य नहीं है। आज सभी लेखक औपचारिक संस्थाओं के साथ **'अनौपचारिक राजनीति'** की भी चर्चा करने लगे हैं। **ब्लोन्डेन** की पुस्तक का नाम यद्यपि **'तुलनात्मक सरकार का परिचय'** है, किन्तु यह केवल औपचारिक राजकीय संस्थाओं तक सीमित नहीं है। अधिकांश आधुनिक लेखकों ने **'तुलनात्मक सरकार'** और **'तुलनात्मक राजनीति'** दोनों का समानार्थक ढ़ंग से प्रयोग किया है।

तुलनात्मक राजनीति का विकास–

तुलनात्मक राजनीति के ऐतिहासिक विकास को मोटे तौर पर तीन चरणों में रखा जा सकता है–

1. **अपरिष्कृत रूप– अरस्तू, मैकियावेली, टाकविले, मिल, ब्राइस, आस्ट्रोगोस्की** और **बेवर** पहले चरण से सम्बन्धित है; जिन्होने साधारण ढ़ंग से राजनीतिक संगठनों के संचालन को अच्छी तरह समझने हेतु अपने मौलिक उद्देश्य के लिये **'तुलनात्मक विधि'** का प्रयोग किया।

2. **परिष्कृत रूप– सेमुअल एच० बीयर, एम० हास, बर्नार्ड उलम** तथा **सी० मैक्राइडिस** जैसे लेखक द्वितीय चरण में रखे जा सकते हैं। जिन्होंने पर्याप्त आत्म–जागरूकता की मात्रा से तुलनात्मक विधि का उपयोग किया और साथ ही उनका

उद्देश्य यह रहा कि विभिन्न राजनीतिक संस्थाओं का उपयोगी अध्ययन प्रस्तुत किया जाए।

3. **प्रगामी रूप– डेविड ईस्टन, ग्रैबियल आमण्ड, जे०सी० कोलमैन, कार्ल डायश, जी०बी० पावेल, हेराल्ड लासवेल, राबर्ट ए० डहल, एडवर्ड शील्स, हेनरी एक्सटीन, डेविड एप्टर, ल्यूशन पाई, सिडनी बर्वा, माइरन वीनर** एवं **आर०एच० चिलकोट** आदि विचारक तृतीय चरण से सम्बन्ध रखते हैं। इस चरण में लेखकों ने तुलनात्मक विश्लेषण के आधार पर अपने योगदान को प्रस्तुत करने के लिए अंतःसम्बन्धी संकल्पनाओं का प्रयोग किया। **तुलनात्मक राजनीति का तृतीय चरण निम्नलिखित विशेषता रखता है**–

   (i) विश्लेषणात्मक एवं आनुभाविक अन्वेषण,

   (ii) अवसंरचना का अध्ययन,

   (iii) विकासशील समाजों के अध्ययन पर बल,

   (iv) अन्तःशास्त्रीय उपागम का प्रयोग, तथा

   (v) मुक्त–मूल्य राजनीतिक सिद्धान्त।

1970 के बाद तुलनात्मक राजनीति के क्षेत्र में एक नया विकास देखा जा सकता है। लेखकों ने सामाजिक परिवर्तनों तथा राजनीतिक विकास को अपने ध्यान में रखते हुए विभिन्न राजनीतिक व्यवस्था एवं संस्थाओं की तुलना की। **डेविड ऐप्टर** के अनुसार, **"सांस्थानिकवाद (Institutionalism) की जगह नव–सांस्थानिकवाद (Neo-Institutionalism) आ गया है।"**

नई तुलनात्मक राजनीति (New Comparative Politics)–

1990 के बाद एक नए युग का आगमन हुआ। जिसे **उत्तर शीत युद्ध काल** कहा जाता है। ऐसी विलक्षण घटनाएँ घटी हैं कि माने जाने लगा है कि, **"हम असाधारण युग में जी रहे हैं। 1980 के दशक**

के मध्य से विश्व को नाटकीय व अभूतपूर्व विकासों ने हिला दिया है। ऐसी राजनीतिक एवं आर्थिक प्रवृत्तियाँ उभरी हैं, जिन्होंने उन तरीकों को चुनौती दी है तथा पेचीदा बना दिया है; जिनके प्रयोग से तुलना करने वाले विश्व के देशों का वर्गीकरण किया करते थे।"

1990 में **सोवियत संघ** का विघटन, **साम्यवादी व्यवस्थाओं** का पतन, **पूर्वी जर्मनी** का **पश्चिमी जर्मन** में विलय, **यूगोस्लोवाकिया** का विखण्डन (पांच स्वतंत्र राज्य बने), **चेकोस्लोवाकिया** के दो टुकड़े हुए, जिससे वहाँ भी दो राज्य बने। **दक्षिण अफ्रीका** में **श्वेत राज की समाप्ति** हुई। जिससे **नेल्सन मंडेला** जो बहुत समय से कारावास में थे वहाँ के राष्ट्रपति बने, फिलिस्तीन में **यासर अराफात** के नेतृत्व में **अर्द्ध राज्य** की स्थापना, **यूरोपीय संघ** की स्थापना, **नाटो** की भूमिका में परिवर्तन (शान्ति संगठन में बदल दिया गया), **चीन** में **डेंग ज्याओ पेंग** के नेतृत्व में **माओ** की साम्यवादी व्यवस्था शिथिल कर दी गई। **हाँग–काँग** व **मकाओ द्वीप** चीन को मिल गये, लेकिन वहाँ की उदारवादी व्यवस्था को रहने दिया गया। अतः एक नया प्रयोग हुआ जिसे **'एक राज्य दो अर्थव्यवस्थाओं'** की संज्ञा दी गई। इसके अतिरिक्त **सुरक्षा परिषद्** का **कुवैत पर ईराक आक्रमण का प्रतिरोध** तथा 2001 में **अमेरिका** एवं **सहयोगियों का अफगानिस्तान** तथा 2003 में **अमेरिका** और **ब्रिटेन** का **ईराक पर आक्रमण।**

इन सभी घटनाओं का राजनीति विज्ञान के अध्ययन पर विशेष प्रभाव पड़ा, इससे विषय हेतु प्रचुर सामग्री उपलब्ध हुई; जिनसे नये सिद्धान्त बने हैं और उन्हीं से **तुलनात्मक राजनीति का नियमन** होता है। मूल बात यह है कि अब राज्य की परिभाषा एवं भूमिका बदल गई है, अब राज्य **हॉब्स** या **आस्टिन** के मतानुसार **सर्वप्रभुता सम्पन्न संघ** नहीं है; उसकी सम्प्रभुता को अन्तर्राष्ट्रीय विधि व अन्तर्राष्ट्रीय संगठनों की भूमिका ने काफी हद तक अंकुशित कर दिया है। यदि इराक कुवैत पर अपना कब्जा जमा लेता है तो सुरक्षा परिषद् के निर्णयानुसार 1991 के खाड़ी युद्ध में कुवैत की स्वतन्त्रता बहाल कर दी जाती है। बढ़ते हुए इस्लामी आतंकवाद को रोकने के लिए अमेरिका ने 2001 में अफगानिस्तान

पर आक्रमण करके तालिबान का शासन समाप्त किया और वहाँ एक लोकप्रिय शासन की स्थापना की। फिर यही प्रयोग इराक में हुआ; जहाँ 2003 में अमेरिका व ब्रिटेन ने **सद्दाम हुसैन** के सर्वाधिकारवादी शासन का अन्त किया और फिर अगले वर्ष वहाँ भी लोकप्रिय शासन स्थापित किया गया। इन दोनों घटनाओं ने सह–परम्परा स्थापित की है कि लोकतन्त्र व मानव अधिकारों की सुरक्षा के लिए किसी राज्य के आन्तरिक मामलों में हस्तक्षेप किया जा सकता है।

शीतयुद्ध के पश्चात् उदारीकरण (Liberalization) तथा भूमण्डलीकरण (Globalization) का युग आ गया। उदारीकरण का अर्थ है। राज्य और अर्थव्यवस्था के बीच निकट एवं मैत्रीपूर्ण सम्बन्ध अर्थात् अर्थव्यवस्था पर लगे कठोर प्रतिबंधों को हटाना तथा उसकी जगह लोगों की आर्थिक स्वतंत्रता की बहाली होना; अतः राज्य ने अपनी अर्थ–व्यवस्था को बदला। **भूमण्डलीकरण की प्रक्रिया ने विश्व के भागों को एक–दूसरे के निकट कर दिया है।** यहाँ तक कि अब विश्व के किसी भी भाग में जो घटित होता है, वह दूरस्थ लोगों को विदित हो जाता है और उन्हें प्रभावित करता है। सूचना प्रौद्योगिकी के विकास ने दूरियों व राज्यों की सीमाओं को मिटा दिया। पूँजी का मुक्त प्रवाह शुरु हो गया इसीलिए बहुराष्ट्रीय कम्पनियों ने अनेक देशों में अपने जाल बिछा दिए हैं। कहने को चीन एक साम्यवादी राज्य है लेकिन वहाँ विदेशी पूँजी का निवेश हो चुका है और जिसमें 70 प्रतिशत भाग अमेरिका का है। **एंथनी गिंडेंस** ने माना है कि, **"सारी दुनिया सिमट गई है जिसकी वजह से उसके एक कोने में होने वाली गतिविधियों का दूर–दूर तक प्रभाव पड़ता है।"** **मार्शल मैकलुहान** ने दुनिया को **'भूमण्डलीय गाँव'** कहा है; जबकि **केनिची ओहमे** ने **'सीमा रहित विश्व'** की परिकल्पना की है।

एक विचित्र स्थिति उन राज्यों में देखी जा रही है जहाँ साम्यवादी व्यवस्थाएँ थी। लेकिन अब उदारवादी व्यवस्थाओं की पुनर्स्थापना की जा रही है। ऐसी व्यवस्था वाले राज्यों को **'उत्तर साम्यवादी राज्य'** कहा गया है। जब पोलैण्ड में ऐसी व्यवस्था का सूत्रपात हुआ तो **पेल्सीजिन्स्की** ने उसे **'नागरिक समाज का पुनर्जन्म'** (Rebirth of Civil Society)

कहा। **'उत्तर साम्यवादी राज्य'** अधिनायकवाद से हटकर लोकतन्त्र की ओर बढ़ने का प्रयास कर रहे हैं और ऐसा करने में वे आदेशित अर्थ–व्यवस्था से हटकर बाजारी तंत्र की ओर संक्रमण करने में कठिन चुनौतियों से निपट रहे हैं।

दुनिया के कई देशों में नस्लीय तथा जातीय दंगे हो रहे हैं। कहीं काले लोग श्वेतों के खिलाफ संर्घष कर रहे है तो कहीं पिछडी जातियाँ व्यवस्था में अपनी समुचित भागीदारी के लिए अभियान चला रही हैं। महिलाओं के आन्दोलन उन अन्यायों को मिटाना चाहते हैं जिसके कारण वे शताब्दियों से शोषण और उत्पीड़न का शिकार रही हैं। अतः ऐसे अभियान लैंगिक समानता और लैंगिक न्याय की गुहार कर रहे हैं। कहीं–कहीं पर आंतकवादी संगठन राज्य की सत्ता को चुनौती दे रहे हैं और हिंसात्मक गतिविधियों से अपना **'राज्य'** बनाने में सफल हो जाते हैं। इसके उदाहरण श्रीलंका, चेचन्या, डागेस्तांन व कोसोवो में मिल सकते हैं। इन्हे न वैधता प्राप्त है और न ही मान्यता; **जेसप** ने इन्हें **'खोखले राज्य'** का नाम दिया है।

इन सभी विकासों को देखते हुए तुलनात्मक राजनीति का अध्येता ऐसा आभास कर सकता है कि अब उसका विषय चौराहे पर खड़ा है। अतः इसे दिशाबद्ध करना बहुत जरूरी है। अध्येता के समक्ष अध्ययन के चार बिन्दु हैं–

(i) अन्तर्राष्ट्रीय व्यवस्था के भीतर राज्यों के बीच अन्तःक्रिया और विविध पर–राष्ट्रीय प्रभाव,

(ii) अर्थव्यवस्था के प्रबन्धन में राज्य की भूमिका,

(iii) लोकतंत्र के लिये दबाव तथा लोकतंत्रीकरण की चुनौतियों से निपटना, तथा

(iv) सामाजिक परिचय (वर्ग, लिंग, नस्ल एवं धार्मिक कट्टरता) के विविध स्रोतों का राजनीतिक प्रभाव।

उत्तर शीत युद्ध के बाद यह स्थापित हो चुका है कि लोकतंत्र को ही सर्वश्रेष्ठ व्यवस्था माना जाना चाहिए। लेकिन

यहाँ यह भी कहा जा सकता है कि लोकतंत्रीकरण की प्रक्रिया से ही लोकतंत्र स्थापित किया जा सकता है। **अमेरिका द्वारा 2001 में अफगानिस्तान तथा 2003 में इराक पर आक्रमण करके लोकप्रिय सरकारों की स्थापना की गई।** इन घटनाओं से यह परम्परा स्थापित हो गई कि लोकतंत्र व मानव अधिकारों की सुरक्षा के लिए किसी राज्य के आन्तरिक मामलों में हस्तक्षेप किया जा सकता है। किन्तु तुलनात्मक राजनीति के नए लेखक मानते हैं कि यदि किसी देश में लोकतंत्र लाना है तो उसमें निम्नलिखित राजनीतिक विशेषताएँ मौजूद होनी चाहिए–

राजनीतिक जवाबदेही, राजनीतिक प्रतियोगिता, राजनीतिक स्वतंत्रता **और** राजनीतिक समानता।

अतः नई तुलनात्मक राजनीति का मुख्य ध्येय विभिन्न राजनीतिक व्यवस्थाओं की इस तरीके से तुलना करना है कि सामाजिक परिवर्तन और विकास के लक्ष्य पर विशेष बल दिया जाए और अब इसलिए राज्य की जगह विकासात्मक राज्य की अवधारणा ने अपना प्रमुख स्थान ग्रहण कर लिया है। इस दिशा में निम्नलिखित तीन बिन्दुओं पर ध्यान रखना प्रासंगिक होगा–

1. **वि–उपनिवेशीकरण–** उपनिवेशवादी व्यवस्था का समूल अन्त हो चुका है और सभी गुलाम देश स्वतंत्र हो चुके हैं तथा वे विकास की ओर अग्रसर हैं।
2. **विचारधारा का अंत–** अब दाम या वाम युग बीत चुका है और **पाल बारा, ए०जी० फ्रेंक** एवं **वालरस्टीन** के विचार कालातीत हो चुके हैं। राजनीतिक विकास तथा राजनीतिक आधुनिकीकरण की अवधारणाएँ बदलती जा रही है।
3. **नव–संस्थानिकवाद–** सारा ध्यान पाश्चात्य संस्थाओं तक सीमित न रखा जाये। लोकतंत्रीकरण की दिशा में नये प्रयोग हो रहे हैं, जिन पर दृष्टिपात करना चाहिए; इसे **'लोकतंत्र का संक्रमण'** कहा जा सकता है। **डेविड ऐप्टर** ने इसे **'उत्तर वेबरवादी प्रतिमान'** कहा है।

शीतयुद्ध काल (1946–90) में सारा संघर्ष **उदारवाद** (लोकतंत्र) बनाम **सर्वसत्तावाद** (साम्यवादी अधिनायकवाद) की संस्थाओं के दायरे में लिपटा रहा। इसी को संस्थानिकवाद कहा गया। लेकिन उत्तर शीतयुद्ध काल में एक आमूल परिवर्तन हुआ। लेखकों ने दुनिया के अविकसित, विकासशील तथा अल्पविकासशील देशों पर अपना ध्यान केन्द्रित किया तथा शासन की तकनीकों पर दृष्टि जमाए रखने की जगह सामाजिक परिवर्तन और राजनीतिक एवं आर्थिक विकास पर विशेष बल देते हुये विभिन्न राजनीतिक व्यवस्थाओं का तुलनात्मक अध्ययन प्रस्तुत किया। इसी को **'नव–संस्थानिकवाद'** कहा जाता है।

जिसे **'नई तुलनात्मक राजनीति'** का नाम दिया गया है वह **राजनीतिक एवं आर्थिक विकासवाद** है। जिसने प्रशासन की तकनीकों की अपेक्षा सामाजिक परिवर्तन पर अधिक बल दिया है। अतः पलटकर नव–संस्थानिकवाद राज्य को लौटाकर ही नहीं लाया है। बल्कि इसने विकासवादियों के प्रयासों को अधिक संचालीयता की दिशा में मोड़ दिया है; जो उन तरीकों से अधिक उपयुक्त है जिसमें राजनीतिक व्यवस्थाएँ तथा राज्य क्रियाशील होते हैं।

तुलनात्मक राजनीतिक की समस्याएँ–

किसी विषय के अध्ययन में तुलनात्मक विधि की अपनी उपयोगिता निहित होती है। प्राचीन यूनान में **अरस्तू** ने **'तुलनात्मक विधि'** का प्रयोग करके बताया कि शासन सत्ता एक व्यक्ति या कुछ व्यक्तियों या बहुत व्यक्तियों के हाथों में हो सकती है और उसी आधार पर शासनों के नाम होते हैं। **अरस्तू** ने यह भी बताया कि राज्य के ध्येय को भी तुलना का आधार बनाकर शुद्ध व विकृत शासन व्यवस्थाओं में अन्तर निकाला जा सकता है। यह परम्परा चलती रही, इसीलिए **अरस्तू** की तरह रोमन युग में **पालिबियस** व **सिसरो** ने अनेक शासनों की तुलना करके **मिश्रित संविधान** के प्रतिमान की सराहना की; क्योंकि इससे राजनीतिक स्वामित्व बना रहता है। तुलनात्मक परिप्रेक्ष्य को अपने ध्यान में रखकर ही **मेकियावेली** ने **गणतन्त्र** को तथा **मिल** ने **प्रजातन्त्र** को सबसे अच्छा शासन बताया। विभिन्न व्यवस्था, संस्थाओं और प्रक्रियाओं

की तुलना करके ही किसी ठीक निष्कर्ष पर पहुँच सकते हैं। इसलिए **आमण्ड** ने ठीक कहा है कि, **"तुलनात्मक होना ही वैज्ञानिक होना है।"**

तुलना करने के लिए यह जरूरी है कि कम से कम दो पक्षों को लिया जाये। **लास्की** ने अमेरिकी व ब्रिटिश राजनीतिक व्यवस्थाओं की तुलना के आधार पर यह टिप्पणी की कि अमेरिकी राष्ट्रपति ब्रिटिश राजा व प्रधानमंत्री से कुछ कम है तो कुछ अधिक है; लेकिन इस विषय का छात्र अपने परिप्रेक्ष्य को वृहत करके अधिक महत्त्वपूर्ण निष्कर्ष प्रस्तुत कर सकता है। उदाहरण के लिए, **संघीय व्यवस्था** के एक विद्वान **प्रो० के०सी० व्हीयर** ने यह निष्कर्ष प्रस्तुत किया कि प्रान्तों या इकाइयों की स्वायत्तता को ध्यान में रखते हुए संघात्मक प्रणाली की शुद्धता का मूल्यांकन किया जाना चाहिए। अतः **प्रो० के०सी० व्हीयर** ने अमेरिका व स्विट्जरलैण्ड की व्यवस्थाओं को **'शुद्ध संघ शासन का प्रतिमान'** कहा; किन्तु सोवियत संघ, कनाडा एवं भारत की व्यवस्थाओं को **'अर्द्ध संघ'** का नाम दिया। **मेरिस डुवेर्जर** ने अनेक देशों की दल व्यवस्थाओं को देखकर एक–दलीय, दो–दलीय तथा बहुदलीय व्यवस्थाओं का निरूपण किया और उसी के अनुसार लोकतान्त्रिक, फासीवादी व कम्युनिस्ट व्यवस्थाओं में अन्तर निकाला। इतना ही नहीं, उसने राजनीतिक दलों की भीतरी संचालन व्यवस्था को भी अपने अध्ययन का आधार बनाकर यह सिद्ध किया कि **अमेरिकी पार्टियाँ काकस युक्त** हैं तो **ब्रिटेन** की **लेबर पार्टी काडर युक्त** है; यदि ब्रिटेन की पार्टियाँ **'शाखा पार्टी'** हैं तो **सोवियत रूस** की पार्टी **प्रकोष्ठ युक्त** है। आगे चलकर **दल व्यवस्था** के एक अन्य लेखक **सारतोरी** ने सिद्ध किया कि बहु–दलीय व्यवस्था के भीतर भी अनेक रूप हो सकते हैं और उसी के आधार पर उनके पृथक् नाम होने चाहिए। **जापान** में **एक–जमादल व्यवस्था** है तो **भारत** में **एकल अधिपत्यशाली दल व्यवस्था** है।

लोकतन्त्र शासन का सबसे अच्छा रूप है; किन्तु अध्येता को बारीकी से देखकर अपना निष्कर्ष प्रस्तुत करना चाहिए। **लार्ड ब्राइस** ने अनेक लोकतांत्रिक व्यवस्थाओं का सर्वेक्षण करके बताया कि **स्विट्जरलैण्ड लोकतन्त्र का पुश्तैनी घर** है। **ए०डी० टाक्विले** ने **अमेरिकी**

लोकतन्त्र को सर्वश्रेष्ठ माना, क्योंकि वहाँ खुला समाज है। **तीसरी दुनिया** के देशों में राज्य व शासन है, कानून और न्याय व्यवस्था है, फिर भी वहाँ भ्रष्टाचार तथा कुशासन का बोलबाला है; इसे देखते हुए **गुन्नार मिर्डल** उन्हें **'कोमल राज्य'** कहा है। जबकि **जे०के० गल्बरायथ** ने **भारत** को **'क्रियाशील अराजकता'** की संज्ञा दी, जो अन्य तीसरी दुनिया के देशों पर भी लागू होती है।

चूँकि तुलनात्मक राजनीति व शासन का अपना पृथक् क्षेत्र है, अतः इसके विद्वान को अपना कार्य करते समय कुछ विशेष बिन्दुओं को अपने ध्यान में रखना चाहिए; जैसे–

(1) राज्य कैसा है?– विकसित या अविकसित या विकासशील; वह किस **'दुनिया'** में आता है– प्रथम, द्वितीय या तृतीय।

(2) वहाँ की राजनीतिक व्यवस्था कैसी है?– उदारवादी, फासीवादी, साम्यवादी या किसी रूप में प्राधिकारवादी।

(3) वहाँ की शासन प्रणाली कैसी है?– संसदीय, अध्यक्षीय, अर्द्ध–अध्यक्षीय या सबसे भिन्न।

(4) वहाँ की राजनीतिक संस्थाओं (विधायिका, कार्यपालिका व न्यायपालिका) का क्या रूप है? तथा उनकी संरचनाएँ एवं कार्य प्रणाली किस प्रकार की है?

(5) वहाँ की राजनीतिक संस्कृति कैसी है?– सहभागितायुक्त अर्थात् विकसित, अल्प–विकसित, पराश्रित या मिश्रित।

(6) राजनीतिक आधुनिकीकरण व विकास की दृष्टि से वहाँ क्या स्थिति है? समाज की मूल्य व्यवस्था, राजनीतिक संस्थाएँ व प्रक्रियाएँ कितनी बदल चुकी हैं या पुरानी शैली पर चल रही हैं?

(7) दल व्यवस्था कैसी है?– एक–दलीय, दो–दलीय, बहुदलीय या उनका विचित्र मिश्रण।

(8) राजनीतिक प्रक्रिया में हितबद्ध गुटों की क्या भूमिका है? तथा

उनके बीच समन्वय व सामंजस्य बनाये रखने में राज्य की क्या भूमिका है?

(9) राज्य में अनेक सामाजिक आन्दोलनों की क्या स्थिति है? अर्थात् मानव अधिकारों की सुरक्षा करने, पर्यावरणीय प्रदूषण को रोकने तथा लैंगिक आधार पर समानता व न्याय उपलब्ध होने के लक्ष्यों को कहाँ तक सिद्ध किया जा चुका है? जातीय या नस्लीय या साम्प्रदायिक शक्तियाँ अपनी क्या भूमिका निभा रही हैं? और उसका राजनीतिक व्यवस्था से संचालन पर क्या प्रभाव पड़ रहा है?

(10) उदारीकरण व वैश्वीकरण के युग में राज्य की प्रभुसत्ता के बाहरी व आन्तरिक पक्षों को कहाँ तक आच्छादित या प्रतिबन्धित किया जा चुका है? और इसका राजनीतिक व्यवस्थाओं के परिचालन पर क्या प्रभाव पड़ रहा है।

तुलनात्मक राजनीति की सीमाएँ–

इस विषय के विशाल क्षेत्र पर अध्येता किस प्रकार से अपना नियंत्रण रखे। उसके समक्ष कई चुनौतियाँ खड़ी हो जाती हैं; जिन्हें तुलनात्मक राजनीति की सीमाएँ कहा जाता है–

(1) तुलनात्मक अध्ययन करते समय कितना वृहद् क्षेत्र लिया जाये? ताकि ऐसा सिद्धान्त प्रतिपादित हो सके जो सर्वसामान्य हो।

(2) सामग्री की उपलब्धता भी एक गम्भीर समस्या पैदा करती है। फासीवादी या साम्यवादी देशों में शासन के कार्य गोपनीय तरीके से किये जाते हैं, अतः आवश्यकतानुसार जानकारी प्राप्त नहीं हो पाती। तीसरी दुनिया के पिछड़े देशों में भी ऐसी हालत पायी जाती है जहाँ शोधकर्त्ता को संशय की दृष्टि से देखा जाता है तथा सरकारी व गैर–सरकारी उसे वांछित सहयोग नहीं देतीं।

(3) एकत्रित सामग्री का परिमाणीकरण कैसे किया जाये? कभी–कभी संयोजित तथ्य आपस में टकराते हैं तब शोधकर्त्ता को

आत्मपरकता से काम करना पड़ता है, जो सिद्धान्त को पूर्व–आग्रहयुक्त होने का आरोपी बना देता है।

(4) विज्ञान तथा प्रौद्योगिकी के दौर में वस्तुएँ तेजी से बदल रही है। जन–संचार के साधन अधिकाधिक क्रियाशील हो रहे हैं। नये–नये तथ्य उजागर हो रहे हैं, जिन्हें अपने अध्ययन क्षेत्र में लाना जरूरी है। अध्येता को विवश होकर अनेक तथ्यों की उपेक्षा करनी पड़ती है और ऐसा करने हेतु कोई तर्क प्रस्तुत करना पड़ता है।

(5) सबसे बड़ी समस्या यह है कि अपने निष्कर्षों को वैज्ञानिक रूप में कैसे प्रस्तुत किया जाए? अंर्तविषयी दृष्टिकोण अपनाकर वह प्राकृतिक विज्ञानों या गणित या अभियांत्रिकी के कुछ सूत्र या तकनीकें अपनाता है, फिर भी यह निश्चत तौर से नहीं कहा जा सकता कि लोग उसके योगदान को वैज्ञानिक मानेंगे।

उपरोक्त बातों को ध्यान में रखकर यह सुझाव माना जा सकता है। कि तुलनात्मक राजनीति एवं शासन के छात्रों को मध्यम स्तर का सिद्धान्त निर्माण करना चाहिए।

तुलनात्मक राजनीतिक की उपयोगिता–

तुलनात्मक अध्ययन द्वारा हमें यह जानने का मौका मिलता है कि **ब्रिटेन, अमेरिका, स्वीडन, कनाड़ा, डेनमार्क, नीदरलैण्ड** और **आस्ट्रेलिया** आदि देशों में जो राजनीतिक स्थिरता विद्यमान है। उसके लिये कौन से तत्त्व उत्तरदायी हैं? एशिया–अफ्रीका के अधिक राष्ट्र गृहयुद्ध, तानाशाही और राजनीतिक हलचल का शिकार क्यों हैं? साम्यवादी क्रान्ति सबसे पहले रूस में ही क्यों हुई? जिन अर्थों में ब्रिटेन या अमेरिका लोकतंत्र हैं, उन्हीं अर्थों में क्या कम्युनिस्ट देशों को भी लोकतंत्रीय कहा जा सकता है? **तुलनात्मक राजनीति के महत्त्व तथा उपयोगिता को निम्न प्रकार दर्शाया जाता है–**

(1) राजनीतिक व्यवस्थाओं की समानाताओं और विभिन्नताओं को,

(2) विभिन्न राजनीतिक व्यवस्थाओं के सन्दर्भ में ज्ञान,

(3) राष्ट्रों के परस्पर घनिष्ठ सम्बन्धों के कारण तुलनात्मक अध्ययन आवश्यक, तथा

(4) राजनीति के अध्ययन को वैज्ञानिक बनाना।

प्रचलित सिद्धान्तों की वैधता की पुनः जाँच वस्तुतः तुलनात्मक राजनीति एक ऐसी प्रयोगशाला है जहाँ लगातार सिद्धान्तों की जाँच पड़ताल होती रहती है। यह जानने की कोशिश की जाती है कि अतीत में स्थापित सिद्धान्त वर्तमान परिस्थिति के अनुकूल हैं या नहीं। **तुलनात्मक अध्ययन द्वारा सिद्धान्त निर्माण–**

(1) शासन पद्धति चाहे जो भी हो, संसद की प्रभुता कहीं भी देखने को नहीं मिलती।

(2) समाज यदि बहुत से जातीय, भाषाई और धार्मिक समूहों में बंटा हो तो राजनीतिक क्षेत्र में हिंसा भड़क जाने की सम्भवना बढ़ जाती है।

(3) देश यदि संकट में हो तो सामूहिक नेतृत्व से काम नहीं चल सकता।

(4) हर देश में नेतृत्व कुछ खास वर्गों तक सीमित रहता है।

(5) इस बात की गारन्टी नहीं दी जा सकती कि लोकतांत्रिक व्यवस्था सर्वाधिकार शासन–पद्धति की अपेक्षा ज्यादा राक्षग या कुशल होगी।

तुलनात्मक राजनीति : आलोचनात्मक मूल्यांकन–

तुलनात्मक राजनीति में विभिन्न महत्त्वपूर्ण संकल्पनाओं, बल्कि उनसे नवनिर्मित शब्दों का मायाजाल भी उत्पन्न होता है। आँकड़ों की सटीक जानकारी प्राप्त करना एक दुष्कर कार्य है। राजनीतिक व्यवहार आवश्यक रूप से तार्किक आधारों या वैज्ञानिक सिद्धान्तों पर नहीं चलता, इससे वैज्ञानिक अध्ययन अनुपयुक्त हो जाता है। **मूल्य–मुक्त राजनीति विज्ञान ऐसे व्यक्ति के लिये समस्या बन जाता है जिसका मानकीय दृष्टिकोण हो।** अपने–अपने देश की राजनीति में लोग जिन

भूमिकाओं का निर्वाह करते हैं। उन्हें तुलनात्मक राजनीति के छात्र द्वारा विकसित एक जैसे नियमों के अधीन नहीं रखा जा सकता। उदाहरण के लिए, अंग्रेजों के अनुदार चरित्र के व्यवहार के जो नियम देखे जा सकते हैं। उन्हें घाना या इण्डोनेशिया के लोगों पर लागू नहीं किया जा सकता और न ही केन्या या कम्बोडिया के लोगों के व्यवहार के नियमों को कनाडा के लोगों पर लागू किया जा सकता है।

निष्कर्षतः राजनीतिक व्यवस्था तथा राजनीतिक व्यवहार अत्यधिक जटिल होते हैं। अतः **'चमत्कारों'** को तुलनात्मक राजनीति से नहीं समझा जा सकता या भविष्यवाणी नहीं की जा सकती। तुलनात्मक राजनीति का अधिकांश भाग किसी राजनीतिक व्यवस्था की स्थिरता और उसके अनुरक्षण जैसे मामलों से सम्बन्धित है। साथ ही, अंर्तःशास्त्रीय उपागम का प्रयोग करने से तुलनात्मक राजनीति का क्षेत्र इतना व्यापक हो गया है कि समस्या **'किसे शामिल करें या न करें'**, तक पहुँच चुकी है।

इन दुर्गम कठिनाईयों से एक अत्यन्त सरल और सीधे निष्कर्ष पर पहुँचा जा सकता है कि तुलनात्मक राजनीति जैसे विषय के अध्ययन को एक दृढ़ संकल्पना निर्माण के कोष के बिना वैज्ञानिक स्वरूप प्रदान नहीं किया जा सकता।

तुलनात्मक पद्धति–

अरस्तू से लेकर आज तक अनेक विद्वानों ने **तुलनात्मक पद्धति** का उपयोग किया है। विभिन्न राजनीतिक व्यवस्थाओं का विश्लेषण करके बहुत से सिद्धान्तों को प्रतिपादन किया जा सकता है। **लासवैल** तथा **आमण्ड** ने **तुलनात्मक पद्धति** को ही **वैज्ञानिक पद्धति** माना है। वैज्ञानिक पद्धति ही वैज्ञानिक विधि है। क्योंकि तुलनात्मक अध्येता विभिन्न समाजों, शासन प्रणालियों और राजनीतिक प्रक्रियाओं का तुलनात्मक अध्ययन कर कुछ सही निष्कर्ष निकालने का प्रयत्न करता है। तुलनात्मक पद्धति के प्रयोग की कुछ अनिवार्य शर्तें हैं। ताकि वैज्ञानिकता बनी रहे–

(1) तुलनात्मक अध्ययन के लिये समुचित इकाईयों का चयन आवश्यक

है। भारतीय न्यायपालिका की ब्रिटिश कार्यपालिका से तुलना व्यर्थ प्रयास होगा।

(2) तुलनात्मक इकाईयों के वर्गीकरण से ही उपयोगी निष्कर्ष निकलते हैं। संघीय या संसदात्मक प्रणाली का वर्गीकरण भी किया जाता है।

(3) प्रारम्भिक कल्पनाओं अथवा निष्कर्षों का प्रतिपादन।

(4) परिकल्पनाओं और निष्कर्षों का शोधन।

(5) सिद्धान्त निर्माण।

एलवुड के अनुसार, **"जीव विज्ञान के लिये जो महत्त्व सूक्ष्य का है तथा खगोल विज्ञान के लिये दूरबीन का है, वही उपयोग और महत्त्व सामाजिक विज्ञानों के लिये वैज्ञानिक पद्धति का है।"** वैज्ञानिक पद्धतियाँ उपागम, दृष्टिकोण, सिद्धान्त, विचारधारा एवं वैचारिक प्रतिमानों के नाम से जानी जाती है।

तुलनात्मक राजनीति के अध्ययन के उपागम (Approaches to the study of Comparative Politics)–

सामाजिक विज्ञानों के क्षेत्र में **'पद्धति'** और **'उपागम'** शब्दावली का प्रयोग कुछ शिथिल ढ़ंग से होता रहा है। कभी–कभी इनको समानार्थी समझ लिया जाता है। इनमें अन्तर करना वैज्ञानिक शब्दावली की दृष्टि से उपयुक्त होगा। **'पद्धति'** या **'विधि'** एक सामान्य शब्द है जो किसी कार्य को करने के विशेष ढ़ंग का संकेत देता है। **पद्धति का अर्थ अन्वेषण की ऐसी प्रक्रिया है, जिसके द्वारा विश्वस्त ज्ञान प्राप्त किया जा सकता है और विश्वस्त निष्कर्ष निकाले जा सकते हैं।** वैज्ञानिक पद्धति, आगमन पद्धति, निगमन पद्धति तथा तुलनात्मक पद्धति इसके उदाहरण हैं।

'उपागम' के अन्तर्गत किसी घटना की विस्तृत जानकारी के लिए न केवल उपयुक्त पद्धति का चयन किया जाता है बल्कि अध्ययन की केन्द्रीय समस्या का निर्णय भी किया जाता है अर्थात् इसमें केवल यह

नहीं देखा जाता कि कैसे अन्वेषण करना है? बल्कि यह भी सोच लिया जाता है कि किस विषय का अन्वेषण करना है?

उपागम और पद्धति में अंतर की ओर संकेत करते हुए **डाइक** ने लिखा है कि, **"उपागम का अर्थ है कि महत्त्वपूर्ण समस्याओं तथा उपयुक्त आधार सामग्री का चयन किस आधार पर किया जाये? जबकि पद्धति का अर्थ यह है कि आधार सामग्री को प्राप्त करने और उसका प्रयोग करने के तरीके क्या हों?"**

'उपागम' शब्द की परिभाषा किसी विशेष परिघटना को देखने और उसकी व्याख्या करने के तरीके के रूप में की जाती है। उपागम उस स्थिति में सिद्धान्त का रूप ले लेता है जब उसके कार्य विचाराधीन विषय के बारे में समस्याओं और आँकड़ों के चयन से परे हों।

उपागमों का वर्गीकरण–

राजनीति के अध्ययन के उपागमों को मोटे तौर पर दो वर्गों में बाँटा जा सकता है– **मानपरक** (Normative) तथा **तथ्यपरक** (Empirical)। मानपरक उपागम को **मूल्य भारित** (Value-laden) तथा तथ्य परक को मूल्य मुक्त (Value free) के रूप में जाना जाता है। पहले उपागम की विशेषता **नियामकता** है। दूसरे की विशेषता **व्यवहारवाद** है। इसी के आधार पर कहा जा सकता है कि परम्परागत उपागमों का झुकाव **'मूल्यों'** की ओर था और आधुनिक उपागम **'तथ्यों'** का सहारा लेता है। इसका परिणाम तथ्य–मूल्य द्वन्द्व का निर्धारक बन जाता है।

I.परम्परागत उपागम (Traditional Approaches)–

परम्परागत उपागम अध्ययन में मूल्यों को अधिकाधिक महत्त्व दिया जाता हैं। परम्परागत उपागम वास्तविकता में अतुलनात्मक, वर्णनात्मक, संकुचित, स्थिर तथा प्रबन्धात्मक होता है। यह कानूनी, औपचारिक एवं संस्थागत उपागम बन जाता है तथा **'तथ्यों'** का आदर्शात्मक अध्ययन करता है। तुलनात्मक राजनीति के परम्परागत अध्ययन अपने ढ़ंग में विवरणात्मक ही रहे। इन्होंने अपनी तुलनाओं का उद्देश्य समस्या

समाधानात्मक अथवा विश्लेषणात्मक नहीं बनाया। **अरस्तू** ने शासकों की संख्या तथा राज्यों के उद्देश्यों को अपने वर्गीकरण का आधार बनाया। **मैकियावेली** ने राजनीति के अध्ययन में नीति एवं न्याय जैसी अमूर्त धारणाओं को त्यागकर तर्क और अनुभववाद पर अधिक बल दिया। **मॉण्टेस्क्यू** ने निरीक्षण और ऐतिहासिक पद्धति का प्रयोग किया। **काण्ट, हीगल** एवं **मार्क्स** आदि इतिहासवादियों ने सामाजिक गतिशीलता और विकासवादी सिद्धान्त पर बल दिया।

19वीं शताब्दी के उत्तरार्द्ध में औपचारिक वैज्ञानिक संस्थाओं के अध्ययन पर बल दिया जाने लगा। 20वीं शताब्दी के आरम्भ में **ऑग** व **जिंक** की पुस्तक **'Modern Foreign Governments'**, **मुनरो** की रचना **'The Government of Europe'** **लास्की** की रचना **'Parliamentary Government in England'** तथा **'American Presidency'** इत्यादि प्रकाशित हुई। इन रचनाओं में तुलनात्मक राजनीति को और अधिक व्यापक दृष्टिकोण से देखा गया। फिर भी ये अध्ययन पाश्चात्य राजनीतिक व्यवस्थाओं के अध्ययन तक ही सीमित थे और इनकी औपनिवेशिक व्यवस्थाओं के सुव्यवस्थित अध्ययन में रुचि नहीं थी। इन अध्ययनों में शासन प्रणालियों के गतिशील कारकों को समझने की चेष्टा नहीं की गयी। **परम्परागत उपागम के भाग निम्नलिखित हैं–**

1. **दार्शनिक उपागम–** राजनीति के अध्ययन का सबसे पुराना उपागम **दार्शनिक** है, जिसे **आचारशास्त्रीय** नाम से भी जाना जाता है। **प्लेटो, रूसो, जे०एस० मिल** एवं **टामस मूर** आदि के द्वारा इस पद्धति को अपनाया गया है। **प्लेटो** की **'रिपब्लिक'** तथा **टामस मूर** की **'यूटोपिया'** इस पद्धति के अनुपम उदाहरण हैं। किन्तु यह पद्धति चिन्तानात्मक तथा अमूर्त है और यथार्थ से बहुत दूर है। यह उपागम राज्य, सरकार और मानव का राजनीतिक एकता के रूप में अध्ययन, कुछ उद्देश्यों, नैतिक शिक्षाओं, सत्यों या उच्च सिद्धान्तों के अनुसरण के साथ अभिन्न रूप से जुड़ा हुआ है जो समस्त ज्ञान और वास्तविकता में अन्तर्निहित होता है।

2. **ऐतिहासिक उपागम–** यह उपागम इस धारणा पर टिका है कि राजनीतिक सिद्धान्त का भण्डार सामाजिक–आर्थिक संकट तथा उनके द्वारा महान चिन्तकों के मनों पर छोड़ी गई प्रतिक्रियाओं से निकलता है। **सेबाइन** ने कहा कि, **"सभी महान राजनीतिक सिद्धान्त राजनीतिक और सामाजिक संकटों के अन्तराल से निकलते हैं।"** ऐतिहासिक पद्धति की इसी उपयोगिता के कारण **अरस्तू** के समय से इस पद्धति का प्रयोग किया जाता रहा है। **लास्की, मैकियावेली, मान्टेस्क्यू, हीगल, कार्ल मार्क्स, हबर्ट स्पेंसर, वाल्जर बेजहार्ट** एवं **हेनरीमैन** आदि ने किसी न किसी रूप में इस पद्धति का प्रयोग किया है।

   ऐतिहासिक उपागम में राजनीतिक घटनाओं का ऐतिहासिक आधार पर तुलना कर अध्ययन किया जाता है। वस्तुतः इसमें राजनीतिक घटनाओं का अध्ययन समय, परिस्थिति और सन्दर्भ के आधार पर किया जाता है; परन्तु इस उपागम की प्रमुख सीमा यह है कि यह द्वितीयक आँकड़ों पर आधारित होने के कारण इसके निष्कर्ष गलत हो सकते हैं। किन्तु व्यवहारिक राजनीति की समस्याओं को हल करने के लिए मुख्य रूप से ऐतिहासिक पद्धति का प्रयोग नहीं कर सकते।

3. **सांस्थानिक उपागम–** इस उपागम में राजनीति का अध्ययनकर्त्ता व्यवस्थापिका, कार्यपालिका और न्यायपालिका जैसे राजनीतिक संगठनों की औपचारिक संरचना के अध्ययन पर बल देते हैं। **हरमन फाइनर, डुर्वजर, सारटोरी, कार्ल जे० फ्रेडरिक** तथा **के०सी० व्हीयर** के अध्ययनों में इसी उपागम को अपनाया गया है। इस पद्धति का सबसे बड़ा दोष यह है कि इसमें राजनीति के गतिशील कारकों की ओर कोई ध्यान नहीं दिया जाता।

4. **कानूनी उपागम–** इस उपागम के अन्तर्गत राजनीति का अध्ययन कानूनी प्रक्रियाओं और संस्थाओं के साथ घुल–मिल गया है। कानून एवं न्याय के विषयों को न्यायशास्त्र के मामलें

ही नहीं समझा जाता; बल्कि राजनीति–वैज्ञानिक राज्य को प्रभावी और साम्यवादी कानून तथा व्यवस्था को बनाए रखने वाला समझते हैं। प्राचीन काल में विश्लेषणात्मक न्याय शास्त्री **सिसरो** से लेकर आधुनिक काल के **डायसी** तक ने राज्य को प्रमुख रूप में एक निगम या न्यायिक व्यक्ति समझा है। **डायसी** की पुस्तक **'ला ऑफ दा कान्सटीट्यूशन'** तुलनात्मक राजनीति की पाठ्य सूची पर हावी थी। **थ्योडोरवुल्से, वुडरो विल्सन, कार्टर, हर्ज, न्यूमैन, डायसी, व्हीयर, फाइनर** एवं **जेम्स ब्राइट** आदि विद्वानों ने देश–विदेश की कानूनी संहिताओं और संविधानों का विश्लेषण करके तुलनात्मक राजनीति को पुष्ट किया है। किन्तु यह उपागम केवल कानून के अध्ययन पर ही बल देता है।

5. **समस्यागत उपागम–** इस उपागम के माध्यम से समस्याग्रस्त क्षेत्रों का अध्ययन किया जाता है। इसमें अनेक समस्याओं जैसे– प्रदत्त व्यवस्थापन, लोकतंत्र एवं आर्थिक नियोजन तथा द्वि–सदनात्मक व्यवस्था का ह्रास आदि अध्ययन कर सुझाव दिये गये।

   इस उपागम को अधिक उपयोगी बनाने के लिए मनुष्यों के व्यवहार तथा राजनीतिक संस्थाओं एवं अन्य सामाजिक–आर्थिक कारकों के सम्बन्ध की ओर भी ध्यान दिया जाना चाहिए।

6. **क्षेत्रीय उपागम–** इस उपागम के आधार पर अनेक विद्वानों ने विकासशील देशों की राजनीति को अपने अध्ययन का विषय बनाया। इस उपागम का प्रयोग **द्वितीय विश्व युद्ध** (1938–1945) के पश्चात् से किया जा रहा है। क्षेत्रीय उपागम के आधार पर लिखे गये ग्रन्थों में **आमण्ड कोलमैन** की पुस्तक **'दा पालिटिक्स ऑफ डेवलपिंग एरियाज्'**, **डेविस** की पुस्तक **'गवर्नमेन्ट एण्ड पालिटिक्स इन साउथ एशिया'**, **हरारी** की पुस्तक **'गवर्नमेन्ट एण्ड पालिटिक्स इन मिडिल ईस्ट'**, **रार्बट स्केलापिनो** की पुस्तक **'डेमोक्रेसी एण्ड पार्टी मूवमेंट इन प्री–वार जापान'** तथा **बेरिंग्टन मूर** की पुस्तक

'सोवियत पालिटिक्स : दा डीलिमा ऑफ पावर' आदि प्रमुख हैं।

यह उपागम तुलनात्मक विश्लेषण के आधार पर सामान्य सिद्धान्त निर्माण में अधिक उपयोगी सिद्ध नहीं हो सका।

7. **संरूपण उपागम** (Configurative Approach)– इस उपागम के अन्तर्गत प्रत्येक राज्य की राजनीतिक व्यवस्था को धुरी मानकर उसका अलग से अध्ययन किया जाता है। इस उपागम के प्रमुख समर्थक हैं– **न्यूमैन, कार्टर, हज** तथा **रोशर।**

परम्परागत उपागम आलोचना का शिकार हुआ है; क्योंकि यह वर्णनात्मक अधिक विश्लेषणात्मक कम है। संकुचित अध्ययन अत्यधिक औपचारिकता से ग्रस्त है। साथ ही, यह राजनीति के व्यवहारिक पक्ष की उपेक्षा करता है। परम्परागत उपागम प्रजातंत्रीय व्यवस्था का आँख मूंदकर समर्थन करता है। **परम्परागत उपागम मुख्य रूप से पश्चिमी देशों से सम्बन्धित रहा है, विकासशील देशों की कोई भूमिका परम्परागत उपागम में नहीं है।**

साथ ही परम्परागत उपागमों की सबसे बड़ी कमी यह है कि इसमें व्यवहारिकता और राजनीतिक प्रक्रियाओं की उपेक्षा की गई। इन कमियों के बावजूद भी तुलनात्मक राजनीति में परम्परागत उपागम का विशेष योगदान है।

II.आधुनिक उपागम (Modern Approaches)–

सन् 1908 में **ग्राहम वालेस** की पुस्तक **'ह्यूमन नेचर इन पालिटिक्स'** तथा 1908 में ही **आर्थर बेंटले** की पुस्तक **'दा प्रोसेस ऑफ गर्वनमेंट'** का प्रकाशन राजनीति के अध्ययन में एक परिवर्तन का प्रतीक था। परम्परागत उपागम के बदलते समय के साथ तालमेल बैठाने से आधुनिक उपागमों का आर्विभाव हुआ। **आधुनिक उपागम की स्पष्ट प्रवृत्ति या विशेषताएँ हैं–**

(1) इसमें राजनीति के सामाजिक संदर्भ पर विशेष ध्यान दिया जाता है।

(2) इनमें वैज्ञानिक पद्धति को प्रमुखता दी जाती है।

(3) इनमें विश्लेषण और व्याख्या का प्रयत्न किया जाता है।

(4) इनमें संविधान के ढ़ाँचे की जगह सम्पूर्ण राजनीतिक प्रणाली पर विचार किया जाता है।

(5) इसमें अंतर्विषयक उपागम का सहारा लिया जाता है।

आधुनिक उपागम के विकास के कारण नये राज्यों का द्वितीय विश्व युद्ध (1939–1945) के बाद उदय, पश्चिमी राष्ट्रों के प्रभुत्त्व का अंत तथा साम्यवादी राष्ट्रों का समुदाय था। अब नई परिस्थितियों के अध्ययन, विश्लेषण एवं व्याख्या के लिये नये उपागम की आवश्यकता थी।

अतः आधुनिक उपागम तुलनात्मक राजनीति में नया प्रयोग था। यह परम्परागत उपागम से पूर्णतः भिन्न था; इसकी विशेषता थी– अधिक व्यापक विषय क्षेत्र की खोज, यथार्थवाद की खोज तथा परिशुद्धता बौद्धिक अनुक्रम की खोज। **आधुनिक उपागम वास्तव में तुलनात्मक है तथा यह वैज्ञानिक अध्ययन पर जोर देता है। यह मूल्य निरपेक्ष अध्ययन करता है और अंततः सिद्धान्त निर्माण का प्रयास करता है।**

आधुनिक उपागम भी आलोचना का शिकार बना, क्योंकि इसमें कुछ कमियाँ थी। नई अवधारणों का अर्थ स्पष्ट नहीं था। व्यवहारवाद पर अत्यधिक बल आंकडेबाजी में बदल जाता है। विकासशील राज्य अभी अनिश्चितता में हैं तथा उन पर अध्ययन करना समय की बर्बादी करने जैसा है।

1.राजनीतिक व्यवस्था उपागम (System Analysis)–

व्यवस्था उपागम की संकल्पना **लुडविग फॉन बरटेलैन्फी** नामक जीवशास्त्री ने 1920 के दशक में दी। **व्यवस्था शब्द का प्रयोग अन्तर्क्रिया के समूह के संकेतन के लिये किया जाता है। व्यवस्था**

की धारणा सर्वप्रथम जीव विज्ञान में दी गई। शरीर व्यवस्था विज्ञान से व्यवस्था को समझा जा सकता है।

लुडविग फॉन बरटेलैन्फी ने इस शब्द को **'अन्तःक्रिया'** में स्थित तत्त्वों के समुच्चय के रूप में समझा है। **हॉल** तथा **फैगन** ने व्यवस्था की परिभाषा **'वस्तुओं के समुच्चय और उनके रवैयों के बीच सम्बन्ध'** के रूप में की है। **कोलिन चेरी** का मानना है कि, **"व्यवस्था एक समग्रता है जो कई भागों से बनी हुई है– इसे दृष्टि के समग्र प्रभाव के रूप में व्यक्त किया गया है।"**

डेविड ईस्टन के अनुसार, **"किसी समाज में पारस्परिक क्रियाओं की ऐसी व्यवस्था जिससे उस समाज में बाध्यकारी या अधिकारपूर्ण आवंटन होते हैं।"**

द्वितीय विश्व युद्ध के पश्चात् ही व्यवस्था उपागम समाज विज्ञानों में लागू किया जा सका। **1953 में डेविड ईस्टन** ने अपनी पुस्तक **'Political System: An Enquiry into the State Science'** में ऐसा सिद्धान्त निर्माण करने की धारणा व्यक्त की, जिसमें सभी सामाजिक विज्ञान समा जाएँ। **ईस्टन** ने तर्क दिया कि सम्पूर्ण राजनीतिक प्रक्रिया को सिद्धान्त का विषय बनाना चाहिए, उसके कुछ पक्षों को नहीं।

राजनीतिक व्यवस्था में राजनीतिक का अर्थ सत्ता अथवा शक्ति का सूचक है। कोई भी संघ राजनीतिक तभी कहलाता है; जब वह सम्प्रभु राज्य का अंग होता है और उसकी आज्ञा पालन के पीछे सम्प्रभु शक्ति होती है। अतः **आमण्ड** के अनुसार, **"राजनीतिक व्यवस्था उस वैध व्यवस्था का नाम है जो समाज को सुव्यवस्थित रखती है अथवा माँगों के माध्यम से रूपान्तरण का कार्य होता है।"**

1.डेविड ईस्टन का निवेश–निर्गत विश्लेषण (Input-Output Analysis of David Easton)–

'द पालिटिकल सिस्टम' (1953), **'ए फ्रेमवर्क फार पालिटिकल एनालीसिस'** (1965), **'ए सिस्टम एनालेसिस ऑफ पालिटिकल लाइफ'** (1965) में **डेविड ईस्टन** ने व्यवस्था सिद्धान्त का

विस्तृत विवेचन किया।

ईस्टन के अनुसार, **"राजनीतिक व्यवस्था उसके सदस्यों का समूह होकर उनकी क्रियाओं का समुच्चय है।"** राजनीतिक व्यवस्था खुली हुई और अनुकरणशील होती है तथा एक पर्यावरण में काम करती है। प्रत्येक व्यवस्था में निवेश तथा निर्गत पाये जाते हैं।

निवेश का अभिप्राय है– **माँगें और समर्थन**। माँगें कई प्रकार की होंगी; जैसे– सार्वजनिक सुरक्षा की माँग, चिकित्सा तथा शिक्षा सुविधाओं की माँग, सरकारी नौकरियों की माँग, विचार और भाषण की अभिव्यक्ति की माँग आदि। जनता राजनीतिक व्यवस्था में माँग के साथ समर्थन भी देती है। **'समर्थन'** से अभिप्राय है– जनता द्वारा करों की अदायगी, कानून व नियमों का पालन और शासनाधिकारियों एवं सत्ताधारियों के प्रति श्रद्धा भाव।

उपरोक्त माँगों के फलस्वरूप प्रत्येक राजनीतिक व्यवस्था को कुछ निर्णय लेने पड़ते हैं। शासनाधिकारी **'माँगों'** को पूरा करने में अपने सीमित संसाधनों का पूरा–पूरा प्रयोग करते हैं। इन नीतियों तथा निर्णय को **डेविड ईस्टन** ने निर्गत की संज्ञा दी है। जनता की **'माँगे'** निवेश हैं तथा संसद, कार्यपालिका एवं न्यायपालिका द्वारा दिए गये निर्णय **'निर्गत'** हैं। निर्गत ही वह साधन है जिसके जरिए लोगों की राजनीतिक व्यवस्था के प्रति निष्ठा बनी रहती है।

पुर्नःनिवेश में ये ही **'निर्गत'** राजनीतिक व्यवस्था में प्रवेश पा जाते हैं और पुर्नःनिवेश का रूप ग्रहण कर लेते हैं। **डेविड ईस्टन** ने इसे **फीडबैक** की संज्ञा दी है। **फीडबैक** के दो पहलू है– **नकारात्मक** और **लक्ष्य परिवर्तन**। जो भी निर्णय लिये जाते हैं, उनके प्रभाव तथा परिणाम शीघ्र ही सामने आ जाते हैं। निर्णयों के प्रति यदि लोगों की प्रतिक्रिया नकारात्मक हुई तो अधिकारियों को अपनी त्रुटि सुधारने का मौका मिलता है। फीडबैक के आधार पर ही शासकगण अपने लक्ष्यों में निरन्तर परिवर्तन करते रहते हैं।

पर्यावरण का अर्थ है कि जिससे राजनीतिक व्यवस्था प्रभावित होती है। जिसे सामाजिक, आर्थिक, सांस्कृतिक, राष्ट्रीय एवं अन्तर्राष्ट्रीय

में बाँटा जा सकता है। **डेविड ईस्टन** ने राजनीतिक व्यवस्था के दो पर्यावरण बताये हैं– **पहला, अंतःसमाजीय–** जिसमें परिस्थितिकीय (Ecology), जीवशास्त्रीय और सामाजिक व्यवस्था पर्यावरण आते हैं। **दूसरा, अतिरिक्त समाजीय पर्यावरण–** जिसमें अन्तर्राष्ट्रीय राजनीति, अन्तर्राष्ट्रीय परिस्थितिकीय और अन्तर्राष्ट्रीय सामाजिक व्यवस्था के पर्यावरण आते हैं।

डेविड ईस्टन की मान्यता है कि राजनीतिक व्यवस्था के दो विशेष लक्षण होते हैं– **पहला,** राजनीतिक व्यवस्था आदानों–प्रदानों और कार्य सम्पादन की प्रक्रिया है। **दूसरा**, यह आन्तरिक और बाहरी उत्पातों, गड़बड़ियों और दबावों के शमन की समुचित व्यवस्था है।

यदि बहुत सी माँगें हो तो राजनीतिक व्यवस्था पर दबाव बढ़ जाता है। दबाव को न्यूनतम बनाये रखने के लिये व्यवस्था में अनेक तरीके होते हैं और राजनीतिक व्यवस्था सदैव बनी रहती है। माँगों का नीतियों में रूपान्तरण इस तरह किया जाता है कि जिससे राजसत्ता (राजनीतिक व्यवस्था) के प्रति जनसमर्थन बढ़े।

2.संरचनात्मक–प्रकार्यात्मक उपागम (Structural-Functional Analysis)–

राजनीतिक व्यवस्था के विषय में **आमण्ड** तथा **पावेल** का दृष्टिकोण **'संरचनात्मक–प्रकार्यात्मक उपागम'** कहलाता है। इसमें व्यवस्था विश्लेषण की कमियों को दूर करने का प्रयास किया गया है।

राजनीतिक व्यवस्था में प्रकार्य के निष्पादन की व्यवस्थाओं को संरचना कहा जाता है। प्रत्येक संगठन को संरचना नहीं कहा जाता है। राजनीतिक दल राजनीतिक व्यवस्था के अन्तर्गत एक संरचना है। जो अनेक प्रकार के कार्य करता है। जैसे– निर्वाचन में भाग लेना, राजनीतिक शिक्षण देना, विपक्ष की भूमिका, राजनीतिक भर्ती एवं संचार तथा जनमत का निर्माण आदि।

प्रकार्य की संकल्पना में तीन मौलिक प्रश्न निहित है– किस व्यवस्था में कौन–कौन से बुनियादी काम किये जाते हैं? ये कार्य किस उपकरण

से किये जाते हैं? किन परिस्थितियों में इन प्रकार्यों का निष्पादन किया जाता है? प्रकार्य से विकार्य का आभास भी होता है। **विकार्य का अभिप्राय उस क्रिया प्रतिमान से है जिसके कारण किसी व्यवस्था का अस्तित्त्व संकट में पड़ जाता है।** जहाँ प्रकार्य सकारात्मकता का प्रतीक है वहीं विकार्य नकारात्मकता का।

संरचनात्मक प्रकार्यात्मक के विषय में **आमण्ड** की पुस्तक **'द पालिटिक्स ऑफ डेवलपिंग एरियाज्'** और **'कॉम्परेटिव पालिटिक्स : डेवलपिंग एप्रोच'** से जानकारी मिलती है। **आमण्ड** के अनुसार, **"राजनीतिक व्यवस्था किसी राज्य का पर्यायवाची न होकर ऐसी स्थिति है जो सामाजिक एकीकरण को सम्भव ही नहीं बनाती, अपितु उसे जीवित भी रखती है। सामाजिक एकीकरण को सम्भव बनाने वाली शक्ति 'औचित्यपूर्ण शक्ति' कहलाती है।"**

आमण्ड के शब्दों में, **"राजनीतिक व्यवस्था अन्तः क्रियाओं की वह व्यवस्था है। जो सभी स्वतंत्र समाजों में पायी जाती है और कम या अधिक रूप से वैध भौतिक बाध्यता के प्रयोग अथवा प्रयोग की धमकी द्वारा एकीकरण और अनुकूलन के कार्य करती है।"**

राजनीतिक व्यवस्था समाज में तारतम्य या व्यवस्था स्थापित करने वाली वैद्य व्यवस्था है। वैध अथवा औचित्यपूर्ण शक्ति ही धारा है जो उसे एक व्यवस्था के रूप में विशेष गुण विशिष्टता और संशक्ति प्रदान करती है।

आमण्ड ने व्यवस्था को ऐसी इकाई माना है जो वातावरण को प्रभावित करती तथा स्वयं उससे प्रभावित होती है। **आमण्ड व्यवहारवादी है,** इसलिये उसकी रूचि व्यवस्थाओं के विश्लेषण से अधिक प्रक्रियाओं गें है। **संरचनात्मक प्रकार्यात्मक व्याख्या के तीन चरण माने जाते हैं–**

(1) राजनीतिक व्यवस्था में निवेश,

(2) रूपान्तरण प्रक्रिया, तथा

(3) राजनीतिक व्यवस्था में निर्गत।

संरचनात्मक–प्रकार्यात्मक उपागम के गुण–

(1) यह उपागम समग्रवादी सिद्धान्त प्रस्तुत करता है, जिससे राजनीतिक व्यवस्था के सभी पहलुओं से सम्बन्धित स्पष्टीकरण एवं प्राकल्पनाएँ निकाली जा सकती हैं।

(2) यह उपागम राजनीतिक व्यवस्थाओं के सामान्य सिद्धान्त के अंततः निर्माण की सम्भावना प्रस्तुत करता है।

(3) यह उपागम इस बात पर बल देता है कि किसी राजनीतिक घटना को समझने के लिए व्यापक परिवेश का संदर्भ लेना आवश्यक है।

(4) यह उपागम संरचना के प्रकार्यों के साथ विकार्यों के अध्ययन पर भी बल देता है।

आलोचना– इस उपागम की आलोचना के आधार निम्नलिखित हैं–

(1) इस उपागम को रूढ़िवादी तथा परिवर्तन विरोधी माना जाता है।

(2) संरचना में पड़ने वाले अयंत्र प्रभावों व परिवर्तनों की तीव्रता, मात्रा और प्रकृति का ज्ञान नहीं होता। ;पपपद्ध यह ज्ञात नहीं होता कि व्यवस्था द्वारा कार्य पूरे हुये या नहीं।

(3) यह भी ज्ञात नहीं हो पाता कि व्यवस्था का विकास हो रहा है या पतन।

(4) इस उपागम से तीसरे दुनिया के देशों का अध्ययन सम्भव नहीं, क्योंकि अध्ययनकर्त्ता अमेरिका के विश्वविद्यालयों में बैठकर ही नतीजे निकालते हैं।

3.राजनीतिक–अर्थव्यवस्था उपागम (Political-Economic Analysis)–

प्राचीन समय में आर्थिक विचार राजनीतिक विचारों से अलग नहीं

थे। वर्तमान में राजनीतिक व्यवस्था उपागम से तीसरी दुनिया के देशों तथा साम्यवादी देशों के सटीक अध्ययन में कठिनाई आने लगी तो राजनीतिक–अर्थव्यवस्था उपागम का विकास हुआ। अतः **दो उपागम– राजनीतिक विकास उपागम** तथा **मार्क्सवादी लेनिनवादी उपागम** प्रकट हुये। राजनीतिक अर्थव्यवस्था उपागम के तुलनात्मक राजनीतिक विश्लेषण के दो रूप निम्नलिखित है–

क. **उदारवादी विश्लेषण– एडम स्मिथ** का चिन्तन का इसका श्रेष्ठ उदाहरण है। **एडम स्मिथ** ने अपनी पुस्तक **'वेल्थ ऑफ नेशन'** (1776) में राजनीतिक अर्थव्यवस्था के बारे में विचार प्रकट किये हैं। इसका अर्थ है कि आर्थिक नीतियाँ राजनीतिक और सामाजिक दृष्टि से कितनी उपयुक्त हैं। **स्मिथ** ने स्वायत्त एवं स्वयं नियमित अर्थव्यवस्था को नागरिक समाज माना है। **स्मिथ ने नागरिक समाज की चार विशेषता बतायी है–**

(1) नागरिक समाज को राजनीतिक क्षेत्र से पृथक् करना असम्भव है।

(2) यदि नागरिक समाज के कार्य में कोई बाधा डाली जाए तो इसमें स्वनियमन की क्षमता पायी जाती है।

(3) नागरिक समाज में सभी प्रतिभागियों के लिये अपने सर्वोत्तम हित प्राप्त करने की सम्भावना रहती है।

(4) ऐसी वस्तुस्थिति लाना दार्शनिक दृष्टि से वांछनीय है, जिससे नागरिक समाज को राज्य से स्वाधीन कर दिया जाये।

उदारवादी उपागम ने राजनीति और अर्थशास्त्र के अध्ययन में अन्तर–अनुशासनात्मक उपागम को बढ़ावा दिया है। उदारवादी उपागम में ऐसी संकल्पनाओं पर जोर दिया जाता है जो आर्थिक और राजनीतिक गतिविधियों में समान रूप से पायी जाती है; जैसे– संसाधनों का आवंटन, माँगे, लागत एवं उपयोगिता। अर्थशास्त्र के प्रतिरूपों को राजनीति विज्ञान में और राजनीति विज्ञान के प्रतिरूपों को अर्थशास्त्र में प्रयोग करना; उदाहरणार्थ– आगत–निर्गत विश्लेषण, खेल सिद्धान्त तथा कुछ थोड़े से प्रतिस्पर्धियों के बीच प्रतिस्पर्धा आदि।

उदारवादी उपागम के विकास में **एंथनी डाउन्स** की **'An Economic Theory of Democracy'** (1917) **एम० ओस्लन** की **'The Logic of Collection Action'** (1965) तथा **आर० करी** एवं **एल० वेड** की **'A Theory of Political Exchange'** (1968) का विशेष योगदान है।

ख. **मार्क्सवादी–लेनिनवादी उपागम–** 1917 की **'रूसी क्रान्ति'** की सफलता ने पूरे विश्व की राजनीति पर गहरा प्रभाव डाला। साम्यवाद के विस्तार तथा बढ़ने प्रभाव के कारण मार्क्सवादी–लेनिनवादी विश्लेषण को अपने अध्ययन का आधार बनाया। यह अध्ययन शैली **मार्क्स** और **लेनिन** के सिद्धान्तों से प्रेरित है।

जिसमें– वर्ग–संघर्ष, आर्थिक नियतिवाद तथा इतिहास की व्याख्या प्रमुख हैं। आर्थिक नियतिवाद का अर्थ होता है कि किसी भी समाज का राजनीतिक, बौद्धिक, नैतिक एवं सांस्कृतिक ढ़ाँचा आर्थिक परिस्थितियों यानी उत्पादन की प्रणाली द्वारा निर्धारित होता है। इस उपागम का प्रयोग 1960 के बाद बहुतायत किया जाने लगा। **मार्क्सवादी–लेनिनवादी उपागम** का प्रयोग **अल्फ्रेड मेयो, सेमुअल हंटिग्टन, सीटन वाटसन, कोटस्की** और **बेजेंस्की** आदि द्वारा किया गया।

मार्क्सवादी लेखक राज्य की संस्थाओं की बजाय **'वर्ग चेतना'** एवं **'वर्ग–संघर्ष'** की अवधारणा पर अधिक बल देते हैं। वर्ग चेतना का स्तर ही तय करता है कि क्रान्ति होगी या नहीं। **'चेतना'** को साम्यवादी दल द्वारा भी पैदा किया जा सकता है। मार्क्सवादियों द्वारा विश्लेषण के लिये सदैव एक ही मॉडल प्रयोग किया जाता है।

जिससे उलझन से बचा जाता है। मार्क्सवादी उपागम वास्तव में अंतःशास्त्रीय उपागम है। जिस कारण समग्र परिणाम सत्य के निकट होने की सम्भावना अधिक होती है। मार्क्सवादी–लेनिनवादी उपागम में आज भी उसी शब्दावली का प्रयोग किया जाता है जो 80–90 साल पहले प्रयोग की गई; जैसे– राज्य, वर्ग–संघर्ष, सरकार एवं क्रान्ति। इससे अध्ययन में व्यवहारवादियों की भाँति कठिनाई नहीं आती। **मार्क्सवाद यह दावा करता है कि उसने विकास के नियम खोज लिये हैं। इसी के अन्तर्गत उन्होंने माना कि पूँजीवाद का विनाश अवश्यंभावी है।**

मार्क्सवादी–लेनिनवादी उपागम का व्यवहार में उपयोग–

(1) मार्क्सवादी–लेनिनवादी उपागम से ज्ञात होता है कि राज्य की अर्थव्यवस्था का स्वरूप क्या है? राज्यसत्ता के पास आर्थिक शक्ति के आधार पर पूँजीवादी, समाजवादी या मिश्रित अर्थव्यवस्था में भेद किया जाता है।

(2) शासकगण समाज के किस वर्ग से सम्बन्ध रखते हैं। प्रत्येक राज्य में कुछ प्रतिष्ठा के पद होते हैं, जिन्हें **'नियन्त्रकारी पद'** कहा जाता है। इससे निष्कर्ष निकलता है कि विकासशील देशों की अधिकांश समस्याओं का मूल कारण शासक वर्ग की भर्ती में आम लोगों से नहीं होना है।

(3) देश में औद्योगिकरण के स्तर की मात्रा का ज्ञान भी इसी उपागम से होता है। कृषक समाज में कम उथल–पुथल तथा औद्योगिक समाज में अधिक होती है। मार्क्सवादी लेखकों के अनुसार ग्राम समाज खासकर किसान वर्ग रूढ़िवादी होता है, इसलिये वह परिवर्तन और नवीनता के लिये उतावला नहीं दिखता।

मार्क्सवादी–लेनिनवादी उपागम का मूल्यांकन–

मार्क्सवादी लेखक ऐसे सिद्धान्त निर्धारित करना चाहते हैं, जो सर्वमान्य और विश्वव्यापी हों। परन्तु ऐसे महान सिद्धान्तों के लिए आँकड़े चाहिए उनसे मार्क्सवादी लेखक कतराते हैं। ऐसी स्थिति में यह उपागम **'परिशुद्ध'** और **'वैज्ञानिक'** कैसे माना जा सकता है?

मार्क्सवादी लेखक राजनीतिक व्यवस्थाओं का समष्टि स्तर पर अध्ययन करते हैं। किन्तु वर्तमान में राजनीतिक प्रक्रियाएँ इतनी जटिल हो गई हैं कि उन्हें व्यष्टि स्तर पर भी पूरी तरह से नहीं समझा जा सकता है।

चीन में मार्क्सवाद से भारी विचलन देखा जा रहा है। चीन में अब मार्क्सवादी या माओवादी सादगी का दर्शन नहीं होता। वहाँ कोई इस बात के लिए परेशान नहीं दिखाई पड़ता कि उसे पूँजीवाद से लड़ना है।

4. राजनीतिक विकास उपागम (Political Development Analysis)–

राजनीतिक विकास उपागम आर्थिक विकास को राजनीतिक विकास से जुड़ा मानता है। यद्यपि कई लेखकों ने राजनीतिक विकास पर भिन्न–भिन्न दृष्टिकोण अपनाया है। राजनीतिक विकास उपागम को लोकप्रिय बनाने में **ल्यूशन पाई, माइरन वीनर, जेम्स कोलमैन, जी० आमण्ड, डी०ए०रोस्टोव, एडवर्ड शिल्स, ए०के० आर्गेन्स्की** तथा **सेमुअल पी० हंटिग्टन** मुख्य हैं।

लिप्सेट, एमर्सन तथा **कोलमैन** ने **आर्थिक विकास** को **राजनीतिक विकास का पर्याय** माना है। जो व्यवस्था आर्थिक और औद्योगिक विकास में सहायक बने, वह राजनीतिक दृष्टि से विकसित समझी जायेगी। लेकिन इस आधार पर निरकुंश शासन प्रणालियों को भी समर्थन प्राप्त हो जायेगा।

जेम्स कोलमैन एवं **डेविड लर्नर** ने **राजनीतिक विकास** को **राजनीतिक आधुनिकीकरण का नाम** दिया है। आधुनिक समाज वह है जिसका काफी सीमा तक नगरीकरण हो चुका हो, प्रति व्यक्ति औसत आय काफी ऊँची हैं, व्यापार और उद्योग दोनों विकास की ऊँची स्थिति में हैं। जनसम्पर्क माध्यमों का समाज में जाल सा बिछ गया है तथा सामाजिक एवं आर्थिक प्रक्रियाओं में जनता की व्यापक साझेदारी देखने को मिलती है। आधुनिक राजनीतिक व्यवस्था उसे कहेंगे जहाँ राजनीतिक और शासकीय संस्थाओं का विशिष्टीकरण पाया जाये अर्थात् प्रत्येक संरचना या संस्था का एक सुसष्ट कार्य हो तथा प्रत्येक संस्था सम्पूर्ण राजनीतिक जीवन को सुव्यवस्थित करके मदद पहुँचाये।

एडवर्ड शिल्स ने **राजनीतिक लोकतंत्र** को ही **राजनीतिक विकास का नाम** दिया है। सत्ता के लिये प्रतियोगिता इसकी विशेषता है।

ल्यूशन पाई ने राजनीतिक विकास का गहराई से अध्ययन किया तथा उन्होंने **समानता, क्षमता** एवं **विभेदीकरण** को किसी राजनीतिक व्यवस्था के लिये कसौटी माना। साथ ही राजनीतिक ह्रास के कारकों की

भी व्याख्या की।

राजनीतिक विकास उपागम का मूल्यांकन–

(1) राजनीतिक विकास के अर्थ को लेकर इतना मतभेद है कि परिभाषा का संकट उत्पन्न हो जाता है। अतः यह विचार बनता है कि **"राजनीति में सब कुछ शामिल है या कुछ भी नहीं।"**

(2) राजनीतिक विकास उपागम के समर्थक विद्वानों ने इस अवधारणा को समाजशास्त्र, अर्थशास्त्र, इतिहास, भूगोल, विधिशास्त्र, लोक प्रशासन एवं संविधानवाद आदि विधाओं के समुद्र में धकेल दिया है।

(3) राजनीतिक विकास की अवधारणा इतनी अस्पष्ट तथा अमूर्त है कि अधिकांश मामलों में आनुभाविक परीक्षण के लिये आँकड़े उपलब्ध नहीं है। **जोसेफ ला पालोम्बरा** ने लिखा है कि, **"या तो बहुत खर्चीला प्रयोग बन जाता है या बिल्कुल असम्भव हो जाता है।"**

(4) **कोलिन लेज** को यह कहना पड़ा कि, **"राजनीति के सम्बन्ध में आज जितनी भी जानकारी उपलब्ध है, उसके लिये विकासशील देशों की राजनीति का अध्ययन जिम्मेदार है। विकसित देशों की राजनीति का अध्ययन नहीं।"**

5. राजनीतिक समाजशास्त्रीय उपागम (Political Sociological Analysis)–

तुलनात्मक राजनीति का राजनीतिक समाजशास्त्रीय उपागम राजनीतिक परिघटनाओं का अध्ययन एवं विश्लेषण समाज–वैज्ञानिक दृष्टि से किये जाने पर बल देता है। वस्तुतः राजनीतिक–समाजशास्त्र अध्ययन की वह शाखा है जिसमें राजनीतिक संस्थाओं, प्रक्रियाओं एवं विचारधाराओं इत्यादि को सामाजिक संरचनाओं और प्रक्रियाओं के सन्दर्भ में रखकर देखा और परखा जाता है। इसमें **राजनीतिक व्यवस्था को 'सामाजिक व्यवस्था' की एक उपव्यवस्था के रूप में** देखा

जाता है और उनके परस्पर सम्बन्ध का पता लगाया जाता है। तुलनात्मक राजनीति के क्षेत्र में इस दृष्टिकोण को विकसित करने का श्रेय **मैक्स वेबर, मिचेल्स, पैरेटो, दुर्खीम** एवं **आर्थर बेन्टले** को जाता है।

राजनीति विज्ञान में **राजनीतिक संस्कृति, राजनीतिक समाजीकरण** तथा **राजनीतिक आधुनिकीकरण** जैसी अवधारणाएँ इसी उपागम का परिणाम है। इस उपागम की प्रमुख बातें इस प्रकार हैं–

(1) इस उपागम के अन्तर्गत सिर्फ राज्य सरकार की औपचारिक संरचनाओं का ही अध्ययन नहीं होता, बल्कि सामाजिक संस्थाओं, संरचनाओं और प्रक्रियओं का भी अध्ययन किया जाता है।

(2) इसमें राजनीति का समाजशास्त्रीय परिवेश में अध्ययन किया जाता है तथा राजनीतिक जटिलताओं एवं समस्याओं की आर्थिक एवं सामाजिक सन्दर्भ में जाँच की जाती है।

(3) इसमें राजनीतिक दल एवं मतदान प्रकृति आदि बातों का अध्ययन समाज–वैज्ञानिक दृष्टि से किया जाता है।

इस उपागम की प्रमुख सीमा यह है कि इसमें राजनीति को समाजशास्त्र का अंग माना जाता है। इसमें समाजशास्त्रीय कारकों के अतिरिक्त अन्य कारकों; यथा– ऐतिहासिक, आर्थिक आदि की उपेक्षा की जाती है।

उपर्युक्त आलोचनाओं के बावजूद इस उपागम का यह महत्त्व है कि यह समाज के सम्बन्धों और उसकी संरचना को सम्पूर्ण रूप से समझने के कार्य को सरल बना देता है। यह राजनीति के अध्ययन को समाज के एक सामान्य सिद्धान्त के साथ जोड़ता है और यह एक ऐसा कार्य है, जिसकी उपेक्षा नहीं की जा सकती है।

तुलनात्मक विश्लेषण की समस्या तथा कठिनाइयाँ–

वर्तमान में तुलनात्मक राजनीतिक विश्लेषण की दिशा में काफी प्रगति हुई है। फिर भी इसमें कुछ समस्याएँ बनी हुई हैं–

(1) सामग्री एकत्रित करने की कठिनाई से पार नहीं पाया जा

सकता। इसमें भूगोल तथा भाषा सम्बन्धी अवरोध आते हैं।

(2) विभिन्नताओं का क्षेत्र बहुत व्यापक है, अतः विश्लेषणकर्त्ता प्रारम्भ से ही समानता ढूँढ़ता चलता है; जिससे कई अन्य महत्त्वपूर्ण कारक छूटते चले जाते हैं। फलस्वरूप प्राप्त निष्कर्षों को वैज्ञानिक कैसे माना जा सकता है?

(3) संवैधानिक ढ़ाँचे तथा यथार्थ में भारी अंतर आता है; यदि भारतीय संविधान एवं भारतीय समाज तथा राजनीति को यथार्थ देखें तो अंतर समझा जा सकता है।

(4) मूल्यों तथा व्यवहार की समस्या तुलनात्मक राजनीति के प्रारम्भ से आज तक बनी हुई है।

आनुभाविक विधियों के उपयोग की कठिनाईयाँ भी विश्लेषण को सीमित करती हैं। राजनीति मानवीय जीवन से सम्बन्ध रखती है। मनुष्य विचार और व्याख्या की क्षमता रखता है। उस पर उस तरह प्रयोग नहीं किये जा सकते जैसे जड़ पदार्थों या प्राकृतिक वस्तुओं के सम्बन्ध में किये जाते हैं। वैज्ञानिक जितनी निष्पक्षता विज्ञान या गणित के क्षेत्र में दिखाता है उतनी राजनीतिक विश्लेषक मानव जीवन के क्षेत्र में नहीं दिखा सकता। इसे यू कहें– दो दुना चार तो गणितीय विद्या में ठीक है, इसमें न मूल्य आड़े आते हैं न ही भावना। किन्तु वितरण के क्षेत्र में मूल्य, भावनाओं तथा योग्यता के कारण सारी स्थिति बदल जाती है।

प्रो० रोस्टोव के शब्दों में, **"तुलनात्मक अध्ययन की कठिनाईयों पर काबू पाया जा सकता है। तुलनात्मक अध्ययन तो पहले से ही यह मानकर चलता है कि राजनीतिक व्यवस्था में भिन्नताएँ भी होंगी तो समानताएँ भी।"**

2

संविधानवाद : सिद्धान्त एवं व्यवहार (Constitutionalism : Theory and Practice)

राजनीति विज्ञान के मान्य सूत्रों में एक सूत्र यह है कि समाज राज्य के बिना नहीं रह सकता, इससे जुड़ा एक अन्य सूत्र यह है कि राज्य अपने संविधान के बिना नहीं रह सकता। **प्रत्येक राज्य का अपना एक संविधान होता है और इसलिये उसे 'संवैधानिक राज्य' कहा जाता है।** लेकिन अब **'संवैधानिक राज्य'** ने मानक अर्थ ग्रहण कर लिया है, अब यह **'लोकतांत्रिक राजनीतिक व्यवस्था'** का पर्यायवाची बन गया है।

संविधानवाद की आधुनिक अवधारणा यह कामना करती है कि राजनीतिक व्यवस्था नियमों तथा विनियमों द्वारा संचालित होनी चाहिए। यह व्यक्तियों की इच्छा की नहीं, बल्कि कानून की सर्वोच्चता का प्रतीक है। यह राष्ट्रवाद, प्रजातंत्र तथा सीमित शासन के सिद्धान्त को समाहित करती है। इसे **'विभाजित शक्तियों की व्यवस्था'** का समरूपी माना जा सकता है। संविधानवाद राज्य में संविधान के अस्तित्त्व का द्योतक है, क्योंकि यह शासन का उपकरण या देश का मौलिक कानून है और यही (संविधानवाद) वह वस्तु है। जिसके लक्ष्य– शासन की मनमानी कार्यवाही को प्रतिबंधित करना, शासितों के अधिकारों की प्रत्याभूति करना तथा प्रभुतासम्पन्न सत्ता के संचालन की व्याख्या करना है। इस प्रकार संविधानवाद ऐसी राजनीतिक व्यवस्था चाहता है, जिसमें शासन की शक्तियाँ सीमित हों; इस कारण यह **'सभ्य शासन'** की धारणा का दूसरा नाम है।

संविधानवाद का उदय तथा विकास–

पोपशाही की समाप्ति तथा प्रभुसत्ता एवं धर्म निरपेक्ष राष्ट्र–राज्य के उदय के पश्चात् एक नई चेतना विकसित हुई। संविधानवाद के विचार ने धार्मिक सिद्धान्तों को अस्वीकार किया तथा राज्य की परम सत्ता के औचित्य को उचित ठहराया। **इग्लैण्ड** की **गौरवमयी क्रान्ति** (1688), **अमेरिकी स्वतंत्रता** का **घोषणा पत्र** (1776) तथा **फ्रांस** की **महान क्रान्ति** (1789) से 18वीं सदी के अंत तक संविधानवाद की धारणा का भिन्न स्वरूप सामने आया। संवैधानिक शासन को प्रजातांत्रिक शासन का समरूपी माने जाने लगा। **1924 में लेनिन ने संविधान के निर्माण में संविधानवाद की संकल्पना में समाजवाद की विशेषता को जोड़ दिया।** दो विश्व युद्धों के विनाशकारी प्रभावों ने संविधानवाद की धारणा में अन्तर्राष्ट्रीयता को जोड़ने में महत्त्वपूर्ण भूमिका निभायी। वर्तमान में उदारीकरण तथा वैश्वीकरण का युग है, जिसमें पर्यावरण की सुरक्षा के मुद्दे ने विशेष महत्त्व धारण कर लिया है। तथापि यह माना जाना चाहिए कि संविधानवाद का विचार अभी भी उन नई स्थितियों के उभरने के कारण प्रयोगात्मक अवस्था में है; जिनका सामना राज्य को विशेष रूप से क्रान्तिकारी शासन की ओर से उत्पन्न होने वाली परिस्थितियों से करना पड़ता है।

संविधानवाद के आधार–

संविधानवाद के आधारों का स्पष्टीकरण **विलियम जी० एन्ड्रूज** ने अपनी पुस्तक **'कान्सटीट्यूशन एण्ड कान्सटीट्यूशनल्जिम'** में किया है। उनका मत है कि संविधानवाद के लिए जनता और शासन में सहमति होना आवश्यक है। **एन्ड्रूज** ने सहमति को चार क्षेत्रों में बाँटा है–

(1) संस्थाओं के ढ़ांचे और प्रक्रियाओं पर सहमति,

(2) सरकार के आधार के रूप में विधि के शासन की वांछनीयता पर सहमति,

(3) समाज के सामान्य उद्देश्यों पर सहमति, तथा

(4) गौण लक्ष्यों में एवं विशिष्ट नीति–प्रश्नों पर सहमति।

उपर्युक्त चारों आधार किसी राज्य में संविधानवाद के अस्तित्त्व, उसके विकास और उसकी उपलब्धियों की आवश्यक शर्तें हैं। यदि ये आधार उपस्थित न हों तो संविधानवाद टिक ही नहीं सकता और यदि कुछ समय के लिए टिक भी गया तो निकट भविष्य में ही धाराशायी हो जायेगा।

संविधानवाद का संविधान से अंतर–

(1) **परिभाषा की दृष्टि से** संविधानवाद एक विचारधारा का प्रतीक है। जबकि संविधान एक संगठन का प्रतीक है।

(2) **उत्पत्ति की दृष्टि से** संविधानवाद सदैव विकास का प्रतिफल रहा है; वहीं साधारतणः संविधान निर्मित होते हैं।

(3) **प्रकृति की दृष्टि से** संविधानवाद में समाज के लक्ष्यों तथा उदेश्यों की अभिव्यक्ति होती है; जबकि संविधान उन लक्ष्यों की प्राप्ति की व्यवस्था है। इस प्रकार इनका सम्बन्ध साध्य तथा साधन का है।

(4) **क्षेत्र की दृष्टि से** संविधान सभी देशों में भिन्न होता है; किन्तु संविधानवाद कई देशों में एक सा ही पाया जाता है।

(5) **वैधता की दृष्टि से** संविधानवाद का औचित्य सिद्ध करने के लिये विचारधारा का प्रयोग किया जाता है; जबकि संविधान का औचित्य कानून से सिद्ध होता है।

उपरोक्त अंतरों के होते हुए भी संविधान और संविधानवाद दोनों एक दूसरे के सहायक और पूरक हैं।

I. संविधानवाद की उदारवादी अवधारणा (पश्चिमी विचारधारा)--

पश्चिमी देशों के संविधान को उदारवाद का दर्शन कहा जाता है। जिसका अर्न्तभाग प्रतिबन्धों की व्यवस्था है। पश्चिमी संविधानवाद का प्रवर्तक **थॉमस पेन** को माना जाता है। पश्चिम उदारवादी विचारधारा सरकार को अधिक से अधिक नियन्त्रित करने के पक्ष में है, जिसके

फलस्वरूप वहाँ शक्तियों को संहिताबद्ध किया गया है; ताकि शक्तियों का दुरुपयोग रोका जा सके। **संविधानवाद की उदारवादी अवधारणा पश्चिमी लोकतंत्रीय राज्यों तथा अमेरिका में प्रचलित है।** इसके अनुसार संविधानवाद में निम्न दो तत्त्व पाये जाते हैं–

1. **सीमित सरकार की परम्परा–** पश्चिमी संविधानवाद राजनीतिक शक्तियों को नियंत्रित करने के लिए निम्न व्यवहार करता है–

(1) विधि का शासन,

(2) मौलिक अधिकार एवं स्वतंत्रताओं का प्रावधान,

(3) शक्ति विभाजन,

(4) शक्तियों का पृथक्करण एवं विकेन्द्रीकरण, तथा

(5) स्वतंत्र एवं निष्पक्ष नायपालिका।

2. **राजनीतिक उत्तरदायित्व का सिद्धान्त–** राजनीतिक उत्तरदायित्व आधुनिक लोकतंत्र का मूलमंत्र है। राजनीतिक उत्तरदायित्व पाश्चात्य संविधानवाद का अनिवार्य तत्त्व है। राजनीतिक उत्तरदायित्व के निम्न साधन है–

(1) निश्चित अवधि में नियमित चुनाव,

(2) राजनीतिक दलों का अस्तित्त्व,

(3) प्रेस की स्वतंत्रता,

(4) जनमत, तथा

(5) परम्पराएँ एवं सामाजिक बहुलवाद।

II. संविधानवाद की साम्यवादी अवधारणा–

साम्यवादी अवधारणा संविधान को साध्य न मानकर वैज्ञानिक समाजवाद को प्राप्त करने का साधन मानती है। इसके अन्तर्गत **'श्रमिक राज्य'** के आदर्श को प्राप्त करने के लिये सरकार की शक्तियों को व्यापक और विशद् बना दिया गया है। **संविधानवाद की साम्यवादी**

अवधारणा में संविधान को सर्वोच्चता न देकर समाजवादी दल की नीति को सर्वोच्च प्राथमिकता दी जाती है। साम्यवादी अवधारणा में राजनीतिक शक्ति के सम्पूर्ण संस्थागत और प्रक्रियात्मक साधन आर्थिक शक्ति के अन्तर्गत रहते हैं। अधिकारों में आर्थिक अधिकारों को अधिक महत्त्व दिया जाता है। अतः संविधानवाद की सार्थकता के लिये आर्थिक शक्ति पर नियन्त्रण आवश्यक है, क्योंकि आर्थिक शक्ति पर नियन्त्रण राजनीतिक शक्ति पर नियन्त्रण को सुनिश्चित करता है। इसलिये साम्यवादी अवधारणा की व्याख्या साम्यवादी मान्यता के सन्दर्भ में की जाती है। ये मान्यताएँ निम्नलिखित हैं–

(1) सामाजिक जीवन में शक्ति के आर्थिक पहलू को सर्वोच्चता,

(2) आर्थिक शक्ति से सम्पन्न वर्ग के प्रभुत्त्व का अंत, तथा

(3) राजनीतिक शक्ति का आर्थिक शक्ति के अधीन होना, इसके लिए निम्न व्यवस्था की जाती है–

क. उत्पादन और वितरण के साधनों पर सार्वजनिक नियंत्रण,

ख. सम्पत्ति का समान वितरण, तथा

ग. साम्यवादी दल की तानाशाही।

साम्यवादी देशों में वास्तव में संविधानवाद का पालन नहीं होता। साम्यवादी दल सर्वोच्च स्थिति में रहता है। इसलिये **एल्फ्रेड जे० मेयर** ने इसे संविधानवाद के विचार को ही तीव्र निषेध कहा है।

III. विकासशील देशों में संविधानवाद–

द्वितीय विश्वयुद्ध के बाद आजाद हुए अधिकांश देश विकासशील हैं। ये नवोदित राष्ट्र आर्थिक तथा राजनीतिक रूप से पिछड़े माने जाते हैं। इन देशों में किसी भी प्रकार का संविधानवाद विकसित नहीं हो पा रहा है। कुछ उदारवादी तो कुछ साम्यवादी संविधानवाद पर चल रहे, तो कुछ राज्यों ने इन दोनों के मिश्रित रूप को अपनाया है। विकासशील देशों में संविधानवाद के लक्षण निम्न प्रकार हैं–

(1) इन देशों में संविधानवाद निर्माणाधीन है।

(2) संविधानवाद की दिशा निश्चित नहीं है।

(3) इन देशों की अनेक समस्याएँ संविधानवाद के विकास में बाधा है।

(4) विकासशील देशों में मिश्रित संविधानवाद पनप रहा है।

इस प्रकार, प्रत्येक देश संविधान के साथ संविधानवाद भी रखता है। किन्तु वातावरण एवं परिस्थितियों के अनुसार उनमें परिवर्तन होते रहते हैं।

विधि का शासन तथा संविधानवाद–

विधि का शासन तथा संविधानवाद ऐसी संकल्पनाएँ हैं। जिनके अन्तर्गत सामाजिक जीवन को नियमित करने के लिये तर्कसंगत सिद्धान्तों का पता लगाया जाता है। दोनों धारणाओं का ध्येय ऐसी प्रक्रियाएँ तथा संरचना स्थापित करना है, जिनमें नागरिक तथा सत्ताधारी समान रूप से बंधे हों। नागरिकों के मन में कानूनों के प्रति सम्मान पैदा हो तथा सत्ताधारी अपनी सत्ता का दुरूपयोग न कर सकें।

विधि का शासन तथा संविधानवाद मुख्यतः शासन एवं राजनीति के क्षेत्र में नागरिकों पर निरंकुश शक्ति के प्रयोग को रोकता है। दोनों धारणाएँ व्यक्ति को यह आश्वासन दिलाती हैं कि शासक तथा प्रशासक शक्ति का प्रयोग सामान्य हित की सिद्धि में करेंगे न कि किसी विशेष हित में।

संविधानवाद के मार्ग में समस्याएँ–

संविधानवाद के मार्ग में निम्नलिखित बाधाएँ या समस्याएँ हैं–

1. **शीत युद्ध–** आज विश्व के देशों में हथियारों के प्रति होड़ लगी हुई है। प्रत्येक देश अधिक–से–अधिक हथियार इकट्ठा करना चाहता है। युद्ध की तैयारी को शीत युद्ध कहा जाता है, जिसमें युद्ध लड़ा नहीं जाता है; परन्तु अस्त्रों–शस्त्रों की संख्या और उत्कृष्टता पर बहुत बल दिया जाता है। इसके लिए

संवैधानिक शासन में कुछ बन्धन लगाये जाते हैं।

2. **निरंकुशतावाद–** इसे सर्वाधिकारवाद, अधिनायकवाद, मजदूर वर्ग का अधिनायकवाद, फासीवाद अथवा नाजीवाद आदि कई नामों से जाना जाता है। इसे संविधान में स्थान दिया जाता है, परन्तु संवैधानिक शासन से इनका मेल नहीं हो सकता; क्योंकि वह बन्धनहीन, स्वेच्छाचारी और सर्वोपरि होने का दावा करता है। **के०सी० व्हीयर** के शब्दों में, **"संवैधानिक शासन का भविष्य इस बात पर निर्भर करता है कि विभिन्न रूपों में निरंकुशतावाद की शक्ति कितनी है? जैसे–जैसे निरंकुशतावाद बढ़ता है, वैसे–वैसे संवैधानिक शासन पीछे हटता है।"**

3. **कार्य की अधिकता–** आधुनिक संसदीय प्रणालियों के कार्य की अधिकता भी एक समस्या है। जिनमें मुख्य समस्या आर्थिक कार्यों से सम्बन्धित है। आर्थिक कठिनाई के कारण सरकारें अपना कार्य ठीक प्रकार से नहीं कर पाती हैं।

4. **व्यवस्था के प्रति विद्रोह–** संवैधानिक शासन की एक समस्या यह है कि कुछ लोग व्यवस्था के प्रति विद्रोह चलाने का प्रयास करते हैं और महत्त्वपूर्ण बात यह है कि इस व्यवस्था द्वारा दी गयी सुविधाओं का उपयोग करते हुए विद्रोह करना चाहते हैं। अतः इस प्रकार व्यवस्था का दमन क्या संवैधानिक शासन के अनुकूल है? यह एक समस्या है।

5. **अल्पकाल के लिए संवैधानिक शासन को स्थगित करना–** युद्ध अथवा किसी संकट के समय संवैधानिक शासन को संकट रहने तक स्थगित कर दिया जाता है। जिससे उस संकट का मुकाबला सुदृढ़ता से हो सके और संकटकाल समाप्त होने पर पुनः संवैधानिक शासन की स्थापना हो सके। यह सिद्धान्त कोई बुरी बात नहीं है, परन्तु व्यवहार में सदैव यह डर रहता है कि जिन लोगों को यह विशेषाधिकार सौंपे जाएँ; कहीं वे उन्हें बाद में वापस करने को राजी न हों।

6. **विभिन्न गुट–** विश्व आज गुटों में बँटा हुआ है। कहीं समाजवाद, कहीं पूँजीवाद, कहीं निर्गुट देश और इनके विभिन्न सन्धि संगठन। प्रत्येक देश अपने–अपने गुट की ओर जोर लगा रहा है। इससे विकासशील देश रस्साकसी के शिकार हो रहे हैं।

7. **सामाजिक और आर्थिक पिछड़ापन–** जो देश विकासशील हैं उनमें अनेक समस्याएँ हैं; जिनमें– सामाजिक, आर्थिक, राजनीतिक, शैक्षिक, तकनीकी एवं व्यावसायिक पिछड़ेपन की समस्याएँ अधिक प्रबल हैं। इनको दूर करने के लिए विकासशील देश विकसित देशों के मुँह देखा करते हैं और विकसित देश अपनी शर्तों पर उन्हें सहायता देते हैं।

संविधानवाद के मार्ग की समस्याओं के निदान के लिए उपाय–

संविधानवाद के मार्ग की समस्याओं के निदान के लिए मुख्य सुझाव निम्न प्रकार हैं–

1. **निःशस्त्रीकरण–** शीतयुद्ध से बचने का एक प्रबल उपाय है– निःशस्त्रीकरण पर बल देना। इससे एक ओर तो शस्त्रों पर खर्च और रख–रखाव की चिन्ता नहीं रहेगी तथा दूसरी ओर इन पर खर्च होने वाला धन विकास कार्यों और जनता की कल्याणकारी योजनाओं पर खर्च किया जा सकेगा।

2. **प्रजातान्त्रिक सरकार में विश्वास–** आज प्रजातन्त्र को सर्वाधिक श्रेष्ठ शासन प्रणाली माना जाता है, जिसमें किसी के निरंकुश होने की सम्भावना नहीं रहती है। इस शासन प्रणाली में सभी को अपनी योग्यतानुसार अवसर मिल सकता है। जो निरंकुशतन्त्र में नहीं मिलता है। यही कारण है कि आज चीन के नवयुवक अपने साम्यवादी तानाशाही से हटकर पाश्चात्य प्रजातन्त्र की माँग करने लगे हैं।

3. **शक्ति–विभाजन और सत्ता का विकेन्द्रीकरण–** कार्य की अधिकता से बचने के लिए शक्तियों का विभाजन किया

जाये और सत्ता नागरिकों तक विकेन्द्रीकृत कर दी जाये। इससे नागरिक अपनी जिम्मेदारी समझेंगे और अपने उत्तरदायित्व का निर्वाह करेंगे। साथ ही योजना इस प्रकार लागू की जाये कि आत्मनिर्भरता को प्राथमिकता मिल सके।

4. **शान्ति व्यवस्था बनाये रखना–** राज्य सरकार का दायित्व है कि राज्य के अन्दर जो सुविधाएँ नागरिकों को प्रदान की गयी हैं। वे सभी को समान रूप से मिलें; यदि नागरिकों का कोई समूह या वर्ग उनके प्रति विद्रोह करता है तो समस्त राज्य के हित में उनका दमन किया जाना चाहिए।

5. **संविधानवाद का अन्तर्राष्ट्रीय स्तर पर प्रसार–** विश्व की जनता का कल्याण इसी में है कि संविधानवाद का अन्तर्राष्ट्रीय स्तर पर विकास हो और उसका निरन्तर प्रसार हो। **सी०एफ० स्ट्रांग** का मत है कि, **"अन्तर्राष्ट्रीय संगठन राजनीतिक संविधानवाद की सुरक्षा की एक अनिवार्य शर्त है।"**

संविधानवाद का भविष्य–

इस विवेचन से यह स्पष्ट होता है कि संविधानवाद की अनेक समस्याएँ हैं। परन्तु उनका निदान भी किया जा सकता है। राष्ट्रीय राज्य और संयुक्त राष्ट्र संघ इसकी सफलता के लिए प्रयत्नशील है। इसीलिए संविधानवाद का भविष्य उज्ज्वल है।

संविधानवाद का लोकतन्त्र से सम्बन्ध–

प्रारम्भ में संवैधानिक शासन लोकतान्त्रिक नहीं थे। फ्रेंच क्रान्तिकारियों ने स्वतन्त्रता की घोषणा तथा मानवाधिकारों के अनुसार व्यक्ति की समानता के सिद्धान्त को सन्देह की दृष्टि से देखा था। संयुक्त राज्य अमेरिका के प्रारम्भिक विचारकों में भी सामान्य जनता के लिए उत्साह नहीं था। 19वीं सदी में इंग्लैण्ड एवं अन्य देशों के विचारक लोकतन्त्र के प्रति सन्देहशील थे। सभी स्त्री–पुरुषों का सार्वभौमिक मताधिकार, राजनीतिक जीवन में श्रमिक सहित सभी वर्गों को समान प्रतिनिधित्व तथा जातीय एवं धार्मिक विभेद का अभाव लोकतन्त्र की पूर्णता के लक्षण हैं।

संविधानवाद का समाजवाद से सम्बन्ध–

कार्ल मार्क्स ने अपने **साम्यवादी घोषणा–पत्र** (1848) में शोषण से बचने के लिए वर्ग–संघर्ष के सिद्धान्त का प्रतिपादन किया। उसमें **मार्क्स** हिंसा व संघर्ष को क्रान्ति के दौरान एवं क्रान्ति के पश्चात् अनिवार्य और आवश्यक मानते हैं। क्रान्ति के पश्चात् स्थापित समाज में सर्वहारा वर्ग का अधिनायकवाद स्थापित होगा, जो पूँजीपति लोकतन्त्र से कहीं अधिक अर्थों में श्रेष्ठ होगा।

इसके विपरीत समाजवादियों का एक वर्ग पूँजीवादी समाज के विनाश एवं पतन के लिए क्रान्ति को आवश्यक नहीं मानता है। वे क्रमशः धीरे–धीरे विकासशील ढ़ंग से लोकतन्त्रीय पद्धति द्वारा समाजवाद की स्थापना करना चाहते हैं। ये लोकतन्त्रीय समाजवादी कहलाते हैं। इंग्लैण्ड के **फेबियनवादी** एवं **श्रम–दल** तथा जर्मनी के **सोशल डेमोक्रेट्स** इसी श्रेणी में आते हैं।

विश्व के प्रमुख संविधान तथा संशोधन प्रक्रिया

ब्रिटिश संविधान

ग्रेट ब्रिटेन– इंग्लैण्ड, स्कॉटलैंड और वेल्स, इन तीनों को मिलाकर बना है। स्कॉटलैंड शुरू में एक आजाद देश था। 1603 में वेल्स और स्कॉटलैंड ने इंग्लैंड के साथ मिलकर एक नया देश बनाना स्वीकार किया था। 1707 में स्कॉटलैंड विधिवत् इंग्लैंड में शामिल हुआ और नया राज्य **'यूनाइटेड किंगडम ऑफ ग्रेट ब्रिटेन'** कहलाया। 1800 में जब आयरलैंड भी इंग्लैड में मिल गया, तो नया गठन **'यूनियन ऑफ ग्रेट ब्रिटेन ऐंड आयरलैंड'** कहलाया, पर आयरलैंड के लोग इससे खुश नहीं थे; वे आयरलैंड को अलग करने के लिए बराबर आंदोलन करते रहे। 1922 में आयरलैंड के दक्षिण के 26 प्रांतों (काउन्टी) को मिलाकर अलग **'रिपब्लिक ऑफ आयरलैंड'** बना। उत्तरी आयरलैंड का भाग ब्रिटेन के साथ ही बना रहा; अतः नया नाम **'यूनाइटेड किंगडम ऑफ ग्रेट ब्रिटेन ऐंड नॉर्दन आयरलैंड'** पड़ा। 2011 में उसे बहुमत मिलने पर स्वतंत्रता के प्रश्न ने फिर जोर पकड़ा और 18 सितंबर, 2014 को अधिक स्कॉट लोगों ने तय किया कि वे इंग्लैण्ड के साथ रहना चाहते हैं।

विश्व की प्रमुख शासन व्यवस्थाओं के गहन व व्यापक अध्ययन की श्रृंखला में ब्रिटिश व्यवस्था का सर्वाधिक अग्रणी स्थान है। इसके तीन कारण बताये जा सकते हैं–

(1) ब्रिटेन की संसद के विश्व के संसदों की जननी तथा उसे संसदीय लोकतन्त्र का पुश्तैनी गृह माना जाता है।

(2) यद्यपि उसका संविधान विकसित व अलिखित है, उसे ऐसे देश में लोकतन्त्र का दस्तावेज कहा जाता है जहाँ कभी स्वतन्त्रता की घोषणा नहीं हुई।

(3) इस देश की यह अग्रणी परम्परा रही है कि प्राचीन काल से आधुनिक समय तक उसकी राजनीतिक संस्थाएँ निरन्तर विकास की प्रक्रिया में रही हैं, जिन्होंने यहाँ की शासन व्यवस्था को विचित्र रूप दिया है।

ब्रिटिश शासन व राजनीतिक ने सारे विश्व के लोगों के मस्तिष्कों को काफी समय से अपनी ओर आकृष्ट किया है। यह शासन व्यवस्था निर्बाध तौर से लोकतन्त्र की दिशा में विकसित होती रही है। जिसने राजनीतिक सत्ता के प्रयोग को काफी हद तक रूपान्तरित किया है। यह दीगर बात है कि लोगों के सामाजिक जीवन पर इसका उतना ही स्पष्ट प्रभाव नहीं पड़ा है।

संविधान राज्य की सर्वोच्च विधि है। यह लिखित रूप में प्रत्येक राज्य में उपलब्ध होती है। किन्तु ब्रिटिश संविधान की विचित्र स्थिति है। प्रत्येक राज्य का अपना संविधान होता है। जो किसी सभा या समिति द्वारा बनाया जाता है। लेकिन यह सार्वभौम तथ्य ब्रिटिश व्यवस्था पर लागू नहीं होता। 1653 में **क्रामवेल** के सैनिक शासनकाल में ऐसा एक प्रपत्र तैयार किया गया था। लेकिन वह शासन का यन्त्र (Instrument of Government) चल नहीं सका। ब्रिटिश संविधान दस्तावेजी रूप में नहीं है, इसीलिए किसी पुस्तकालय या विक्रय केन्द्र पर उसकी प्रति उपलब्ध नहीं है। इसी ने अमेरिका के **टामस पेन** तथा फ्रांस के **ए०डी० टाकवेल** को यह धारणा बनाने को प्रेरित किया कि ब्रिटिश संविधान का अस्तित्त्व ही नहीं है। ऐसी अवधारणा बिल्कुल गलत है। क्योंकि ब्रिटिश

संविधान का अस्तित्त्व किसी एक लिखित दस्तावेज में नहीं बल्कि अनेक घटक तत्त्वों में रखा हुआ है। जैसे–

1. **महान् अधिकार–पत्र** (Great Charters)– ब्रिटिश लोगों तथा उनके राजा के बीच संघर्ष होते रहे, जिनके फलस्वरूप राजाओं को महान अधिकार–पत्रों पर हस्ताक्षर करने पड़े। इस दिशा में 1215 का महान अधिकार–पत्र **(Magna Carta)**, 1628 की अधिकार याचना **(Petition of Right)** तथा 1689 का अधिकारों का बिल **(Bill of Rights)** अपना विशेष महत्त्व रखते हैं। **मैग्ना कार्टा** ने यह निर्धारित किया कि राजा भी देश की विधि के तले है तथा लोगों को कुछ स्वतन्त्रताएँ प्राप्त हैं। जिनका उसे आदर करना चाहिए। **अधिकार याचना** ने निर्धारित किया कि संसद की सहमति के बिना कराधान नहीं हो सकता, इसने मनमाने तौर से गिरफ्तारी को वर्जित किया; सैनिकों का निजी घरों में ठहराव को प्रतिबन्धित किया तथा शाही सत्ता के दुरुपयोग पर प्रतिबन्ध लगाये। **बिल ऑफ राइट्स** ने संवैधानिक राजतन्त्र या संसदीय प्रभुसत्ता की स्थापना की। अतः इन प्रमुख दस्तावेजों ने निरंकुश राजतन्त्र पर अंकुश लगाकर लोगों की मूलभूत स्वतन्त्रताओं की सुरक्षा की है।

2. **महान विधियाँ** (Great Statutes)– समय–समय पर ब्रिटिश संसद ने ऐसे महत्त्वपूर्ण कानून बनाये हैं। जिन्होंने राजनीतिक व्यवस्था को स्पष्ट व लोकतान्त्रिक रूप प्रदान किया है। 1832, 1867 व 1884 के सुधार कानूनों **(Reform Acts)** ने अधिकाधिक लोगों को मताधिकार प्रदान किया। **1918** के कानून ने **स्त्रियों को मताधिकार** दिया। **1911** के संसद कानून **(Parliament Act)** ने और फिर उसमें 1949 के संशोधन ने लार्ड्स सभा की शक्तियों को कुचलकर कामन्स सभा को शक्तिशाली बना दिया। **1979** के हेबियस कार्पस कानून **(Harbeas Corpus Act)** ने मनमाने तरीके से गिरफ्तारी पर रोक लगा दी तथा **1936** के राजपद परित्याग

कानून **(Abdication Act)** ने राजपदधारी को अपनी इच्छा से मुक्त होने की व्यवस्था की। **1963** के एक कानून **(Peerage Act)** के अनुसार कोई लार्ड अपनी पियरेज त्याग सकता है। **1970** के एक कानून ने मतदाता की आयु 21 वर्ष से घटाकर 18 वर्ष कर दी। ऐसे सभी कानून ब्रिटिश संविधान के एक घटक तत्त्व का निर्माण करते हैं। क्योंकि उन्होंने वहाँ की शासन व्यवस्था को किसी न किसी रूप में प्रभावित किया है।

3. **न्यायिक निर्णय** (Judicial Decisions)– समय–समय पर ब्रिटिश न्यायालयों ने महत्त्वपूर्ण फ़ैसले दिये हैं, जिन्हें उसके घटक तत्त्वों में गिना जाता है। **1606** में इम्पोजीशन्स **(Impositions)** के मामलें में न्यायालय ने यह परिभाषित किया कि राज्य मनमाने तौर से कराधन नहीं करा सकता तथा व्यापार के विनियमन के लिए अनुचित कर (Tax) नहीं लगाये जा सकते। **1670** के **बुशेल केस** (Bushell Case) में ज्यूरी की स्वतन्त्रता स्थापित की गई। **1863** के **कूपर केस** (Cooper Case) में न्यायालय ने यह व्यवस्था दी कि यदि किसी व्यक्ति के अवैध तरीके से बने भवन को तोड़ा जाता है तो पहले उसे अपने बचाव में कुछ कहने का अधिकार है। **1920** के **रॉयल होटल लिमिटेड केस** ;त्वलंस भ्वजमस स्जकण बेंमद्ध में न्यायालय ने कहा कि संसद के कानून द्वारा ताज की स्व–विवेक की शक्तियों को विनियमित किया जा सकता है। **ब्लैकस्टोन** की लिखी हुई टीकाएँ **(Commentaries)** इस सम्बन्ध में अपना महत्त्वपूर्ण स्थान रखती हैं। **सर एडवर्ड कोक** के ये शब्द चिरस्मरणीय है, **"आप चाहे कितने ही ऊँचे हों, कानून आपके ऊपर है।"**

4. **सामान्य विधि** (Common Law)– इस दिशा में सामान्य विधि का अपना स्थान है जो ताज व सांसदों के विशेषाधिकारों तथा लोगों की स्वतन्त्रताओं को परिभाषित करती है। जब तक संसद की प्रभुसत्ता स्थापित नहीं हुई थी। न्यायालय महत्त्वपूर्ण निर्णय देते थे जो देश की सामान्य प्रथाओं के अनुकूल होते

थे। साथ ही, चासंरी अदालत साम्य (equity) के आधार पर विवादों का निपटारा करती थी। अतः साम्य पर आधारित सूत्र भी सामान्य विधि से जुड़ गये। यह प्रयास किया गया कि लोगों की स्थानीय प्रथाओं को प्राकृतिक न्याय के सामान्य सूत्रों से समन्वित किया जाये। फलतः ऐसे सूत्र स्थापित हुए जिन्हें देश की अदालतों ने मान्य ठहराया तथा साम्य से उनका तालमेल बैठ गया। किन्तु यहाँ यह बात ध्यान में रखनी चाहिए कि सामान्य कानून तथा साम्य के सूत्र चलते रहते हैं जब तक या जहाँ तक वे संसद के बनाये कानून के प्रतिकूल न हों।

5. **प्रथाएँ** (Conventions)– ब्रिटिश लोग रूढ़िवादी हैं। वे अपनी पुरानी प्रथाओं व परम्पराओं का पालन करते हैं। कोई प्रथा शुरू होती है। धीरे–धीरे जोर पकड़ती जाती है। पक्की होने पर वह कानून जैसी बन जाती है। यदि ब्रिटिश शासन प्रणाली को देखा जाये तो उसमें ऐसी प्रथाओं की भरमार है जो अलिखित होने पर भी कानून की तरह लागू होती है। उदाहरण के लिए, प्रधानमंत्री कॉमन्स सभा में स्पष्ट बहुमत वाले दल का नेता होता है तथा वह और उसका मन्त्रिमण्डल तभी तक पदासीन रह सकता है जब तक उसे संसद का विश्वास प्राप्त है। यदि अविश्वास का प्रस्ताव पास हो जाएँ तो प्रधानमंत्री त्याग–पत्र देता है जो सभी का त्याग–पत्र माना जाता है। राजा अपने मन्त्रियों की सलाह से काम करता है। अतः त्रुटि होने पर वह स्वयं नहीं बल्कि उसके मन्त्रीगण उत्तरदायी होते हैं। ऐसे **अलिखित नियमों** की संख्या बहुत बड़ी है, जिन्हें **जान स्टुअर्ट मिल** ने **संविधान के अलिखित सूत्र** कहा है।

6. **मानक रचनाएँ** (Standard Works)– यह ठीक है कि ब्रिटिश संविधान किसी पुस्तक के रूप में उपलब्ध नहीं है। लेकिन हम मानक रचनाओं को पढ़कर उसका ज्ञानार्जन कर सकते हैं। बड़े–बड़े लेखकों ने संविधान के लिखित व अलिखित नियमों को एकत्रित करके उस पर अपनी मानक टीकाएँ प्रस्तुत

की हैं। जैसे– **बेजहाट** का **'English Contitution'**, **ऐनसन** का **'Law and Custom of the Constitution'**, **जेनिग्स** की **'Cabinet Government'**, **लास्की** की **'Parliamentary Government of England'**, **सर ई० मे** का **'Treatise on the Law'**, **'Privileges'** एवं **'Proceedings and Usages of Parliament'**, **डायसी** का **'An Introduction to the Study of Law of Constitution'** इत्यादि। यह रचनाएँ अत्यन्त महत्त्वपूर्ण हैं, जिनके अध्ययन से ब्रिटिश शासन व्यवस्था के बारे में परिपूर्ण जानकारी प्राप्त की जा सकती है।

इससे स्पष्ट हो जाता है कि ब्रिटेन में संविधान है और उसका अस्तित्त्व है; इसलिए **पेन** या **टाकवेल** की अवधारणाएँ मानने योग्य नहीं हैं। यही कारण है कि इंग्लिश लेखक **'संविधान'** शब्द का भिन्न अर्थ लगाते हैं।

ब्रिटिश संविधान में संशोधन प्रक्रिया–

ब्रिटिश संविधान एक **विकसित संविधान** है तथा इसे **अलिखित एवं लचीला संविधान** कहा जाता है। लचीला होने का अर्थ यह है कि उसमें संशोधन उतनी ही सुगमता से किया जा सकता है, जितनी सुगमता से कोई साधारण कानून बनाया जा सकता है। **ब्रिटिश संसद कानून बनाकर संविधान के प्रावधानो में बड़ी सरलता से संशोधन (परिवर्तन) कर सकती है।** सड़क पर लगे हुए किसी सरकारी फाटक की मरम्मत करने अथवा उसे तुड़वाने के सम्बन्ध में जितनी सुगमता से कोई कानून पास किया जा सकता है, उतनी ही सुगमता से सम्राट अथवा कॉमन्स सभा के अधिकारों को भी बदला जा सकता है। 1936 में ब्रिटिश संसद ने आधे घण्टे के अन्दर ही **'अधित्याग अधिनियम'** पारित कर दिया था। यह अधिनियम इतना महत्त्वपूर्ण था कि इसने **एडवर्ड अष्टम्** के राज्य त्याग को वैध ठहराया और उसके स्थान पर उसके भाई को राजसिंहासन का अधिकारी घोषित किया गया। **ब्रिटिश संसद के द्वारा किये गये संशोधनों को वहाँ का सर्वोच्च न्यायालय भी**

अवैध घोषित नहीं कर सकता है।

अमेरिकी संविधान

ब्रिटिश लोगों की तरह, अमेरिकी लोग भी संविधान के पूजक माने जाते हैं। क्योंकि दोनों इस सूत्र में आस्था रखते हैं कि शासन सीमित हो, लोगों की मूल स्वतन्त्रताएँ सुरक्षित हों तथा देश में विधि की सर्वोच्चता हो। **4 जुलाई, 1776** को **स्वतन्त्रता की घोषणा** के बाद संविधान–निर्माण अपरिहार्य हो गया। इसलिए 25 मई, 1787 को फिलाडेल्फिया में संविधान सभा ने अपना कार्य शुरू किया। पेनसिल्वानिया के गवर्नर **मौरिस** की अध्यक्षता में कमेटी ऑफ स्टाइल (Committee of Style) ने सितम्बर, 1787 को संविधान का प्रारूप तैयार किया। जिसे राज्यों का समर्थन प्राप्त हुआ और वह 4 मार्च, 1789 को लागू हो गया। प्रमुख निर्माताओं। जैसे– **वाशिंगटन, जैफर्सन, मेडीसन** एवं **एडम्स** आदि को **'संस्थापक पितागण'** (Founding Fathers) कहा गया। एक अमेरिकी लेखक के शब्दों में, **"यह निस्सन्देह एक चकित करने वाला तथ्य है कि एक ही समय पर राजकाज में मर्मज्ञ इतने लोग लगभग चालीस लाख श्वेतों की जनसंख्या के बीच सभ्यता की सीमाओं पर एकत्रित हुए।"**

ब्रिटिश संविधान लम्बे विकास की देन है तथा वह अलिखित है। लेकिन अमेरिकी संविधान निर्मित व लिखित है। साथ ही समय के साथ उसका विकास भी हुआ है।

अमेरिकी संविधान में संशोधन प्रक्रिया–

आधुनिक लिखित संविधान में अमेरिकी संविधान **सबसे पुराना संविधान** है। **मान्टेस्क्यू** को अमेरिकी संविधान का **बौद्धिक पिता** कहा जाता है। संयुक्त राज्य अमेरिका का संविधान **कठोर संविधान** है। क्योंकि इसमें पिछले 225 वर्षों से भी अधिक समय में अब तक केवल **27 संशोधन** ही हो सके हैं।

संविधान में संशोधन विधि का वर्णन संविधान के **अनुच्छेद 5** में इस प्रकार किया गया है कि जब कभी कांग्रेस (संसद) के दोनों सदनों के

2/3 सदस्य किसी संशोधन की आवश्यकता को समझेंगे, तथा कांग्रेस (संसद) इस संविधान का संशोधन स्थापित करेगी या 2/3 राज्यों के विधेयकों के आवेदन पर संशोधन प्रस्थापित करने के लिए कांग्रेस (संसद) एक सभा आयोजित करेगी। उपर्युक्त दोनों में से किसी भी प्रकार से रखे गये संशोधन इस संविधान का भाग हो जाएँगे। जब 3/4 राज्यों के विधायक उनका अनुसमर्थन कर दें या 3/4 राज्यों की सभाएँ उस पर अपनी स्वीकृति दे दें। सरकार अनुसमर्थन के लिए अथवा दूसरी विधि का प्रस्ताव कर सकती है। किन्तु 1808 से पूर्व किया गया कोई संशोधन प्रथम अनुच्छेद की नौंवी धारा के प्रथम और चतुर्थ खण्डों को प्रभावित नहीं करेगा और किसी राज्य को उसकी इच्छा के विरुद्ध सीनेट में समान मताधिकार से वंचित नहीं किया जा सकेगा।

संविधान की उपर्युक्त व्यवस्था से स्पष्ट है कि संशोधन को प्रस्तावित करने की दो विधियाँ हैं–

(1) यदि कांग्रेस (संसद) के दोनों सदनों में अलग–अलग 2/3 बहुमत से किसी संशोधन को प्रस्तावित करें, अथवा

(2) यदि 2/3 राज्यों की व्यवस्थापिकाएँ संविधान में कोई संशोधन करने का प्रस्ताव करें।

इन दोनों विधियों में से किसी एक विधि द्वारा संविधान संशोधन प्रस्तावित किया जा सकता है। प्रस्तावित होने के बाद निम्नलिखित दो विधियों में से एक विधि द्वारा संशोधन किया जा सकता है–

(1) 3/4 राज्यों की व्यवस्थापिकाएँ उन संशोधनों को स्वीकार कर लें, अथवा

(2) संशोधन के लिए बुलाया गया 3/4 राज्यों का सम्मेलन संशोधन को स्वीकार कर ले।

स्पष्ट है कि यह विधि कठिन है, परन्तु इसका विशेष कारण है; अमेरिकी संविधान निर्माता **मेडीसन** के शब्दों में, **"अमेरिकी संविधान के संशोधन का ढ़ंग अत्यधिक सरलता के विरुद्ध भी सचेत है जिसके कारण संविधान को अत्यधिक सरलता से नष्ट किया जा**

सकता है।" ग्रिफिथ के अनुसार, **"इस कठोर संविधान ने व्यवहार में आश्चर्यजनक लचीलापन प्रदर्शित किया है।"** संशोधन प्रक्रिया के सम्बन्ध में कुछ महत्त्वपूर्ण बातें निम्नलिखित हैं–

(1) संशोधन प्रक्रिया में राष्ट्रपति का कोई भाग नहीं है।

(2) संविधान में संशोधन के प्रस्ताव पर अपनी पुष्टि प्रदान करने के बाद राज्य अपनी स्वीकृति वापस नहीं ले सकता; परन्तु कोई भी राज्य किसी प्रस्ताव को अस्वीकार करके बाद में अपनी स्वीकृति दे सकता है।

(3) कांग्रेस (संसद) के द्वारा संविधान के संशोधन के प्रस्ताव की पुष्टि के लिए कोई अवधि निर्धारित की जा सकती है। उदाहरणार्थ, **18वें और 21वें संशोधन के लिए 7 वर्ष की अवधि रखी थी।** लेकिन यदि कांग्रेस (संसद) संशोधन की पुष्टि के लिए अवधि निश्चित नहीं करती है, तो सम्बन्धित प्रस्ताव पुष्टि के लिए अनिश्चित काल तक राज्यों के पास पड़ा रह सकता है। कांग्रेस (संसद) ने 1924 ई० में **'बाल श्रम अधिनियम'** प्रस्तावित किया था, परन्तु संशोधन प्रस्ताव न ही समाप्त हुआ है और न ही अब तक पारित हुआ है। कारण यह है कि आवश्यक संख्या में राज्यों ने उसे अभी तक अपनी स्वीकृति प्रदान नहीं की।

(4) 21वें संविधान संशोधन को छोड़कर बाकी सभी संशोधन कांग्रेस (संसद) के बहुमत से प्रस्तावित किये गये हैं और 3 / 4 राज्यों के विधानमण्डलों द्वारा अनुसमर्थित हुए हैं। केवल 21वाँ संशोधन ऐसा है जिसे राज्यों की प्रार्थना पर बुलाये गये संविधान सम्मेलन द्वारा प्रस्तावित किया गया और केवल इसे ही राज्यों के संविधान संशोधन सम्मेलनों द्वारा अनुसमर्थन किया गया।

इस प्रकार यह पद्धति बहुत अधिक जटिल पद्धति है, इसलिए संविधान को परिस्थितियों के अनुसार ढालने के लिए न्यायिक निर्णय तथा प्रशासकीय कार्य या परम्पराएँ विकसित करनी पड़ी हैं।

फ्रांस का संविधान

लोगों ने 1789 में स्वतन्त्रता, समानता एवं बन्धुता के नारे लगाये तथा उनकी राष्ट्रीय सभा ने मानव व नागरिक अधिकारों की घोषणा (Declaration of the Rights of Man and Citizen) पारित की। इस क्रान्ति ने निरंकुश राजतन्त्र को समाप्त करके गणतन्त्रीय व्यवस्था स्थापित की और इस प्रकार यहाँ ब्रिटेन व अमेरिका की तरह प्रतिनिधि लोकतन्त्र का आगमन हुआ। यह ठीक है कि कुछ वर्ष बाद **नैपोलियन बोनापार्ट** ने इस व्यवस्था को पलट दिया। फिर बीच–बीच में राजतन्त्र की बहाली हुई जिसका 1870 में सदैव के लिए अन्त हुआ।

1791 में फ्रांस का संविधान आया। जिसने प्रथम गणतन्त्र की स्थापना की। यह शक्तियों के पृथक्करण तथा लोक प्रभुसत्ता के जुड़वाँ सूत्रों पर टिका था। विधायी शक्तियाँ 745– सदस्यीय विधान सभा को दी गई, जिसका दो–वर्षीय चुनाव रखा गया। राजपद को नाम मात्र का बना दिया गया, राजा के मन्त्रीगण संसद के सदस्य नहीं हो सकते थे। किन्तु हाई कोर्ट में उनका महाभियोग हो सकता था। 1793 में राजपद को समाप्त कर दिया गया और विधान सभा की जगह कन्वेन्शन (Convention) आई। एक नया संविधान बना। जिसे **गिरोन्डीन** (Girondin) संविधान कहा गया। किन्तु वह पास न हो सका। 1793 में **मान्टेग्नार्ड** (Montegnard) संविधान आया। इसने एक सभा को सर्वोच्च सत्ता सौंपी जिसका वार्षिक चुनाव होना था। 24 लोगों की परिषद् को कार्यपालिका शक्ति दी गई। 1799 में इस संविधान को हटा दिया गया तथा **नैपोलियन** ने कन्वेन्शन की जगह डायरेक्टरी (Directory) स्थापित की। अब दो–सदनात्मक व्यवस्थापिका बनी, जिसमें 500 सदस्यीय परिषद् (Council) तथा 250 सदस्यीय वरिष्ठों की परिषद् (Council of the Elders) स्थापित की गई।

1799 में कन्सुलेट (Consulate) का संविधान आया, जिसे लोक निर्णय होने से पूर्व लागू कर दिया गया। अब **नैपोलियन बोनापार्ट** सर्वसत्ताधारी बन गया, लेकिन 1830 के संवैधानिक चार्टर ने सीमित राजतन्त्र की स्थापना की। 1870 की लड़ाई में हारने के कारण तीसरा गणतन्त्र बना। जिसने राजपद को हटाकर पुनः गणतन्त्रात्मक व्यवस्था

को स्थापित किया। यह 1940 तक चला। जब दूसरा महायुद्ध चल रहा था, राष्ट्रपति **पीतां** (Petain) ने संविधान में संशोधन करके अत्यधिक शक्तियाँ प्राप्त कर लीं और वह वस्तुतः सर्वसत्ताधारी बन गया। 1946 में चौथे गणतन्त्र का संविधान आया। जिसने राष्ट्रपति को नाममात्र का अध्यक्ष बनाकर संसद को शक्तिशाली बना दिया। लेकिन 1958 में अल्जीरिया में स्थिति इतनी बिगड़ गई कि लोगों ने **'लोक सुरक्षा की सरकार'** की माँग की। जनरल **चार्ल्स डि गॉल** (Gen. Charles de Gaulee) जिन्होंने 1946 के संविधान की तीखी आलोचना के बाद त्यागपत्र दिया था। अब राष्ट्रपति बनाये गये। उन्हीं के निर्देशानुसार पाँचवें गणतन्त्र का नया संविधान बना। जिसने संसद की सत्ता की कीमत पर शक्तिशाली कार्यपालिका की स्थापना की तथा **डि गाल** को देव–तुल्य एवं मानव के कृत्य सौंपे।

पहला गणतन्त्र 1792 से 1799 तक चला। **दूसरा गणतन्त्र** 1848 से 1851 तक चला, **तीसरा गणतन्त्र** 1870 से 1940 तक चला, **चौथा गणतन्त्र** 1946 से 1958 तक चला और अब **पाँचवाँ गणतन्त्र** (Fifth Republic) है। जिसकी स्थापना 1958 में राष्ट्रपति **चार्ल्स डि गॉल** (Charles De Gaulle) ने की। 1789 की हिंसात्मक क्रान्ति से अभी तक देश ने 16 संविधानों को देखा है। इन घटनाओं ने इस तथ्य को उजागर किया कि फ्रांस के लोगों ने अन्ततोगत्वा राजतन्त्र की जगह गणतन्त्र को पसन्द किया और अब उनकी दृष्टि में सभी व्यावहारिक अर्थों में राजनीतिक लोकतन्त्र, संसदीय व्यवस्था तथा गणतन्त्रवाद अन्तः सम्बन्धित अवधारणाएँ हैं।

पाँचवें गणतन्त्र का संविधान **डि गॉल** द्वारा घोषित निम्नलिखित सूत्रों पर आश्रित है–

(1) व्यवस्थापिका, कार्यपालिका तथा न्यायपालिका को स्पष्ट रूप में पृथक् व सन्तुलित रखा जाये।

(2) राजनीतिक आकस्मिकताओं के ऊपर राष्ट्रीय मध्यस्थता होनी चाहिए।

(3) कानूनों का बनाना व बजट पास करना व्यवस्थापिका का काम

है, जिसका सार्वभौम मताधिकार के द्वारा प्रत्यक्ष रूप में चुनाव किया जाये।

(4) यदि पहली सभा ने संशोधन के सुझाव दिये हैं या बिलों को प्रस्तावित किया है तो उनका ध्यानपूर्वक परीक्षण करने के लिए भिन्न तरीके से निर्वाचित दूसरी सभा की आवश्यकता है।

(5) कार्यपालिका शक्ति का स्रोत संसद में से नहीं निकलना चाहिए ताकि मन्त्रियों को राजनीतिक दलों के बदलते हुए समर्थन पर निर्भर न रहना पड़े।

(6) गणतन्त्र के राष्ट्रपति को कार्यपालिका शक्ति प्राप्त हो जो राजनीतिक दलों के ऊपर हो, उसका चुनाव एवं निर्वाचक मण्डल द्वारा हो जिसमें संसद के सदस्यगण शामिल हो, जो सरकार के कार्य एवं नीति को निर्देशित करें, कानूनों व आदेशों को लागू करें, मंत्रिपरिषद् की बैठकों की अध्यक्षता करें, राजनीतिक आकस्मिकताओं में मध्यस्थ के रूप में कार्य करें, देशवासियों को आमन्त्रित करें कि वे चुनावों में अपना सार्वभौम निर्णय अभिव्यक्त करें, वह फ्रांस द्वारा निर्मित सन्धियों तथा राष्ट्रीय स्वतन्त्रता का संरक्षक हो तथा संसद के राजनीतिक अभिविन्यास और राष्ट्रीय हित के अनुसार प्रधानमंत्री की नियुक्ति करें।

संक्षेप में, पाँचवें गणतन्त्र का संविधान **डि गॉल** की इस अवधारणा पर बना है कि देश में लोकप्रिय संसद हो, राष्ट्रपति की शक्ति सबसे बढ़कर हो जो स्वयं व उसके मन्त्रीगण संसद के सदस्य न हों; किन्तु प्रधानमन्त्री व उसके मन्त्रीगण संसद के प्रति उत्तरदायी हो। यह ब्रिटेन के संसदीय व अमेरिका के अध्यक्षीय प्रतिमानों का विचित्र मिश्रण है। लेकिन इसमें राष्ट्रपति को इतना अधिक शक्तिशाली बना दिया है कि, **"यदि वह ऐसा देखे कि खेलने वाले गुटों में बँटकर लड़ रहे हैं या अयोग्य हो गये हैं तो गेंद को छीन लें।"**

फ्रांस के संविधान में संशोधन विधि–

फ्रांस के **पाँचवें गणतन्त्र** में संविधान में संशोधन के लिए **जटिल**

प्रक्रिया को अपनाया गया है। संविधान में संशोधन करने का उपक्रम सरकार की ओर से या व्यक्तिगत सदस्यों की ओर से किया जा सकता है। सरकार की ओर से प्रस्ताव प्रधानमंत्री के परामर्श से राष्ट्रपति रखता है; जबकि व्यक्तिगत सदस्यों की ओर से प्रस्ताव संसद के सदस्य रखते हैं। प्रस्ताव को संसद के दोनों सदनों द्वारा एक रूप में पारित होना चाहिए। इसके पश्चात् दो में से एक प्रक्रिया को अपनाया जाना चाहिए–

(1) प्रस्ताव को जनमत संग्रह द्वारा स्वीकृत होने पर संविधान में संशोधन होता है।

(2) यदि राष्ट्रपति के विचार से जनमत संग्रह की आवश्यकता नहीं है तो प्रस्ताव को संसद के संयुक्त अधिवेशन में भेजा जायेगा और 3/5 मत से पास होने पर संविधान में संशोधन होगा।

संशोधनों पर दो प्रतिबन्ध भी हैं–

(1) संशोधन द्वारा शासन के गणतन्त्रीय स्वरूप को नहीं बदला जा सकता है।

(2) ऐसा कोई संशोधन नहीं किया जा सकता जो राज्य–क्षेत्र का अखण्डता पर प्रतिकूल प्रभाव डालता हो।

स्विट्जरलैण्ड का संविधान

स्विट्जरलैण्ड यूरोप का एक छोटा–सा देश है, किन्तु अपनी पुरानी राजनीतिक संस्थाओं को बनाये हुए हैं। जो अपनी विचित्रता के लिए जाना जाता है। यहाँ की जनसंख्या सामाजिक, आर्थिक, भाषाई, धार्मिक तथा सांस्कृतिक क्षेत्रों में अपनी स्पष्ट विविधता लिए हुए हैं। फिर भी सभी लोग एक संगठित राष्ट्र के सदस्य हैं। जिनके बीच घनिष्ठ सहयोग व अन्तःक्रिया के लक्षण देखे जा सकते हैं। यहाँ पुराने समय से गणतन्त्रात्मक व्यवस्था चली आ रही है। उन्होंने कभी किसी राजा के अधिकारों को या विशेषाधिकारों को नहीं जाना।, **"अतः उनके लिए राज्य राभी नागरिकों का मामला है, उसका पथ–प्रदर्शन पैत्रिक नहीं होना है और न ही वह किसी निर्वाचित व्यक्ति को दिया जाना है।"**

1648 की **वेस्टफेलिया की सन्धि** के अन्तर्गत इस स्वतन्त्र राज्य की स्थापना हुई। शुरू में तीन जिलों (जिन्हें फारेस्ट कैन्टनस कहते थे) ने आस्ट्रिया के स्वामित्व के विरुद्ध संघर्ष किया। बाद में इस लीग में 13 प्रान्त शामिल हो गये और इस संघ को एक स्वतन्त्र व प्रभुसत्ताधारी राज्य के रूप में 1648 में मान्यता मिल गयी, फिर भी हालात बदलते रहे। **1789** में **फ्रांस** की **खूनी क्रान्ति** और फिर **नैपोलियन** के युद्धों ने इस देश के राजनीतिक स्थायित्व को झकझोर दिया। यहाँ तक कि 1815 के वियाना समझौते ने भी इसकी स्वतन्त्र स्थिति की पुष्टि नहीं की। 1847 में 7 रोमन कैथोलिक प्रान्तों ने अलग होने के लिए उपद्रव किया। किन्तु उनके प्रयत्न सफल न हो सके। 1848 में स्विस संविधान बना, जिसने इसे एक शिथिल परिसंघ के रूप में गठित किया।

1874 में उसमें अनेक महत्त्वपूर्ण संशोधन किये गये। 1991 में एक महत्त्वपूर्ण संशोधन हुआ। जिसने संवैधानिक उपक्रम की व्यवस्था की। 1914 में प्रशासनिक अधिकार–क्षेत्र व विभागों के पक्ष में शक्ति के हस्तान्तरण की व्यवस्था की गई। 1918 में आनुपातिक प्रतिनिधित्व व सूची प्रणाली को लागू किया गया। फिर 1921 के संशोधनानुसार विदेश सन्धियों की पुष्टि के लिए वैकल्पिक लोक निर्णय का प्रावधान जोड़ा गया। यहाँ महिला मताधिकार नहीं था। लेकिन 1971 के लोक निर्णय के परिणामस्वरूप यह व्यवस्था भी आ गई और 1998 में नया संविधान बन गया जो 1 जनवरी, 2000 से लागू हो गया। 1999 के लोक निर्णय के आधार को हड़ताल पर जाने का अधिकार मिल गया तथा ऐसे ही एक अन्य लोक निर्णय के आधार पर 2001 में यह राज्य संयुक्त राष्ट्र संघ का सदस्य हो गया।

स्विट्जरलैण्ड के संविधान में संशोधन विधि–

स्विट्जरलैण्ड का संविधान **कठोर संविधानों** की श्रेणी में आता है। इसमें संशोधन प्रक्रिया निम्न प्रकार अपनायी जाती है–

1. **संशोधन का आरम्भ–** संविधान की संशोधन प्रक्रिया में पहला स्तर संशोधन से आरम्भ का होता है। इसके निम्नलिखित दो प्रकार हैं–

(क) **संविधान के पूरे संशोधन का आरम्भ–** संशोधन के आरम्भ से पहले प्रकार में संविधान के पूर्ण संशोधन का आरम्भ किया जा सकता है। संविधान की **धारा 20** के अनुसार संविधान के संशोधन का प्रस्ताव या तो व्यवस्थापिका क्षंघीय सभा (संसद)द्व के किसी सदन द्वारा या संघीय परिषद् (कार्यपालिका) द्वारा अथवा 50,000 पंजीकृत मतदाताओं के द्वारा प्रस्तुत किया जाये तो उस पर जनमत संग्रह किया जाता है।

इस व्यवस्था द्वारा जनता को यह निश्चय करने का अवसर दिया जाता है कि संविधान का पूरा संशोधन किया जाये या नहीं। यदि यह निश्चित हो जाये कि संविधान का पूरा संशोधन किया जाना है, तो फिर व्यवस्थापिका क्ष्संघीय सभा (संसद)द्व के दोनों सदनों का नया निर्वाचन किया जाता है और इस प्रकार नये सिरे से निर्वाचित व्यवस्थापिका क्ष्संघीय सभा (संसद)द्व सम्पूर्ण संशोधन का कार्य करती है। परन्तु पूर्ण संशोधन के आधार पर यदि संघीय सभा (संसद) के दोनों सदन एकमत हों या वह प्रस्ताव संघीय परिषद् (कार्यपालिका) की ओर से आये तो उस पर जनमत–संग्रह नहीं किया जाता है।

(ख) **संविधान के आंशिक संशोधन का आरम्भ--** संशोधन के आरम्भ के दूसरे प्रकार में संविधान के आंशिक संशोधन का प्रारम्भ किया जाता है। इसकी दो विधियाँ हैं–

पहली विधि के अनुसार, स्विट्जरलैण्ड के 50,000 मतदाता या तो आंशिक संशोधन कराने की इच्छा व्यक्त कर सकते हैं अथवा वे आंशिक संशोधन का प्रारूप दे सकते हैं। पहले प्रकार के प्रारम्भ को **अनिर्मित आरम्भक** कहा जाता है और दूसरे प्रकार के प्रारम्भ को **निर्मित आरम्भक** कहा जाता है। आंशिक संशोधन का प्रस्ताव लोगों की ओर से यदि अनिर्मित रूप में आता है और संघीय सभा (संसद) संशोधन सम्बन्धी जनता की माँग को मोटे रूप से स्वीकार कर लेती है, तो राज्य सभा संशोधन का प्रारूप बनाती है। पर यदि संघीय सभा (संसद)

लोगों की माँग को अस्वीकार कर देती है। तो इस बात का निर्णय जनमत–संग्रह द्वारा किया जाता है कि प्रस्तावित आंशिक संशोधन किया जाना चाहिए या नहीं।

दूसरी विधि के अनुसार, आंशिक संशोधन की माँग जब संशोधन के प्रारूप के साथ अर्थात् निर्मित आरम्भक के रूप में प्रारम्भ की जाती है, तो संघीय सभा (संसद) के लिए यह आवश्यक होता है कि वह उसे जनता की स्वीकृति के लिए रखे; चाहे स्वयं संघीय सभा (संसद) उसे स्वीकार करे अथवा न करे। यदि संशोधन के प्रारूप के साथ प्रस्तुत की गई माँग को संघीय सभा (संसद) स्वीकार न करे तो उसे अधिकार है कि वह उस प्रारूप को जनता के समक्ष जनमत–संग्रह कराने के लिए रखते हुए यह सिफारिश कर सके कि जनता उसे अस्वीकार करे या अपनी ओर से उसके विरुद्ध ऐसा प्रस्ताव प्रस्तुत कर सके, जिसे संघीय सभा (संसद) जनता से स्वीकार कराने के लिए कह सके। ऐसी स्थिति में जनता के प्रस्ताव के साथ ही साथ संघीय सभा (संसद) का अपना प्रस्ताव भी जनमत–संग्रह के लिए प्रस्तुत किया जा सकता है।

इसके अतिरिक्त आंशिक संशोधन का प्रस्ताव संघीय सभा (संसद) के एक सदन अथवा उसके दोनों सदनों द्वारा अलग–अलग या संघीय परिषद् (कार्यपालिका) द्वारा भी प्रस्तुत किया जा सकता है। यदि ऐसा प्रस्ताव एक सदन द्वारा प्रस्तुत किया जाता है और दूसरा सदन उसे स्वीकार नहीं करता, तो प्रस्ताव पर जनमत–संग्रह किया जाता है।

2. **संशोधन का पुष्टिकरण–** यह स्विट्जरलैण्ड के संविधान के संशोधन प्रक्रिया का दूसरा स्तर है। प्रस्तावित होने के बाद संशोधनों के लिए यह आवश्यक है कि उन्हें जनमत–संग्रह द्वारा जनता स्वीकार करे। संशोधन तभी पारित समझा जाता है, जब बहुसंख्यक कैण्टनों द्वारा तथा उनकी जनता के बहुमत द्वारा उसे स्वीकार कर लिया गया हो। इसकी गणना में पूरे कैण्टन का एक मत और आधे कैण्टन का आधा मत गिना जाता है। संशोधन पारित होने के लिए यह आवश्यक है कि कम से

कम 11 1धे2 कैण्टनों द्वारा स्वीकृत किया जाये और उनकी उस जनता के बहुमत द्वारा स्वीकृति की जाये, जो वहाँ इस सम्बन्ध में संविधान सभा के रूप में कार्य करती है।

के०सी० व्हीयर के शब्दों में, **"यदि स्विट्जरलैण्ड का संविधान कठोर है तो स्विट्जरलैण्ड के लोग लचीले हैं।"**

चीन का संविधान

विश्व की प्रमुख शासन व्यवस्थाओं में चीन की राजनीातिक व्यवस्था का अध्ययन कई कारणों से प्रासंगिक माना जाता है। चीनी सभ्यता दुनिया की पुरानी सभ्यताओं में गिनी जाती है तथा चीन एशिया का सबसे बड़ा राज्य है।

1912 में चीन में क्रान्ति हुई, जब **डॉ० सन याट सेन** के नेतृत्व में इसे गणतन्त्र बना दिया गया तथा ऐसा संविधान बना जिसे दुनिया के अति–आधुनिक नमूने का विधान कहा गया। 1949 की क्रान्ति के बाद 1954 में **माओ संविधान** आया, जिसने समाजवादी नमूने को अपनाया। देश में एक दलीय व्यवस्था स्थापित हुई तथा राज्य का विरोध वर्जित कर दिया गया। 1975 में **माओ** ने दूसरा संविधान लागू किया। लेकिन 1976 में उसकी मृत्यु के बाद माओ–विरोधी शक्तियाँ उभर आयीं। 1978 में **हुआ** (Hua) संविधान आया, जो केवल चार वर्षों तक चला। अब **डेंग** ;क्मदहद्ध का नेतृत्व आया। जिसने नया संविधान दिया जो 4 दिसम्बर, 1982 को अपनाया गया। उसकी प्रशंसा में कहा गया कि यह विशिष्ट तौर से चीनी है तथा चीन के समाजवादी आधुनिकीकरण के लिए पूर्णतया उपयुक्त है।

संविधान की प्रस्तावना में कहा गया है कि अब चीन सर्वहारा के अधिनायकवाद वाला समाजवादी राज्य नहीं है। जैसा 1978 के संविधान में कहा गया था; बल्कि जन–लोकतान्त्रिक गणराज्य के तले एक समाजवादी राज्य है। इसी प्रकार अब वे सभी पुराने पदबन्ध हटा दिये गये हैं; जैसे– सामयवादी दल समस्त जनता के नेतृत्व का केन्द्र बिन्दु है। सर्वहारा का हरावल दस्ता है तथा मार्क्सवाद–लेनिनवाद व **माओत्से तुंग** का चिन्तन राज्य की पथप्रदर्शक विचारधारा है। चीनी साम्यवादी दल के नेतृत्व में

लोक मुक्ति सेना जैसे शब्दों को भी हटा दिया गया है; इसकी जगह नये पदबन्धों को अपनाया गया है। जैसे– अब चीन कम्युनिस्ट पार्टी में तथा मार्क्सवाद–लेनिनवाद एवं **माओत्से तुंग** के चिन्तन के तले है तथा सभी राष्ट्रीयताओं के चीनी लोग एक समाजवादी देश के वासी हैं।

चीन में साम्यवादी दल का अधिनायकवादी शासन है। संविधान को ऐसे यन्त्र के रूप में देखा जाता है कि एक विशेष प्रकार की आबद्ध राजनीतिक व्यवस्था को स्थापित किया जाये। ऐसा करने के लिए उदार लोकतान्त्रिक व्यवस्था के मानकों को एक तरफ कर दिया जाता है और उसकी जगह उस विचारधारा को रखा जाता है जो उन्नीसवीं सदी में **मार्क्स** व **एंजिल्स** ने प्रतिपादित की तथा बीसवीं सदी में जिसे रूस में **लेनिन** व **स्टालिन** ने संशोधित रूप में लागू किया और जिसे चीन में **माओ** ने कुछ अन्य आवश्यक संशोधनों के साथ अपनाया; किन्तु 1976 में **माओ** की मृत्यु के बाद उसके विरोधियों ने वि–माओकरण का मार्ग अपनाया, जिससे **हुआ** व **डेंग** के संविधानों में कुछ ऐसे लक्षण आ गये जो पिछली व्यवस्था से काफी भिन्न है। आश्चर्य की बात है कि साम्यवादी राज्य होने के बावजूद चीन के संविधान ने मिश्रित अर्थव्यवस्था को अपनाया तथा वर्तमान संविधान ने विदेशी उद्यमियों को चीन में अपनी पूँजी की निवेश करके आर्थिक क्षेत्र में सहयोगी बनने का खुला आमन्त्रण दिया है; लेकिन संविधान के सामान्य सूत्रों में एक सूत्र यह भी है कि राज्य देशद्रोहियों तथा प्रति–क्रान्तिकारियों की गतिविधियों का दमन करेगा। यह बिन्दु 1954 के **माओ संविधान** की याद दिलाता है, जब विरोधियों को देशद्रोही या प्रति–क्रान्तिकारी कहकर सभी अधिकारों से वंचित किया जाता था।

चीन के संविधान में संशोधन प्रक्रिया–

चीन का संविधान **कठोर संविधानों** की श्रेणी में रखा जाता है। 1982 के जनवादी चीन के संविधान में संशोधन प्रस्ताव राष्ट्रीय जनवादी कांग्रेस (संसद) के 1/5 सदस्यों या राष्ट्रीय जनवादी कांग्रेस (संसद) की स्थायी समिति द्वारा किया जा सकता है। **अनुच्छेद 64** के अनुसार, राष्ट्रीय जनवादी कांग्रेस (संसद) के 2/3 सदस्यों के बहुमत से पारित होने पर ही संविधान में संशोधन सम्भव होता है।

इस प्रकार सिद्धान्त रूप में चीन में संविधान संशोधन प्रणाली कठोर है। परन्तु व्यवहार में कठोर नहीं है। क्योंकि राष्ट्रीय जनवादी कांग्रेस (संसद) में साम्यवादी दल का (बहुमत) एकाधिकार होता है। चीन में एकमात्र साम्यवादी दल का अस्तित्त्व है और साम्यवादी दल के नेताओं का आधिपत्य है। यदि दलीय नेता एक बार संशोधन का निर्णय कर लेते हैं तो वे जनवादी कांग्रेस (संसद) में साम्यवादी दल के बहुमत तथा अनुशासन के कारण सरलता से संविधान में संशोधन पारित करा लेते हैं।

रूस का संविधान

1917 में **लेनिन** ने समाजवादी राज्य की स्थापना की, जिसे उसके उत्तराधिकारी **स्टालिन** ने बहुत मजबूत बना दिया; यहाँ तक कि दूसरे महायुद्ध के बाद सोवियत संघ एक महाशक्ति हो गया। समाजवादी व्यवस्था के कटु आलोचकों ने इसे तथा बाद में स्थापित होने वाली सभी समाजवादी या साम्यवादी व्यवस्थाओं को **'दूसरी दुनिया'** का नाम दिया।

रूसी समाजवादी संघीयत सोवियत गणतन्त्र सोवियत संघ का सबसे बड़ा घटक प्रान्त (गणतन्त्र) था। अप्रैल, 1978 में इसने अपना नया संविधान बनाया। जून, 1990 में इसकी व्यवस्थापिका ने एक महत्त्वपूर्ण प्रस्ताव पास किया। जिसके अन्तर्गत गणतन्त्र की प्रभुसत्ता घोषित की गई तथा इसका नाम रूसी संघ हो गया। अगले वर्ष यहाँ राष्ट्रपति के पद की रचना की गई। चुनाव में सफल होने के बाद यह पद **बोरिस ऐतल्सिन** को प्राप्त हुआ। उसने 19 जजों का एक संवैधानिक न्यायालय गठित किया तथा जिन्हें 12 वर्षों के लिए निर्वाचित किया गया। किन्तु वे पुनः निर्वावित नहीं हो सकते थे। अक्टूबर, 1991 में उसने अपना आर्थिक कार्यक्रम लागू किया। जिसका उद्देश्य ऐसी सबल मिश्रित अर्थव्यवस्था स्थापित करना था जिसमें निजी उद्यम की प्रमुख भूमिका हो। फिर एक कानून बना जिसके अन्तर्गत उन सभी लोगों को रूसी संघ की नागरिकता प्रदान की गई जो यहाँ रहते थे या सोवियत संघ के किसी अन्य प्रान्त के आकर यहाँ बसने व नागरिकता लेने की इच्छा रखते थे। दिसम्बर, 1991 में सोवियत संघ का पूर्ण विखण्डन हो गया। तब **बोरिस ऐतल्सिन** ने सोवियत संघ के पूर्व गणतन्त्रों का परिसंघ बनाया।

जिसे **'स्वतन्त्र राज्यों का राष्ट्रकुल'** कहते हैं।

उसके **15 प्रान्त** (गणतन्त्र) स्वतन्त्र राज्य बन गये। रूस जो पहले सोवियत संघ का सबसे बड़ा गणतन्त्र था, अब रूसी संघ हो गया जिसकी स्थापना **बोरिस ऐतल्सिन** ने की। यह यूरोप का सबसे बड़ा देश है और अब यहाँ उदार–लोकतान्त्रिक व्यवस्था आ गई है। अतः **बोरिस ऐतल्सिन** के नेतृत्व में बने संविधान ने उस व्यवस्था को हटा दिया जो 1924 के **लेनिन संविधान,** 1936 के **स्टालिन संविधान** तथा 1977 के **ब्रेजनेव संविधान** की देन थी।

जून 1991 में राष्ट्रपति के पद के चुनाव हुए, जिनमें सफल होने के बाद **बोरिस ऐतल्सिन** को अगले पाँच वर्षों के लिए राष्ट्रपति चुन लिया गया। इस संघ की व्यवस्थापिका ने 1992 में नया संविधान अपनाया जिसकी दिसम्बर, 1993 में लोक निर्णय द्वारा पुष्टि की गई। अतः यहाँ उदार–लोकतान्त्रिक राज्य की स्थापना हुई। इस संविधान के निर्माण व उसके उद्घाटन की उन लोगों के महान लोकतान्त्रिक प्रयोग के रूप में सराहना की जानी चाहिए जो बहुत लम्बे समय से एक सर्वाधिकारवादी व्यवस्था के अधीन रहे थे। अब रूस एक उदार–लोकतान्त्रिक प्रभुसत्ताधारी राज्य है जहाँ बहुदलीय व्यवस्था है। लोगों की मौलिक स्वतन्त्रताएँ सुनिश्चित की गई हैं। प्रेस एवं जन संचार के साधनों की स्वतन्त्रता है तथा वे सभी अन्य व्यवस्थाएँ भी हैं जिनकी उदार–लोकतन्त्र कामना करता है।

रूस के संविधान में संशोधन प्रक्रिया–

रूस का संविधान **कठोर संविधानों** की श्रेणी में आता है। **अनुच्छेद 174** के अनुसार, सर्वोच्च सोवियत संघीय सभा (संसद) के दोनों सदनों अर्थात् संघ की परिषद् तथा स्टेट ड्यूमा को पृथक्–पृथक् रूप से अपनी कुल सदस्य संख्या के 2/3 बहुमत से संविधान में संशोधन करने का अधिकार है। वर्तमान में संशोधन विधि में कोई परिवर्तन नहीं हुआ है।

भारत का संविधान

भारत के संविधान में संशोधन प्रक्रिया–

भारतीय संविधान में संशोधन विधि **अनुच्छेद 368** में दी गई है। संविधान में संशोधन व्यवस्था कुछ भागों के सम्बन्ध में कठोर है और कुछ भागों के सम्बन्ध में लचीली है। कठोर संविधान में संशोधन की विशिष्ट प्रक्रिया को अपनाया जाता है। जबकि लचीले संविधान में विधि–निर्माण की साधारण प्रक्रिया द्वारा संशोधन किया जा सकता है। **कठोर संविधान का उदाहरण संयुक्त राज्य अमेरिका का संविधान है। जबकि लचीले संविधान का उदाहरण ब्रिटेन का संविधान है।** भारतीय संविधान में संशोधन की तीन विधियाँ हैं–

(क) संविधान के कुछ भागों में संशोधन की विधि साधारण कानून बनाने वाली विधि के समान है– अर्थात् उपस्थित सदस्यों के साधारण बहुमत द्वारा संविधान में संशोधन हो सकते हैं। इसके अन्तर्गत कुछ धाराएँ आती हैं जिनका सम्बन्ध राज्यों के निर्माण, वर्तमान राज्यों का पुनर्गठन, भारतीय नागरिकता के अर्थ में परिवर्तन, राज्यों में विधान परिषद् की स्थापना या समाप्ति, संसद के सदस्यों के वेतन, केन्द्र प्रशासित क्षेत्र बनाना, अनुसूचित जातियों एवं कबायली लोगों के शासन की व्यवस्था करना आदि।

(ख) कुछ विषयों में संशोधन के लिए संसद के सभी सदस्यों के साधारण बहुमत और उपस्थित सदस्यों के 2/3 बहुमत की आवश्यकता होती है। उदाहरण के लिए, मौलिक अधिकार तथा राज्य के नीति निर्देशक सिद्धान्तों में संशोधन इसी विधि से हो सकता है।

(ग) कुछ विषयों में संशोधन के लिए संसद के सभी सदस्यों के साधारण बहुमत और उपस्थित सदस्यों के 2/3 बहुमत के अतिरिक्त कम से कम आधे राज्यों की विधानसभाओं का अनुसमर्थन भी आवश्यक है। इस वर्ग में संविधान के निम्न उपबन्ध आते है–

(1) **अनुच्छेद 54** (राष्ट्रपति का निर्वाचन)।

(2) **अनुच्छेद 55** (राष्ट्रपति के निर्वाचन की पद्धति)।

(3) **अनुच्छेद 73** (संघ की कार्यपालिका शक्ति का विस्तार)।

(4) **अनुच्छेद 162** (राज्यों की कार्यपालिका शक्ति का विस्तार)।

(5) **अनुच्छेद 241** (केन्द्र–प्रशासित क्षेत्रों के लिए उच्च न्यायालय)।

(6) **भाग 5 का अध्याय 4** (संघीय न्यायपालिका)।

(7) **भाग 6 का अध्याय 5** (राज्यों में उच्च न्यायालय)।

(8) **भाग 11 का अध्याय 1** (संघ तथा राज्यों में विधायी सम्बन्ध)।

(9) **भाग 9** (विधायी शक्तियों का विभाजन)।

(10) **अनुसूची 7** (जिसमें शक्तियों के विभाजन की सूचियाँ हैं)।

(11) **अनुच्छेद 368** (संविधान में संशोधन)।

भारतीय संविधान की इस तीसरी संशोधन विधि से संविधान में संशोधन करना जटिल हो गया है। परन्तु यह संयुक्त राज्य अमेरिका के संविधान के समान कठोर नहीं है।

जनवरी, 2004 तक भारतीय संविधान में 100 संशोधन हो चुके हैं। **के०सी० व्हीयर** के शब्दों में, **"भारतीय संविधान अधिक कठोर तथा अधिक लचीले के मध्य एक अच्छा सन्तुलन स्थापित करता है।"**

भारतीय संविधान संशोधन पद्धति की आलोचना– संविधान में संशोधन पद्धति की आलोचना का आधार कुछ बातों के सम्बन्ध में अस्पष्टता का होना है। जैसे–

(1) यदि किसी संशोधन के विषय में संसद के दोनों सदनों में मतभेद हो जाये तो इस गतिरोध को कैसे दूर किया जायेगा? संविधान इस बारे में मौन है। सर्वोच्च न्यायालय ने **शंकरी प्रसाद बनाम भारतीय संघ**, (1951) में अपना विचार व्यक्त किया कि संविधान को संशोधित करने की जो प्रक्रिया निर्धारित की गई है वह विधायिका की प्रक्रिया है और उस पर उसी प्रक्रिया के नियम लागू होते हैं।

(2) संविधान यह नहीं बताता है कि किसी भी संशोधन विधेयक पर राष्ट्रपति हस्ताक्षर करने से मना कर सकता है या नहीं।

(3) संविधान यह निर्धारित नहीं करता कि कितने समय में राज्य विधानमण्डलों को संशोधित विधेयक को स्वीकार या अस्वीकार करना होगा?

(4) संशोधन प्रस्ताव रखने का अधिकार केवल संसद को है, राज्यों के विधानमण्डलों को नहीं। यह संघीय सिद्धान्त की उपेक्षा है।

(5) स्विट्‌जरलैण्ड के समान भारतीय नागरिकों को संविधान में संशोधन प्रस्ताव लाने के लिए आरम्भक की व्यवस्था नहीं है।

(6) संवैधानिक विधेयक हर तरह से साधारण विधेयक के समान प्रस्तुत किया जाता है, जिस पर राष्ट्रपति की स्वीकृति आवश्यक होती है।

(7) संशोधन विधि सम्बन्धी प्रक्रिया कुछ उपबन्धों के सम्बन्ध में अधिक जटिल है।

भारत, अमेरिका, इंग्लैण्ड और स्विट्‌जरलैण्ड के विशेष सन्दर्भ में कार्यपालिका, विधायिका और न्यायपालिका (Executive, Lagislature and Judiciary with special reference to India, U.S.A., U.K. and Switzerland)

सरकार से अभिप्राय–

सरकार राज्य का एक अनिवार्य तत्त्व है, वस्तुतः सरकार के रूप में ही राज्य एवं इसकी प्रभुत्त्व शक्ति को मूर्त रूप मिलता है। सरकार के अर्थ एवं महत्त्व को बताते हुए **गार्नर** का कथन है कि, **"सरकार एक ऐसा संगठन है जिसके द्वारा राज्य अपनी इच्छा को प्रकट करता है। अपने आदेशों को जारी करता है तथा अपने कार्यों को करता है।"** वस्तुतः आधुनिक युग में स्वयं सरकार का निर्माण उसके तीन अंगों के संयोग से होता है और वह अपने समस्त कार्यों को इन तीन अंगों के द्वारा ही करती है। **सरकार के तीन अंग हैं– व्यवस्थापिका,**

कार्यपालिका तथा **न्यायपालिका।**

इनमें से व्यवस्थापिका कानून बनाने का कार्य करती है। व्यवस्थापिका द्वारा बनाए गए इन कानूनों को कार्यपालिका लागू करती है तथा न्यायपालिका उन सभी व्यक्तियों को दण्डित करने का कार्य करती है जो इन कानूनों का उल्लंघन करते हैं। **गिलक्राइस्ट** के अनुसार, **"प्रत्येक सरकार बहुत बड़ी संख्या में विभिन्न कार्यों एवं गतिविधियों को करती है। जिन्हें सामान्यतः व्यवस्थापिका, कार्यपालिका तथा न्यायपालिका में वर्गीकृत किया जाता है। शासन–कार्य के संचालन में व्यवस्थापिका की सत्ता का भाग सर्वाधिक तथा न्यायपालिका का न्यूनतम होता है और कार्यपालिका इसका निष्कर्ष है।" गार्नर** के शब्दों में, **"सरकार उस एजेन्सी, मैजिस्ट्रेसी या संगठन का एक साझा नाम है, जिसके द्वारा राज्य की इच्छा को प्रकट किया जाता है और इसको मनवाया जाता है।"**

एस०ई० फाइनर के अनुसार सरकार शब्द में कम–से–कम चार अर्थ सम्मलित हैं–

(1) सरकार से अभिप्राय सरकार चलाने की प्रक्रिया या गतिविधि अर्थात् दूसरों पर नियन्त्रण लागू करने की प्रक्रिया से है।

(2) सरकार का अर्थ राज्य की कार्यप्रणाली है, जिसके द्वारा शासन किया जाता है। संक्षेप में, इससे अभिप्राय है एक व्यवस्थित शासन की स्थिति का साधन।

(3) सरकार से अभिप्राय उन लोगों से है जिनको प्रशासन चलाने का कर्त्तव्य सौंपा जाता है।

(4) सरकार से अभिप्राय ऐसी व्यवस्था से है जिससे एक विशेष समाज पर शासन किया जाता है।

अतः सरकार एक राजनीतिक संगठन है जो कि कानूनी अधिकार के आधार पर राज्य की सत्ता का प्रयोग करती है तथा इसके लिए कानून निर्माण, कानूनों को लागू करने और झगड़ों का न्यायिक निपटारा भी करती है। यह उल्लेखनीय है कि सिद्धान्त रूप में व्यवस्थापिका,

कार्यपालिका तथा न्यायपालिका को अपने सुनिश्चित कार्य ही करने होते हैं। किन्तु व्यवहार में ये पूर्णतः सम्भव नहीं है।

अतः देखने में यह आता है कि व्यवस्थापिका कानून–निर्माण के अपने प्रमुख कार्य के साथ ही कुछ ऐसे कार्यों को भी करती है; जो कार्यपालिका अथवा न्यायपालिका से सम्बन्धित होते हैं और लगभग यही स्थिति व्यवस्थापिका के सन्दर्भ में कार्यपालिका एवं न्यायपालिका की भी है।

3

व्यवस्थापिका

(Legislature)

आधुनिक युग में राज्य के कानूनों का निर्माण करने वाली संस्था को व्यवस्थापिका कहा जाता है। ऐतिहासिक दृष्टि से व्यवस्थापिका की उत्पत्ति के बारे में कोई सुनिश्चित मत प्रस्तुत नहीं किया जा सकता है। वस्तुतः प्राचीन काल में शासन की सम्पूर्ण सत्ता किसी एक व्यक्ति अथवा कुछ व्यक्तियों में ही केन्द्रित रखे जाने की परम्परा थी अतः कार्यपालिका (शासक या शासकों की समिति) ही व्यवस्थापिका के कार्य भी करती थी। मध्ययुग तक लगभग यही स्थिति थी, किन्तु आधुनिक काल के प्रारम्भ में लोकतन्त्र के उदय के साथ–साथ व्यवस्थापिका भी अस्तित्त्व में आई। यह उल्लेखनीय है कि आधुनिक काल में सभी राज्यों में व्यवस्थापिका अस्तित्त्व में दिखाई पड़ती है; किन्तु **जहाँ लोकतान्त्रिक राज्यों में व्यवस्थापिका का निर्माण जनता की प्रतिनिधि सभा के रूप में होता है, वहाँ ही समग्रतावादी राज्यों (अधिनायकवादी राज्यों) में इसका निर्माण शासक–वर्ग (कार्यपालिका) की सुविधानुसार होता है।**

व्यवस्थापिका के विभिन्न रूप–

ऐतिहासिक दृष्टि से **इंग्लैण्ड की संसद (व्यवस्थापिका) आधुनिक युग की सबसे पहली लोकतांत्रिक संसद है।** अतः इसे लोकतान्त्रिक राज्यों के सन्दर्भ में **'संसदों की जननी'** कहा जाता है। विभिन्न देशों

में व्यवस्थापिका के विभिन्न नाम हैं। जैसे– **'कनाडा, ऑस्ट्रेलिया** व **भारत** में **'संसद', संयुक्त राज्य अमेरिका** में **'कांग्रेस', जापान** में **'डाइट', फ्रांस** में **'राष्ट्रीय सभा', स्विट्जरलैण्ड** एवं **रूसी संघ** में **'संघीय सभा'** तथा भूतपूर्व सोवियत संघ में व्यवस्थापिका को **'सर्वोच्च सोवियत'** कहा जाता था।

यह उल्लेखनीय है कि विभिन्न देशों की व्यवस्थापिकाओं के नामों में ही अन्तर नहीं है, अपितु **इन व्यवस्थापिकाओं की शक्तियों तथा कार्यों में भी अन्तर देखा जा सकता है।** वस्तुतः एक जैसी शासन–व्यवस्थाओं वाले राज्यों की व्यवस्थापिकाओं की शक्तियों, कार्यों एवं कार्य–शैली में सीमित मात्रा में अन्तर दीख पड़ता है; किन्तु दो विभिन्न प्रकार की शासन–व्यवस्थाओं से सम्बन्धित व्यवस्थापिकाओं में ऐसा अन्तर विस्तृत रूप में पाया जाता है।

लोकतंत्र में व्यवस्थापिका को **'राष्ट्र का दर्पण'** एवं **'जन–इच्छा का मूर्तरूप'** भी कहा जाता है। लोकतन्त्र में व्यवस्थापिका के महत्त्व के बारे में **गार्नर** का मत है कि, **"राज्य की इच्छा जिन विभिन्न अंगों द्वारा प्रकट होती है और पूर्ण की जाती है, उसमें व्यवस्थापिका का स्थान निःसन्देह सर्वोच्च होता है।" सी०एफ० स्ट्रांग** के अनुसार, **"आधुनिक संविधानिक राज्य का सबसे महत्त्वपूर्ण भाग विधानमण्डल अथवा विधि–निर्माता निकाय है।"** वस्तुतः लोकतंत्र में व्यवस्थापिका द्वारा निर्मित कानूनों के आधार पर ही कार्यपालिका प्रशासनिक कार्यों तथा न्यायपालिका न्यायिक कार्यों को करती है।

आधुनिक व्यवस्थापिका की भूमिका–

व्यवस्थापिकाओं की भूमिका को राजनीतिक व्यवस्था की प्रकृति के संदर्भ में ही समझा जा सकता है। राजनीतिक व्यवस्था के निम्नलिखित चार प्रतिमान हैं–

1. **सांविधानिक या लोकतांत्रिक राजनीतिक व्यवस्थाएँ–** आधुनिक युग में व्यवस्थापिका की भूमिका राजनीतिक या व्यवस्था–संबंधी कार्यों में सरकारी या शासनिक भूमिका की अपेक्षा ज्यादा और वास्तविक है। **ब्लॉण्डेल** के मतानुसार,

"व्यवस्थापिकाएँ राजनीति से अधिक सामान्य एवं सरकारी कार्यों में प्रभावी भूमिका निभाती है।"

व्यवस्थापिका की भूमिका कार्यपालिका के प्रभाव एवं प्रभुत्त्व पर भी निर्भर करती है; संसदीय और अध्यक्षात्मक शासन–प्रणालियों में व्यवस्थापिका का प्रभाव भिन्न होता है। संसदीय शासन–प्रणाली में व्यवस्थापिका एवं कार्यपालिका का घनिष्ठ सम्बन्ध रहने के कारण व्यवस्थापिका का प्रभाव कम रहता है। अध्यक्षात्मक शासन–प्रणाली में शक्तियों के पृथक्करण के कारण अपने क्षेत्र में व्यवस्थापिका का पूर्ण प्रभाव रहता है। रूस तथा अन्य साम्यवादी देशों में दल का प्रभुत्त्व एवं प्रभाव इतना व्यापाक है कि व्यवस्थापिका की भूमिका मात्र औपचारिक बनकर रह गई है।

अनेक विद्वान मानते हैं कि सांविधानिक शासन–व्यवस्था के अंतर्गत व्यवस्थापिका की भूमिका का ह्रास हो रहा है। व्यवस्थापिकाऐं औपचारिक निकाय के रूप में अपनी भूमिका का निर्वाह कर रही हैं। यह निर्विवाद सत्य है कि आजकल कार्यपालिका की विस्तृत शक्तियों की पृष्ठभूमि में व्यवस्थापिका की भूमिका कमजोर होती जा रही है; परन्तु इसका अर्थ यह कदापि नहीं लगना चाहिए कि व्यवस्थापिका बिल्कुल निष्क्रिय या अनुपयोगी हो गई है। आज व्यवस्थापिका को कई सीमाओं के अंतर्गत कार्य करना पड़ता है। व्यवस्थापिकाओं पर अनेक दबाव होते हैं तथा उनके कार्यों एवं शक्तियों के अनेक नियामक होते हैं। इन सीमाओं तथा नियामकों के बावजूद व्यवस्थापिका की अपनी उपयोगिता तथा भूमिका है। यही कारण है कि विश्व की प्रायः सभी राजनीतिक व्यवस्थाओं के अंतर्गत व्यवस्थापिका का गठन किया जाता है।

2. **स्वेच्छाचारी या अधिनायकवादी राजनीतिक व्यवस्थाएँ–** अधिनायकवादी देशों में भी व्यवस्थापिका होती है तथा अपने ढ़ंग से भूमिका अदा करती है। **जर्मनी** में **फासीवादी शासन** में भी व्यवस्थापिका की भूमिका थी। पाकिस्तान में **जनरल**

अय्यूब, जनरल याह्या खाँ तथा **जियाऊल हक** ने भी व्यवस्थापिका के लिए चुनाव कराए। यह बात दूसरी है कि अधिनायकवाद के अंतर्गत व्यवस्थापिका की भूमिका भिन्न तथा सीमित रहती है।

आम तौर से यह देखा जाता है कि अधिनायकवाद के अंतर्गत व्यवस्थापिका की भूमिका अधिनायकों के हितों की रक्षा करने में निहित रहती है। अधिनायकवाद में व्यवस्थापिका का गठन तो अवश्य किया जाता है, परंतु वह अधिनायकों के हाथ की कठपुतली रहती है। अधिकांश तानाशाह व्यवस्थापिका का गठन कर अपनी सत्ता पर वैधता की मुहर लगाने का प्रयास करते हैं।

अनेक अधिनायक अपना प्रभुत्त्व बनाए रखते हुए व्यवस्थापिका को सम्मान देते हैं; जिसके परिणामस्वरूप व्यवस्थापिका के लिए किए गए चुनावों में उन्हें स्पष्ट बहुमत मिलता है। **मार्शल टीटो, नेरेरे, फिदेल क्रास्ट्रो, केनेथ कौण्डा** एवं **सादात** आदि ऐसे शासक हुए हैं जिन्होंने अधिनायकवाद की सारी सुविधाओं को भोगते हुए अपनी सत्ता के वैद्यीकरण के लिए व्यवस्थापिका के प्रति सम्मान का भाव रखा।

निष्कर्षतः कहा जा सकता है कि अधिनायकवाद में व्यवस्थापिका का लोप नहीं होता, परंतु उसकी भूमिका अत्यन्त सीमित एवं औपचारिक हो जाती है। वस्तुतः अधिनायकवाद के अंतर्गत व्यवस्थापिका की भूमिका मुख्यतया तानाशाह के व्यवस्थापिका के प्रति रवैये पर निर्भर करती है।

3. **सर्वाधिकारी राजनीतिक व्यवस्थाएँ–** सर्वाधिकारी राज्यों में व्यवस्थापिका की भूमिका न तो उदारवादी लोकतांत्रिक राज्यों की तरह है और न ही तानाशाही राज्यों की तरह। भूतपूर्व सोवियत संघ, चीन तथा अन्य साम्यवादी राज्य सर्वाधिकारी राज्य की श्रेणी में आते हैं। इन राज्यों में व्यवस्थापिका के गठन का आधार वही होता है जो लोकतांत्रिक राज्यों में होता है, यद्यपि एकदलीय प्रभुता के कारण व्यवस्थापिका में

चुनाव का तत्त्व मात्र औपचारिक तत्त्व बनकर रह जाता है।

जहाँ तक सर्वाधिकारी राज्यों में व्यवस्थापिका की भूमिका का प्रश्न है, सैद्धान्तिक रूप से उसकी वही भूमिका निर्देशित है, जो लोकतांत्रिक और सांविधानिक राज्यों की है। परंतु, जब हम व्यवस्था के कृत्यों एवं शक्तियों का व्यवहार में प्रयोग देखते हैं, तब हमारे सम्मुख दूसरा चित्र उभरता है।

उपर्युक्त विश्लेषण से स्पष्ट है कि सर्वाधिकारी राज्य में व्यवस्थापिका की भूमिका अधिनायकवादी राज्य की भाँति अत्यधिक सीमित रहती है। साम्यवादी राज्यों में साम्यवादी दल का प्रभुत्त्व एवं प्रभाव सर्वव्यापक रहता है। शासन के समस्त अंगों पर दल का नियंत्रण रहता है और सभी अंग दल के नियंत्रण एवं निर्देशन में कार्य करते हैं। इसीलिए, व्यवस्थापिका स्वतंत्र रूप से अपनी भूमिका अदा नहीं कर सकती।

4. **विकासशील देशों की राजनीतिक व्यवस्थाएँ–** प्रारम्भिक दिनों में विकासशील देशों ने व्यवस्थापिका को सुव्यवस्थित रूप देने तथा उदारवादी लोकतांत्रिक परम्पराओं के अनुसार उसे संचालित करने का प्रयास किया। उदाहरण के लिए, भारत में स्वतंत्रता प्राप्ति के बाद प्रारंभिक पंद्रह वर्षों तक व्यवस्थापिका की आदर्श भूमिका रही; परंतु बाद के दिनों में व्यवस्थापिका के स्वरूप एवं कार्यचालन में विकृति पैदा हो गई। इन दिनों व्यवस्थापिका हंगामा का एक स्थल बन गया है। व्यवस्थापिका के अंतर्गत सरकार एवं विरोधी दल के बीच मतभेद इतना गहरा हो गया है कि वहाँ होने वाले प्रदर्शन निम्नस्तरीय होने लगे हैं। आए दिन व्यवस्थापिका के सदनों में शोर–शराबा, हंगामा और हाथापाई की घटनाएँ भी घटने लगी हैं।

पिछले दिनों विकासशील देशों में राजनीतिक दलों एवं दबाव समूहों के संबंध में अनेक भ्रांतियाँ तथा अनेक विरोधाभास उभरे हैं और फैले हैं; जिसके कारण भी व्यवस्थापिकाओं की भूमिका स्पष्ट नहीं हो पाई है। व्यवस्थापिका के गठन तथा

उसके कार्यचालन के संबंध में राजनीतिक दलों की जो भूमिका होनी चाहिए; वह अभी तक विकासशील देशों में नहीं उभर पाई है। इस स्थिति में यह कहा जाना स्वाभविक है कि विकासशील देशों में सहभागिता के अभिकरण के रूप में व्यवस्थापिकाओं की भूमिका और उपयोगिता के बारे में लोगों में संदेह बना रहता है। विकासशील देशों में व्यवस्थापिकाएँ सामान्य सरकारी कार्यों के संपादन में असफल तो हुई ही हैं; साथ ही राजनीतिक कार्यों में भी इसकी उपयोगिता संदेहास्पद रही है।

इसका अर्थ यह कदापि नहीं लगाना चाहिए कि विकासशील देशों में व्यवस्थापिका निरर्थक और अनुपयोगी है। कई देशों में इसकी उपयोगिता को प्रतिष्ठापित करने के प्रयास किए जा रहे हैं, यद्यपि अधिकांश विकासशील देशों में व्यवस्थापिकाएँ प्रभावहीन ही सिद्ध हुई है। कई लोगों ने विकासशील देशों में व्यवस्थापिका के उज्जवल भविष्य की भविष्यवाणी भी की है। विकासशील देशों की व्यवस्थापिकाओं के कार्यचालन के संबंध में निश्चित रूप से कुछ कहना तो संभव नहीं प्रतीत होता, परंतु इतना अवश्य कहा जा सकता है कि वहाँ अभी व्यवस्थापिकाओं की भूमिका सुव्यवस्थित नहीं है।

अधिकांश विकासशील देशों ने **'असंलग्नता की नीति'** अपनाई है। इसके कारण भी उन्हें कठिनाई हो रही है; क्योंकि उन पर किसी निश्चित शासन–प्रणाली या किसी निश्चित मॉडल का सुस्पष्ट प्रभाव नहीं है। इन कठिनाइयों के बावजूद कई विकासशील देश व्यवस्थापिका को प्रभावी बनाने के निमित्त प्रयत्नशील हैं।

आधुनिक व्यवस्थापिका की प्रमुख शक्तियाँ तथा कार्य–

आधुनिक व्यवस्थापिका की प्रमुख शक्तियाँ तथा कार्य निम्नलिखित हैं–

1. **कानून–निर्माण–** व्यवस्थापिका का सबसे प्रमुख एवं महत्त्वपूर्ण

कार्य कानूनों का निर्माण करना है। यह संविधान द्वारा निश्चित की गई सीमाओं के अन्तर्गत रहते हुए देश की जरूरतों के अनुसार नए कानूनों का निर्माण करती है; या पुराने कानूनों में संशोधन करती है अथवा उन्हें समाप्त भी कर सकती है। व्यवस्थापिका संविधान द्वारा निर्धारित प्रक्रिया द्वारा कानून का निर्माण करती है, किन्तु यह प्रक्रिया विभिन्न राज्यों में विभिन्न प्रकार की हो सकती है। सामान्यतः व्यवस्थापिका में किसी विधेयक को तीन वाचनों एवं कमेटी अवस्थाओं से गुजरना होता है और तब ही इसे व्यवस्थापिका की अन्तिम स्वीकृति प्राप्त होती है। इसके बाद ही इस पर राष्ट्राध्यक्ष के हस्ताक्षर होते हैं और तब यह कानून बन जाता है।

2. **संविधान में संशोधन का कार्य–** व्यवस्थापिका देश की आवश्यकतानुसार संविधान में संशोधन का कार्य करती है, किन्तु विभिन्न राज्यों में इस बारे में व्यवस्थापिका विभिन्न प्रक्रिया अपनाती है। जिन देशों में लचीला संविधान होता है, वहाँ व्यवस्थापिका अपने साधारण बहुमत द्वारा संविधान में संशोधन कर देती है; जैसे– इंग्लैण्ड में। किन्तु जिन देशों में कठोर संविधान को अपनाया जाता है, उनमें संविधान में संशोधन करने के लिये व्यवस्थापिका को विशेष प्रक्रिया अपनानी होती है; जैसे अमेरिका में।

3. **राष्ट्रीय बजट का नियन्त्रण–** व्यवस्थापिका राष्ट्रीय आय एवं व्यय पर पूरा नियन्त्रण रखती है, यह इसी उद्देश्य से वार्षिक बजट पारित करती है। व्यवस्थापिका बजट के द्वारा निम्नलिखित बातों को तय करती है–

(1) सरकार की वार्षिक आय कितनी होगी और इस आय को किस प्रकार प्राप्त किया जाएगा?

(2) सरकार का वार्षिक व्यय क्या होगा और इसे किस प्रकार व्यय किया जाएगा?

4. **प्रशासन पर नियन्त्रण–** लोकतान्त्रिक शासनों में व्यवस्थापिका

जन–प्रतिनिधि संस्था होती है और इस रूप में इसका एक कार्य प्रशासन का नियन्त्रण भी है। किन्तु संसदात्मक एवं अध्यक्षात्मक शासनों में व्यवस्थापिकाएँ इस कार्य को विभिन्न रूपों में करती हैं। संसदात्मक शासन में व्यवस्थापिका कार्यपालिका के प्रति उत्तरदायी होती है; अतः इस शासन में व्यवहार में व्यवस्थापिका कार्यपालिका पर नियन्त्रण प्रत्यक्ष रूप से और प्रभावशाली ढ़ंग से करती है।

5. **निर्वाचन सम्बन्धी कार्य–** अनेक दशों में व्यवस्थापिकाएँ निर्वाचन सम्बन्धी कार्य करती हैं। भारत में केन्द्र एवं राज्यों की व्यवस्थापिकाएँ राष्ट्रपति का निर्वाचन करती हैं। स्विट्जरलैण्ड में व्यवस्थापिका मन्त्रिपरिषद् एवं न्यायाधीशों का निर्वाचन करती हैं।

6. **समितियों तथा आयोगों की नियुक्ति–** व्यवस्थापिका विशेष कार्यों की जाँच करने के लिए विभिन्न समितियों एवं आयोगों की नियुक्ति करती है और उनकी रिपोर्ट पर निर्णय लेती है।

7. **विचार–विमर्श तथा जन–भावनाओं की अभिव्यक्ति–** व्यवस्थापिका जन–प्रतिनिधि सभा होती है और इस रूप में वह सार्वजनिक समस्याओं पर विचार–विमर्श करती है तथा जनमत की भावनाओं को प्रकट करती है।

8. **नीति–निर्धारण सम्बन्धी कार्य–** व्यवस्थापिका का एक कार्य प्रशासन की नीतियों का निर्धारण करना भी है। कार्यपालिका इन नीतियों के अनुसार ही प्रशासन का प्रबन्ध करती है। वस्तुतः अपनी इस शक्ति का प्रयोग करके ही आधुनिक व्यवस्थापिकाओं ने व्यक्तिवादी लोकतान्त्रिक राज्यों को लोक–कल्याणकारी राज्यों के रूप में विकसित करने का सराहनीय कार्य किया है।

9. **कार्यपालिका पर नियन्त्रण–** व्यवस्थापिका कार्यपालिका को प्रश्न, पूरक–प्रश्न, काम रोको प्रस्ताव एवं निन्दा प्रस्ताव के

द्वारा नियन्त्रित करती है। व्यवस्थापिका कार्यपालिका के विरुद्ध अविश्वास–प्रस्ताव पारित करके उसे पदच्युत भी कर सकती है। **अध्यक्षात्मक शासन में कार्यपालिका व्यवस्थापिका के प्रति उत्तरदायी नहीं होती है**; अतः इस प्रणाली में व्यवस्थापिका कार्यपालिका को अप्रत्यक्ष ढ़ंग से नियन्त्रित करती है। उदाहरण के लिए, संयुक्त राज्य अमेरिका की अध्यक्षात्मक शासन प्रणाली में कार्यपालिका (राष्ट्रपति) को प्रमुख पदों पर नियुक्त करने का तथा विदेशी राज्यों से सन्धि का अधिकार है; किन्तु उसे इन कार्यों के सम्बन्ध के सीनेट की स्वीकृति लेना आवश्यक होता है।

10. **न्याय सम्बन्धी कार्य–** अनेक देशों में व्यवस्थापिका कुछ न्यायिक कार्य भी करती है। उदाहरण के लिए, **इंग्लैण्ड में व्यवस्थापिका का द्वितीय सदन (लॉर्ड सभा) सर्वोच्च न्यायालय का कार्य करता है**। इसी प्रकार संयुक्त राज्य अमेरिका तथा भारत में उच्च अधिकारियों के विरुद्ध व्यस्थापिका मुकद्दमें (महाभियोग) की कार्यवाही कर सकती है। प्रायः सभी देशों में व्यवस्थापिका को यह अधिकार दिया गया है कि वह अपनी मानहानि करने वाले व्यक्तियों के विरुद्ध न्यायिक कार्यवाही कर सके।

व्यवस्थापिकाओं के पतन के कारण–

लॉर्ड ब्राइस ने अपनी पुस्तक **'माडर्न डेमोक्रेसीज'** में एक विशेष अध्याय के अंतर्गत व्यवस्थापिका के पतन की स्थिति की व्याख्या की है। **ब्राइस** ने पतन के कारणों का उल्लेख तो किया है, परन्तु वह उसकी पूर्ण तथा स्पष्ट व्याख्या नहीं कर पाया है। **के०सी० व्हीयर** ने अपनी पुस्तक, **'लेजिस्लेचर'** में आधुनिक युग में व्यवस्थापिकाओं के पतन के संबंध में एक अध्याय जोड़ा है। व्यवस्थापिकाओं की शक्तियों एवं महत्त्व में कमी होने के निम्नलिखित कारण हैं–

(1) कार्यपालिका की शक्तियों में वृद्धि,

(2) प्रदत्त विधायन,

(3) रेडियो, टेलीविजन तथा संचार के अन्य साधनों की भूमिका,

(4) राजनीतिक दलों की भूमिका,

(5) दबाव एवं हित समूह,

(6) न्यायिक पुनर्विलोकन,

(7) युद्ध और संकट की स्थिति,

(8) वैदेशिक संबंधों की प्रधानता,

(9) लोक–कल्याणकारी राज्य का उदय, तथा

(10) संकट के युग में मनःस्थिति।

उपर्युक्त विश्लेषण के आधार पर यह कहा जा सकता है कि व्यवस्थापिकाओं की शक्तियों एवं प्रभाव में ह्रास हुआ है। **लॉ पॉलोम्बरा** ने कहा है कि, **"व्यवस्थापिकाओं का पतन बहुत कुछ इन संस्थाओं के द्वारा तेजी से बदलती सामाजिक, आर्थिक, राजनीतिक और सरकारी परिस्थितियों तथा वातावरण के अनुकूल नहीं होने के कारण हुआ है।"**

अंततोगत्वा, निष्कर्ष के रूप में **रॉबर्ट सी० बोन** के निम्नलिखित कथन को दुहरा सकते हैं कि, **"बीसवीं सदी व्यवस्थापिका कार्यपालिका के सहमिलन की सदी है।"**

सदनों की रचना (गठन)–

सर्वत्र प्रथम सदन की रचना जनता द्वारा प्रत्यक्ष निर्वाचन के आधार पर की जाती है। किन्तु उच्च सदन की रचना के बारे में पर्याप्त मतभेद हैं। उदाहरण के लिए, विभिन्न राज्यों में द्वितीय सदन के निर्माण के लिए निम्नलिखित सिद्धान्त अपनाये गए हैं–

1. **वंशानुगत सिद्धान्त–** इस आधार पर **इंग्लैण्ड** के **द्वितीय सदन लॉर्ड सभा** में सदस्यों की नियुक्ति की जाती है। यह एक अलोकतन्त्रीय सिद्धान्त है। अतः इसकी आलोचना की जाती है।

2. **नाम निर्देशन का सिद्धान्त–** इस आधार पर **इटली** एवं **कनाडा** आदि राज्यों में **द्वितीय सदन** की रचना की जाती है। विभिन्न राज्यों में सदनों का मनोनयन विभिन्न काल के लिए हो सकता है; किन्तु यह पद्धति एक ओर तो अलोकतन्त्रीय है और दूसरी ओर सरकार इसका दुरुपयोग करके अपने समर्थकों को द्वितीय सदन में भर देती है।

3. **अप्रत्यक्ष निर्वाचन– ब्राजील** में **द्वितीय सदन अप्रत्यक्ष निर्वाचन** द्वारा बनता है। आलोचकों का मत है कि अप्रत्यक्ष निर्वाचन प्रणाली भ्रष्टाचार को जन्म देता है और इसलिए यह उचित नहीं है।

4. **प्रत्यक्ष निर्वाचन– अमेरिका** और **जापान** में **द्वितीय सदन** की रचना **प्रत्यक्ष निर्वाचन** द्वारा की जाती है; किन्तु इस स्थिति में द्वितीय सदन प्रथम सदन की पुनरावृत्ति मात्र होता है और दोनों सदनों में गतिरोध की भी आशंका रहती है।

5. **प्रथम सदन द्वारा निर्वाचन–** यह **अप्रत्यक्ष निर्वाचन** का ही एक विशिष्ट रूप है, जिसके अन्तर्गत **द्वितीय सदन की रचना प्रथम सदन द्वारा** की जाती है; यह पद्धति **नॉर्वे** में स्वीकार की गई है। आलोचकों का मत है कि यह अप्रत्यक्ष निर्वाचन प्रणाली है, अतः भ्रष्टाचार को जन्म देती है। इसके अतिरिक्त यहाँ द्वितीय सदन प्रथम सदन की ही एक–उप समिति का रूप धारण कर लेता है; अतः यह सिद्धान्त लाभपूर्ण नहीं है।

व्यवस्थापिका का संगठन–

संगठन की दृष्टि से व्यवस्थापिका दो प्रकार की हो सकती है–

1. **एकसदनीय व्यवस्थापिका** ;न्दप.बंउमतंस स्मह‍पेसंजनतमद्ध– जिस व्यवस्थापिका में एक सदन हो उसे एक सदनात्मक व्यवस्थापिका कहा जाता है। अनेक विद्वानों का मत है कि एकसदनात्मक व्यवस्थापिका लोकतन्त्र के लिए उपयुक्त है। **फ्रांस** में (1741 ई० एवं 1791 ई०) और **इंग्लैण्ड** (1651 ई०)

में एकसदनात्मक व्यवस्थापिका अपनाने का प्रयोग किया गया था; परन्तु कई कारणों से वह प्रयोग सफल नहीं हो सका। आज यद्यपि **चीन, यूनान, इस्टोनिया** एवं **युगोस्लाविया** तथा कुछ अन्य देशों में एकसदनात्मक व्यवस्था अपनायी गई है।

2. **द्वि–सदनीय व्यवस्थापिका** ;ठप.बंउमतंस स्महपेसंजनतमद्ध– यह व्यवस्था ब्रिटिश संविधानिक विकास की देन है। द्वि–सदनीय व्यवस्थापिका के एक सदन का निर्माण जनता द्वारा प्रत्यक्ष रूप से चुने गए प्रतिनिधियों से होता है और इसे **'प्रथम सदन', 'लोकप्रिय सदन'** अथवा **'निम्न सदन'** कहा जाता है। व्यवस्थापिका का दूसरा सदन सर्वसाधारण का नहीं अपितु कुछ विशेष वर्गों, स्वार्थों तथा संस्थाओं का प्रतिनिधित्व करता है। इसके संगठन का कोई सर्वमान्य निश्चित संविधानिक आधार नहीं है। भिन्न–भिन्न देशों में इसके संगठन का स्वरूप भिन्न है। व्यवस्थापिका के दूसरे सदन को **'द्वितीय सदन'** अथवा **'उच्च सदन'** ;मबवदक बेंउइमत वत न्चचमत भ्वनेमद्ध कहा जाता है। आधुनिक लोकतन्त्रों में इन दोनों सदनों की शक्तियों में कुछ अन्तर रखा जाता है।

प्रायः द्वितीय सदन की तुलना में प्रथम सदन को अधिक शक्तिशाली बनाया जाता है, किन्तु संयुक्त राज्य अमेरिका का द्वितीय सदन इन उपरोक्त मान्यताओं एवं परम्पराओं का अपवाद है। वहाँ प्रथम सदन की तरह ही द्वितीय सदन के सदस्यों का निर्वाचन भी जनता द्वारा प्रत्यक्ष रूप से किया जाता है तथा शक्तियों की दृष्टि से प्रथम सदन की तुलना में द्वितीय सदन अधिक शक्तिशाली एवं प्रभावशाली होता है। विश्व के अधिकांश राज्यों में व्यवस्थापिका द्वि–सदनीय अपनाई गई है। उच्च सदन या द्वितीय सदन की रचना में भिन्नता पाई जाती है। इंग्लैण्ड में लार्ड सभा के संगठन का आधार वंश परम्परानुगत सिद्धान्त है। **इटली, जापान और कनाडा में द्वितीय सदन के सदस्य सरकार द्वारा मनोनीत होते हैं।** भारत में द्वितीय सदन (राज्य सभा) के सदस्य अप्रत्यक्ष रूप से निर्वाचित तथा मनोनीत होते हैं। अमेरिका, ब्राजील,

आस्ट्रेलिया, पोलैण्ड तथा सोवियत रूस में द्वितीय सदन के सदस्यों का प्रत्यक्ष ढ़ंग से निर्वाचन होता है। भारत में द्वितीय सदन अप्रत्यक्ष ढ़ंग से निर्वाचित होता है तथा इसके कुछ सदस्य मनोनीत भी होते हैं। अतीत में विद्धानों में इस विषय पर मतभेद रहा है कि व्यवस्थापिका एकसदनीय होनी चाहिए अथवा द्वि–सदनीय।

4

ब्रिटेन की व्यवस्थापिका (British Legislature)

ब्रिटिश व्यवस्थापिका का अर्थ है– **राजा** एवं **संसद**। राजा इसके किसी सदन का सदस्य नहीं है, फिर भी वह इसका अभिन्न अंग है। क्योंकि वही संसद का सत्र आहूत करता है। अपना उद्घाटन भाषण देता है, पास किए गए बिलों को अपनी अनुमति देकर उन्हें कानून का रूप प्रदान करता है, सत्र का अवसान करता है तथा कॉमन्स सभा को भंग कर सकता है। ब्रिटिश व्यवस्थापिका का रूप द्विसदनात्मक है, दूसरे या उच्च या बड़े सदन को लॉर्ड्स सभा तथा निम्न या लोकप्रिय सदन को कॉमन्स सभा कहते हैं। जब 1649 में राजपद का उन्मूलन हुआ तो उसके साथ इस सदन का भी उन्मूलन हो गया। जब 1660 में राजपद की बहाली हुई तो इसकी पुनः स्थापना हो गई। 1911 के संसद अधिनियम तथा उसमें 1949 के संशोधन ने इसकी शक्तियों को कुचल दिया। फलतः अब यह एक विलम्बकारी या संशोधनकारी सदन की तरह है, जबकि कॉमन्स सभा की इच्छा ही संसद की इच्छा है। **डी० लोम** का कहना है कि, **"ब्रिटिश संसद स्त्री को पुरुष तथा पुरुष को स्त्री बनाने के अतिरिक्त सभी कुछ कर सकती है।"**

1.कॉमन्स सभा (House of Commons)–

कॉमन्स सभा प्रथम सदन तथा निम्न सदन है। इसका निर्वाचन आम जनता द्वारा होता है। **वास्तव में यही सदन राजा एवं संसद का**

एकमात्र शक्तिशाली अंग है। चूँकि राजा अपनी निषेधशक्ति का कभी प्रयोग नहीं करता। क्योंकि 1911 के संसद अधिनियम तथा 1949 में उसके संशोधन ने लॉर्ड्स सभा के पंख कतर दिए हैं। जिसे संसद की प्रभुसत्ता कहा जाता है। वह वस्तुतः कॉमन्स सभा की सर्वोच्चता है और इसलिए यह ब्रिटिश लोकतन्त्र की सर्वाधिक विशिष्टतापूर्ण संस्था है। यह ठीक कहा गया है कि यह एक द्विसदनात्मक व्यवस्था का प्रमुख राजनीतिक निकाय है। जो सर्वकुशल व सर्वप्रभुत्त्व–सम्पन्न है। कॉमन्स सभा की कार्यावधि पाँच वर्ष की होती है। कॉमन्स सभा के सदस्यों की संख्या निश्चित नहीं है।

वर्तमान में कॉमन्स सभा की सदस्य संख्या 659 है; इसका कार्यकाल 5 वर्ष है तथा इसके सदस्यों को विशेषाधिकार प्राप्त होते हैं। एक सुस्थापित परम्परा के अनुसार संसद का वर्ष में कम से कम एक सत्र अवश्य होना चाहिए ताकि बजट पास हो सके और सेना के कानून का नवीनीकरण किया जा सके। सामान्यतया, सत्र अक्टूबर के मास में शुरू होता है तथा कुछ अन्तरालों के साथ लगभग नौ या दस महीनों तक चलता रहता है। सत्रावसान के साथ ही बिल तथा अन्य कार्यवाही स्वतः समाप्त हो जाती है जो पास होने से रह गई। सत्र का उद्घाटन तब होता है जब राजा/रानी लॉर्ड्स सभा में अपना भाषण देते हैं और वहीं, कॉमन्स सभा के सदस्य उपस्थित होते हैं। सप्ताह में पाँच दिन (सोमवार से शुक्रवार तक) सत्र चलता है। लेकिन कभी–कभी देर रात तक सत्र चलता रहता है। **ब्रिटेन की कॉमन्स सभा विश्व का सबसे शक्तिशाली सदन है।** क्योंकि–

(1) इसके द्वारा निर्मित कानूनों का न्यायिक पुनरावलोकन नहीं हो सकता।

(2) इसे संविधान संशोधन का अधिकार है।

(3) धन विधेयक कॉमन्स सभा में पेश होता है।

(4) सदन के पास वित्तीय शक्तियाँ हैं।

(5) सदन कुछ न्याय सम्बन्धी कार्य भी करता है।

(6) लॉर्ड सभा की शक्तियाँ गौण हैं।

यह ठीक है कि अब इस सदन की शक्तियों पर कैबिनेट का प्रभुत्त्व स्थापित हो गया है। किन्तु इसे सत्ताहीन का प्रभावहीन निकाय की उपमा नहीं दी जा सकती। कभी–कभी सदन में इतना शोर होता है कि आलोचना का शिकार बने मन्त्री को हटना पड़ता है।

स्पीकर (Speaker)–

कॉमन्स सभा के अध्यक्ष को स्पीकर कहते हैं। **कॉमन्स सभा का स्पीकर निर्वाचन के बाद दलीय चरित्र छोड़ देता है। एक बार का स्पीकर सदैव का स्पीकर** (इसी को निरन्तरता की परिपाटी भी कहते हैं) **होता है।** जो एक बार स्पीकर हो जाता है, उसी को बार–बार चुन लिया जाता है। जब तक वह स्वयं अपनी अनेच्छा व्यक्त न करे। यह भी स्वस्थ परम्परा है कि जब कॉमन्स सभा भंग हो जाती है तो स्पीकर चुनाव लड़ता है; किन्तु उसके विरोध में कोई उम्मीदवार खड़ा नहीं होता और वह निर्विरोध जीतता है। **पहले स्पीकर थॉमस हंगर फोर्ड हैं।**

स्पीकर की शक्तियों व कार्यों को तीन भागों में रखा जा सकता है– सदन के अध्यक्ष के रूप में, सदन के प्रशासकीय अधिकारी के रूप में तथा सदन की मर्यादा के संरक्षक के रूप में।

(1) **सदन के अध्यक्ष के रूप में स्पीकर सदन की कार्यवाही चलाता है।** वह सदस्यों को बोलने का अवसर देता है; सदन में शान्ति व्यवस्था बनाए रखता है और इसलिए किसी सदस्य को आदेश दे सकता है कि वह अपने बोले हुए अनुचित या असंसदीय शब्द को वापस ले या दुर्व्यवहार प्रदर्शित करने के कारण सदन से बाहर चला जाए। वह काफी विवाद के बाद सदस्यों के मतों से निर्णय घोषित करता है। समान मतों की स्थिति में अपना निर्णायक मत देता है। किसी महत्त्वपूर्ण मुद्दे पर अपना व्यवस्था सम्बन्धी निर्णय सुनाता है तथा वह निर्णय करता है कि अमुक बिल धन विधेयक है या नहीं।

(2) **स्पीकर को कार्यपालिका शक्तियाँ प्राप्त हैं।** वह अनेक

समितियों के अध्यक्षों को नियुक्त करता है। यदि कोई व्यक्ति सदन का अपमान करता है या सांसदों के विशेषाधिकारों का हनन करता है तो स्पीकर के आदेशानुसार उसे पकड़कर सदन के सम्मुख पेश किया जाएगा और फिर सदन उसे मौखिक या लिखित ताड़ना या कारावास का निर्णय कर सकता है। जिसे लागू करना स्पीकार का कार्य है। दर्शक दीर्घाओं में अनुशासन बनाए रखना ही स्पीकर का काम है।

(3) **स्पीकर सदन की मर्यादा का संरक्षक है।** स्पीकर राजा तथा लॉर्ड्स सभा के समक्ष सदन के प्रतिनिधि के रूप में कार्य करता है। यदि कोई मन्त्री किसी कारण की ओट में किसी सदस्य के प्रश्न का उत्तर नहीं देता तो स्पीकर ही निर्णय करता है कि उस मन्त्री को उस प्रश्न का उत्तर देना चाहिए या नहीं। वह संसदीय कार्यवाही के पाठ का निरीक्षण करता है, उसी की स्वीकृति से उसका प्रकाशन किया जाता है। अतः वह किसी अनुचित या आपत्तिजनक अंश को प्रकाशित होने से रोक सकता है। वह सदन की मर्यादा बनाए रखता है और उसका उल्लंघन करने वाले को उपयुक्त रूप से दंडित कर सकता है।

संक्षेप में, **स्पीकर का पद अत्यन्त महत्त्वपूर्ण व गरिमामय है।** चूँकि वह किसी दल से नाता नहीं रखता; अतः सभी दल वाले उसकी निष्पक्षता में अपनी आस्था रखते हैं। बकिंघम महल के भीतर उसका निवास है। ताकि कोई साधारण व्यक्ति उससे अपना सम्पर्क स्थापित न कर सके।

यदि वह कभी अपना निर्णायक मत देता है तो इस बात का पूरा ध्यान रखता है कि कहीं वह किसी प्रकार के सन्देह या किसी आलोचना का शिकार न हो जाए। वह किसी पार्टी के समाचार–पत्र या उसके क्लब तक से कोई सम्बन्ध नहीं रखता; यहाँ तक कि वह अपना चुनाव अभियान भी नहीं चलाता है।

2.लॉर्ड सभा (House of Lords)–

लॉर्ड सभा ब्रिटेन का उच्च सदन होने के साथ निर्बल सदन

भी है। इसकी सदस्य संख्या लगभग 1150 है; इसमें स्त्रियों की संख्या 66 है। इसमें शाही रक्त या मूल वंश के राजकुमार, वंश परम्परागत (आनुवांशिक) पीयर, स्कॉटलैण्ड के पीयर, आयरलैण्ड के पीयर, 09 विधि लार्डस, 26 धार्मिक या आध्यात्मिक पीयर तथा आजीवन पीयर भी शामिल हैं। इस सदन का सत्र कॉमन्स सभा के साथ शुरु होता है और इसी के साथ सत्रावसान भी होता है। लेकिन अध्यक्ष किसी भी समय इसके सत्र का स्थगन कर सकता है। **गणपूर्ति तीन** है, किन्तु बिल पास करने के लिए कम–से–कम **तीस सदस्यों की उपस्थिति** आवश्यक है। **लार्ड चान्सलर** इसका अध्यक्ष है जो **वूल सैक** ;ववस ैबाद्ध पर बैठता है।

लॉर्ड सभा की शक्तियाँ– लॉर्ड सभा की प्रमुख शक्तियाँ हैं–

(1) परामर्श सम्बन्धी शक्ति,

(2) व्यवस्थापन सम्बन्धी शक्ति,

(3) वित्तीय क्षेत्र में शक्ति,

(4) कार्यपालिका क्षेत्र में शक्ति,

(5) न्यायिक शक्तियाँ,

(6) लॉर्ड सभा साधारण विधेयक को एक साल तक रोक सकती है,

(7) धन विधेयक को लॉर्ड सभा एक माह रोक सकती है (धन विधेयक का आशय किसी कराधान, अंकेक्षण या धन के विनियोग से होगा),

(8) धन विधेयक को दुबारा लॉर्ड सभा में नहीं भेजा जाता और राजा की अनुमति पाकर वह कानून बन जाता है,

(9) लार्ड सभा कार्यपालिका से प्रश्न पूछ सकती है,

(10) लॉर्ड सभा ब्रिटेन का सर्वोच्च अपीलीय न्यायालय है, इसमें 09 विधि लॉर्डस् भाग लेते हैं; तथा

(11) लॉर्ड सभा कॉमन्स सभा से पास किये गये बिल को पास करने

में विलम्ब कर सकती है, किन्तु उसे गिरा नहीं सकती।

लॉर्ड सभा के लिए सुधार योजनाएँ– लॉर्ड सभा की उपयोगिता के कारण लॉर्ड सभा को समाप्त नहीं अपितु संशोधित किया जाना चाहिए। लार्ड सभा के बारे में प्रस्तुत सुधार–योजनाएँ इस प्रकार हैं–

(1) **लार्ड रसल** का प्रस्ताव (1869) (केवल आजीवन पीयर्स बनाये जाएँ),

(2) **लॉर्ड सैलिसबरी** की योजना (1888) (क्रमिक रूप में केवल पचास पियरों की रचना की जाये),

(3) **लैण्ड्सडाउन** योजना (1909) (सदन में कुल 330 सदस्य होने चाहिए; जिसमें– 100 पियरों द्वारा, 123 कॉमन्स सभा द्वारा निर्वाचित हों, 100 ताज द्वारा, 05 पादरियों द्वारा तथा 02 शाही वंश के राजकुमार हों),

(4) **लॉर्ड ब्राइस** समिति के सुझाव (1918) (सदन में कुल 327 सदस्य हों),

(5)**लॉयड जॉर्ज** की योजना (1922),

(6) **लॉर्ड कैल्रेन्डन** का सुझाव (1928),

(7) **लॉर्ड सैलिसबरी** का प्रस्ताव (1932) (सदन में 300 सदस्य हों, जिसमें– 150 पीयरों द्वारा 12 वर्षों के लिए और शेष ताज द्वारा); तथा

(8) सर्वदलीय सम्मेलन योजना (1949)।

वर्ष 1911 तथा 1949 के संसदीय अधिनियमों ने लॉर्ड सभा को **शक्तिहीन एवं पंगु** बना दिया है। अब लॉर्ड सभा न केवल द्वितीय अपितु गौण सदन रह गया है। वर्ष 1958 के **'जीवनपर्यन्त पीयर अधिनियम'** द्वारा स्त्रियों को भी पीयर बनाया जा सकता है। वर्ष 1963 के **'पीयर अधिनियम'** द्वारा पैतृक लॉर्ड अपने जीवन के लिए लॉर्ड–पद त्याग सकते हैं।

एक बार लॉर्ड बनने पर वह आजीवन इस पद एवं उपाधि का

उपभोग करता है और उसके देहान्त पर उसका ज्येष्ठ पुत्र इस पद तथा उपाधि का उत्तराधिकारी होता है।

लॉड्र्स, प्रधानमंत्री के परामर्श पर सम्राट द्वारा बनाये जाते हैं। आमतौर पर सम्राट के जन्मदिन, नववर्ष दिवस, राज्याभिषेक तथा संसद विघटन दिवस पर यह सम्मान वितरण किया जाता है अथवा किसी भी समय जब प्रधानमंत्री आवश्यक समझता हो, यह सम्मान–वितरण किया जा सकता है।

आमतौर पर लॉर्ड सभा की बैठक सप्ताह में मंगलवार, बुधवार तथा बृहस्पतिवार तीन दिन होती है। कार्याधिक्य होने पर सोमवार को भी बैठक हो सकती है और आवश्यकता पड़ने पर शुक्रवार को भी। किसी विशेष दिन के लिये सदन की बैठक के परित्याग करने का निर्णय किया जा सकता है। उदाहरणार्थ– जिस दिन राजोद्यान में कोई प्रीतिभोज हो। लॉर्ड सभा के कार्य संचालन सम्बन्धी औपचारिक नियम बहुत कम हैं। सदन की बैठक के लिए न्यूनतम आवश्यक सदस्य संख्या केवल तीन है।

5

अमेरिकी व्यवस्थापिका
(American Legislature)

जिस प्रकार ब्रिटेन में द्विसदनात्मक संसद है, उसी प्रकार अमेरिका में संसद (कांग्रेस) है। जिसमें सीनेट उच्च सदन तथा प्रतिनिधि सभा निम्न या निचला सदन है। अतः अमेरिकी संसद (कांग्रेस) के दो सदन हैं–

1.प्रतिनिधि सभा–

प्रतिनिधि सभा **जनता का सदन** तथा प्रथम सदन है। यह व्यस्क मताधिकार द्वारा निर्वाचित होता है। अमेरिकी प्रतिनिधि सभा का प्रत्येक सदस्य का लगभग **तीस हजार लोगों का प्रतिनिधित्व** करता है, इसकी **सदस्य संख्या 435** है। इसके सदस्य **दो वर्ष** के लिए निर्वाचित होते हैं। राष्ट्रपति प्रतिनिधि सभा को कार्यकाल की समाप्ति से पूर्व विघठित नहीं कर सकता। प्रतिनिधि सभा के चुनाव क्षेत्रों के निर्माण के बारे में **'गैरिमेण्डरिंग'** की प्रथा प्रचलित है। वर्ष में एक बार प्रतिनिधि सभा की बैठक आवश्यक है। **इंग्लैण्ड, भारत** तथा **कनाडा** में प्रथम (निम्न) सदनों का कार्यकाल **पाँच वर्ष** और **सोवियत रूस, स्वीडन** तथा **जापान** के निम्न सदनों का कार्यकाल **चार वर्ष** का होता है।

इस सदन का कार्यकाल दो वर्ष है तथा नवम्बर के महीने में चुनाव होते हैं। वर्ष में कम से कम एक बार इसका सत्र होना चाहिए। सत्र 3 जनवरी को शुरु होता है जो 6 या 7 महीनों तक चलता रहता है। दोनों सदन अलग–अलग बैठक करते हैं तथा अपने प्रस्तावनुसार सत्र का

स्थगन करते हैं। यदि दोनों सदनों में टकराव हो जाये तथा गतिरोध की स्थिति पैदा हो जाये तो राष्ट्रपति सत्र का स्थगन कर सकता है और यदि असाधारण स्थिति हो तो राष्ट्रपति काँग्रेस (संसद) का विशेष सत्र बुला सकता है। सत्र में सदन के बहुमत को गणपूर्ति या कोरम निर्धारित किया गया है। यदि कोरम न हो तो 15 सदस्य सार्जेन्ट को आदेश जारी कर सकते हैं कि वह अनुपस्थित सदस्यों को पकड़कर लाये ताकि सदन की कार्यवाही चलती रहे।

स्पीकर (Speaker)–

प्रतिनिधि सभा के अध्यक्ष को स्पीकर कहते हैं, जिसे सदन के सदस्य चुनते हैं। जिस पार्टी का बहुमत होता है, उसी का प्रतिनिधि स्वीकार हो जाता है और वह अपनी पार्टी से नाता बनाए रखता है। अमेरिकी लोग इस परिपाटी को काफी पुरानी व सम्मानजनक कहते हैं। यदि वही पार्टी चुनाव जीतती है तो दो वर्ष बाद उसी व्यक्ति को स्पीकर चुन लिया जाता है। अमेरिका में सदन की समितियाँ बहुत महत्त्वपूर्ण भूमिका निभाती है। जो बिल सदन में पेश होता है। उसका भाग्य समिति की बैठक में तय होता है। समिति बनाने की शक्ति अध्यक्ष के पास थी। अतः वह मनमाने ढ़ंग से समितियाँ बनाता था। स्पीकर **कैनन** ने इस शक्ति का बहुत दुरुपयोग किया। इसीलिए उसे जार या तानाशाह का उपनाम दिया गया। 1911 में कैननवाद के खिलाफ **'क्रान्ति'** हुई। अब सदन ने समितियाँ बनाने की शक्ति अपने हाथ में ली, जिससे अध्यक्ष की स्वेच्छाचारी स्थिति का अन्त हुआ।

किन्तु इसका यह अर्थ नहीं है कि स्पीकर के पास कोई शक्ति नहीं है। वह तीन विशेष शक्तियों का प्रयोग करता है–

(1) स्पीकर सदन की अध्यक्षता करता है तथा सदस्यों को मान्यता देता है अर्थात् उन्हें बोलने का अवसर देता है।

(2) स्पीकर सदन में शान्ति व्यवस्था बनाये रखता है। यदि सदन में अनुशासनहीनता होती है तो वह उस सदस्य से सदन छोड़ने को कह सकता है या अपने सार्जेन्ट को आदेश दे सकता है कि उस सदस्य को सदन से बाहर निकाल दे।

(3) स्पीकर सदन के नियमों की व्याख्या करता है तथा व्यवस्था सम्बन्धी प्रश्नों में अपना निर्णय देता है। जब कोई बिल प्रथम पठन से निकल जाता है तो वह उसे किसी समिति को भेजता है।

अध्यक्ष के पद का महत्त्व इस सन्दर्भ में आंका जाना चाहिए कि वह वरीयता के क्रम में राष्ट्रपति एवं उप–राष्ट्रपति के बाद आता है। यह हो सकता है कि राष्ट्रपति उसे अपना उत्तराधिकारी मनोनीत करे जैसा कि 1973 में **निकसन** ने **गेराल्ड फोर्ड** के साथ किया। चूंकि स्पीकर राजनीति से जुड़ा रहता है इसलिए उसके पद को वह गरिमा प्राप्त नहीं होती जो ब्रिटिश स्पीकर को प्राप्त है।

प्रतिनिधि सभा की शक्तियाँ और कार्य–

अमेरिका की प्रतिनिधि सभा के कार्य एवं शक्तियों का स्वरूप लगभग वही है, जो ब्रिटेन की कॉमन्स सभा तथा भारत की लोक सभा का। द्वितीय सदन सीनेट के शक्तिशाली होने के कारण प्रतिनिधि सभा का वह प्रभाव नहीं है। जो ब्रिटिश कॉमन्स सभा का या भारतीय लोक सभा का है। प्रतिनिधि सभा की शक्तियाँ तथा कार्य निम्नलिखित हैं–

(1) विधि निर्माण की शक्ति,

(2) वित्तीय शक्तियाँ,

(3) संविधान संशोधन की शक्ति,

(4) कार्यपालिका सम्बन्धी शक्ति,

(5) निर्वाचन सम्बन्धी शक्ति,

(6) पदच्युति का अधिकार,

(7) प्रशासनिक निकायों एवं एजेन्सियों की स्थापना, तथा

(8) सदस्यों के विरुद्ध अनुशासनात्मक कार्यवाही।

2.सीनेट–

अमेरिकी कांग्रेस (संसद) के **उच्च सदन** को **सीनेट** कहते हैं।

सीनेट अमेरिकी राजनीति का प्रमुख केन्द्र हैं। प्रारम्भ में जब 13 राज्यों ने मिलकर अमेरिकी संघ का निर्माण किया। उस समय सीनेट के सदस्यों की संख्या 26 थी। परन्तु अब अमेरिकी संघ में 50 राज्य हैं और सीनेट की सदस्य संख्या 100 हो गई है। प्रत्येक राज्य दो प्रतिनिधि भेजता है। सीनेटरों की अवधि **छः वर्ष** है; परन्तु **एक–तिहाई सदस्य प्रति दो वर्ष के पश्चात् पद–निवृत्त** हो जाते हैं। **सीनेट स्थायी सदन है।** सीनेटरों के लिए आवश्यक है कि वह उस राज्य का निवासी हो जहाँ से वह चुनाव लड़ रहा है। **सीनेट की गणपूर्ति 51 सदस्य है।** कोई सदस्य कितनी बार पुनः निर्वाचित हो सकते हैं। 1933 के 20वें संशोधन के अनुसार इसका सत्र 3 जनवरी से शुरू होता है जो जून या जुलाई तक चलता है। यदि काँग्रेस (संसद) का कोई प्रस्ताव पास हो जाये तो उसके अन्तर्गत यह सत्र किसी भी समय समाप्त हो सकता है। **उप–राष्ट्रपति इसका पदेन अध्यक्ष है, लेकिन जब सीनेट महाभियोग के न्यायालय के रूप में कार्य करती है तो सर्वोच्च न्यायालय का प्रधान जज उसकी अध्यक्षता करता है।**

सीनेट के कार्य एवं शक्तियाँ–

सीनेट विश्व की संसदों में सर्वाधिक शक्तिशाली सदन है। **लॉर्ड ब्राइस** के शब्दों में, **"सीनेट शासन गुरुत्वाकर्षण का केन्द्र है।"** सीनेट के प्रमुख कार्य तथा शक्तियाँ निम्न प्रकार हैं–

(1) सीनेट को व्यवस्थापन के क्षेत्र में प्रतिनिधि सदन समान शक्तियाँ प्राप्त हैं।

(2) सीनेट वित्त विधेयक को पूर्णतः संशोधित कर राकती है।

(3) राष्ट्रपति द्वारा की गई सन्धियों एवं नियुक्तियों का सीनेट द्वारा पुष्टीकरण आवश्यक है।

(4) सीनेट विविध विभागों के विरुद्ध शिकायतों की जाँच करती है।

(5) की घोषणा की स्वीकृति भी सीनेट द्वारा आवश्यक है।

(6) सीनेट को महाभियोग की जाँच की शक्ति प्राप्त है।

(7) सीनेट को संविधान में संशोधन प्राप्त करने का अधिकार है।

इन्हीं तथ्यों को देखकर यह कहा जाता है कि कांग्रेस (संसद) का ऊपरी सदन होने के बावजूद सीनेट इतनी शक्तिशाली हो गई है कि विश्व के किसी अन्य देश में उसका समतुल्य नहीं मिलता। **लार्ड ब्राइस** के शब्दों में, **"सीनेट प्रशासन में आकर्षण का केन्द्र है और उसके पास इतनी शक्ति है कि वह एक ओर प्रतिनिधि सभा की लोकतान्त्रिक जल्दबाजी तथा दूसरी ओर राष्ट्रपति की राजतन्त्रीय आकांक्षा को रोक सके। अब सीनेट अमेरिका में राजनीतिक लोकतन्त्र को स्पष्ट यथार्थ प्रदान करती है। जिसे कोई अन्य संस्था इतने पूर्ण या सहर्ष ढ़ंग से नहीं कर सकती।"**

उपर्युक्त विवरण से हम कुछ बिन्दु निकाल सकते हैं। जिन्होंने सीनेट का इतना शक्तिशाली सदन बना दिया है–

(1) इसका कार्यकाल 6 वर्ष है। यदि कोई पुनः निर्वाचित हो जाये तो 12 या 18 वर्ष या उससे भी अधिक समय तक इस सदन का सदस्य बना रहता है। प्रतिनिधि सभा का कार्यकाल केवल 2 वर्ष है। इसीलिए अमेरिका के बड़े–बड़े राजनीतिज्ञ प्रतिनिधि सभा का नहीं, बल्कि सीनेट का सदस्य होने का प्रयास करते हैं।

(2) प्रत्यक्ष चुनाव व्यवस्था हो जाने से सीनेटरों का महत्त्व बढ़ गया है। वे अपने राज्य के निर्वाचकों के बड़े भाग का प्रतिनिधित्व करते हैं।

(3) सीनेटरों की न्यूनतम आयु 30 वर्ष है, लेकिन तथ्य बताते हैं कि इसमें वही लोग पहुँच सकते हैं जो बहुत योग्य, आयुवान व अनुभवी हैं। प्रतिनिधि सभा के सदस्यों की अपेक्षा उनका अधिक महत्त्वपूर्ण होना स्वाभाविक है।

(4) यद्यपि शक्तियों के पृथक्करण के साथ निरोध व सन्तुलन का सूत्र क्रियाशील है, फिर भी हम देखते हैं कि राष्ट्रपति पर नियन्त्रण रखने की शक्ति प्रतिनिधि सभा के पास नहीं बल्कि सीनेट के पास है।

(5) सीनेट ने जाँच–पड़ताल की शक्तियों का अधिकार करके अपनी स्थिति को बहुत मजबूत कर लिया है, यहाँ तक कि उसने एक प्रकार से अपना आतंक स्थापित कर लिया है। वह किसी काण्ड की जाँच करके दोषी व्यक्तियों को चिन्हित कर सकती है।

सीनेट प्रतिनिधि सभा से अधिक शक्तिशाली है। यदि विश्व के अन्य देशों की व्यवस्थापिका के द्वितीय सदनों की तुलना की जाए तो सीनेट को विश्व का सर्वाधिकारी शक्तिशाली द्वितीय सदन कहा जा सकता है। **प्रो० लिण्डसे** तथा **रोजर्स** का कथन है कि, **"सीनेट आधुनिक राजनीति का सबसे महत्त्वपूर्ण आविष्कार है।"**

ब्रिटेन की कॉमन्स सभा तथा अमेरिकी प्रतिनिधि सदन की तुलना–

ब्रिटेन की कॉमन्स सभा तथा अमेरिकी प्रतिनिधि सदन की तुलना निम्नलिखित है–

(1) ब्रिटेन की कॉमन्स सभा विश्व का सबसे शक्तिशाली निम्न सदन है। जबकि अमेरिका का प्रतिनिधि सदन दुर्बल है।

(2) ब्रिटेन में कार्यपालिका लोक सदन के अधीन है और लोक सदन उसको अविश्वास के प्रस्ताव द्वारा हटा सकता है। जबकि अमेरिका में कार्यपालिका का प्रतिनिधि सदन से कोई विशेष सम्पर्क नहीं रहता है और सदन राष्ट्रपति तथा उसके मन्त्रियों को अपदस्थ नहीं कर सकता।

(3) ब्रिटेन में व्यवस्थापन के क्षेत्र में लोक सदन की इच्छा मान्य रहती है। लोक सदन द्वारा पारित किसी भी साधारण विधेयक तथा वित्त विधेयक में लॉर्ड सभा क्रमशः एक वर्ष तथा एक माह का विलम्ब कर सकती है। अन्तिम शक्ति लोक सदन के पास ही है। जबकि अमेरिका में व्यवस्थापन के क्षेत्र में दोनों सदन समान रूप से शक्तिशाली हैं। कोई भी विधेयक उस समय तक पारित नहीं समझा जाता, जब तक कि वह दोनों सदनों द्वारा

स्वीकार न कर लिया जाए।

(4) ब्रिटेन में देश का नागरिक किसी भी चुनाव–क्षेत्र से लोक सदन (कॉमन्स सभा) का चुनाव लड़ सकता है। जबकि अमेरिका में व्यक्ति उस राज्य का निवासी होना चाहिए जिसके चुनाव क्षेत्र से वह चुनाव लड़ रहा है।

(5) ब्रिटेन में चुनाव क्षेत्रों के निर्माण सम्बन्धी कोई दूषित प्रथा नहीं है। जबकि अमेरिका में चुनाव–क्षेत्रों का निर्माण करते समय **'गैरीमेण्डरिंग'** की दूषित प्रथा का प्रयोग किया जाता है।

(6) ब्रिटेन में स्पीकर किसी भी दल से अपना सम्बन्ध नहीं रखता है और पूर्णतया निष्पक्ष रहता है। जबकि प्रतिनिधि सदन में स्पीकर अपने दल से सम्बन्ध रखता है और सदैव दल का पक्ष लेता है।

(7) ब्रिटेन में संवैधानिक कानून भी साधारण व्यवस्थापन प्रक्रिया से ही पारित होते हैं, जिसके अन्तर्गत प्रत्येक कानून के विषय में निर्णायक शक्ति लोक सदन (कॉमन्स सभा) को ही प्राप्त है। जबकि अमेरिका की प्रतिनिधि सभा को इस सम्बन्ध में निर्णायक शक्ति प्राप्त नहीं हैं। सीनेट प्रतिनिधि सभा की इच्छाओं पर अपने निषेधाधिकार का प्रयोग कर सकती है।

(8) लोक सदन (कॉमन्स सभा) द्वारा पारित किसी भी विधेयक का ब्रिटेन में न्यायिक पुनर्निरीक्षण नहीं हो सकता। जबकि अमेरिका में व्यवस्थापिका द्वारा पारित प्रत्येक विधेयक का न्यायिक पुनर्निरीक्षण हो सकता है तथा न्यायालय उसे अवैध घोषित कर सकते हैं।

(9) ब्रिटिश लोक सदन (कॉमन्स सभा) की समितियाँ तुलनात्मक दृष्टि से कम शक्तिशाली है। जबकि अमेरिका में प्रतिनिधि सदन की समितियाँ अत्यधिक शक्तिशाली है।

(10) ब्रिटिश लोक सदन (कॉमन्स सभा) की गणपूर्ति केवल चालीस सदस्यों द्वारा हो जाती है। जबकि प्रतिनिधि सदन की गणपूर्ति

कुल संख्या का बहुमत है।

ब्रिटिश लॉर्ड सभा और अमेरिका सीनेट में तुलना–

लॉर्ड सभा से सीनेट अधिक शक्तिशाली है। इसके प्रमुख कारण निम्नलिखित हैं–

(1) सीनेट का आकार बहुत छोटा है; जबकि लार्ड सभा का आकार बहुत बड़ा है।

(2) व्यवस्थापन के क्षेत्र में सीनेट के पास अधिक शक्तियाँ हैं।

(3) वित्तीय क्षेत्र में सीनेट की स्थिति अधिक महत्त्वपूर्ण है।

(4) संविधान संशोधन के क्षेत्र में सीनेट अधिक शक्ति रखती है।

(5) सीनेट कार्यपालिका पर नियन्त्रण रखती है; जबकि लॉर्ड सभा ऐसा नहीं कर पाती।

(6) न्याय के क्षेत्र में लॉर्ड सभा सीनेट से अधिक महत्त्वपूर्ण है।

(7) सीनेट के सदस्यों का निर्वाचन होता है; जबकि लॉर्ड सभा के सदस्य मनोनीत होते हैं।

(8) सीनेट का अमेरिका में राजनीतिक महत्त्व है; दूसरी तरफ लॉर्ड सभा एक गौण सदन बन गया है।

6

फ्रांस की व्यवस्थापिका

(Legislature of France)

ऐसा कहा जाता है कि **पाँचवें गणतन्त्र** के संविधान में संसद **'सौतेले शिशु की तरह'** है। **जबकि चौथे गणतन्त्र में संसद का कार्यपालिका पर सबल नियन्त्रण था, अब कार्यपालिका संसद पर हावी है।** पंचम गणतंत्र में फ्रांस की राजनीतिक व्यवस्था के मूल स्वरूप में अंतर होने के परिणामस्वरूप फ्रांस की व्यवस्थापिका (संसद) के स्वरूप तथा शक्तियों में परिवर्तन होना स्वाभाविक है। फ्रांस की व्यवस्थापिका (संसद) द्विसदनात्मक है–

1. राष्ट्रीय सभा
2. सीनेट

1.राष्ट्रीय सभा (National Assembly)–

राष्ट्रीय सभा फ्रांस की संसद का प्रथम सदन है। पंचम गणतंत्र के मूल प्रावधान के अन्तर्गत राष्ट्रीय सभा के सदस्यों की संख्या 465 निर्धारित की गई थी। नए संशोधन के द्वारा सदस्यों की संख्या 492 कर दी गई है। किन्तु वर्तमान में इसकी **सदस्य संख्या 577** है। मतदाता होने के लिए न्यूनतम आयु 21 वर्ष है। किन्तु चुनाव लड़ने के लिए न्यूनतम आयु 23 वर्ष है। चुनावों में वही भाग ले सकता है जिसने कुछ सैनिक सेवा कर ली हो तथा उसका फ्रांस में कम से कम 10 वर्ष का वास हो।

ब्रिटिश कॉमन्स सभा, अमेरिकी प्रतिनिधि सभा तथा भारतीय लोकसभा की तरह ही राष्ट्रीय सभा के सदस्यों का प्रत्यक्ष निर्वाचन होता है।

1. **कार्यकाल–** राष्ट्रीय सभा के लिए 5 वर्ष का कार्यकाल है। कार्यकाल की समाप्ति के पूर्व भी राष्ट्रपति प्रधानमन्त्री तथा संसद के दोनों सदनों के सभापतियों के परामर्श से राष्ट्रीय सभा को भंग कर सकता है। सदन के भंग होने की तिथि से कम–से–कम 20 दिनों तथा अधिक–से–अधिक 40 दिनों से पूर्व राष्ट्रीय सभा का पुर्ननिर्वाचन आवश्यक है। पुर्ननिर्वाचन की तिथि से एक वर्ष तक राष्ट्रीय सभा को विघटित नहीं किया जा सकता।

2. **पदाधिकारी–** राष्ट्रीय सभा का एक सभापति होता है, जिसका निर्वाचन सभा के सदस्यों के द्वारा किया जाता है। इसका कार्यकाल पाँच वर्ष का है। वस्तुतः शक्तियों के संदर्भ में फ्रांस की राष्ट्रीय सभा का अध्यक्ष कॉमन्स सभा के अध्यक्ष की अपेक्षा प्रतिनिधि सभा के अध्यक्ष के निकट है।

3. **विशेषाधिकार–** राष्ट्रीय सभा के सदस्यों को भाषण करने की पूरी स्वतंत्रता है। राष्ट्रीय सभा के सदस्यों को सदन में व्यक्त किए गए विचारों के लिए हिरासत में नहीं लिया जा सकता है न ही उनके विरुद्ध कोई कानूनी कार्यवाही की जा सकती है।

4. **कार्य एवं शक्तियाँ–** फ्रांस में राष्ट्रीय सभा को अन्य देशों के प्रथम सदनों की तरह निम्नलिखित शक्तियाँ प्राप्त हैं–

   (क) **विधि–निर्माण संबंधी शक्तियाँ–** फ्रांस में विधि–निर्माण में दोनों सदनों को समान शक्ति प्राप्त हैं। साधारण विधेयक संसद के किसी भी सदन में प्रस्तुत किया जा सकता है।

   (ख) **वित्त पर नियंत्रण–** वित्त पर नियंत्रण के संबंध में भी राष्ट्रीय सभा और सीनेट के समान अधिकार हैं।

   (ग) **सरकार पर नियंत्रण–** फ्रांसीसी राष्ट्रीय सभा सरकार

पर नियंत्रण रखती है।

इन शक्तियों के अतिरिक्त युद्ध की घोषणा एवं संविधान में संशोधन आदि मामलें में भी राष्ट्रीय सभा की अहम भूमिका है।

2.सीनेट (Senate)–

सीनेट फ्रांस की विधायिका का द्वितीय सदन है। 1946 ई० के संविधान में सीनेट के सदस्यों की संख्या 315 थी। जिसे 1948 ई० में बढ़ाकर 321 कर दिया गया था। **पंचम गणतंत्र** में इसे घटाकर 230 कर दिया गया। 1980 ई० से सदस्यों की संख्या 305 थी। वर्तमान में इसकी **सदस्य संख्या 321** है। जिसमें– 296 सदस्य महानगरीय फ्रांस का प्रतिनिधित्व करते हैं। 13 सदस्य समुद्रपारिय विभागों एवं प्रदेशों का प्रतिनिधित्व करते हैं तथा 12 सदस्य विदेशों में रहने वाले फ्रांसीसियों का प्रतिनिधित्व करते हैं। इसका चुनाव अप्रत्यक्ष ढ़ंग से होता है। गणतंत्र की भौगोलिक इकाइयों का प्रतिनिधित्व सीनेट में होता है। फ्रांस के बाहर रहने वाले फ्रांसवासियों के भी प्रतिनिधित्व की व्यवस्था सीनेट में हैं। सीनेट के प्रत्येक आंशिक चुनाव के बाद (तीन वर्षों के बाद) सीनेट के अध्यक्ष का चुनाव होता है। पंचम गणतन्त्र में सीनेट के अध्यक्ष को तृतीय एवं चतुर्थ गणतंत्र की अपेक्षा ज्यादा अधिकार प्राप्त है। पंचम गणतंत्र के अनुसार, **गणतंत्र के राष्ट्रपति की अनुपस्थिति में सीनेट का अध्यक्ष ही राष्ट्रपति पद पर कार्य करेगा।**

1. **कार्यकाल–** फ्रांस की **सीनेट** का कार्यकाल **9 वर्ष** का है; परन्तु सम्पूर्ण सदन के एक–तिहाई सदस्य प्रत्येक तीन वर्ष पर अवकाश ग्रहण करते हैं। इस सम्बन्ध में विशेष रूप से उल्लेखनीय बात यह है कि अमेरिकी सीनेट, ब्रिटिश लॉर्ड सभा तथा भारतीय राज्य सभा स्थायी सदन हैं।

2. **योग्यताएँ एवं विशेषाधिकार–** फ्रेंच सीनेट के सदस्यों की योग्यताएँ एवं विशेषाधिकार वही हैं जो राष्ट्रीय सभा के सदस्यों के हैं। सीनेट के सदस्य बनने के लिए 35 वर्ष की आयु का होना आवश्यक है। विशेषाधिकारों के अंतर्गत सीनेट के सदस्यों को भाषण तथा विचार अभिव्यक्त करने की स्वतंत्रता,

सदन में व्यक्त किए गए विचारों के लिए बंदी नहीं होने तथा कानूनी कार्यवाही नहीं होने के अधिकार प्रमुख रूप से उल्लेखनीय हैं।

3. **कार्य एवं शक्तियाँ–** पंचम गणतंत्र के अंतर्गत राष्ट्रीय सभा तथा सीनेट को समान अधिकार प्रदान किए गए हैं। **विधि निर्माण, वित्तीय नियंत्रण एवं प्रशासन पर नियंत्रण** इन सभी क्षेत्रों में सीनेट और राष्ट्रीय सभा के अधिकार समान है। दोनों की सहमति के बिना न हो तो कोई विधेयक पारित हो सकता है और न ही कोई धन विधेयक। युद्ध की घोषणा, साधारण विधेयकों के सम्बन्ध में निषेधाधिकार आदि के कारण सीनेट की शक्ति एवं प्रभाव में निश्चित रूप में वृद्धि हुई है। वर्तमान समय में यह मात्र औपचारिक एवं कमजोर सदन नहीं है।

7

स्विस व्यवस्थापिका

(Swiss Legilature)

स्विट्जरलैण्ड में राष्ट्रीय व्यवस्थापिका का नाम संघीय सभा (संसद) है। यह द्विसदनात्मक है। राज्य परिषद् (Council of State) इसका उच्च सदन तथा राष्ट्रीय परिषद् (National Council) इसका छोटा सदन है। ब्रिटेन को छोडकर विश्व के किसी अन्य देश की व्यवस्थापिका इतनी शक्तिशाली नहीं है जितनी स्विट्जरलैण्ड की व्यवस्थापिका है। ब्रिटेन में अलिखित संविधान होने के कारण सम्प्रभुता का वास संसद में है। अमेरिकी कांग्रेस (संसद) की कानून निर्माण की शक्ति पर राष्ट्रपति वीटो कर सकता है तथा सर्वोच्च न्यायलाय को भी उसे अवैध घोषित करने का अधिकार है। किन्तु स्विस संघीय सभा (संसद) पर न तो संघीय परिषद् (कार्यपालिका) का अंकुश है। न राष्ट्रपति का और न ही संघीय न्यायालय का। केवल स्विस संघीय सभा पर जनता तथा जनमत का अंकुश है।

स्विस संघीय सभा (संसद) की विशेषताएँ–

संघीय सभा (संसद) को स्विस राष्ट्रमण्डल के क्षेत्र में सर्वोच्च शक्ति प्राप्त है तथा संघीय सभा (संसद) के अधीन संघीय परिषद् (कार्यपालिका) तथा संघीय न्यायालय हैं। स्विस संघीय सभा (संसद) की निम्नलिखित विशेषताएँ हैं–

1. स्विस संघीय सभा (संसद) की स्थिति अमेरिकी कांग्रेस (संसद)

से उच्चतर है। संघीय सभा (संसद) की शक्तियाँ सर्वोच्च तथा असीमित है। उसे संघीय परिषद् के सदस्यों का निर्वाचन, संघीय न्यायालय के न्यायाधीशों का चयन तथा कुछ मामलों में संघीय न्यायालयों के निर्णयों को रद्द करने का अधिकार प्राप्त है। अतः संविधान में स्विस संघीय सभा (संसद) पर न तो कार्यपालिका तथा न ही संघीय न्यायपालिका का अंकुश है। केवल वहाँ जनता का ही प्रतिबन्ध है।

2. स्विट्जरलैण्ड की संघीय कार्यपालिका की तरह वहाँ की व्यवस्थापिका भी विशिष्ट है। विश्व में वही एक ऐसी व्यवस्थापिका है। जिसके उच्च सदन की शक्ति निम्न सदन की शक्ति से किसी भी प्रकार भिन्न नहीं है।

3. स्विस संघीय सभा (संसद) में देश की विविध भाषाओं के प्रयोग की पूर्ण स्वतंत्रता है। सभी भाषाओं को राजकीय मान्यता प्रदान की गई है जो संघीय सभा (संसद) में बोली जाती हैं। संसदीय कार्यवाही का प्रकाशन फ्रेंच व जर्मन तथा कभी–कभी इटालियन भाषा में भी किया जाता है।

4. स्विट्जरलैण्ड में भारत एवं ब्रिटेन के समान विरोधी दल नहीं है तथा संघीय सभा (संसद) के सभी सदस्य दलीय आधार पर नहीं बैठते। अतः वहाँ संघीय सभा (संसद) में विरोधी दल का अभाव है।

5. संघीय सभा (संसद) विश्व की सबसे अधिक सुचारू रूप से कार्य करने वाली संस्था कही जाती है। संघीय सभा (संसद) की कार्यवाही बड़ी शान, शांति और गम्भीरता से चलती है। वहाँ अशोभनीय दृश्य देखने को नहीं मिलते हैं।

संघीय सभा (संसद) का संगठन–

संघीय सभा (संसद) के दो सदन हैं– राष्ट्रीय परिषद् और राज्य परिषद्। दोनों सदनों की शक्ति तथा स्थिति समान हैं। दोनों सदनों को संगठन निम्न प्रकार है–

1.राष्ट्रीय परिषद् (National Council)–

राष्ट्रीय परिषद् स्विट्जरलैण्ड की प्रतिनिधि संस्था है। राष्ट्रीय परिषद् लोकप्रिय सदन है। इसका चुनाव प्रत्यक्ष तरीके से होता है। इसे व्यवस्थापिका का निम्न सदन कहा जाता है। **धारा 72** में राष्ट्रीय परिषद् के संगठन के विषय में कहा गया है कि 24,000 जनसंख्या के ऊपर एक प्रतिनिधि राष्ट्रीय परिषद् के लिए निर्वाचित होगा। यदि किसी कैण्टन या अर्द्ध कैण्टन में इससे कम जनसंख्या है तो भी उसे एक प्रतिनिधि भेजने का अधिकार होगा। चुनाव गुप्त होता है। जैसे– उरी कैण्टन का केवल एक ही प्रतिनिधि राष्ट्रीय परिषद् में होता है। प्रारम्भ में राष्ट्रीय परिषद् की सदस्य संख्या 120 थी। परन्तु जनसंख्या में वृद्धि होने कारण आजकल यह संख्या 196 हो गयी है। राष्ट्रीय परिषद् के सदस्यों की संख्या 200 से कम रखने के लिए 1931 ई० तथा 1950 ई० में संवैधानिक संशोधनों द्वारा जनसंख्या प्रतिनिधि के अनुपात में परिवर्तन लाया गया है। तुलनात्मक दृष्टि से यह संख्या बहुत कम है क्योंकि ब्रिटेन (625), पूर्व सोवियत संघ (622), भारत (545), जापान (467), कनाडा (263) तथा अमेरिका में (435) है। राष्ट्रीय परिषद् का कार्यकाल **चार वर्ष** है। इसे चार वर्ष से पूर्व विघठित नहीं किया जा सकता। इसका निर्वाचन प्रत्येक चार वर्ष के बाद अक्टूबर के अन्तिम रविवार को होता है तथा दिसम्बर के पहले सोमवार को राष्ट्रीय परिषद् की पहली बैठक होती है। राष्ट्रीय परिषद् की बैठकों के लिए गणपूर्ति कुल संख्या का बहुमत रखा गया है और इसमें सब निर्णय बहुमत से लिए जाते हैं।

स्विस संघीय सभा (संसद) के दोनों सदनों को चार वर्ष के पूर्व उसी स्थिति में भंग किया जा सकता है जब एक सदन संविधान के संशोधन का प्रस्ताव पारित करें तथा दूसरा सदन उसका विरोध करें या असहमत हो। स्विस जनता जनमत संग्रह के आधार पर **धारा 120** के अनुसार संशोधन से सहमति प्रकट कर दें, तो दोनों सदनों को विघटित किया जा सकता है।

पदाधिकारी (अध्यक्ष एवं उपाध्यक्ष)–

राष्ट्रीय परिषद् के अध्यक्ष एवं उपाध्यक्ष का निर्वाचन राष्ट्रीय परिषद्

के सदस्य करते हैं। अध्यक्ष एवं उपाध्यक्ष का निर्वाचन प्रतिवर्ष किया जाता है।

इन दोनों पदाधिकारियों में से कोई भी उसी पद के लिए पुनः निर्वाचित नहीं हो सकता है। परम्परा के अनुसार उपाध्यक्ष अपने कार्यकाल की समाप्ति पर प्रायः अध्यक्ष पद के लिए निर्वाचित हो जाता है।

दोनों सदनों की संयुक्त बैठकों की अध्यक्षता राष्ट्रीय परिषद् का अध्यक्ष ही करता है। राष्ट्रीय परिषद् के अध्यक्ष का पद पूर्ण निष्पक्षता का नहीं है तथा उसे वेतन नहीं मिलता है।

2.राज्य परिषद् (Council of States)–

संघीय सभा (संसद) का दूसरा व उच्च सदन राज्य परिषद् है। राज्य परिषद् का गठन अमेरिकी सीनेट के गठन की तरह है। राज्य परिषद् में प्रत्येक पूरे कैण्टन को दो प्रतिनिधि और प्रत्येक अर्द्ध कैण्टन को एक प्रतिनिधि भेजने का अधिकार है। इस तरह राज्य परिषद् में कुल **सदस्यों की संख्या 44** है। राज्य परिषद् के सदस्यों का कार्यकाल निश्चित नहीं है।

क्योंकि राज्य परिषद् के सदस्यों का कार्य भी कैण्टनों की इच्छा पर निर्भर है। 15 पूर्ण कैण्टनों एवं 5 अर्द्ध–कैण्टनों सदस्यों का कार्यकाल 4 वर्ष, 3 कैण्टनों में 3–3 वर्ष तथा एक पूर्ण एवं एक अर्द्ध कैण्टन में एक वर्ष का है। इसकी गणपूर्ति के लिए 44 में से 23 सदस्यों की उपस्थिति अनिवार्य है। जब तक 23 सदस्य उपस्थित नहीं होंगे तो इसकी बैठक नहीं हो सकती।

स्विट्जरलैण्ड में अधिवेशन का अभिप्राय एक वर्ष से लिया जाता है। इसलिए अध्यक्ष तथा उपाध्यक्ष दोनों ही एक वर्ष के लिए चुने जाते हैं। स्विट्जरलैण्ड कैण्टनों में यह परम्परा स्थापित हो गई है कि गत वर्ष के उपाध्यक्ष को अगले वर्ष का अध्यक्ष बना दिया जाता है। किन्तु एक ही कैण्टन से अध्यक्ष तथा उपाध्यक्ष दोनों नहीं चुने जा सकते।

स्विस संविधान के आधार पर दोनों सदनों की शक्तियाँ बराबर है। किन्तु व्यवहार में निचला सदन (राष्ट्रीय परिषद्) ही अधिक शक्तियों का

प्रयोग करता है।

संघीय सभा (संसद) की शक्तियाँ तथा कार्य–

संघीय सभा के कार्य एवं शक्तियाँ इस प्रकार हैं–

1. **विधायिनी शक्तियाँ**– स्विस संविधान के **अनुच्छेद 84** के अनुसार संघीय सभा (संसद) की विधायिनी शक्तियाँ इस प्रकार हैं–

(1) संविधान के अन्तर्गत संघीय क्षेत्र में आने वाले सभी विषयों पर कानून बनाना।

(2) संघीय अधिकारियों के क्षेत्राधिकार में आने वाले सभी विषयों के बारे में अध्यादेश जारी करना।

(3) संघीय सरकार के चुनाव तथा संगठन सम्बन्धी कानून बनाना।

(4) संघीय सरकार के विभागों का निर्माण, कर्मचारियों के वेतन–भत्ते तथा सेवा की शर्तों के बारे में कानून बनाना।

(5) कैण्टनों की एकता तथा उनके संविधानों की रक्षा और देश की सुरक्षा को बनाए रखने के लिए कानून बनाना।

2. **कार्यपालिका शक्तियाँ–** संघीय सभा (संसद) के अधिशासनिक कार्य भी महत्त्वपूर्ण हैं। संघीय सभा (संसद) की कार्यपालिका सम्बन्धी प्रमुख शक्तियाँ निम्नलिखित हैं–

(1) संघीय सभा (संसद) संघीय परिषद् के सदस्य, अध्यक्ष तथा उपाध्यक्ष, चांसलर, प्रधान सेनापति का चुनाव करती है।

(2) संघीय सभा (संसद) संघीय सेना पर नियन्त्रण रखती है।

(3) संघीय सभा (संसद) संघीय प्रशासन पर सामान्य निगरानी रखती है।

(4) संघीय सभा (संसद) संघीय विभागों के सदस्यों एवं संघीय दूतावास के सदस्यों के वेतन तथा भत्ते निर्धारित करती है।

(5) संघीय सभा (संसद) युद्ध की घोषणा तथा शान्ति की स्थापना कर सकती है।

(6) दूसरे देशों के साथ की गई सन्धियों पर संघीय सभा (संसद) का अनुमोदन आवश्यक है।

(7) कैण्टन जो सन्धियाँ विदेशों से करते हैं, उनके बारे में संघीय सभा (संसद) का अनुमोदन आवश्यक है।

(8) कैण्टन जो सन्धियाँ आपस में करते हैं, उनके बारे में संघीय सभा (संसद) का अनुमोदन आवश्यक है।

(9) संघीय सभा (संसद) के सदस्य संघीय परिषद् (कार्यपालिका) के सदस्यों से प्रशासन तथा नीति के बारे में कोई भी प्रश्न पूछ सकते हैं, जिनके उत्तर उन्हें देना पड़ता है।

3. **वित्तीय शक्तियाँ**– संघीय सभा (संसद) को पर्याप्त वित्तीय शक्तियाँ भी प्राप्त है। आय–व्यय का वार्षिक बजट संघीय परिषद् (कार्यपालिका) द्वारा तैयार किया जाता है, उसे संघीय सभा (संसद) के सम्मुख प्रस्तुत किया जाता है। परन्तु कोई भी बजट तब तक क्रियान्वित नहीं हो सकता जब तक संघीय सभा (संसद) के दोनों सदन उसे पारित न कर दें।

इस प्रकार देश के आय–व्यय पर संघीय सभा (संसद) का नियन्त्रण है। संघीय सभा (संसद) को अधिकार है कि वह विभिन्न पदाधिकारियों का वेतनमान निश्चित करे, राष्ट्रीय विकास के लिए विभिन्न मदों पर धन व्यय करने के लिए विशेष अनुदान दे तथा प्रशासन पर होने वाले व्यय पर निगरानी रखे। संघीय सभा (संसद) संघीय सरकार को ऋण लेने का अधिकार प्रदान करने के लिए आज्ञप्ति जारी करती है।

4. **न्यायिक शक्तियाँ–** सन् 1874 के वैधानिक संशोधन द्वारा संघीय सभा (संसद) की न्यायिक शक्तियों में पर्याप्त कमी कर दी गई थी, लेकिन इसके बाद भी उनका काफी महत्त्व है। संघीय सभा (संसद) की प्रमुख न्यायिक शक्तियाँ निम्नलिखित हैं–

(1) संघीय सभा (संसद) न्याय प्रशासन का निरीक्षण करती है।

(2) संघीय सभा (संसद) विद्रोहियों को अभिमाफी प्रदान करती है।

(3) संघीय सभा (संसद) जनता की याचिकाओं पर निर्णय देती है।

(4) संघीय सभा (संसद) संघीय न्यायधिकरण के न्यायाधीशों का चुनाव करती है।

(5) यदि विभिन्न संघीय प्राधिकारियों के बीच क्षेत्राधिकार के प्रश्न को लेकर कोई मतभेद उठ खड़े हो तो इसका निर्णय भी संघीय सभा (संसद) ही करती है।

संविधान में संशोधन–

स्विस संविधान में संशोधन तब ही किया जा सकता है जब इसके लिए संघीय सभा (संसद) के दोनों सदन एक प्रस्ताव पास करे और उसका अनुसमर्थन मतदाताओं और कैण्टनों के बहुमत से हो।

स्विस राज्य परिषद् की अमेरिकी सीनेट से तुलना–

स्विट्जरलैण्ड में राज्य परिषद् उच्च सदन है तथा अमेरिका में सीनेट उच्च सदन है। दोनों की तुलना निम्न प्रकार है–

(1) स्विस राज्य परिषद् कैण्टनों का समान प्रतिनिधित्व करती है। जबकि अमेरिकी सीनेट भी राज्यों का समान प्रतिनिधित्व करती है।

(2) स्विस राज्य परिषद् को राष्ट्रीय परिषद् (निम्न सदन) के बराबर शक्तियाँ प्राप्त हैं, फिर भी यह राष्ट्रीय परिषद् की उपेक्षा दुर्बल है। जबकि अमेरिका में सीनेट को प्रतिनिधि सदन के बराबर शक्तियाँ प्राप्त है; परन्तु राष्ट्रपति द्वारा की गई नियुक्तियों की पुष्टि करने, सन्धियों का अनुसमर्थन करने और महाभियोग के बारे में न्यायिक जांच करने की शक्तियाँ सीनेट की अतिरिक्त शक्तियाँ हैं; जो विश्व के अन्य किसी भी द्वितीय सदन को प्राप्त नहीं है। अतः सीनेट स्विस राज्य परिषद् की अपेक्षा अधिक शक्तिशाली है।

(3) स्विस राज्य परिषद् अपना अध्यक्ष स्वयं चुनती है। जबकि

अमेरिका का उप–राष्ट्रपति पदेन सीनेट का सभापति होता है।

(4) स्विस राज्य परिषद् के सदस्यों का कार्यकाल अलग–अलग है और कैण्टनों द्वारा निश्चित किया जाता है। जबकि अमेरिकी सीनेट के सदस्यों का कार्यकाल 6 वर्ष का होता है।

(5) स्विस राज्य परिषद् स्थायी सदन नहीं है। जबकि अमेरिकी सीनेट स्थायी सदन है। इसे भंग नहीं किया जा सकता है।

8

जनवादी चीन की व्यवस्थापिका

(Legislature of China)

राष्ट्रीय जनवादी कांग्रेस–

चीन के नये संविधान में **विधान–मण्डल की सर्वोच्चता** के सिद्धान्त को अपनाया गया है और चीन के विधानमण्डल को **राष्ट्रीय जनवादी कांग्रेस** का नाम दिया गया है। संविधान के **अनुच्छेद 57** में राष्ट्रीय जनवादी कांग्रेस को **'राज्य की शक्ति का सर्वोच्च अंग'** घोषित किया गया है। सविधान में यह भी स्पष्ट कर दिया गया है कि राष्ट्रीय जनवादी कांग्रेस (संसद) और उसकी स्थायी समिति राज्य की विधायी शक्ति का प्रयोग करने वाला निकाय है।

राष्ट्रीय जनवादी कांग्रेस (संसद) : रचना और संगठन–

चीन में एकसदनात्मक विधानमण्डल है। वर्ष 1954, 1975 तथा 1978 के संविधान में विधानमण्डल एकसदनात्मक ही था। 1982 के नये संविधान में भी इसी व्यवस्था को बनाये रखा गया है।

संविधान के **अनुच्छेद 59** में राष्ट्रीय जनवादी कांग्रेस (संसद) की रचना और संगठन पर प्रकाश डाला गया है। **अनुच्छेद 59** के अनुसार राष्ट्रीय जनवादी कांग्रेस (संसद) में निम्न क्षेत्रों के प्रतिनिधि होते हैं–

(1) प्रान्तों के निर्वाचित प्रतिनिधि,

(2) स्वशासित क्षेत्रों के प्रतिनिधि,

(3) केन्द्र के सीधे अधिकार में आने वाली नगरपालिकाओं के प्रतिनिधि,

(4) जनवादी मुक्ति सेना के प्रतिनिधियों की संख्या का निर्धारण और उनके निर्वाचन के ढ़ंग की व्यवस्था कानून द्वारा की जाती है।

राष्ट्रीय जनवादी कांग्रेस (संसद) के सदस्यों की संख्या का निर्धारण कानून के आधार पर होता है। नये संविधान को स्वीकृत करने वाली राष्ट्रीय जनवादी कांग्रेस (संसद) में सदस्यों की उपस्थिति 3,037 थी। इस प्रकार **जनवादी कांग्रेस** विश्व का सबसे बड़ा विधायी सदन है। राष्ट्रीय जनवादी कांग्रेस (संसद) के सदस्यों को **'डिप्टी'** कहा जाता है। व्यवहार के अन्तर्गत अन्य साम्यवादी देशों की तरह चीन में भी उम्मीदवारों की एक ही सूची रखी जाती है और चुनाव में संघर्ष की स्थिति कभी भी उत्पन्न नहीं होती। राष्ट्रीय जनवादी कांग्रेस (संसद) की सदस्यता के लिए उम्मीदवारों की नामजदगी पर दल के केन्द्रीय अधिकारियों का पूर्ण नियन्त्रण रहता है।

1. **सदस्यों के विशेषाधिकार–** संविधान के अनुसार राष्ट्रीय जनवादी कांग्रेस (संसद) के सदस्यों को उनके सदस्य बने रहने तक कुछ विशेषाधिकार और उन्मुक्तियाँ प्रदान की गयी हैं। किसी भी सदस्य को राष्ट्रीय जनवादी कांग्रेस (संसद) की पूर्व अनुमति के बिना बन्दी नहीं बनाया जा सकता है और न ही मुकद्दमा चलाया जा सकता है। यदि राष्ट्रीय जनवादी कांग्रेस (संसद) की बैठक न हो तो इस सम्बन्ध में राष्ट्रीय जनवादी कांग्रेस (संसद) की स्थायी समिति से अनुमति लेना आवश्यक है।

2. **कार्यकाल और अधिवेशन– अनुच्छेद** 60 के अनुसार राष्ट्रीय जनवादी कांग्रेस (संसद) का निर्वाचन **5 वर्ष** के लिए होता है। इसके कार्यकाल की समाप्ति से दो माह पूर्व स्थायी समिति को नई राष्ट्रीय जनवादी कांग्रेस (संसद) के निर्वाचन को पूर्ण करा लेना चाहिए। स्थायी समिति के लिए यह आवश्यक है कि वह

जनवादी कांग्रेस का अधिवेशन वर्ष में एक बार अवश्य बुलाये। आवश्यकता पड़ने पर इसका अधिवेशन पहले भी बुलाया जा सकता है और स्थगित भी किया जा सकता है। यदि 1/5 डिप्टी राष्ट्रीय जनवादी कांग्रेस (संसद) के अधिवेशन बुलाने का आग्रह करें तो भी इसका अधिवेशन बुलाया जा सकता है।

राष्ट्रीय जनवादी कांग्रेस (संसद) : शक्तियाँ और कार्य–

राष्ट्रीय जनवादी कांग्रेस के प्रमुख कार्य और शक्तियाँ निम्नलिखित हैं–

(1) अपने पहले अधिवेशन में राष्ट्रीय जनवादी कांग्रेस (संसद) अपनी कार्यवाही के संचालन हेतु **'प्रेसीडियम'** का चुनाव करती है।

(2) राष्ट्रीय जनवादी कांग्रेस (संसद) संविधान में संशोधन करती है।

(3) राष्ट्रीय जनवादी कांग्रेस (संसद) संविधान के क्रियान्वयन का निरीक्षण करती है।

(4) राष्ट्रीय जनवादी कांग्रेस (संसद) फौजदारी, दीवानी तथा राज्य के विविध अंगों से सम्बन्धित मूल–भूत कानूनों का निर्माण एवं संशोधन करती है।

(5) राष्ट्रीय जनवादी कांग्रेस (संसद) चीनी गणराज्य के राष्ट्रपति तथा उप–राष्ट्रपति का निर्वाचन करती है।

(6) राष्ट्रीय जनवादी कांग्रेस (संसद) राष्ट्रपति की सिफारिश पर राज्य परिषद् के प्रधानमन्त्री तथा उपप्रधानमन्त्री के चयन का निर्धारण करना, जनवादी कांगेस की स्टेट कौन्सिलर, मन्त्रालयों के प्रभारी मन्त्रियों, ऑडीटर जनरल तथा राज्य परिषद् के महासचिव का प्रधानमन्त्री द्वारा मनोनयन होने पर अन्तिम रूप से चयन करती है।

(7) राष्ट्रीय जनवादी कांग्रेस (संसद) केन्द्रीय सैनिक आयोग के

अध्यक्ष का निर्वाचन करती है तथा उनके द्वारा मनोनीत सदस्यों का आयोग के लिए चयन करती है।

(8) राष्ट्रीय जनवादी कांग्रेस (संसद) सर्वोच्च जनवादी न्यायालय के सभापति का निर्वाचन करती है।

(9) राष्ट्रीय जनवादी कांग्रेस (संसद) सर्वोच्च जनवादी प्रोक्यूरेटोरेट के प्रोक्यूरेटर जनरल का निर्वाचन करती है।

(10) राष्ट्रीय जनवादी कांग्रेस (संसद) आर्थिक और सामाजिक विकास के लिए योजनाओं की जांच एवं स्वीकृति प्रदान करती है तथा यह योजनाओं के क्रियान्वयन के बारे में प्रस्तुत प्रतिवेदनों की जाँच भी करती है।

(11) राष्ट्रीय जनवादी कांग्रेस (संसद) राज्य के बजट की जांच एवं स्वीकृति प्रदान करती है तथा यह बजट के क्रियान्वयन सम्बन्धी प्रतिवेदनों की जांच भी करती है।

(12) राष्ट्रीय जनवादी कांग्रेस (संसद) स्थायी समिति द्वारा लिए हुए अवांछित और अनुचित निर्णयों को बदल सकती है या उन्हें रद्द कर सकती है।

(13) नये प्रान्तों, स्वायत्त प्रदेशों या नगरपालिकाओं की स्थापना के लिए राष्ट्रीय जनवादी कांग्रेस (संसद) की स्वीकृति आवश्यक है।

(14) राष्ट्रीय जनवादी कांग्रेस (संसद) विशेष प्रशासनिक प्रदेशों की स्थापना का निर्णय करती है।

(15) राष्ट्रीय जनवादी कांग्रेस (संसद) युद्ध और शान्ति के प्रश्नों पर समुचित निर्णय लेती है।

(16) राष्ट्रीय जनवादी कांग्रेस (संसद) उन सभी कार्यों और शक्तियों का प्रयोग करती है जो कि राज्य के सर्वोच्च शक्तिशाली अंग के रूप में इससे अपेक्षित हैं।

नये संविधान के अनुच्छेद 63 के अनुसार राष्ट्रीय जनवादी

कांग्रेस (संसद) निम्न पदाधिकारियों को उनके पद से हटा सकती है–

(1) राष्ट्रीय जनवादी कांग्रेस (संसद) चीन के राष्ट्रति और उप–राष्ट्रपति को उनके पद को हटा सकती है।

(2) राष्ट्रीय जनवादी कांग्रेस (संसद) प्रधानमन्त्री, उप–प्रधानमन्त्री, स्टेट कौन्सिलरों, मन्त्रालयों तथा आयोगों के प्रभारी मन्त्रियों, आडीटर जनरल तथा स्टेट कौन्सिल के महासचिव को उनके पद से हटा सकती है।

(3) राष्ट्रीय जनवादी कांग्रेस (संसद) केन्द्रीय सैनिक आयोग के चेयरमैन तथा अन्य सदस्यों को हटा सकती है।

(4) राष्ट्रीय जनवादी कांग्रेस (संसद) सर्वोच्च जनवादी न्यायालय के सभापति को उनके पद से हटा सकती है।

(5) राष्ट्रीय जनवादी कांग्रेस (संसद) सर्वोच्च जनवादी प्रोक्यूरेटोरेट के प्रोक्यूरेटर जनरल को उसके पद से हटा सकती है।

राष्ट्रीय जनवादी कांग्रेस (संसद) : वास्तविक स्थिति–

राष्ट्रीय जनवादी कांग्रेस (संसद) की शक्तियों और कार्यों को देखकर ऐसा प्रतीत होता है कि राष्ट्रीय जनवादी कांग्रेस (संसद) ब्रिटेन के लोक सदन या/अथवा अन्य किसी देश की व्यवस्थापिका से किसी भी रूप में कम नहीं है। राष्ट्रीय जनवादी कांग्रेस (संसद) को न केवल विधायी वरन् प्रशासनिक और वित्तीय शक्तियाँ भी प्राप्त है और नये संविधान में तो उसे राज्य शक्ति का सर्वोच्च अंग कहा गया है। चीन में एकात्मक शासन–व्यवस्था होने के कारण राष्ट्रीय जनवादी कांग्रेस (संसद) की कानून–निर्माण की शक्ति पर कोई प्रतिबन्ध नहीं है और इसके द्वारा किसी भी विषय पर कानून का निर्माण किया जा सकता है। राष्ट्रीय जनवादी कांग्रेस (संसद) द्वारा पारित विधेयकों पर कार्यपालिका के किसी पदाधिकारी को निषेधाधिकार प्राप्त नहीं है। चीन में न्यायिक पुनर्निरीक्षण की भी कोई व्यवस्था नहीं है, इसलिए राष्ट्रीय जनवादी कांग्रेस (संसद) द्वारा निर्मित कानूनों को किसी के भी द्वारा चुनौती नहीं दी जा सकती है। इस दृष्टि से राष्ट्रीय जनवादी कांग्रेस (संसद) को कानून–निर्माण के क्षेत्र

में ब्रिटेन की संसद या पूर्व सोवियत संघ की सर्वोच्च सोवियत (संसद) से भी अधिक व्यापक शक्तियाँ प्राप्त हैं।

नये संविधान में यह भी प्रावधान है कि राष्ट्रीय जनवादी कांग्रेस (संसद) उन अनन्य शक्तियों का प्रयोग कर सकती है जो संविधान के द्वारा राज्य सत्ता के अन्य किसी अंग को प्रदान नहीं की गई है। ऐसी कोई भी व्यवस्था अमेरिका, भारत या पूर्व सोवियत संघ के संविधानों में नहीं है। केन्द्रीय सत्ता जनवादी कांग्रेस को शक्तिशाली बनाना ही इस उपबन्ध का मुख्य उद्देश्य प्रतीत होता है।

परन्तु वस्तुस्थिति यह है कि राष्ट्रीय जनवादी कांग्रेस (संसद) केवल संविधान के पृष्ठों पर ही सर्वोच्च और शक्तिशाली संस्था है तथा वास्तविक स्थिति दूसरी ही है; इसके कई कारण हैं–

(1) राष्ट्रीय जनवादी कांग्रेस (संसद) की अत्यधिक विशाल सदस्य संख्या के कारण यह किसी भी मामलें पर ठीक प्रकार से विचार नहीं कर सकती।

(2) राष्ट्रीय जनवादी कांग्रेस (संसद) का अधिवेशन बहुत थोड़े समय के लिए होने के कारण समस्त वास्तविक शक्ति इसके सत्रावसान काल में कार्य करने वाली स्थायी समिति के पास केन्द्रित हो गयी हैं। यद्यपि स्थायी समिति राष्ट्रीय जनवादी कांग्रेस (संसद) के प्रति उतरदायी है, परन्तु यह उत्तरदायित्व भी केवल कागजी ही है।

(3) साम्यवादी दल के सर्वोच्च नेता ही सब कुछ हैं; वे ही नीतियों का निर्माण करते हैं। स्थायी समिति य। राष्ट्रीय जनवादी कांग्रेस (संसद) तो केवल संवैधानिक और औपचारिकताओं के नाते अपनी स्वीकृति की मोहर लगाती है।

यदि हम राष्ट्रीय जनवादी कांग्रेस (संसद) के कार्यों तथा कार्य–प्रक्रिया पर ध्यान दें, तो भी यह निष्कर्ष निकलेगा कि राष्ट्रीय जनवादी कांग्रेस (संसद) एक दिखावे की संस्था मात्र है। विभिन्न अधिवेशनों में प्रतिनिधियों ने सरकारी प्रतिवेदनों, नीतियों और संकल्पों आदि के विरुद्ध जिनके बारे में निर्णय साम्यवादी दल द्वारा कर लिये जाते हैं। न तो कुछ कहा है और

न ही मत दिया है। सभी प्रतिनिधियों ने हाथ उठाकर उन्हें स्वीकार कर लिया है। इससे स्पष्ट है कि राष्ट्रीय जनवादी कांग्रेस (संसद) एक साधन मात्र है, जिसका प्रयोग चीन का साम्यवादी दल अपने अधिनायकवाद को छिपाने और बनाये रखने के लिए करता है। यदि कोई सदस्य दल के निर्णयों की आलोचना का साहस करे, तो उसे **'दक्षिण पंथी'** करार देकर उसके विरुद्ध कार्यवाही की जाती है। चीन में शक्तियों के पृथक्करण सिद्धान्त का भी हनन किया गया है।

राष्ट्रीय जनवादी कांग्रेस (संसद) की स्थायी समिति–

चीन के नवीन संविधान के अन्तर्गत राष्ट्रीय जनवादी कांग्रेस (संसद) की स्थायी समिति की स्थिति बहुत अधिक महत्त्वपूर्ण है। संविधान में इसे राष्ट्रीय जनवादी कांग्रेस (संसद) का स्थायी अंग कहा गया है।

1. **रचना–** स्थायी समिति की रचना का उल्लेख संविधान के **अनुच्छेद 65** में किया गया है। इसके अनुसार स्थायी समिति में एक अध्यक्ष, कई उपाध्यक्ष, महासचिव तथा अन्य साधारण सदस्य होते हैं। इनका चुनाव राष्ट्रीय जनवादी कांग्रेस (संसद) के द्वारा होता है, जिसे इन्हें वापस बुलाने का अधिकार भी है। स्थायी समिति के आकार के सम्बन्ध में संविधान कुछ नहीं कहता है। इसका निर्धारण राष्ट्रीय जनवादी कांग्रेस (संसद) को करना है व्यवहार में स्थायी समिति की सदस्य संख्या भी बहुत अधिक हो जाती है।

संविधान के अनुसार राष्ट्रीय जनवादी कांग्रेस (संसद) का कार्यकाल **5 वर्ष** है और स्थायी समिति उस समय तक अपना कार्य करती है तब तक कि नई स्थायी समिति का चुनाव न हो जाये। अतः स्थायी समिति का कार्यकाल सामान्यतया 5 वर्ष से कुछ अधिक होगा। यदि राष्ट्रीय जनवादी कांग्रेस (संसद) का कार्यकाल बढ़ जाये तो स्वाभाविक रूप से इसका कार्यकाल भी बढ़ जायेगा।

2. **स्थायी समिति का अध्यक्ष–** स्थायी समिति का अध्यक्ष स्थायी समिति की अध्यक्षता करता है तथा उसकी आज्ञा और निर्णयों पर हस्ताक्षर भी करता है, लेकिन उसे अलग से कोई

अधिकार प्राप्त नहीं है।

स्थायी समिति की शक्तियाँ तथा कार्य–

नये संविधान के **अनुच्छेद 67** में स्थायी समिति के निम्नलिखित कार्यों एवं शक्तियों का वर्णन किया गया है–

(1) स्थायी समिति संविधान की व्याख्या करती है तथा संविधान के क्रियान्वयन का निरीक्षण करती है।

(2) स्थायी समिति उन कानूनों का निर्माण एवं संशोधन करती है, जो राष्ट्रीय जनवादी कांग्रेस (संसद) के क्षेत्राधिकार में नहीं है।

(3) राष्ट्रीय जनवादी कांग्रेस (संसद) के सत्रावसान काल में कानूनों का निर्माण तथा विद्यमान कानून में आंशिक संशोधन करने का कार्य स्थायी समिति करती है।

(4) स्थायी समिति संविधियों की व्याख्या करती है।

(5) राष्ट्रीय जनवादी कांग्रेस (संसद) के सत्रावसान काल में आर्थिक और सामाजिक विकास की योजनाओं तथा बजट को स्वीकृति प्रदान करती है।

(6) स्थायी समिति राज्य परिषद्, केन्द्रीय सैनिक आयोग, सर्वोच्च जन न्यायालय तथा सर्वोच्च जन प्रोक्यूरेटोरेट के कार्यों का निरीक्षण एवं जांच करती है।

(7) स्थायी समिति राज्य परिषद् द्वारा निर्मित उन प्रशासनिक नियमों, आदेशों तथा निर्णयों को रद्द कर सकती है, जो संविधान के प्रतिकूल है।

(8) स्थायी समिति स्थानीय निकायों द्वारा निर्मित उन निर्णयों एवं नियमों को रद्द कर सकती है, जो संविधानों के प्रतिकूल है।

(9) स्थायी समिति, जब राष्ट्रीय जनवादी कांग्रेस (संसद)

का अधिवेशन न चल रहा हो तो मन्त्रियों के चयन, ऑडीटर जनरल तथा राज्य परिषद् के महासचिव के चयन के बारे में निर्णय करती है।

(10) स्थायी समिति, जब राष्ट्रीय जनवादी कांग्रेस (संसद) का अधिवेशन न चल रहा हो तो केन्द्रीय सैनिक आयोग व इसके सदस्यों के चयन के बारे में निर्णय करती है।

(11) स्थायी समिति सर्वोच्च जन न्यायालय के सभापति के परामर्श से सर्वोच्च जन न्यायालय के अन्य न्यायाधीशों, न्यायिक समिति के सदस्यों, सैनिक न्यायालय के सभापति की नियुक्ति करती है।

(12) स्थायी समिति उप प्रोक्यूरेटर जनरल तथा प्रोक्यूरेटोरेट समिति के अन्य सदस्यों की भी नियुक्ति करती है।

(13) विदेशों में नियुक्त किये जाने वाले प्रतिनिधियों की नियुक्ति एवं पदच्युति करने का भी स्थायी समिति को अधिकार है।

(14) स्थायी समिति विदेशों से किये जाने वाले समझौतों एवं सन्धियों का पुष्टीकरण करती है।

(15) सैनिक और कूटनीतिक उपाधियाँ वितरित करने का स्थायी समिति को अधिकार है।

(16) राज्य की ओर से दिये जाने वाले पदक तथा उपाधियाँ स्थायी समिति की स्वीकृति से दी जाती है।

(17) स्थायी समिति को विशेष क्षमादान देने का अधिकार है।

(18) स्थायी समिति को देश पर आक्रमण होने पर युद्ध के प्रतिरोध हेतु निर्णय लेने का अधिकार है।

(19) स्थायी समिति को आम लामबन्दी तथा आंशिक लामबन्दी घोषित करने की शक्ति प्राप्त है।

(20) स्थायी समिति को मार्शल लॉ लागू करने का अधिकार है।

(21) स्थायी समिति को राष्ट्रीय जनवादी कांग्रेस (संसद) द्वारा सौंपे जाने वाले अन्य समस्त कार्य करने का अधिकार है। वस्तुतः यह बहुत ही व्यापक प्रावधान है। जिसके आधार पर राष्ट्रीय जनवादी कांग्रेस (संसद) इसे कोई भी कार्य सौंप सकती है।

स्थायी समिति की वास्तविक स्थिति–

स्थायी समिति की शक्तियों और कार्यों के अध्ययन से यह स्पष्ट होता है कि इसका अधिकार क्षेत्र व्यापक और बहुमुखी है। इसे राज्याध्यक्ष की तरह महत्त्वपूर्ण अधिकार तो प्राप्त हैं ही यह एक दृष्टि से राष्ट्रीय संसद भी है, मन्त्रिपरिषद् भी है और सर्वोच्च न्यायालय भी है। इसीलिए **रॉबर्ट एलीगेण्ट** ने इसे **'सरकार की सर्वोच्च संस्था'** कहा है।

वस्तुस्थिति यह है कि चीन की समस्त शासन व्यवस्था में साम्यवादी दल के नेतृत्व पर तो सन्देह किया नहीं जा सकता, लेकिन इस स्थिति के बावजूद स्थायी समिति समस्त शासन व्यवस्था में अपना महत्त्वपूर्ण स्थान रखती है। व्यावहारिक राजनीति का महत्त्वपूर्ण तथ्य यह है कि स्थायी समिति में चीन की कम्युनिस्ट पार्टी के अनेक प्रमुख सदस्य होते हैं और यह बात स्थायी समिति को अत्यधिक सर्वोच्चता प्रदान कर देती है।

9

रूसी संघ की व्यवस्थापिका (Legislature of Russia)

1993 के रूसी संविधान ने रूस की विधायी शक्तियाँ वहां की संसद, जिसे **'संघीय सभा'** (Federal Assembly) के नाम से सम्बोधित किया गया है। में समाहित की हैं। ब्रिटेन, अमेरिका, फ्रांस, स्विट्जरलैण्ड तथा भारत की तरह **रूस की संसद** अर्थात् संघीय सभा (संसद) **द्विसदनात्मक** है। जिसके उच्च सदन को **संघीय परिषद्** तथा निम्न सदन जो कि प्रतिनिधियात्मक है। को **ड्यूमा** कहा गया है।

संघीय परिषद् (उच्च सदन) में इकाइयों का प्रतिनिधित्व होता है तथा समानता के आधार पर प्रत्येक इकाई से दो सदस्यों का मनोनयन या चयन होता है। जबकि ड्यूमा (निम्न सदन) जनता द्वारा प्रत्यक्ष रूप से निर्वाचित सदस्यों से बना होता है।

संघीय सभा (संसद) एक स्थायी निकाय है। इसे स्थायी निकाय इस अर्थ में माना जाता है कि केवल कुछ समय के अन्तराल को छोड़कर इसके सत्र चलते ही रहते हैं। इस रूप में यह पूर्व सोवियत संघ की संसद से काफी भिन्न है। जो **'रबड़ स्टाम्प'** की तरह वर्ष में केवल कुछ दिनों के लिए कार्य करती थी।

संघीय सभा (संसद) : शक्तियाँ एवं कार्य–

संघीय सभा (संसद) के प्रमुख कार्य एवं शक्तियाँ निम्नलिखित हैं–

1. **कानून निर्मात्री संस्था–** जैसा कि **अनुच्छेद 94** से परिलक्षित होता है कि संघीय सभा (संसद) रूस की सर्वोच्च विधायी संस्था है। यद्यपि कानून बनाने का प्रस्ताव (विधेयक) संघीय सभा (संसद) हो नहीं अपितु राष्ट्रपति, सरकार (प्रधानमन्त्री और संघीय मन्त्री), स्थानीय विधायक, सर्वोच्च न्यायालय, संवैधानिक न्यायालय तथा मध्यस्थता का सर्वोच्च न्यायालय भी प्रस्तुत कर सकते हैं। किन्तु उन पर कानून बनाना संघीय सभा (संसद) की ही शक्ति है। संघीय सभा (संसद) द्वारा पारित किसी विधेयक पर राष्ट्रपति एक बार **'वीटो'** लागू कर सकता है; किन्तु संघीय सभा (संसद) द्वारा पुनः उसी विधेयक को पारित कर देने पर राष्ट्रपति को अपनी स्वीकृति देनी होती है।

2. **निर्वाचन सम्बन्धी कार्य–** रूस के राष्ट्रपति के निर्वाचन की प्रक्रिया संघीय सभा (संसद) के उच्च सदन **'संघीय परिषद्'** की देखरेख में प्रारम्भ होती है। संघीय परिषद् (उच्च सदन) राष्ट्रपति के निर्वाचन की तिथि की घोषणा करता है तथा आवश्यकता पड़ने पर पुनः निर्वाचन की तिथि की भी घोषणा करता है।

3. **कार्यपालिका सम्बन्धी कार्य–** यद्यपि रूस में शक्ति पृथक्करण के सिद्धान्त को अपनाया गया है; किन्तु फिर भी रूसी सरकार के सभापति (प्रधानमन्त्री), उप प्रधानमन्त्री तथा संघीय मन्त्रियों को संघीय सभा (संसद) के **'सरकारी घण्टे'** में सदस्यों के प्रश्नों के उत्तर देने पड़ते हैं। संविधान ने यद्यपि कार्यपालिका शक्तियाँ राष्ट्रपति एवं सरकार में समाहित की हैं, किन्तु फिर भी इसमें संघीय सभा (संसद) को भी कुछ स्थिति में भागीदार बनाया गया है। राष्ट्रपति को प्रधानमन्त्री की नियुक्ति को भी संघीय सभा (संसद) के निम्न सदन **'ड्यूमा'** से अनुमोदित कराना पड़ता है। ड्यूमा इस पर लगातार तीन बार असहमति देने का अधिकार रखती है। ड्यूमा सरकार के विरुद्ध अविश्वास प्रस्ताव लाने की भी शक्ति रखती है। युद्ध, मार्शल लॉ तथा आपातकाल लागू करने सम्बन्धी घोषणा करते

समय राष्ट्रपति को तत्काल संघीय सभा (संसद) के दोनों सदनों को सूचित करना होता है।

4. **प्रशासन पर नियन्त्रण–** संघीय सभा (संसद) प्रशासन पर नियन्त्रण का भी कार्य करती है। सरकार के सदस्यों से प्रश्न पूछकर अथवा स्वयं की विभिन्न समितियों या आयोगों के माध्यम से प्रशासन के कार्यों की जांच–पड़ताल भी करती है।

5. **वित्तीय कार्य–** संघीय सभा (संसद) का एक मुख्य कार्य राष्ट्रीय बजट पर नियन्त्रण रखना भी है। संघीय सभा (संसद) सरकार द्वारा प्रस्तुत वित्तीय बजट को पारित करती है अथवा अस्वीकृत कर सकती है। संघीय सभा (संसद) चाहे तो अपनी तरफ से बजट बनाकर राष्ट्रपति के स्वीकारार्थ भेज सकती है। राष्ट्रपति रूसी संघ के केन्द्रीय बैंक के सभापति को नियुक्त करने अथवा बर्खास्त करने पर संघीय सभा (संसद) की सहमति लेता है। लेखांकन समिति के सभापति एवं सदस्यों की नियुक्ति तथा पदच्युति का अधिकार भी संघीय सभा (संसद) को प्राप्त है। केन्द्रीय बैंक के लेखा–खातों की जांच के लिए संघीय सभा (संसद) एक समिति की नियुक्ति भी करती है।

6. **न्यायिक कार्य–** रूस के संविधान का **अनुच्छेद 93** संघीय सभा (संसद) को यह शक्ति देता है कि राजद्रोह अथवा संगीन अपराध जो न्यायालय द्वारा सिद्ध हो चुका हो, की स्थिति में राष्ट्रपति को महाभियोग के द्वारा पदच्युत कर सकती है। संघीय सभा (संसद) को आम माफी का भी अधिकार प्राप्त है।

1.संघीय परिषद् (Federal Council)–

संघीय परिषद् संघीय सभा (संसद) का उच्च सदन है। जिसमें संघ की प्रत्येक घटक इकाई को दो स्थान प्राप्त हैं। चूंकि घटक इकाईयों की संख्या 89 है। अतः इसकी **सदस्य संख्या 178** है। 1993 ई० के संविधान द्वारा संघीय परिषद् की संरचना के सम्बन्ध में जो व्यवस्था की गई थी। उसमें अनेक दोष अनुभव किए गए। ऐसी स्थिति में संघीय परिषद् की रचना के सम्बन्ध में अगस्त, 2000 ई० में एक नया कानून

स्वीकार किया गया; जिसे रूसी संघ की संघीय सभा (संसद) एवं संघीय परिषद् के गठन की प्रक्रिया पर **'संघीय कानून'** कहा जाता है।

1. **सदस्यों की योग्यता–** अगस्त, 2000 में पारित अधिनियम में यह प्रावधान किया गया है कि रूसी संघ का कोई भी नागरिक जो 30 वर्ष की आयु से कम का न हो तथा जिसे निर्वाचित होने का अधिकार प्राप्त हो वह संघीय परिषद् के सदस्य के रूप में निर्वाचित हो सकता है।

2. **बैठक एवं स्थान–** संघीय परिषद् एक स्थायी कार्यकारी निकाय है। इसकी बैठक इसकी सुविधानुसार कभी भी हो सकती है, किन्तु महीने में कम–से–कम दो बार होनी आवश्यक है। इसकी बैठकें ड्यूमा की बैठकों से पृथक् होती है; किन्तु राष्ट्रपति के अभिभाषण, संवैधानिक न्यायालय के अभिभाषण अथवा विदेशी नेताओं द्वारा संघीय सभा (संसद) को सम्बोधित करने हेतु संयुक्त बैठक का प्रावधान भी रखा गया है।

3. **गणपूर्ति–** संघीय परिषद् के किसी भी सत्र के वैधानिक रूप से चलने के लिए गणपूर्ति उसके कुल सदस्यों का साधारण बहुमत होना आवश्यक है।

   राष्ट्रपति पर महाभियोग सम्बन्धी प्रस्ताव पर भी 2/3 बहुमत की आवश्यकता होती है। संघीय संवैधानिक कानूनों में परिवर्तन करने के लिए 3/4 बहुमत की आवश्यकता होती है। संविधान के मौलिक सिद्धान्तों पर विचार करने के लिए एवं संविधान सभा के गठन के लिए 3/4 बहुमत की आवश्यकता होती है।

4. **सभापति एवं पदाधिकारी–** संघीय परिषद् सदन के कार्यों तथा सत्रों को सम्पादित कराने के लिए एक सभापति, प्रथम उपसभापति तथा उपसभापति का निर्वाचन करती है। यह निर्वाचन संघीय परिषद् के सदस्यों में से ही होता है।

संघीय परिषद् (उच्च सदन) की शक्तियाँ–

संघीय परिषद् (उच्च सदन) की शक्तियाँ निम्नलिखित हैं–

1. **विधायी शक्तियाँ–** संघीय परिषद् को कानून निर्माण का अधिकार है, वह ड्यूमा (निम्न सदन) के सहयोग से संघीय कानूनों का निर्माण करती है। यद्यपि संघीय कानून बनाने के अधिकार में संघीय परिषद् (उच्च सदन) ड्यूमा से कम शक्तिशाली है। क्योंकि कानून बनाने के लिए विधेयक का पहले ड्यूमा से पारित होना आवश्यक है। किन्तु ड्यूमा को किसी विधेयक को पारित कर पांच दिन के भीतर संघीय परिषद् के विचारार्थ भेजना आवश्यक है।

   संघीय परिषद् ड्यूमा द्वारा पारित विधेयक पर सहमति या असहमति प्रकट करने में स्वतंत्र है। यदि संघीय परिषद् ड्यूमा द्वारा पारित किसी विधेयक पर असहमत हो तो दोनों सदनों द्वारा गठित आयोग इस गतिरोध को दूर करने का प्रयास करता है। किन्तु यदि ड्यूमा इस आयोग के सुझावों पर असहमति रखे तथा पुनः मूल विधेयक को अपने कुल सदस्यों के 2/3 बहुमत से पारित कर दे तो वह विधेयक पारित माना जायेगा।

2. **विधान प्रस्तावित करने की शक्ति–** रूस के संविधान के **अनुच्छेद 104** के अनुसार संघीय परिषद् (उच्च सदन) अपने क्षेत्राधिकार के अन्तर्गत किसी विषय पर कानून बनाने का प्रस्ताव ड्यूमा (निम्न सदन) को भेज सकती है। उसे अपने क्षेत्राधिकार के अन्तर्गत संकल्प या प्रस्ताव पारित करने का भी अधिकार है।

3. **राष्ट्रपति के निर्वाचन सम्बन्धी कार्य–** संघीय परिषद् राष्ट्रपति पद के लिए होने वाले चुनाव की घोषणा करती है। राष्ट्रपति के चुनाव में उसकी महत्त्वपूर्ण भूमिका होती है। संघीय परिषद् न केवल राष्ट्रपति के चुनाव की तिथि की घोषणा करती है, अपितु आवश्यक होने पर पुनः निर्वाचन की भी घोषणा करती है।

4. **न्यायिक अधिकार–** संघीय परिषद् (उच्च सदन) राष्ट्रपति पर महाभियोग सम्बन्धी प्रस्ताव, जिसे ड्यूमा (निम्न सदन) ने पारित करके भेजा है पर विचार करती है। उसके द्वारा प्रस्ताव

पर स्वीकृति प्रदान करने पर महाभियोग प्रस्ताव पारित माना जाता है। राष्ट्रपति का पद स्वतः रिक्त माना जाएगा और यदि संघीय परिषद् महाभियोग प्रस्ताव से असहमत हो तो प्रस्ताव ही समाप्त हो जाता है।

राष्ट्रपति द्वारा रूसी संघ के संवैधानिक न्यायालय के न्यायाधीशों, रूसी संघ के सर्वोच्च न्यायालय के न्यायाधीशों तथा मध्यस्थता के सर्वोच्च न्यायालय के न्यायाधीशों के पद के लिए मनोनीत करने से पूर्व उनके नामों पर संघीय परिषद् की सहमति आवश्यक है। रूसी संघ के प्रोसीक्यूटर–जनरल के पद पर नियुक्ति एवं बर्खास्तगी से पूर्व भी राष्ट्रपति को संघीय परिषद् की स्वीकृति की आवश्यकता पड़ती है।

5. **वित्तीय शक्तियाँ–** यद्यपि वित्तीय बजट प्रारम्भ में ड्यूमा में ही लाया जा सकता है, किन्तु संघीय बजट पर नियन्त्रण रखने के लिए दोनों सदनों की संयुक्त रूप से गठित **'लेखांकन समिति'** के उपसभापति तथा उसके आधे सदस्यों को नियुक्त एवं पदमुक्त करने का संघीय परिषद् को अधिकार है।

6. **सैन्य शक्तियाँ–** संघीय परिषद् रूसी संघ की प्रादेशिक सीमाओं के बाहर रूस के सशस्त्र बलों के उपयोग की सम्भावनाओं पर निर्णय करती है। **मार्शल लॉ** लागू करने सम्बन्धी राष्ट्रपति के आदेश को संघीय परिषद् का अनुमोदन आवश्यक है।

7. **सीमा सम्बन्धी शक्तियाँ–** संविधान के **अनुच्छेद 102**(1) के अन्तर्गत संघीय परिषद् को रूस की इकाइयों की सीमाओं में परिवर्तन करने सम्बन्धी प्रस्तावों पर अनुमोदन का अधिकार है।

8. **आपातकालीन शक्तियाँ–** राष्ट्रपति के आपातकाल घोषित करने सम्बन्धी आदेश पर संघीय परिषद् का अनुमोदन आवश्यक है।

9. **विविध शक्तियाँ–**

(1) संघीय परिषद् राष्ट्रीय बैकिंग परिषद् में अपने दो प्रतिनिधियों को नियुक्त करती है।

(1) केन्द्रीय निर्वाचन आयोग के 15 सदस्यों में से 5 सदस्यों को संघीय परिषद् नियुक्त करती है।

(1) संघीय परिषद् (उच्च सदन) लोकसेवा परिषद् में अपने प्रतिनिधियों को नियुक्त करती है।

(1) संघीय परिषद् (उच्च सदन) फेडरल सिक्युरिटीज मार्केट कमीशन के 15 सदस्यों में से एक को नियुक्त करती है।

इस प्रकार स्पष्ट होता है कि संघीय परिषद् (उच्च सदन) विधायी क्षेत्र में ड्यूमा (निम्न सदन) की तुलना में कम शक्तिशाली है। किन्तु कुछ क्षेत्रों में उसकी शक्तियाँ ड्यूमा से भी अधिक है।

2.प्रतिनिधि सभा : ड्यूमा (Duma)–

1. **ड्यूमा (निम्न सदन) का गठन–** रूस की संघीय सभा (संसद) का प्रतिनिधि सदन या निम्न सदन ड्यूमा के नाम से जाना जाता है। जनता द्वारा निर्वाचित सदस्यों का यह सदन काफी शक्तिशाली सदन है। रूसी संविधान के खण्ड (3) में कहा गया है कि, **"प्रतिनिधि सदन (ड्यूमा) में 450 सदस्य (डेपुटीज) होंगे।"**

2. **ड्यूमा का निर्वाचन–** रूस के संविधान के **अनुच्छेद 96** में कहा गया है कि ड्यूमा के सदस्यों की निर्वाचन प्रक्रिया स्थापित संघीय कानून की अनुसार होगी। रूस में ड्यूमा के सदस्यों के निर्वाचन की प्रक्रिया काफी जटिल एवं नवीनता लिए हुए है। इस निर्वाचन पद्धति की प्रमुख विशेषताएँ निम्नलिखित हैं–

3. **दोहरी निर्वान पद्धति–** ड्यूमा के सदस्यों के निर्वायिन हेतु दो पद्धतियाँ काम में ली जाती हैं–

   (1) आनुपातिक प्रतिनिधित्व प्रणाली के अन्तर्गत सूची पद्धति, और

(2) सामान्य प्रादेशिक निर्वाचन पद्धति।

ड्यूमा के 450 सदस्यों में से आधे अर्थात् 225 सदस्यों का निर्वाचन सूची पद्धति से तथा शेष 225 सदस्यों का निर्वाचन प्रादेशिक निर्वाचन क्षेत्रों के माध्यम से होता है।

4. **निर्वाचन क्षेत्र का निर्माण–** सूची पद्धति से होने वाले निर्वाचन में रूस का पूरा प्रदेश एक निर्वाचन जिले के रूप में कार्य करता है, जिसे संघीय निर्वाचन जिला कहा जाता है। भौगोलिक आधार पर निर्मित निर्वाचन क्षेत्रों को **'एकल–जनादेश निर्वाचन जिले'** कहा गया है।

ड्यूमा की शक्तियाँ–

ड्यूमा की शक्तियाँ एवं प्रमुख कार्य निम्नलिखित हैं–

1. **विधायी शक्ति–** ड्यूमा को व्यापक विधायी शक्तियाँ प्राप्त है। कोई भी विधेयक सर्वप्रथम ड्यूमा में ही प्रस्तुत किया जा सकता है। ड्यूमा को संघीय कानूनों तथा संघीय संवैधानिक कानूनों पर अधिनियम बनाने का अधिकार है। यद्यपि उसके द्वारा पारित विधेयक संघीय परिषद् (उच्च सदन) एवं राष्ट्रपति की सहमति एवं अनुमोदन के बाद ही कानून का रूप लेते हैं। किन्तु यदि संघीय परिषद् या राष्ट्रपति सहमति एवं अनुमोदन दे और ड्यूमा (निम्न सदन) पुनः अपने कुल सदस्यों के 2/3 बहुमत से विधेयक पारित कर दे तो वह संघीय परिषद् एवं राष्ट्रपति की अस्वीकृति के बावजूद कानून का रूप ले लेगा। इस प्रकार कानून निर्माण के क्षेत्र में ड्यूमा रूस में सबसे शक्तिशाली निकाय है।

2. **कार्यपालिका पर नियन्त्रण–** ड्यूमा (निम्न सदन) कार्यपालिका पर नियन्त्रण भी रखती है। प्रधानमन्त्री एवं संघीय मन्त्रियों से **'सरकारी घण्टे'** में ड्यूमा के सदस्य प्रश्न पूछ सकते हैं, जिन पर सम्बन्धित मन्त्री या प्रधानमन्त्री को जवाब देना पड़ता है। जब भी नया राष्ट्रपति अपने पद को धारण करता है तब राष्ट्रपति को एक सप्ताह के भीतर अपनी सरकार का सभापति

(प्रधानमन्त्री) नियुक्त करना होता है; किन्तु कोई भी व्यक्ति तभी प्रधानमन्त्री बन सकता है जब ड्यूमा राष्ट्रपति द्वारा मनोनीत व्यक्ति के नाम पर अपनी सहमति प्रदान कर दे। ड्यूमा लगातार तीन बार राष्ट्रपति द्वारा मनोनीत व्यक्ति को अनुमोदित देने से इन्कार कर सकती है।

इस प्रकार सरकार के प्रति ड्यूमा (निम्न सदन) अविश्वास का प्रस्ताव पारित कर सकती है, किन्तु यह राष्ट्रपति पर निर्भर करता है कि वह इसे स्वीकार करें या नहीं; किन्तु यदि ड्यूमा लगातार तीन माह में तीन बार सरकार के विरुद्ध ऐसा अविश्वास प्रस्ताव पारित कर दे तो राष्ट्रपति के पास सरकार को बर्खास्त करने या ड्यूमा को भंग करके नया चुनाव कराने के अतिरिक्त कोई विकल्प नहीं है।

3. **वित्तीय शक्तियाँ–** ड्यूमा (निम्न सदन) के पास वित्तीय शक्तियाँ भी हैं। संघीय बजट ड्यूमा में ही प्रस्तावित होता है एवं उसके द्वारा ही पारित होता है। ड्यूमा सरकार द्वारा प्रस्तुत बजट को अस्वीकार कर अपनी ओर से भी बजट ला सकती है। ड्यूमा को लेखांकन समिति के आधे सदस्यों तथा सभापति को नियुक्त एवं पदच्युत करने का भी अधिकार है।

   रूसी संघ के केन्द्रीय बैंक के सभापति को नियुक्त करने तथा हटाने का अधिकार भी ड्यूमा को ही है। ड्यूमा रूसी संघ के केन्द्रीय बैंक का लेखांकन करने के लिए किसी फर्म को नियुक्त करने का अधिकार रखती है।

4. **न्यायिक शक्तियाँ–** ड्यूमा (निम्न सदन) को राष्ट्रपति पर महाभियोग प्रस्ताव लाने और पारित करने का अधिकार है। ड्यूमा राजद्रोह या संगीन अपराध के आधार पर राष्ट्रपति पर महाभियोग का प्रस्ताव ला सकती है।

   ड्यूमा को राजनीतिक माफी देने का भी अधिकार है। ड्यूमा ने इस शक्ति का प्रयोग करते हुए अपने एक क्षेत्र चेचन्या के कई अपराधियों को आम माफी प्रदान की है।

5. **सूचना प्राप्ति का अधिकार–** जब राष्ट्रपति आपातकाल लगाता है तो इसकी सूचना तत्काल ड्यूमा (निम्न सदन) को देनी आवश्यक है। इसी प्रकार यदि राष्ट्रपति युद्ध की घोषणा अथवा मार्शल लॉ लागू करने की घोषणा करता है तो उसे तत्काल ड्यूमा को जानकारी देनी होती है।

6. **संविधान में संशोधन की शक्ति–** ड्यूमा (निम्न सदन) को संविधान में संशोधन का अधिकार है। ड्यूमा के कुल सदस्यों के 1/3 सदस्य संविधान संशोधन सम्बन्धी प्रस्ताव ला सकते हैं, किन्तु प्रस्ताव को पारित करने के लिए 3/5 सदस्यों के बहुमत की आवश्यकता होती है।

7. **अन्य शक्तियाँ–** उपर्युक्त शक्तियों के अतिरिक्त ड्यूमा को निम्न शक्तियाँ भी प्राप्त हैं–

   (1) ड्यूमा मानवाधिकार आयोग की नियुक्ति एवं पदच्युति का अधिकार रखती है।

   (2) ड्यूमा केन्द्रीय निर्वाचन आयोग के 15 सदस्यों में से 5 सदस्यों को नियुक्त करती है।

   (3) ड्यूमा राज्य सेवा सम्बन्धी राष्ट्रपतीय परिषद् में अपने प्रतिनिधि नियुक्त करती है।

   (4) ड्यूमा बॉण्ड–मार्केट के 15 सदस्यों में से एक सदस्य को नियुक्त करती है।

अतः **'ड्यूमा'** (निम्न सदन) **'संघीय परिषद्'** (उच्च सदन) की तुलना में निश्चित रूप से कुछ अधिक शक्तिशाली है। इस प्रकार रूसी संघ के नवीन संविधान में उदारवादी लोकतन्त्रीय राज्यों के समान ही विधायी संस्थाओं का ढ़ांचा खड़ा किया गया है तथा कानून निर्माण के लिए **'विधायी प्रक्रिया'** निश्चित की गई है। रूसी संघ में संघीय सभा (संसद) को लगभग वही स्थिति प्राप्त है। जो स्थिति भारत में संसद या अमेरिका में कांग्रेस (संसद) को प्राप्त है।

ड्यूमा और राष्ट्रपति–

ड्यूमा और राष्ट्रपति के सम्बन्धों को दो रूप में देखा जा सकता है–

(1) परस्पर सहयोगी दृष्टिकोण, और

(2) परस्पर गतिरोध का दृष्टिकोण।

यदि राष्ट्रपति और ड्यूमा (निम्न सदन) दोनों किसी विषय पर एक दृष्टिकोण रखते हों तो वे एक–दूसरे को सहयोग करने का प्रयास करते हैं। उदाहरण के रूप में, राष्ट्रपति **येल्तसिन** के कार्यकाल में कर संहिता, फौजदारी संहिता, न्यायिक सुधार ऐसे विषय रहे जहाँ दोनों ने परस्पर सहयोग से कार्य किया। कई बार राष्ट्रपति एवं ड्यूमा किसी विधेयक को लाने से पूर्व भी सहयोग करते हैं। कई बार राष्ट्रपति किसी विषय पर आदेश जारी करता है तो उसे विधेयक के रूप में ड्यूमा भी पारित करके सहयोग प्रदान करती है।

लेकिन कई बार राष्ट्रपति और ड्यूमा किसी विषय पर परस्पर विरोधी दृष्टिकोण रखते हैं जब राष्ट्रपति और ड्यूमा में विरोधी पक्ष सामने आता है तो सामान्यतः इसका परिणाम समझौते के रूप में सामने आता है। जिसमें राष्ट्रपति का पक्ष प्रायः महत्त्वूपर्ण हो जाता है।

10

कार्यपालिका
(Executive)

गार्नर के अनुसार, **"व्यापक अर्थ में कार्यपालिका के अन्तर्गत वे सभी अधिकारी तथा एजेन्सियाँ आती हैं जिनका राज्य के संकल्प को लागू करने से सम्बन्ध है।"**

कार्यपालिका का अर्थ–

कार्यपालिका शासन का वह क्षेत्र है। जो व्यवस्थापिका द्वारा बनाए हुए कानूनों का पालन करती है। **गिलक्राइस्ट** के शब्दों में, **"कार्यपालिका सरकार का वह अंग है जो कानून में अभिव्यक्त जनता की इच्छा को क्रियान्वित करता है।"** कार्यपालिका शब्द का प्रयोग दो प्रकार से किया जाता है–

1. **व्यापक अर्थ** में कार्यपालिका के तहत राज्य का कार्यकारी अध्यक्ष, प्रधानमंत्री एवं मन्त्रिपरिषद् तथा प्रशासकीय कर्मचारी सम्मिलित किए जाते हैं।
2. **संकुचित अर्थ** में कार्यपालिका से तात्पर्य नीति–निर्धारण, योजना बनाना तथा कानूनों के क्रियान्वयन से है। कार्यपालिका सरकार का महत्त्वपूर्ण अंग हैं। वस्तुतः कार्यपालिका के दो भाग होते हैं– राजनीतिक कार्यपालिका तथा स्थायी कार्यपालिका। किसी भी लोकतान्त्रिक कार्यपालिका की सफलता के लिए जरूरी है कि उसमें निम्नलिखित गुण हों–

(1) वह विधि की मर्यादा के अनुसार कार्य करे।

(2) कार्यपालिका को अपने कार्य में कर्त्तव्यनिष्ठ एवं ईमानदार होना चाहिए।

(3) कार्यपालिका को कार्य–कुशल होना चाहिए।

वर्तमान समय में लोकतान्त्रिक वृद्धि के साथ–साथ कार्यपालिका की शक्ति में भी वृद्धि होती गई है। वस्तुतः आधुनिक कार्यपालिका लोकतंत्र की सामाजिक एवं आर्थिक आकांक्षाओं की पूर्ति का साधन बन गई है।

कार्यपालिका–

I. **नाममात्र–**

क. वंशानुगत,

ख. निर्वाचित।

II. **वास्तविक–**

क. **एकल–**

1. राजनीतिक (अस्थायी)–

(i) लोकतान्त्रिक– (क) संसदीय, (ख) अध्यक्षीय,

(ii) सर्वाधिकारवादी,

(iii) उपनिवेशवादी।

2. अराजनीतिक (स्थायी)।

(ख) बहुल।

ब्रिटेन में संसदीय या मन्त्रिमण्डलात्मक कार्यपालिका है। जिसमें नाममात्र एवं वास्तविक कार्यपालिका के प्रधान पृथक्–पृथक् होते हैं तथा कार्यपालिका और व्यवस्थापिका का समन्वय होता है। अमेरिका में अध्यक्षात्मक कार्यपालिका है; जिसमें मुख्यतः एक कार्यपालिका प्रधान या राष्ट्रपति होता है। शक्ति पृथक्करण सिद्धान्त के आधार पर शासनतन्त्र सुचारु रूप से कार्य करता है। इनके अतिरिक्त एक तीसरे प्रकार की

कार्यपालिका भी होती है। जिसमें कार्यपालिका की शक्ति एक व्यक्ति विशेष में निहित न होकर एक बहुल कार्यपालिका में समाहित होती है, जिसे संघीय परिषद् भी कहा जाता है। कार्यपालिका के लक्षणों के आधार पर **प्रो० स्ट्रांग** का मत है कि, **"यह विश्व में वैधानिक पद्धतियों में अनुपम है।"** **ब्राइस** के मतानुसार, **"यह एक ऐसी संस्था है जिसका अध्ययन करना अन्य सभी संस्थाओं से महत्त्वपूर्ण है।"** **स्विस संविधान** की **धारा 95** के अनुसार, **"परिसंघ की सर्वोच्च कार्यपालिका तथा प्रशासन की अधिकारिणी सात (7) सदस्यों से बनी एक संघीय परिषद् होगी।"**

कार्यपालिका का चयन–

कार्यपालिका का चयन विभिन्न देशों में अलग–अलग प्रकार से किया जाता है; इसके प्रमुख तरीके निम्नलिखित हैं–

1. **वंशानुगत–** इसका तात्पर्य यह है कि एक बार पद पर आसीन हो जाने के पश्चात् वे जीवनपर्यन्त शासन करते हैं। उनके निधन के पश्चात् उनका उत्तराधिकारी उसी वंश का व्यक्ति होता है।

2. **प्रत्यक्ष निर्वाचन–** विभिन्न देशों में कार्यपालिका अध्यक्ष का निर्वाचन प्रत्यक्ष रूप से मतदाताओं के मतों द्वारा होता है। **बोलीविया, ब्राजील** तथा **मैक्सिको** इत्यादि **देशों में जनता प्रत्यक्ष रूप से राष्ट्रपति को निर्वाचित करती है।**

3. **अप्रत्यक्ष (परोक्ष) निर्वाचन–** विभिन्न देशों में प्रधान कार्यकारी का निर्वाचन विशिष्ट निर्वाचक मण्डल द्वारा किया जाता है। **भारत** और **अमेरिका में राष्ट्रपति का निर्वाचन परोक्ष रूप से किया जाता है।**

4. **व्यवस्थापिका द्वारा निर्वाचन–** इस प्रणाली में विधायिका के सदस्यों द्वारा कार्यपालिका का निर्वाचन किया जाता है। विधायिका के दोनों सदनों द्वारा कार्यपालिका अध्यक्ष या समिति का चुनाव किया जाता है।

5. **मनोनयन**– कार्यपालिका का मनोनयन भी होता है। इसका मुख्य उदाहरण है– **स्वतन्त्रता से पूर्व भारत में गर्वनर–जनरल तथा गवर्नरों की नियुक्ति इंग्लैण्ड के सम्राट द्वारा की जाती थी।**

विभिन्न देशों की कार्यपालिका की अवधि–

(1) रूस के राष्ट्रपति का कार्यकाल	6 वर्ष
(2) भारत के राष्ट्रपति का कार्यकाल	5 वर्ष
(3) अमेरिका के राष्ट्रपति का कार्यकाल	4 वर्ष
(4) फ्रांस के राष्ट्रपति का कार्यकाल	7 वर्ष
(5) चीनी राष्ट्रपति का कार्यकाल	5 वर्ष
(6) स्विस संघीय परिषद् का कार्यकाल	4 वर्ष
(7) दक्षिण अफ्रीका के राष्ट्रपति का कार्यकाल	5 वर्ष

कार्यपालिका तथा व्यवस्थापिका में परस्पर सम्बन्ध–

1. **संसदात्मक व्यवस्था में सम्बन्ध**– संसदात्मक व्यवस्था में व्यवस्थापिका एवं कार्यपालिका का सम्बन्ध घनिष्ठ होता है–

(1) कानून एवं सिद्धान्त की दृष्टि से सम्बन्ध, तथा

(2) व्यवहारिक दृष्टि से सम्बन्ध।

2. **अध्यक्षात्मक शासन व्यवस्था में सम्बन्ध**– अध्यक्षात्मक व्यवस्था में व्यवस्थापिका एवं कार्यपालिका के सम्बन्ध निम्नलिखित हैं–

(1) शक्ति पृथक्करण सिद्धान्त की दृष्टि से सम्बन्ध, तथा

(2) व्यवहारिक दृष्टि से सम्बन्ध।

3. **स्विस शासन व्यवस्था में सम्बन्ध**– स्विट्जरलैण्ड की शासन–व्यवस्था में व्यवस्थापिका एवं कार्यपालिका सम्बन्ध

निम्नलिखित हैं–

(1) कानून एवं सिद्धान्त की दृष्टि से सम्बन्ध, तथा

(2) व्यवहारिक दृष्टि से सम्बन्ध।

उपरोक्त तीनों प्रकार की शासन व्यवस्थाओं में व्यवस्थापिका एवं कार्यपालिका के बीच विभिन्न प्रकार के सम्बन्ध पाए जाते हैं। किन्तु इस सभी शासन–व्यवस्थाओं में व्यवस्थापिका एवं कार्यपालिका के आपसी सम्बन्धों की प्रकृति के बारे में यह सामान्य तथ्य है कि **व्यवस्थापिका की तुलना में कार्यपालिका की शक्तियों, कार्यों एवं प्रभाव में वृद्धि हुई है।**

11

ब्रिटिश कार्यपालिका

(British Executive)

ब्रिटेन में संसदीय शासन प्रणाली है। अतः राजा नाममात्र का अध्यक्ष है। वास्तविक सत्ता प्रधानमन्त्री तथा उसके मन्त्रिमण्डल के पास है। सारा शासन ताज के नाम से किया जाता है, लेकिन ताज नहीं बल्कि मन्त्रिमण्डल अपने द्वारा किये कार्यों के लिए उत्तरदायी है। इसीलिए **वाल्टर बेजहाट** ने राजा को **'सम्मानित कार्यपालिका'**, किन्तु मन्त्रिमण्डल को **'कुशल कार्यपालिका'** कहा है। इसके अतिरिक्त, एक अन्य तथ्य है **नौकरशाही का बढ़ता हुआ प्रभुत्त्व।** यदि मन्त्रियों ने संसद को अपनी कठपुतली बना लिया है तो मन्त्रीगण अपने स्थायी सेवकों के हाथों में कठपुतली बन गए हैं। अतः ब्रिटिश कार्यपालिका के दो मुख्य वर्ग हैं–

(1) नाममात्र की कार्यपालिका, तथा

(2) वास्तविक कार्यपालिका।

वास्तविक कार्यपालिका के भी दो वर्ग हो गये हैं–

(1) राजनीतिक या अस्थायी कार्यपालिका, तथा

(2) अराजनीतिक या स्थायी कार्यपालिका।

राजपद (Monarchy)–

इंग्लैण्ड में राजतन्त्र है। क्योंकि राजा/रानी राज्य का अध्यक्ष है;

जिसका पद पैत्रिक है। **राजा की स्थिति नाममात्र के अध्यक्ष की भाँति है जो मात्र हस्ताक्षर करने की मशीन है।** जनता द्वारा निर्वाचित सरकार के पास वास्तविक प्रभुसत्ता है। ब्रिटिश व्यवस्था को **'ताजधारी गणतन्त्र'** भी कहा जाता है। राजा एक मानव है, ताज एक संस्था है जो सर्वोच्च कार्यपालिका शक्ति का प्रतीक है।

यह कहा जा सकता है कि **ताज राजा या रानी के शीश का मुकुट नहीं है, बल्कि इसमें शासन की सारी सत्ता वास करती है।** इसीलिए **एमोस** के अनुसार, **"यह सार्वभौम शक्तियों, अधिकारों और विशेषाधिकारों का संग्रह है, यह एक वैधानिक विचार है।"** जब यह कहा जाता है कि, **"राजा की मृत्यु हो गई, राजा चिरंजीव** (चिरायु) **हो।"** तो उसका यही अर्थ है कि एक मानव के रूप में राजा चला गया। किन्तु एक संस्था के रूप में राजपद बना रहे।

राजा का पद पैत्रिक है। 1701 के एक कानून के अनुसार, यह पद **हैनोवर वंश** की सन्तान को मिलेगा जो प्रोटेस्टेण्ट मत का अनुयायी हो। यदि इस परिवार की कोई सन्तान न हुई, तभी यह पद संसद के कानून के अनुसार किसी अन्य परिवार के सदस्य को दिया जाएगा; लेकिन 1931 के एक कानून में यह स्पष्ट कर दिया गया कि ऐसा कानून ब्रिटिश राष्ट्रमण्डल के सदस्यों की संसदों से भी पुष्ट किया जाएगा। क्योंकि ऐसे राज्य ब्रिटिश राजा के प्रति अपनी सर्वोच्च या अन्तिम निष्ठा व्यक्त करते हैं।

इसके अतिरिक्त, यह भी व्यवस्था है कि **हैनोवर परिवार** में वरिष्ठ पीढ़ी को तथा नारी के मुकाबले में पुरुष को वरीयता दी जाएगी। **शाही विवाह कानून** (1872) के अनुसार, यदि राजघराने के किसी सदस्य की आयु 25 वर्ष से कम है और वह आगे चलकर राजपद का उत्तराधिकारी हो सकता है तो ऐसा विवाह राजा की अनुमति के बिना नहीं हो सकता।

उपर्युक्त विवरण से यह निष्कर्ष निकाला जाना चाहिए कि राजा के पास कोई शक्तियाँ या कृत्य नहीं हैं। आश्चर्य की बात यह है कि समय के साथ राजा की शक्तियाँ घटी हैं। लेकिन ताज की शक्तियों में वृद्धि हुई है। राजा की बहुत–सी शक्तियाँ पुराने समय से चले आ रहे विशेषाधिकारों में निहित हैं। जबकि कुछ शक्तियाँ संसद द्वारा निर्मित

कानूनों की देन हैं। इन्हें निम्न प्रकार व्यक्त किया जा सकता है–

(1) कॉमन्स सभा का सत्र बुलाना, सत्रावसान करना और इस सदन को भंग करना,

(2) संसद का सत्र शुरू होने से पूर्व अपना उद्‌घाटन भाषण देना जिसे सिंहासन का भाषण कहते हैं,

(3) संसद से पास किए गए बिलों को अपनी अनुमति देना,

(4) प्रिवी कौंसिल की औपचारिक बैठकों की अध्यक्षता करना,

(5) न्याय का स्रोत होने के नाते किसी अपराधी को क्षमा करना या उसका दण्ड कम करना,

(6) सम्मानों का स्रोत होने के नाते प्रतिष्ठित लोगों को सम्मानों का वितरण करना,

(7) राज्य के महत्त्वपूर्ण अधिकारियों की नियुक्तियाँ करना,

(8) नियुक्तियों से पूर्व मन्त्रियों की सूची को स्वीकार करना,

(9) इंग्लैण्ड के स्थापित चर्च के अध्यक्ष और प्रमुख चर्चाध्यक्षों की नियुक्तियाँ करना, तथा

(10) अन्य देशों के साथ सन्धियाँ करना, युद्ध एवं शान्ति की घोषणा करना और विदेशी राजदूतों का स्वागत करना।

बेजहाट ने राजा के तीन महत्त्वपूर्ण कार्य बताए हैं–

(1) सूचना पाने व परामर्श करने का अधिकार,

(2) प्रोत्साहन देने का अधिकार, तथा

(3) सावधान करने का अधिकार।

बेजहाट ने साथ ही यह भी भाव व्यक्त किया है कि एक सद्‌बुद्धि वाले राजा को और क्या चाहिए? इसका यह अर्थ है कि समय–समय पर प्रधानमन्त्री को राजा/रानी से भेंट करनी चाहिए और उन्हें प्रशासनिक मामलों के बारे में जानकारी देनी चाहिए। अनुभवी राजा से परामर्श करना प्रधानमन्त्री तथा उसकी सरकार के लिए उपयोगी होगा।

अन्त में, यह प्रश्न उठता है कि आज के लोकतान्त्रिक युग में राजपद को बनाए रखने के पीछे क्या कारण है? दुनिया के बहुत–से राज्यों में गणतन्त्रात्मक व्यवस्था की गई, लेकिन ब्रिटेन के रूढ़िवादी लोग अभी तक अपनी इस व्यवस्था को बनाए हुए हैं और वे राजपद को हटाकर किसी राष्ट्रपति या गवर्नर–जनरल के पद की स्थापना करना नहीं चाहते। उन्होंने **बेन्थम** के इस सुझाव को नहीं सराहा कि **राजपद तथा हाउस ऑफ लार्ड्स को तोड़ दिया जाए। 1714 में रानी ऐन की मृत्यु के साथ स्टुअर्ट वंश का अन्त हो गया,** तब उन्होंने **जर्मनी** के **हैनोवर परिवार** के एक लड़के को राजा बनाया जो **जार्ज प्रथम** हुआ। वास्तव में, राजपद के कुछ ऐसे ठोस लाभ हैं जिन्हें त्यागकर गणतन्त्रात्मक व्यवस्था लाना कोई समझदारी का कदम नहीं होगा। **हेराल्ड लास्की** के शब्दों में, **"निस्सन्देह ब्रिटेन में सीमित राजतन्त्र की व्यवस्था निश्चित रूप में सफल रही है।"**

प्रधानमंत्री (Prime Minister)–

यदि राजा राज्य का अध्यक्ष है तो प्रधानमन्त्री को शासन का अध्यक्ष कहा जाता है। यदि कैबिनेट राज्य के जहाज को चलाने वाला यन्त्र है तो प्रधानमन्त्री उस यन्त्र का चालक है। पहले उसे **शासन का प्रथम लार्ड** कहते थें। लेकिन 1937 के ताज के मन्त्रियों के कानून ने इस पद को वैधानिक मान्यता प्रदान की। ब्रिटिश प्रधानमंत्री का पद, उसकी शक्तियाँ तथा उसकी प्रभावशाली स्थिति सभी परम्पराओं पर आश्रित है। पूर्व **प्रधानमन्त्री ग्लैडस्टोन** के ये शब्द महत्त्वपूर्ण हैं कि, **"दुनिया में कहीं ऐसा पद नहीं जिसमें इतना सार भरा हो, किन्तु उसका बिम्ब इतना लघु हो। दुनिया में ऐसा कोई अन्य व्यक्ति नहीं है जिसके पास इतनी अधिक शक्ति है। लेकिन दिखावट में उसके विशेषाधिकार इतने कम हैं।"**

राजा प्रधानमन्त्री की नियुक्ति करता है। प्रधानमंत्री का पद उसी को दिया जाता है जो **कॉमन्स सभा में स्पष्ट बहुमत** वाले दल का नेता हो। पहले यह परम्परा थी कि किसी भी सांसद को प्रधानमन्त्री बनाया जा सकता था, लेकिन जब 1923 में **बोनर ला** के बाद राजा ने **लार्ड कर्जन** की जगह **स्टेनले बैल्डनि** को प्रधानमन्त्री बनाया तो यह

परम्परा पड़ गई कि प्रधानमन्त्री कॉमन्स सभा का सदस्य होना चाहिए।

प्रधानमन्त्री की शक्तियाँ एवं कार्य लिखित या दस्तावेजी रूप में उपलब्ध नहीं है। वे तो स्वस्थ परम्पराओं पर आश्रित हैं। जो निम्नलिखित हैं–

(1) **प्रधानमन्त्री अपनी मन्त्रिपरिषद् की मेहराब की आधारशिला है।** प्रधानमंत्री अपने मन्त्रियों का चयन करता है और उनमें विभागों का वितरण करता है। यदि वह किसी मन्त्री से सन्तुष्ट नहीं है तो उसका त्याग–पत्र माँग सकता है। यदि वह आवश्यक समझे तो मन्त्रियों के विभागों में परिवर्तन कर सकता है।

(2) **प्रधानमन्त्री शासन का नेता ही नहीं, वह अपने दल का भी नेता है।** जब चुनाव होते हैं तो वह टिकट बाँटता है। उसका व्यक्तित्त्व ही उसके दल की जीत का निर्धारक तत्त्व है। चुनाव में सफल होने के बाद वह अपने सहयोगियों की टोली बनाता है, लेकिन वह यह ध्यान में रखता है कि कहीं पार्टी में फूट न पड़ जाए।

(3) **प्रधानमन्त्री को पुरुस्कार वितरण की विशाल शक्ति प्राप्त है।** उसी की सिफारिश पर ताज द्वारा लार्ड चांसलर, राजदूतों तथा अनेक आयोगों के अध्यक्षों की नियुक्तियाँ होती हैं। राजा प्रधानमन्त्री की सलाह पर यार्क एवं कैटरबरी के वरिष्ठ बिशपों की नियुक्ति करता है।

(4) **प्रधानमन्त्री मुख्य नीति–निर्माता है।** वह समय–समय पर कैबिनेट की बैठकें बुलाता है। जिनमें महत्त्वपूर्ण निर्णय लिये जाते हैं। यदि कोई मन्त्री ऐसे निर्णय से सहमत नहीं है तो उसे त्याग–पत्र देना चाहिए या प्रधानमन्त्री उससे त्याग–पत्र माँग सकता है।

(5) **प्रधानमन्त्री शासन के सामान्य निरीक्षक के रूप में काम करता है तथा सभी विभागों के बीच समन्वय रखता है।** यदि कोई विवाद पैदा होता है तो वह उसका समाधान

करता है। वह अपने पास कोई विभाग नहीं रखता, फिर भी वह किसी विभाग या कमेटी के कार्य की देखभाल कर सकता है।

(6) **प्रधानमन्त्री राजा तथा अपने मन्त्रियों के बीच सम्पर्क की कड़ी है।** वह राजा को अपने मन्त्रियों के विचारों से अवगत कराता है। उसी की अनुमति से ही कोई मन्त्री राजा से भेट कर सकता है। उसी की अनुमति से राजा तथा मन्त्रियों के विदेशों के कार्यक्रम तैयार किए जाते हैं।

(7) **प्रधानमन्त्री संसद तथा अपने मन्त्रियों के बीच सम्पर्क की कड़ी है।** वह अपने मन्त्रियों के परामर्श से संसद का सत्र बुलाने की तारीख निश्चित करता है। यदि संसद में मन्त्रियों पर कड़े प्रहार हो रहे हों तो वह अपना वक्तव्य देकर विरोधी तत्त्वों को शान्त या सन्तुष्ट करता है। उसी की सहमति से संसद में बिल एवं बजट पेश किए जाते हैं तथा उन्हें पास कराया जाता है। प्रधानमंत्री जानता है कि यदि बजट या सरकारी बिल गिर गया तो उसका अर्थ अविश्वास के प्रस्ताव का पास होना माना जाएगा।

(8) **प्रधानमन्त्री अन्तर्राष्ट्रीय क्षेत्र में भी अपनी महत्त्वपूर्ण भूमिका निभाता है।** वह अन्तर्राष्ट्रीय सम्मेलनों में अपने राज्य का प्रतिनिधित्व करता है तथा वहाँ लिए गए निर्णयों को अपने देश में लागू करता है। विदेश मन्त्री एवं कूटनीति में लगे हुए विशेषज्ञ उसी के आदेशानुसार अपना कार्य करते हैं।

(9) **प्रधानमन्त्री अपने राष्ट्र का नेता है।** यदि कोई राष्ट्रीय आपदा आ जाए तो वह उससे निपटने का हर सम्भव प्रयास करता है। सारा देश उसी के नेतृत्व की ओर देखता है। प्रथम महायुद्ध (1914–1918) के समय **लायड जार्ज** तथा दूसरे महायुद्ध (1939–1945) के समय **चर्चिल** ने ऐसी महत्त्वपूर्ण भूमिका निभाकर अपने राष्ट्र की प्रशंसा अर्जित की।

(10) **प्रधानमन्त्री राष्ट्रीय तथा अन्तर्राष्ट्रीय क्षेत्रों में अपने**

राज्य का नायक है। वह अपने सफल कृत्यों से अपने देश का गौरव ऊँचा करता है। **चैम्बरलेन** जैसे अकुशल प्रधानमन्त्री ने दूसरे महायुद्ध को आमंत्रित किया, उसके बाद **चर्चिल** जैसे कुशल प्रधानमन्त्री ने देश को ऐसे गम्भीर संकट से बचा लिया।

संक्षेप में, प्रधानमन्त्री पर अपने राज्य तथा शासन का सारा भार है। यदि वह शक्तिशाली या प्रभावशाली है तो कैबिनेट पर वह अपनी प्रबल छाप छोड़ेगा, लेकिन यदि उसमें नेतृत्व के बहुत कम गुण हैं (जैसे– **लार्ड रोजबरी** या **लार्ड सैलिसबरी**) तो कैबिनेट की सारी गतिविधि ही अनिश्चितता के सागर में डूब जाएगीं।

कैबिनेट (Cabinet)–

वास्तव में जो ब्रिटिश शासन को क्रियाशील बनाए रखती है, वह न तो राजा है और न उसकी प्रिवी कौंसिल; बल्कि कैबिनेट है। कैबिनेट बहुत महत्त्वपूर्ण मन्त्रियों की टोली है जिसके अध्यक्ष को प्रधानमन्त्री कहते हैं। **मुनरो** के अनुसार, **"इंग्लैण्ड की संवैधानिक संरचना में कैबिनेट एकमात्र सर्वाधिक महत्त्वपूर्ण यन्त्र है।"** कहने को ब्रिटेन में संसदीय शासन व्यवस्था है, वास्तव में कैबिनेट ने संसद की सत्ता को आच्छादित कर दिया है। इसी तथ्य को ध्यान में रखते हुए **जेनिंग्स** ने इन व्यवस्था को **'कैबिनेट शासन'** का नाम दिया है। यह दीगर बात है कि कभी–कभी कोई प्रधानमन्त्री अपनी शक्ति को बढ़ाकर कैबिनेट पर अपनी छत्र–छाया स्थापित कर लेता है और तब ऐसी व्यवस्था आ जाती है। जिसे **आर०एच० क्रासमैन** ने **'प्रधानमन्त्रीय सरकार'** का नाम दिया है।

प्रधानमन्त्री कैबिनेट का निर्माता है। वह अपने मन्त्रियों की सूची तैयार करता है, जिसे स्वीकार करके राजा अन्य मन्त्रियों की नियुक्ति करता है। फिर प्रधानमन्त्री उनके विभागों को वितरित करता है। **ताज के मन्त्रियों का कानून** (1964) के अनुसार, **"मन्त्रियों की कुल संख्या 91 से अधिक नहीं हो सकती।"**

कैबिनेट का अपना विशेष स्थान है। इसलिए प्रधानमन्त्री अपनी कैबिनेट में उन्हीं लोगों को शामिल करता है। जो प्रशासन को अच्छी

तरह चला सके तथा दलीय संगठन भी सुरक्षित रहे। समय–समय पर कैबिनेट की बैठकें होती है; जिनमें महत्त्वपूर्ण निर्णय लिये जाते हैं।

कभी–कभी प्रधानमन्त्री कैबिनेट के कुछ महत्त्वपूर्ण मन्त्रियों के परामर्श से काम करता रहता है। इसे **'भीतरी या आंशिक कैबिनेट'** कहा जाता है। प्रधानमन्त्री **रैम्जे मैकडोनाल्ड** अपने 6 मन्त्रियों की टोली के परामर्श से काम करते थे, इन्हीं को **'छः बड़े'** कहा जाता था। लेकिन प्रधानमन्त्री **ऐटली** ने अपने तीन मन्त्रियों की सहायता से काम किया। स्थिति चाहे कैसी हो, यह बिल्कुल स्पष्ट एवं सुनिश्चित है कि, **"प्रधानमन्त्री कैबिनेट की मेहराब की आधारशिला है" (लार्ड मार्ले)**। **लास्की** के अनुसार, **"प्रधानमन्त्री अपने कैबिनेट के जीवन एवं अन्त का केन्द्र–बिन्दु है।"** कैबिनेट का मतलब है प्रधानमन्त्री की कैबिनेट, वही इसकी बैठक बुलाता है, इसकी कार्य–सूची बनाता है तथा इसकी बैठकों की अध्यक्षता करता है।

मन्त्रिमण्डल का संसद के प्रति उत्तरदायी होना संसदीय शासन व्यवस्था की मूल विशेषता है। अतः सारे मन्त्री अपने द्वारा किए गए या न किए गए कृत्यों के लिए उत्तरदायी होते हैं। यह उत्तरदायित्व दो प्रकार का है– व्यक्तिगत तथा सामूहिक। **व्यक्तिगत उत्तरदायित्व** का अर्थ है कि प्रत्येक मन्त्री अपने विभाग के कृत्यों के लिए स्वयं उत्तरदायी है। यदि कोई गलती होती है तो वह आलोचना का शिकार हो जाता है और उसी को त्याग–पत्र देना पड़ता है। **सामूहिक उत्तरदायित्व** का अर्थ है सभी मन्त्रियों का एक साथ चले जाना। यदि कॉमन्स सभा में अविश्वास मत या निन्दा प्रस्ताव पास हो जाए तो सरकार गिर जाती है। तब प्रधानमन्त्री अपना त्याग–पत्र देता है जो सारे मन्त्रिमण्डल का त्याग–पत्र माना जाता है। इसी से यह कहावत चरितार्थ होती है कि, **"सभी मन्त्री साथ–साथ तैरते व डूबते हैं।"**

हैल्डेन कमेटी रिर्पोट (1918) के अनुसार, कैबिनेट तीन महत्त्वपूर्ण कार्य करती है–

(1) कैबिनेट उस नीति का अन्तिम रूप में निर्धारण करती है जो संसद के समक्ष प्रस्तुत की जाती है। राष्ट्रीय तथा अन्तर्राष्ट्रीय परिस्थितियों को ध्यान में रखते हुए कैबिनेट राष्ट्रीय नीति का

निर्माण करती है और संसद अपनी स्वीकृति से राष्ट्रीय नीति को क्रियान्वित करती है।

(2) संसद से स्वीकृति पाने के बाद राष्ट्रीय नीति पर नियन्त्रण रखना कैबिनेट का कार्य है। कैबिनेट के सर्वोच्च निरीक्षण, नियन्त्रण तथा निर्देशन की छत्र–छाया में राष्ट्रीय प्रशासन चलता है।

(3) विभाग के कृत्यों का निरन्तर समन्वय बनाए रखना और उनका परिसीमन करना भी कैबिनेट का कार्य है। सभी विभागों के बीच समन्वय बना रहना चाहिए ताकि प्रशासन सुचारु रूप से चलता रहे। यदि मन्त्रियों के बीच किसी प्रकार का मतभेद या संघर्ष पैदा होता है तो प्रधानमन्त्री उनका निराकरण करता है।

लेकिन समय के साथ स्थिति बदलती चली गई। धीरे–धीरे कैबिनेट ने अपनी स्थिति को इतना शक्तिशाली या महत्त्वपूर्ण बना लिया कि उसके अधिनायकवाद की चर्चा होने लगी। जब सदन में किसी महत्त्वपूर्ण चर्चा के बाद मत विभाजन होता है तो सचेतक जारी कर दिया जाता है। इसलिए दल के सदस्यों को सदन में सचेतक के आदेशानुसार अपना वोट देना पड़ता है। **जब संसद के सत्र का उद्घाटन होता है तो कैबिनेट रानी का भाषण तैयार करती है।** जिसमें पिछले वर्ष की उपलब्धियों तथा आगामी वर्ष के कार्यक्रमों का विवरण दिया जाता है। कैबिनेट तय करती है कि कब संसद का सत्र बुलाया जाए तथा कब उसका समापन किया जाये। सत्र में कौन–कौन से बिल लाए जाऐं तथा उन्हें पारित कराया जाए। **यदि मन्त्री का रखा हुआ बिल कॉमन्स सभा में गिर जाए तो उसका आशय अविश्वास के प्रस्ताव का पारित होना समझा जाता है।** अतः कैबिनेट देखती है कि सरकारी बिल गिर न जाए। यह हो सकता है कि विपक्ष के प्रहार को देखते हुए कैबिनेट किसी बिल में संशोधन कर ले या उसे वापस ले, लेकिन संसद से पास होने के बाद उसे राजा की अनुमति से अधिनियम का रूप देना कैबिनेट का ही काम है। इसीलिए यह कहा जाता है कि, **"कैबिनेट ने संसद के मूल्य एवं कृत्यों का अपहरण कर लिया है। अब संसद की स्थिति रबड़ की मुहर की तरह हो गई है।"**

कैबिनेट का राष्ट्रीय वित्त पर भी पूर्ण नियन्त्रण है। यदि **धन–विधेयक या बजट संसद में गिर जाए तो उसका आशय होगा अविश्वास का प्रस्ताव पास होना।** इसलिए कैबिनेट देखती है कि उसके द्वारा प्रस्तुत बजट उसी रूप में पास हो जैसा वह चाहती है।

यदि संसद के प्रति कैबिनेट के सामूहिक उत्तरदायित्व की समीक्षा की जाए तो यह विदित होता है कि अब स्थिति बहुत बदल चुकी है। चूँकि कॉमन्स सभा में सरकार के पीछे स्पष्ट बहुमत होता है और सदन में मत विभाजन से पहले सचेतक जारी हो जाता है, अतः मतदान में सरकार की पराजय लगभग असम्भव है। यह हो सकता है कि सबल विपक्ष को हतोत्साहित करने के लिए प्रधानमन्त्री यह धमकी जारी कर दे कि वह राजा को परामर्श देकर सदन को भंग करवा सकता है।

यदि सरकार के पीछे सदन में स्पष्ट बहुमत है तो ऐसा करके वह विपक्ष को अपने काबू में ला सकता है। यदि सदन में मतदान होता है, तब भी कैबिनेट की हार के अवसर नहीं हो सकते; क्योंकि प्रधानमन्त्री तथा उसकी कैबिनेट के पीछे प्रभावी बहुमत होता है। यही कारण है कि अब कैबिनेट संसद के प्रति उत्तरदायी न होकर मात्र अनुक्रियाशील हो गई है।

नवीनतम स्थिति यह है कि अब प्रधानमन्त्री ने कैबिनेट की शक्तिशाली स्थिति को आच्छादित कर दिया है। 1999 में **प्रो० डेनिस कावाद्य** ;क्मददपे ज्ञंअंदहीद्ध ने यह टिप्पणी की कि, **"कैबिनेट काफी समय पहले मृत हो चुकी है।"** एक गन्त्री **जैकस्ट्रा** ने यहाँ तक लिखा कि, **"अब प्रधानमन्त्री कार्यपालिका के प्रमुख की तरह काम कर रहा है।"**

स्थायी कार्यपालिका या नौकरशाही–

यह एक राजनीतिक तथ्य है कि यदि संसद मन्त्रियों के हाथों में एक खिलौना हो गई है तो मन्त्रिगण अपने स्थायी कर्मचारियों के प्रभावाधीन हो गए हैं। अब कार्यपालिका की दो परतें देखी जा सकती हैं– ऊपरी तथा निचली। **ऊपरी परत** में मन्त्रीगण आते हैं जो राजनेतागण होते हैं और जिनका कार्यकाल स्थायी नहीं होता। इसीलिए इसे राजनीतिक या

अस्थायी कार्यपालिका कहा जाता है। दूसरी ओर, **निचली परत** में उच्च–स्तरीय सरकारी अधिकारीगण आते हैं जिनके पद स्थायी होते हैं तथा उन्हें राजनीति से अलग रखा जाता है।

इसीलिए इसे अराजनीतिक या स्थायी कार्यपालिका कहा जाता है। इसके अतिरिक्त, चूँकि मन्त्रीगण अपने कार्य में कुशल नहीं होते, उन्हें नौसिखिए कहा जाता है। जबकि स्थायी अधिकारीगण कुशल कार्यपालिका का निर्माण करते हैं। ये अधिकारीगण शिक्षित होते हैं। प्रतियोगिताओं में सफल होने के बाद अपना पद प्राप्त करते हैं, फिर उन्हें प्रशिक्षित किया जाता है तथा वरिष्ठता एवं कार्य–कुशलता के आधार पर उन्हें समय–समय पर पदोन्नति मिलती है। **इसीलिए मन्त्रियों को अनाड़ी कहा जाता है। इन उच्च–स्तरीय अधिकारियों को विशेषज्ञों की संज्ञा दी जाती है।** अब प्रशासन इतना जटिल हो गया है कि स्थायी लोक–सेवकों के बिना उसका संचालन नहीं हो सकता। इसीलिए **लास्की** ने नागरिक सेवाओं को **'अपरिहार्य आवश्यकता'** बताया है।

मन्त्रियों तथा लोक–सेवकों के बीच सम्बन्ध–

यह सम्बन्ध दो प्रकार का है– सैद्धान्तिक एवं व्यावहारिक। सिद्धान्त में मन्त्री स्वामी है जो आदेश देता है, जबकि विभाग का सचिव उसके नीचे सेवक है जिसे अपने मन्त्री के आदेशानुसार काम करना चाहिए। संसदीय प्रणाली में सारा दायित्व मन्त्री का है। अतः यदि कोई त्रुटि हो जाती है तो स्थायी अधिकारी को नहीं सम्बन्धित मन्त्री को जवाबदेह होना पड़ेगा, परन्तु व्यावहारिक स्थिति बिल्कुल भिन्न है। चूँकि मन्त्री लोग नौसिखिए या अनाड़ी होते हैं, उन्हें अपने अधीनस्थ विशेषज्ञों पर आश्रित होना पड़ता है। विभागों के सचिव शिक्षित, प्रशिक्षित एवं अनुभवी होते हैं, वे ही मन्त्रियों से पूछे प्रश्नों के उत्तर तैयार करते हैं जो सदन में दिए जाते हैं। विभागीय सचिव ही मन्त्रियों के भाषणों का पाठ तैयार करते हैं तथा वे ही बिलों के बजट का मसंविदा तैयार करते हैं जिन्हें सदन में पेश किया जाता है। अतः विभागों का सारा काम स्थायी लोक–अधिकारियों द्वारा किया जाता है और इसी कारण यथार्थ में लोक–सेवक मन्त्रियों पर हावी हो जाते हैं। उन्हीं की इच्छा या परामर्शानुसार सारा काम चलता है, जबकि मन्त्रियों की छत्र–छाया नाममात्र

की होती है। अतः लोकतन्त्र सेवकतन्त्र या नौकरशाही में बदल जाता है। **रैम्जे म्योर** के अनुसार, **"100 में से 99 स्थितियों में मन्त्री अपने सचिव की सलाह मानकर काम करता है और इसीलिए वह बूँददार लकीरों पर हस्ताक्षर कर देता है।"** मन्त्रियों के उत्तरदायित्व की ओट में नौकरशाही फलती–फूलती है। **नौकरशाही की ऐसी प्रभावशाली भूमिका तीन क्षेत्रों में देखी जा सकती है–**

1. **प्रशासन–** मन्त्री का कार्य अपने विभाग के प्रशासन को सुचारु रूप से चलाना है। यह राजनेता है, इसलिए उसका अधिक समय अपनी पार्टी की गतिविधियों में खर्च होता है। मंत्री अपने विभाग के कार्य को ठीक तरह से नहीं सँभाल सकता। सारा काम स्थायी अधिकारीगण चलाते हैं जो समय–समय पर अपने मन्त्री को सलाह देते रहते हैं और उन्हीं के विचार को मानकर मन्त्री लोग आदेश जारी करते हैं। ऐसा बहुत कम सम्भव है कि कोई मन्त्री अपनी असाधारण योग्यता या अनुभव के आधार पर अपने विवेक से काम करे और इस प्रकार अपने नीचे स्थायी सचिवों पर अपना प्रभावी अंकुश बनाए रख सके।

2. **विधायन–** कैबिनेट नीति का निर्माण करती है तथा ऐसे बिन्दुओं का निर्धारण करती है जिन पर किसी बिल का मसंविदा तैयार किया जाता है। यह काम भी सचिव लोग करते हैं। वे अपने मन्त्री के निर्देश को देखते हुए किसी बिल का प्रारुप तैयार करते हैं और ऐसा करते समय वे उसमें अपनी इच्छानुसार कोई ऐसा प्रावधान जोड़ सकते हैं जो नौकरशाही के हित में हो। इतना ही नहीं, अब हस्तान्तरित विधायन का क्षेत्र बहुत व्यापक हो चुका है। संसद कानून बनाती है लेकिन समय–समय पर विभागों की ओर से पत्र, प्रपत्र, नियम, विनियम, विवरण, स्पष्टीकरण एवं निर्देश आदि जारी होते रहते हैं जिन्हें स्थायी कार्यपालक ही तैयार करते हैं। यह ठीक है कि ऐसे सभी यन्त्रों को संसद से पास कराया जाता है। किन्तु तथ्य यह है कि ऐसे यन्त्रों की संख्या सैकड़ों या हजारों में पहुँच जाती है और जब उन्हें संसद में पेश किया जाता है तो कुछ ही क्षणों में उन्हें पास कर दिया जाता है। यह जरूरी है कि विभागों द्वारा जारी किए

ऐसे यन्त्र संसद द्वारा निर्मित कानून के अनुकूल होने चाहिए। यदि ऐसा नहीं है तो संसद उस प्रपत्र या विज्ञप्ति को निरस्त कर सकती है।

3. **वित्त–** यह कहा जा सकता है कि कॉमन्स सभा राष्ट्र के कोष पर अपना नियन्त्रण रखती है, परन्तु तथ्य यह है कि बजट बनाने का काम विभागीय सचिव करते हैं। अपनी विशेषज्ञता के आधार पर विभागीय सचिव ऐसा बजट बनाते हैं जिसमें उनकी अपनी आर्थिक नीति परिलक्षित होती है। कौन–से नए टैक्स लगाए जाएँ या किस प्रकार राष्ट्रीय धन का व्यय या विनियोग किया जाए। बजट में इस तरह के प्रावधान होते हैं, जो देखने में मन्त्रियों की नीति के अनुसार होते हैं; किन्तु वास्तव में ये सरकारी अधिकारीगण उनमें अपने हितानुकूल जोड़–तोड़ बैठाते हैं।

अतः अब नौकरशाही इतनी प्रभावशाली हो चुकी है कि **लार्ड हीवर्ट** ने इसे **'नव–निरंकुशवाद'** का नाम दिया है। **रैम्जे म्योर** के अनुसार नौकरशाही तीन बड़े दोषों को जन्म देती है– **व्यर्थ का विलम्ब** या **लाल फीताशाही**, **रूढ़िवाद या प्रगति पर रोक** तथा **अधिकारियों के उद्दंडी स्वभाव**। इन दोषों का निराकरण हेतु यह जरूरी है कि जनता द्वारा निर्वाचित मन्त्रीगण कार्य–कुशल हों, जो अपने अधीनस्थ अधिकारियों पर अपना नियन्त्रण स्थापित कर सके। प्रेस एवं जन–संचार के साधन भी बहुत सक्रिय होने चाहिए जो स्थायी अधिकारियों की गतिविधियों को उजागर करें तथा उनके द्वारा की गई त्रुटियों को जनता के समक्ष रखें। **मन्त्रियों के बिना प्रशासन चल सकता है, लेकिन स्थायी सचिवों के बिना नहीं।** लोकतान्त्रिक व्यवस्था में दोनों के बीच सुखद समन्वय बना रहना चाहिए। वास्तव में, **"अच्छे परिणाम मिलते रहें तथा संघर्ष एवं परिणामस्वरूप अकुशलता व भ्रष्टाचार के संकटों को दूर रखा जाए। इसलिए प्रशासन में विशेषज्ञों तथा मन्त्रियों के बीच उचित तालमेल बनाए रखना जरूरी है।"**

12

अमेरिकी संघीय कार्यपालिका

(American Federal Executive)

अमेरिका में अध्यक्षीय शासन प्रणाली है। राष्ट्रपति राज्य एवं शासन का अध्यक्ष है, उसके नीचे उप–राष्ट्रपति है। राष्ट्रपति अपनी कैबिनेट का निर्माण करता है जो काँग्रेस (संसद) से पृथक् है तथा उसके प्रति उत्तरदायी नहीं है। इस सब को **राजनीतिक कार्यपालिका** कहते हैं। इसके अतिरिक्त, यहाँ स्थायी या अराजनीतिक कार्यपालिका भी है जिसे नौकरशाही की संज्ञा दी जा सकती है।

राष्ट्रपति (President)–

अमेरिकी संवैधानिक व्यवस्था में सर्वाधिक शक्तिशाली तथा सर्वाधिक महत्त्वपूर्ण पद राष्ट्रपति का है। राष्ट्रीय तथा अन्तर्राष्ट्रीय क्षेत्रों में ऐसे आश्चर्यजनक विकास हुए हैं जिन्होंने उसे संघीय सत्ता के केन्द्र बिन्दु तथा राष्ट्रीय एकता का प्रतीक बना दिया है। अब राष्ट्रपति मात्र कार्यपालिका का ऐसा अध्यक्ष नहीं है जैसे संस्थापक पिताओं ने कल्पना की थी। कभी–कभी उसे अमेरिका का **'निर्वाचित नरेश'** भी कहा जाता है। स्पष्टतः वह संवैधानिक अध्यक्ष ही नहीं बल्कि उसका पद अमेरिकी शासन प्रणाली की सर्वाधिक नाटकीय संस्था बन गया है।

कार्यकाल, उत्तराधिकार तथा निष्कासन–

अमेरिका के मतदातागण **चार वर्षों** के लिए अपना राष्ट्रपति चुनते

हैं। मूल संविधान में उसके पुनः निर्वाचन के बारे में कुछ नहीं लिखा था। यह परम्परा पड़ गई कि किसी व्यक्ति को **दो बार से अधिक नहीं** चुना जाये। **1940 में यह परम्परा टूटी जब रूजवेल्ट तीसरी बार** और फिर **1944 में चौथी बार** चुनाव जीते। किन्तु **22वें संविधान संशोधन** अधिनियम (1951) के अनुसार, **"कोई व्यक्ति दो से अधिक बार इस पद को धारण नहीं कर सकता।"**

राष्ट्रपति के उत्तराधिकार का विषय इसी से जुड़ा हुआ है। हो सकता है कि राष्ट्रपति की मृत्यु हो जाए (जैसा 1945 में **रूजवेल्ट** के साथ हुआ) या उसकी हत्या हो जाए (जैसा 1963 में **कैनेडी** के साथ हुआ) या वह त्यागपत्र दे (जैसे 1974 में **निक्सन** ने किया) या गम्भीर बीमारी या किसी अन्य कारणवश वह काम करने योग्य न रहे (जैसा **आईजेनहावर** के साथ हुआ) तो इसका समाधान **25वें संविधान संशोधन** अधिनियम (1967) के अनुसार होगा। इसमें व्यवस्था की गई है कि–

(1) राष्ट्रपति की मृत्यु या त्याग पत्र की स्थिति में उप–राष्ट्रपति राष्ट्रपति के पद पर कार्य करेगा।

(i) यदि उप–राष्ट्रपति उपलब्ध नहीं हो तो राष्ट्रपति किसी को उप–राष्ट्रपति के पद पर मनोनीत करेगा, किन्तु इसकी पुष्टि काँग्रेस (संसद) के दोनों सदनों से होनी चाहिए।

(i) यदि राष्ट्रपति लिखकर घोषित करता है कि वह किसी कारण अपने पद के दायित्वों का वहन नहीं कर सकता तो उप–राष्ट्रपति कार्यवाहक राष्ट्रपति के रूप में कार्य करेगा जब तक कि राष्ट्रपति अपनी सक्षमता की लिखित घोषणा नहीं करता।

(i) यदि राष्ट्रपति ऐसी लिखित घोषणा करने की स्थिति में नहीं है तो उप–राष्ट्रपति ऐसी घोषणा करेगा या यह घोषणा प्रमुख प्रशासकीय अधिकारियों के बहुमत द्वारा होगी या कानून द्वारा स्थापित कोई अन्य निकाय भी ऐसी घोषणा कर सकता है, तब उप–राष्ट्रपति कार्यवाहक राष्ट्रपति के रूप में काम करेगा।

यदि राष्ट्रपति पर देशद्रोह, घूसखोरी या दुर्व्यवहार का कोई गम्भीर

आरोप लगता है तो उसे महाभियोग की प्रक्रिया से हटाया जा सकता है। **प्रतिनिधि सभा** की एक कमेटी आरोप–पत्र तैयार करेगी जो वहाँ बहुमत से पास होना चाहिए। इसके बाद यही कमेटी अभियोजन पक्ष के रूप में कार्य करेगी। यह मामला सीनेट के समक्ष रखा जायेगा जिसकी अध्यक्षता सुप्रीम कोर्ट का प्रधान जज करेगा। राष्ट्रपति को अपना बचाव करने का अधिकार होगा। वह स्वयं उपस्थित होकर या अपने प्रतिनिधि द्वारा अपना बचाव कर सकता है। सीनेट में इस विषय पर चर्चा होगी और यदि 2/3 बहुमत से प्रस्ताव पास हो जाता है तो राष्ट्रपति को दण्ड दिया जायेगा और इसका अर्थ होगा उसका निष्कासन। **1868 में राष्ट्रपति ऐण्ड्रयू जानसन** के खिलाफ यह प्रक्रिया चली, किन्तु वह एक मत की कमी के कारण बच गये। **1974 में राष्ट्रपति निक्सन ने त्यागपत्र दिया** क्योंकि प्रतिनिधि सभा की कमेटी उसके विरुद्ध आरोप पत्र तैयार कर चुकी थी जिसे सीनेट में पेश किया जाना था। **1999 में राष्ट्रपति क्लिण्टन बच गए** क्योंकि सीनेट में 2/3 बहुमत से प्रस्ताव पास न हो सका।

राष्ट्रपति का निर्वाचन–

संविधान के अनुसार, राष्ट्रपति का चुनाव प्रत्येक चार वर्ष बाद होता है। इसमें भाग लेने वाले प्रत्याशी को तीन योग्यताएँ प्राप्त होनी चाहिए–

(1) वह संयुक्त राष्ट्र अमेरिका का जन्मजात नागरिक हो।

(2) उसकी आयु 35 वर्ष से ऊपर हो।

(3) वह कम से कम 14 वर्ष तक अपने देश में रहा हो।

इससे स्पष्ट होता है कि कोई प्राकृतीकृत नागरिक इस चुनाव में भाग नहीं ले सकता। यह चुनाव अप्रत्यक्ष तरीके से होता है तथा एक निर्वाचन मण्डल बनता है। प्रत्येक राज्य से उतने निर्वाचक चुने जाते हैं जितने उसके प्रतिनिधि सभा एवं सीनेट में सदस्यगण हैं तथा 3 निर्वाचक राष्ट्रीय राजधानी क्षेत्र (वाशिंगटन, डी०सी०) से लिये जाते हैं। अतः **435+100+3 = 538 सदस्यों का निर्वाचन मण्डल बनता है।** प्रत्येक राज्य के अपने निर्वाचन सम्बन्धी कानून है जिनके अनुसार

निर्वाचकों का चुनाव किया जाता है।

नवम्बर मास में पहले सोमवार के बाद आने वाले मंगलवार को वोट डाले जाते हैं। मतदान गुप्त होता है। प्रत्येक राज्य में वोटों की गिनती की जाती है लेकिन जीतने वाले उम्मीदवार को उस राज्य के सारे वोट मिल जाते हैं। इसके बाद ये निर्वाचकगण **दिसम्बर मास में दूसरे बुधवार के बाद आने वाले सोमवार को अपने राज्य की राजधानी में इकट्ठे होते हैं, जहाँ वे एक वोट राष्ट्रपति को और एक वोट उप–राष्ट्रपति को देते हैं।** जब अमेरिका के मतदातागण अपने निर्वाचकों का चुनाव करते हैं तो उसे **पहला मतदान** कहा जाता है लेकिन जब ये निर्वाचकगण राष्ट्रपति एवं उप–राष्ट्रपति को अपना वोट देते हैं तो उसे **दूसरा मतदान** कहते हैं। सारी मतपेटियाँ सीनेट के अध्यक्ष को भेज दी जाती हैं। **6 जनवरी** को **मतों की गणना** की जाती है तथा परिणाम घोषित कर दिया जाता है। इस सम्बन्ध में कुछ अन्य महत्त्वपूर्ण बिन्दु निम्नलिखित हैं–

प्रथम, चुनाव में जीतने वाले उम्मीदवार को पूर्ण बहुमत (कम से कम 270 वोट) मिलने चाहिए। यदि राष्ट्रपति के चुनाव में ऐसा नहीं होता तो फिर प्रतिनिधि सभा में राष्ट्रपति का चुनाव होगा, जहाँ एक राज्य का एक वोट होगा। यदि उप–राष्ट्रपति पद के उम्मीदवार को चुनाव में पूर्ण बहुमत नहीं मिलता तो उसका निर्णय सीनेट में होगा, जहाँ एक राज्य का एक वोट होगा लेकिन अब ऐसी स्थिति आ नहीं सकती, क्योंकि दो बड़ी पार्टियों के उम्मीदवारों के बीच टक्कर होती है।

द्वितीय, नवम्बर में निर्वाचकों का चुनाव होते ही राष्ट्रपति के चुनाव का निर्णय आ जाता है, क्योंकि निर्वाचक मण्डल में जिस पार्टी को पूर्ण बहुमत मिल जाता है; उसी के उम्मीदवारों को राष्ट्रपति तथा उप–राष्ट्रपति के पद मिलना निश्चित हो जाता है। अतः दलगत आधार पर होने वाले चुनावों ने राष्ट्रपति तथा उप–राष्ट्रपति के चुनावों को अप्रत्यक्ष की जगह प्रत्यक्ष बना दिया है।

अन्तिम वोटों की गिनती मशीन द्वारा होती है। 1996 के चुनाव में एक समस्या खड़ी हो गई जब फ्लोरिडा राज्य में मशीन के बिगड़ जाने के कारण बड़ी संख्या में मतपत्र नष्ट हो गये। जब यह मामला वहाँ की

सुप्रीम कोर्ट में आया तो उसने पुनः मतदान का आदेश दिया लेकिन अपील में अमेरिका के सर्वोच्च न्यायालय ने व्यवस्था दी कि इस राज्य की 25 सीटों के चुनाव को हटाकर परिणाम घोषित किया जाएँ। तब **जार्ज बुश** को विजय प्राप्त हुई।

कार्य तथा शक्तियाँ–

निर्वाचन में जीतने के बाद **20 जनवरी को राष्ट्रपति सर्वोच्च न्यायालय के प्रधान न्यायाधीश के समक्ष अपने पद की शपथ लेता है** और फिर अपनी शक्तियों का प्रयोग तथा कार्यों का निष्पादन करता है; जिन्हें निम्न वर्गों में रखा जा सकता है–

1. **प्रशासन सम्बन्धी–** राष्ट्रपति की प्रशासकीय शक्तियाँ सर्वाधिक महत्त्वपूर्ण है। काँग्रेस (संसद) द्वारा निर्मित कानूनों तथा न्यायालयों द्वारा दिये गये निर्णयों को लागू करना राष्ट्रपति का काम है। यदि राज्य के किसी भाग में उपद्रव होता है तो राष्ट्रपति सेना को भेजकर उसका दमन कर सकता है। राष्ट्रपति अपने मन्त्रियों, राजदूतों, सुप्रीम कोर्ट तथा अधीनस्थ संघीय न्यायालयों के न्यायाधिशों तथा बहुत से संघीय अधिकारियों को नियुक्त करता है, लेकिन ये सभी नियुक्तियाँ सीनेट द्वारा संपुष्ट की जानी चाहिए; क्योंकि सीनेट की कृपा एक स्वस्थ परम्परा बन चुकी है। अतः उसके द्वारा की गई सभी नियुक्तियाँ पास हो जाती हैं। राष्ट्रपति अपने मन्त्रियों को पदमुक्त कर सकता है तथा उनके त्यागपत्र स्वीकार करता है। राष्ट्रपति अपने मन्त्रियों से परामर्श करता है किन्तु उनका परामर्श बाध्यकारी नहीं होता। राष्ट्रपति अपनी विदेश नीति बनाता है तथा उसका कार्यान्वयन करता है, इस नाते वह अपने राजदूत नियुक्त करता है तथा उन्हें निर्देश देता है। राष्ट्रपति अन्य देशों के साथ सन्धियाँ करता है जिन्हें सीनेट द्वारा समर्थित किया जाता है। राष्ट्रपति किसी नये राज्य को मान्यता देता है या उसकी मान्यता समाप्त कर सकता है। देश के प्रशासन को सुचारु रूप से चलाने के लिए वह आवश्यक आदेश तथा निर्देश

जारी कर सकता है।

2. **विधायन सम्बन्धी–** राष्ट्रपति समय–समय पर काँग्रेस (संसद) को अपना संदेश भेज सकता है जिसमें कोई कानून बनाने का विचार निहित हो। राष्ट्रपति काँग्रेस (संसद) में विराजमान अपने **'मित्रों'** की सहायता से कोई बिल पेश करा सकता है। आवश्यता पड़ने पर राष्ट्रपति काँग्रेस (संसद) का विशेष सत्र बुला सकता है ताकि किसी अति–महत्त्वपूर्ण विषय पर चर्चा की जा सके। राष्ट्रपति स्वयं जाकर काँग्रेस (संसद) को सम्बोधित कर सकता है और इस प्रकार विधायन प्रक्रिया को अपनी नीति के अनुसार प्रभावित कर सकता है। समय–समय पर राष्ट्रपति प्रशासकीय आदेश (अध्यादेश) जारी कर सकता है तथा ऐसे विनियम जारी कर सकता है जो कानून की तरह लागू होते हैं और जिन्हें कुछ समय बाद काँग्रेस (संसद) विधि के रूप में अपना सकती है। यह हो सकता है कि किसी कानून में यह प्रावधान रखा जाये कि राष्ट्रपति यथाआवश्यकतानुसार आदेश, निर्देश, पत्र, प्रपत्र एवं विज्ञप्ति जारी करे ताकि उसका क्रियान्वयन ठीक तरीके से हो। काँग्रेस (संसद) से पास होने पर वह बिल राष्ट्रपति की अनुमति को आता है। राष्ट्रपति उसे अपनी अनुमति दे सकता है या उसे अस्वीकार कर सकता है। यदि राष्ट्रपति के द्वारा अस्वीकृत बिल को काँग्रेस (संसद) पुनः अपने 2/3 बहुमत से पास कर देती है तो फिर उसे राष्ट्रपति की अनुमति की आवश्यकता नहीं है। जब कोई बिल काँग्रेस (संसद) से पास होकर राष्ट्रपति की अनुमति को आता है तो 10 दिनों के भीतर (रविवार छोड़कर) राष्ट्रपति को उसे स्वीकृत या अस्वीकृत करना चाहिए। यदि इस अवधि में काँग्रेस (संसद) का सत्र समाप्त हो जाता है और राष्ट्रपति उस बिल पर कोई कार्यवाही नहीं करता तो वह बिल स्वतः ही मर जाता है, इसी को **'जेबी वीटो'** कहते हैं।

3. **न्याय सम्बन्धी–** महाभियोग के दण्ड को छोड़कर राष्ट्रपति किसी मामलें में दोषी व्यक्ति को क्षमादान दे सकता है या

उसका दण्ड कम कर सकता है या उस दण्ड के क्रियान्वयन को टाल सकता है। उसका क्षमा का विशेषाधिकार राज्यों के कानूनों के उल्लंघन पर लागू नहीं होता। यह भी हो सकता है कि किसी उपद्रव या विप्लव या संग्राम में पकड़े गये लोगों के समूह को राष्ट्रपति क्षमा कर दे। जैसा कि राष्ट्रपति **जैफर्सन** ने उन लोगों के लिए किया जो 1795 के देशद्रोह कानून के अन्तर्गत दण्डित किये गये थे।

4. **वित्त सम्बन्धी–** राष्ट्रपति के निर्देशानुसार बजट तैयार किया जाता है। यह काम एक निदेशक के तहत **बजट ब्यूरो** करता है। राष्ट्रपति बजट विभाग के अधिकारियों को नियुक्त करता है और वे अधिकारी राष्ट्रपति के निर्देशानुसार काम करते हैं। इसके अतिरिक्त राष्ट्रपति महालेखा जोखा नियन्त्रकों को भी नियुक्त करता है। **बजट प्रतिनिधि सभा में पेश होता है,** वहाँ से पास होने पर सीनेट उसे पास करती है; लेकिन यदि उसमें कटौती की जाए तो राष्ट्रपति को त्याग पत्र नहीं देना पड़ता।

5. **आपातकाल सम्बन्धी–** राष्ट्रपति सेनाओं का अध्यक्ष है। वह तीनों सेनाओं के अध्यक्षों को नियुक्त करता है, जिनके नाम सीनेट द्वारा पास होने चाहिए। किन्तु वह सैनिक अधिकारियों को पद से हटा सकता है। यह ठीक है कि काँग्रेस (संसद) युद्ध या शान्ति की घोषणा का प्रस्ताव पास करती है, लेकिन राष्ट्रपति ऐसी परिस्थितियाँ पैदा कर सकता है कि वह युद्ध की घोषणा कर दे; जिसे बाद में काँग्रेस (संसद) अपने प्रस्ताव के रूप में पास कर दे। यदि युद्ध चल रहा है तो राष्ट्रपति अपनी सेनाओं को आगे बढ़ने तथा बमबारी करने के आदेश दे सकता है। समय की आवश्यकता को देखते हुए राष्ट्रपति आपातकाल की घोषणा कर सकता है तथा ऐसे कदम उठा सकता है जो राष्ट्रीय हित में हों और जिन्हें बाद में कांग्रेस (संसद) का अनुमोदन प्राप्त हो जाये। प्रथम तथा द्वितीय महायुद्धों के समय में अमेरिकी राष्ट्रपतियों ने जो किया, वह इसी के उदाहरण हैं।

राष्ट्रपति की इन व्यापक शक्तियों को देखकर यह कहा जा सकता है कि उसका कार्यक्षेत्र बहुत व्यापक है। वह प्रशासन का अध्यक्ष है, विधायन का बड़ा स्रोत है तथा विदेश नीति का निर्माणकर्त्ता और सबसे बड़ा कूटनीतिज्ञ है। क्षमा के विशेषाधिकार का धारक है तथा उसका कार्यालय राज्य का सबसे ऊँचा मंच है, लेकिन बहुत कुछ उसके व्यक्तित्त्व पर निर्भर है। **वुडरो विल्सन, रूजवेल्ट, कैनेडी** एवं **बुश** जैसे राष्ट्रपतियों ने इस पद को बहुत अधिक शक्तिशाली बना दिया। राष्ट्रपति **वुडरो विल्सन** के विदेश सचिव **(डब्ल्यू०एच० सीवार्ड)** के ये शब्द सार्थक हैं कि, **"हम चार वर्षों के लिए अपना राजा चुनते हैं और कुछ सीमाओं के भीतर उसे परम् शक्तियाँ सौंप देते हैं जिसकी वह स्वयं अपनी तरह से व्याख्या कर सकता है।"** इसीलिए यह कहा जा सकता है कि, **"राष्ट्रपति भवन (व्हाइट हाउस) देश का सबसे ऊँचा मंच है।"**

अमेरिकी राष्ट्रपति की ब्रिटिश राजा से तुलना–

हेराल्ड लास्की की यह टिप्पणी बहुत विख्यात है कि, **"अमेरिकी राष्ट्रपति ब्रिटिश राजा तथा प्रधानमन्त्री से कुछ अधिक एवं कुछ कम है।"** जितनी निकटता से उसके पद का अध्ययन किया जाये, उसमें उतनी अधिक विचित्रता दिखाई देती है। इसका यह अर्थ है कि कुछ दशाओं में अमेरिकी राष्ट्रपति ब्रिटिश राजा तथा प्रधानमन्त्री से अधिक है तो कुछ दशाओं में वह उन दोनों से कम भी है। अतः तुलनात्मक परिप्रेक्ष्य में ऐसा अध्ययन करना उपयोगी होगा। यदि इन दोनों महान पदाधिकारियों की शक्तियों तथा कार्यों की तुलना की जाये तो उनमें समानता एवं भिन्नता के अनेक लक्षण देखे जा सकते हैं–

समानता–

(1) दोनों अपने–अपने राज्यों में अध्यक्ष हैं, अतः सारा प्रशासन उन्हीं के नाम में किया जाता है।

(2) दोनों रस्मिया या औपचारिक कृत्यों का निष्पादन करते हैं, उच्च अधिकारियों को नियुक्त करते हैं और उनके त्यागपत्र को

स्वीकार करते हैं।

(3) विदेशी गणमान्य अधिकारियों का स्वागत करते हैं और महत्त्वपूर्ण घोषणाएँ करते हैं।

(4) विधायिका द्वारा पारित बिलों को अपनी अनुमति देते हैं और दया के विशेषाधिकार का प्रयोग करते हैं।

असमानता–

(1) अमेरिकी राष्ट्रपति अपने स्वविवेक से कार्य करता है तथा ब्रिटिश नरेश अपने मन्त्रियों की सलाह से कार्य करता है।

(2) ब्रिटिश राजा राज्य का अध्यक्ष है, जबकि अमेरिकी राष्ट्रपति राज्य एवं शासन दोनों का अध्यक्ष है।

(3) राजा की स्थिति नाम–मात्र की है, जबकि राष्ट्रपति वास्तविक कार्यपालिका है।

(4) ब्रिटिश राजा का पद पैत्रिक है, जबकि अमेरिकी राष्ट्रपति चार वर्षों को चुना जाता है और एक व्यक्ति दो बार से अधिक इस पद पर नहीं चुना जा सकता।

(5) राजा कोई त्रुटि नहीं कर सकता क्योंकि सारा दायित्व मन्त्रियों पर है, जबकि राष्ट्रपति त्रुटि कर सकता है और इसलिए उसे महाभियोग की प्रक्रिया से हटाया जा सकता है।

(6) राजा संसद के सत्र का उद्‌घाटन करता है लेकिन राष्ट्रपति अपना सन्देश भेज सकता है या स्वयं जाकर काँग्रेस (संसद) को सम्बोधित कर सकता है तथा काँग्रेस (संसद) से पारित बिलों पर अपनी **वीटो शक्ति** का प्रयोग कर सकता है।

(7) राष्ट्रपति अपने विवेकानुसार युद्ध या शान्ति की घोषणा कर सकता है जिसे बाद में काँग्रेस (संसद) अपने प्रस्ताव से वैध कर सकती है। राष्ट्रपति नियुक्तियाँ एवं विदेश सन्धियाँ करता है जिन्हें सीनेट पास कर देती है। इसीलिए उसे चार वर्षों के लिए

निर्वाचित अधिनायक कहा जाता है।

निष्कर्षतः लेकिन राष्ट्रपति एक राजनेता है जिसे वह छवि या गौरव प्राप्त नहीं हो सकता जो ब्रिटिश राजा के पास है। राजा राजनीति से परे है, अतः उसे राष्ट्र का वह सम्मान प्राप्त है जो किसी राष्ट्रपति को नहीं मिल सकता। अमेरिकी राष्ट्रपति **कुशल कार्यपालिका** है, जबकि ब्रिटिश राजा **सम्मानित कार्यपालिका** का रूप है।

अमेरिकी राष्ट्रपति और ब्रिटिश प्रधानमंत्री की तुलना–

अमेरिका के राष्ट्रपति और ब्रिटिश प्रधानमंत्री की स्थिति अपने–अपने शासन विधान में केन्द्रीय महत्त्व की है। जहाँ इन दोनों पदों में कुछ समानताएँ पाई जाती हैं। वहाँ भिन्नताएँ भी बहुत अधिक हैं क्योंकि दोनों देशों में अलग–अलग प्रकार की शासन प्रणाली क्रियाशील है।

प्रो० लास्की के शब्दों में, **"संयुक्त राज्य अमेरिका का राष्ट्रपति एक राजा से कम व अधिक दोनों है। साथ ही वह एक प्रधानमंत्री से भी कम और अधिक दोनों ही है।"** अमेरिका के राष्ट्रपति और ब्रिटेन के प्रधानमंत्री के पदों की तुलना निम्न प्रकार से की जा सकती है–

अमेरिकी राष्ट्रपति तथा ब्रिटिश प्रधानमन्त्री पद में समानताएँ–

(1) अमेरिका में राष्ट्रपति सर्वोच्च कार्यपालिका का अधिकारी है। जबकि इंग्लैण्ड में शासन राजमुकुट के नाम से होता है, परन्तु वहाँ का वास्तविक शासक प्रधानमन्त्री ही है।

(2) अमेरिका का राष्ट्रपति भी व्यवहार में बहुमत दल का ही नेता है। उसके दल का बहुमत निर्वाचक मण्डल में आ जाता है। दल की नीति–निर्धारण में राष्ट्रपति की भूमिका महत्त्वपूर्ण है। जबकि इंग्लैण्ड का प्रधानमंत्री बहुमत दल के नेता के रूप में ही अपने पद को ग्रहण करता है। दल की नीति–निर्धारण में प्रधानमंत्री की भूमिका महत्त्वपूर्ण है।

(3) अमेरिका में भी राष्ट्रपति देश का मुख्य प्रवक्ता है। देश की नीति का वह अधिकृत प्रवक्ता होता है। जबकि इंग्लैण्ड में प्रधानमन्त्री देश का मुख्य प्रवक्ता है। देश की नीति के अधिकारिक व्याख्याता के रूप में वह राष्ट्र का प्रतिनिधित्व करता है।

अमेरिकी राष्ट्रपति तथा ब्रिटिश प्रधानमन्त्री पद में असमानताएँ–

(1) अमेरिका का राष्ट्रपति अपने राज्य तथा शासन दोनों का अध्यक्ष है। वह राज्य के अध्यक्ष के रूप में कुछ औपचारिक कार्य करता है। जबकि ब्रिटिश प्रधानमन्त्री केवल सरकार का अध्यक्ष है अतः औपचारिक कार्य नहीं करता।

(2) अपने मन्त्रिमण्डल के निर्माण में राष्ट्रपति स्वतन्त्र है। मन्त्रिमण्डल के बारे में राष्ट्रपति की स्थिति ब्रिटेन के प्रधानमन्त्री से अधिक दृढ़ हैं। जबकि ब्रिटिश प्रधानमन्त्री को अपने मन्त्रिमण्डल के निर्माण में राष्ट्रपति की भाँति स्वतन्त्रता नहीं है। अपने दल के प्रभावी नेताओं को उसे मन्त्रिमण्डल में लेना ही पड़ता है।

(3) राष्ट्रपति को अनेक उच्चस्तरीय नियुक्तियों का सीनेट द्वारा पुष्टिकरण कराना पड़ता है। जबकि प्रधानमन्त्री को किसी भी नियुक्ति की संसद से पुष्टि नहीं करानी पड़ती।

(4) अमेरिका में राष्ट्रपति कभी भी कांग्रेस (संसद) का स्वामी नहीं बन सकता। **लास्की** के शब्दों में, **"वह तर्क कर सकता है, खुशामद कर सकता है परन्तु वह सदैव कांग्रेस से बाहर है और एक ऐसी इच्छा के अधीन है जिस पर उसका कोई नियन्त्रण नहीं है।"** जब राष्ट्रपति के विरोधी दल का कांग्रेस में बहुमत में होता है, तो उसकी स्थिति और भी कठिन हो जाती है; जबकि बहुमत दल के नेता के रूप में प्रधानमन्त्री संसद में जैसा चाहे वैसा कार्य करवा सकता है। यह संसद को विघटन की धमकी देकर अपने नियन्त्रण में रख रकता है।

(5) अमेरिका में राष्ट्रपति द्वारा प्रस्तावित कराए गए बजट में प्रतिनिधि सभा अथवा सीनेट कटौती कर सकती है। कई बार कांग्रेस ने कटौती करके राष्ट्रपति की इच्छा के विरुद्ध कार्य किया है। जबकि ब्रिटेन में वित्तमन्त्री बजट बनाता है और कॉमन्स सभा के सम्मुख प्रस्तुत करता है। कॉमन्स सभा में उसके दल का बहुमत होने से वित्त विधेयक सरलता से पारित हो जाता है। बहुमत होने के कारण प्रधानमन्त्री का वित्त पर पूरा अधिकार है।

निष्कर्षतः कहा जा सकता है कि **ब्रिटिश राजा राज करता है पर शासन नहीं करता; अमेरिकी राष्ट्रपति शासन करता है पर राज नहीं करता। राष्ट्रपति एवं प्रधानमंत्री दोनों की शक्तियाँ जुडकर एक सी हो गई हैं। जैसे–जैसे विश्व छोटा होता जा रहा है अमेरिकी राष्ट्रपति अधिक बड़ा होता जा रहा है।**

ब्रिटिश तथा फ्रेंच कैबिनेट प्रणाली की तुलना–

मन्त्रिमण्डलात्मक शासन प्रणाली का श्रेष्ठ नमूना ब्रिटेन में पाया जाता है। ब्रिटिश नमूने को ध्यान में रखकर ही अधिकांश देशों में मन्त्रिमण्डल प्रणाली का सूत्रपात हुआ है। पंचम गणतत्र के संविधान में भी ब्रिटिश नमूने के अनेक अंग प्रधानमंत्री, मन्त्रिपरिषद् आदि पाए जाते हैं; तथापि दोनों की देशों की मन्त्रिमण्डलात्मक व्यवस्था में निम्नांकित असमानताएँ पाई जाती हैं–

(1) फ्रांस में प्रधानमन्त्री की स्थिति दुर्बल है तथा उसकी शक्तियाँ गौण हैं। जबकि ब्रिटिश प्रधानमन्त्री शासन की मेहराब हैं, उसकी शक्तियाँ व्यापक हैं।

(2) फ्रांस का राष्ट्रपति मन्त्रिमण्डल की बैठकों की अध्यक्षता करता है। जबकि ब्रिटिश प्रधानमन्त्री मन्त्रिमण्डल की बैठकों की अध्यक्षता करता है।

(3) फ्रांस में मन्त्रिमण्डल के सदस्य संसद के सदस्य नहीं रह सकते। मन्त्री बनने के बाद उन्हें संसद की सदस्यता त्यागनी

पड़ती है। जबकि ब्रिटेन में संसद के सदस्य ही मन्त्री बनाए जाते हैं। यदि कोई मन्त्री संसद का सदस्य नहीं है तो उसे छः माह के भीतर संसद की सदस्यता ग्रहण करनी पड़ती है।

(4) फ्रांस में प्रायः मिले–जुले मन्त्रिमण्डल बनते हैं। जबकि इंग्लैण्ड में प्रायः मन्त्रिमण्डल एक ही दल से बनता है। केवल आपातकाल में ही संयुक्त मन्त्रिमण्डल बनता है।

(5) फ्रांस प्रणाली अध्यक्षीय प्रतिमान के अधिक निकट है। जबकि ब्रिटिश प्रणाली संसदीय प्रतिमान के अधिक निकट है।

(6) फ्रांसीसी मन्त्रिमण्डल संगठित और अनुशासनबद्ध नहीं होते। जबकि ब्रिटिश मन्त्रिमण्डल संगठित और अनुशासनबद्ध होते हैं।

(7) फ्रांस में सामूहिक उत्तरदायित्व की कमी पाई जाती है। व्यवहार में यह उत्तरदायित्व वैयक्तिक हो गया है। जबकि ब्रिटेन में सामूहिक उत्तरदायित्व का सिद्धान्त शासन का आधार है। सभी मन्त्री साथ ही तैरते और एक साथ डूबते हैं।

(8) फ्रांस में राष्ट्र का मुख्य प्रवक्ता राष्ट्रपति है, वह शासन का प्रतीक भी है। जबकि इंग्लैण्ड में शासन का प्रमुख प्रवक्ता प्रधानमन्त्री है। सम्राट शासन का प्रतीक है।

उप–राष्ट्रपति (Vice President)–

अमेरिकी शासन व्यवस्था में उप–राष्ट्रपति के पद का महत्त्व न होने के बराबर है। जो इस पद के धारक हो चुके हैं, उन्हें **'इतिहास के भूले लोग'** की संज्ञा दी जाती है। **बेन्जामिन फ्रैंकलिन** ने उसे **'व्यर्थ महोदय'**, **जान एडम्स** ने इसे **'अत्यन्त महत्त्वहीन पद'** तथा **थामस जैफर्सन** ने इसे **'शानदार दुःख'** की उपमा दी। **रूजवेल्ट** ने कहा कि, **"वह इस पद को लेने की बजाए इतिहास का अध्यापक होना पसन्द करेंगे।"** ऐसे वक्तव्यों के पीछे यही कारण है कि राष्ट्रपति के पद की महत्ता ने उप–राष्ट्रपति के पद के मान को पूर्णतया आच्छादित कर लिया है। लेकिन ऐसे वक्तव्यों को देखकर यह नहीं समझना चाहिए कि

उप–राष्ट्रपति के पास न कोई शक्ति है और न कार्य। उप–राष्ट्रपति राष्ट्रपति का सहायक है और यदि किसी कारण राष्ट्रपति का पद रिक्त हो जाए तो वही राष्ट्रपति के रूप में कार्य करता है। **कभी–कभी राष्ट्रपति उसे अपने कैबिनेट में शामिल कर लेता है।** इस पद के धारक को राष्ट्रपति के पद का दावेदार होने का अवसर मिलता है। यही कारण है कि 1945 में राष्ट्रपति **रूजवेल्ट** की मृत्यु के बाद **ट्रूमैन** और 1963 में राष्ट्रपति **कैनेडी** की मृत्यु के बाद **लिंडन जानसन** को अवसर मिला। इसके अतिरिक्त **उप–राष्ट्रपति सीनेट का पदेन अध्यक्ष** है।

योग्यतायें–

उप–राष्ट्रपति के पद के लिए वहीं योग्यताएँ चाहिए जो राष्ट्रपति पद के लिए निर्धारित की गई हैं–

(1) वह अमेरिका का जन्म–जात नागरिक हो,

(2) उसकी आयु 35 वर्ष से ऊपर हो, तथा

(3) वह कम से कम 10 वर्षों तक अमेरिका में रह चुका हो।

उप–राष्ट्रपति के चुनाव का तरीका भी वही है जो राष्ट्रपति के लिए निश्चित किया गया है। यही कारण है कि अब राष्ट्रपति तथा उप–राष्ट्रपति का एक साथ चुनाव होता है। अब टोली को विजय प्राप्त होती है और इसलिए संविधान के इस प्रावधान के लागू होने की कोई सम्भावना नहीं है कि निर्वाचन मण्डल में पूर्ण बहुमत न मिलने के कारण सीनेट उसका चुनाव करेगी, जिसमें हर राज्य का एक वोट होगा। यह सटीक टिप्पणी है कि, **"इस पदाधिकारी के पास बहुत कम काम है, फिर भी उसका पद अपनी विचित्रता लिए हुए है।"**

अमेरिकी कैबिनेट (Cabinet)–

ब्रिटिश कैबिनेट की तरह अमेरिकी कैबिनेट भी विकास की देन है और इस कारण यह एक **संविधानेत्तर निकाय** है। अमेरिकी संविधान के **अनुच्छेद 2** के खण्ड 2 के उपखण्ड 1 में कहा गया है कि प्रत्येक प्रशासकीय विभाग से सम्बन्धित दायित्वों के बारे में विभागों के प्रमुख अधिकारियों से राष्ट्रपति लिखित रूप में परामर्श ले सकता है। 1789 में

राष्ट्रपति का पद ग्रहण करने के बाद **जार्ज वाशिंगटन** ने सीनेट तथा सुप्रीम कोर्ट से परामर्श माँगा। लेकिन जब दोनों ने परामर्श देने से इन्कार किया तो उसने अपनी सामान्य प्रशासकीय नीति पर विचार–विमर्श करने के लिए अपने प्रमुख अधिकारियों की नियमित रूप से बैठकें बुलायीं। इसी में से **कैबिनेट का उदय** हुआ और **मारबरी बनाम मैडीसन प्रकरण** (1803) में सुप्रीम कोर्ट ने इसके अस्तित्त्व को मान्यता दी। अतः राष्ट्रपति **विलियम हावर्ड टैफ्ट** का यह वक्तव्य उपयुक्त है कि, **"कैबिनेट मात्र राष्ट्रपति की इच्छा की कृति है। यह एक विधित्तर एवं संविधानेत्तर निकाय है। यह मात्र रिवाज पर जीवित है। यदि राष्ट्रपति इसे समाप्त करना चाहे तो वह ऐसा कर सकता है।"**

गठन तथा स्थिति–

अमेरिकी कैबिनेट की स्थिति के बारे में यह विचित्र लक्षण है कि इसका आकार राष्ट्रपति की इच्छानुसार घटता–बढ़ता है। यदि कोई राष्ट्रपति नियमित रूप से इसकी बैठकें नहीं बुलाता बल्कि कुछ चुनिंदा अधिकारियों के परामर्श से काम करता रहता है। तो इसे **'किचिन कैबिनेट'** कहते हैं। जैसा **ऐन्ड्रयू जैक्सन** ने किया। राष्ट्रपति अपने मन्त्रियों के अलावा अपने उप–राष्ट्रपति तथा अन्य विश्वास–पात्रों को इसमें शामिल कर लेता है तो उसे **'मस्तिष्कों का न्यास'** कहा जाता है (जैसा **फ्रैंकलिन रूजवेल्ट** ने किया) अर्थात् **'किचिन कैबिनेट' का आकार बहुत छोटा होता है। जबकि 'मस्तिष्कों के न्यास' का आकार बहुत बड़ा होता है।** यह तथ्य बना रहता है कि इसका आकार चाहे छोटा हो (जिसे बुरे भाव में **'किचिन कैबिनेट'** किन्तु अच्छे भाव में **'भीतरी चक्र'** कहते हैं) या बड़ा, राष्ट्रपति ही इसका निर्माता है जो इस निकाय को अपने परिवार में बदल सकता है या अपने मन्त्रियों को **'महल रक्षक'** की हीन स्थिति में डाल सकता है। **"यह ऐसा निकाय नहीं है जो सामूहिक उत्तरदायित्व के सिद्धान्तानुसार काम करेगा यह विभागीय अध्यक्षों का संग्रह है जो राष्ट्रपति के आदेशों को क्रियान्वित करते हैं।"**

काँग्रेस (संसद) अपने कानूनों से विभागों की रचना करती है। वर्तमान में 12 विभाग हैं– विदेश, कोष, न्याय, डाक, गृह, कृषि, वाणिज्य, सुरक्षा, श्रम, स्वास्थ्य शिक्षा व कल्याण, आवास एवं शहरी विकास तथा यातायात। इन विभागों के अध्यक्ष को सचिव कहा जाता है, जो वास्तव में मन्त्री होते हैं। इन्हें राष्ट्रपति नियुक्त करता है जिनके नाम सीनेट द्वारा पुष्ट किये जाते हैं। लेकिन यह हो सकता है कि राष्ट्रपति अपने किसी सचिव की उपेक्षा करें और किसी अन्य विश्वासपात्र व्यक्ति का सहयोग ले।

उदाहरण के लिए राष्ट्रपति **निक्सन** ने अपने विदेश सचिव **रस्क** की उपेक्षा करके **प्रो० हेनरी किसिंजर** की सलाह से अपनी कूटनीति चलाई। यह भी हो सकता है कि राष्ट्रपति काँग्रेस (संसद) के समर्थन से कुछ मण्डल या ऐजेन्सियाँ बना ले तथा उनके अध्यक्षों को अपनी कैबिनेट में शामिल कर ले। किन्तु इस तथ्य की अनदेखी नहीं की जा सकती कि कैबिनेट मन्त्री अपने राष्ट्रपति के चिन्तन के अनुसार रहता एवं कार्य करता है।अमेरिकी कैबिनेट वस्तुतः राष्ट्रपति के नेतृत्वाधीन काम करती है। राष्ट्रपति **आइजेनहोवर** ने इसे उच्च स्थान दिया और सदैव इसके सदस्यों के परामर्श से काम किया। उसने कैबिनेट सचिव के पद की रचना की ताकि कैबिनेट की कार्यवाही का रिकार्ड सँभाल कर रखा जा सके। किन्तु उसके बाद राष्ट्रपति **कैनेडी** ने क्यूबा के मामलें में अपने कुछ चुनिन्दा सलाहकारों से विचार–विमर्श किया।

निक्सन और आगे चले गये उन्होंने **प्रो० किसिंजर** को अपना सलाहकार बनाया, उन्हीं के आग्रह पर **चीन का द्वार** खोला तथा बाद में उन्हीं को अपना विदेश सचिव बना लिया। राष्ट्रपति **बुश** ने ईराकी आक्रमण के समय अपने विदेश सचिव **कालिन पावेल** से निरन्तर परामर्श लिया। किन्तु 2005 में अपनी नई कैबिनेट में उसे हटाकर **कोंडोलीजा रायस** को विदेश सचिव बनाया।

अमेरिकी तथा ब्रिटिश कैबिनेटों की तुलना–

(1) ब्रिटेन में संसदीय प्रणाली है, इसलिए प्रधानमन्त्री को अपनी कैबिनेट बनाते समय यह ध्यान रखना पड़ता है कि सभी क्षेत्रों या प्रदेशों को प्रतिनिधित्व मिले तथा दलीय गठन को बनाये रखने हेतु पार्टी के सभी प्रभावशाली लोगों को लिया जाये।

इसके अतिरिक्त व्यक्तियों की योग्यता, क्षमता एवं अनुभव की उपेक्षा न की जाये। इसके विपरीत, अमेरिकी राष्ट्रपति अपने स्वविवेक से अपनी कैबिनेट का गठन करता है। वह अपने देश के आर्थिक हितों तथा अपने चुनावी ऋणों को ध्यान में रखकर विभागाध्यक्ष का चयन करता है।

(2) जहाँ तक नेतृत्व की बात है, ब्रिटिश प्रधानमन्त्री को सबके बीच बराबर किन्तु प्रथम माना जाता है, जबकि अमेरिकी राष्ट्रपति अपने कैबिनेट मन्त्रियों के स्वामी की तरह है। कैबिनेट प्रणाली में सभी मन्त्री निर्णय–निर्माण प्रक्रिया में भाग लेते हैं। यह कहा जाता है कि सभी की हाँ का अर्थ है प्रधानमन्त्री की हाँ। इसकि विपरीत अमेरिकी कैबिनेट में वही निर्णय होते हैं जो राष्ट्रपति चाहता है। **लिंकन** का यह वक्तव्य मशहूर है कि, **"एक की हाँ, सब की ना तो हाँ चलेगी।"**

(3) ब्रिटेन में द्वि–दलीय प्रणाली है। जिस दल को हॉऊस ऑफ कॉमन्स में स्पष्ट बहुमत मिलता है, उसी दल की सरकार बनती है। इसलिए कैबिनेट में एकरूपता देखी जा सकती है। सारे मन्त्री प्रधानमन्त्री की पार्टी के महत्त्वपूर्ण सदस्य होते हैं। इसके विपरीत, अमेरिकी कैबिनेट में राष्ट्रपति ऐसे लोगों को शामिल कर सकता है जो किसी अन्य पार्टी के हों या निर्दलीय हों या किसी अन्य कारणवश उसके विश्वासपात्र हों। ऐसी कैबिनेट का आकार काफी बड़ा हो जाता है, उसे **'मस्तिष्कों का न्यास'** कहा जाता है।

(4) अन्तर का सबसे बड़ा बिन्दु कैबिनेट तथा व्यवस्थापिका के बीच सम्बन्ध में देखा जा सकता है। ब्रिटेन में संसदीय प्रणाली है, इसलिए सभी मन्त्रीगण संसद के सदस्य होते हैं। मंत्रीगण सांसदों द्वारा पूछे गये प्रश्नों का सन्तोषजनक उत्तर देते हैं, बिल एवं बजट पेश करते हैं तथा अविश्वास का प्रस्ताव पास होने पर चले जाते हैं। इसके विपरीत, अमेरिका में अध्यक्षीय शासन प्रणाली है जो शक्तियों के पृथक्करण के सूत्र पर टिकी है। इसलिए राष्ट्रपति तथा उसके मन्त्रीगण काँग्रेस (संसद) के

सदस्य नहीं हो सकते। काँग्रेस (संसद) कैबिनेट को हटा नहीं सकती। यदि आवश्यक हो तो काँग्रेस (संसद) महाभियोग की प्रक्रिया से राष्ट्रपति को हटा सकती है।

संक्षेप में, अमेरिकी राष्ट्रपति अपनी कैबिनेट का स्वामी है, उसी की इच्छा पर कैबिनेट का अस्तित्त्व तथा उसका कार्य संचालन निर्भर है। यदि किसी मन्त्री से छोटी–सी भूल हो जाये तो वही भूल उसके निष्कासन का कारण बन सकती है।

उदाहरण के लिए, राष्ट्रपति से पूछे बिना, विदेश सचिव **लैसिंग** ने कैबिनेट की बैठक बुलाई तो **वुडरो विल्सन** ने अप्रसन्न होकर उसे बर्खास्त कर दिया। यह कहा जा सकता है अभी तक कोई प्रधानमन्त्री राष्ट्रपति नहीं बना है, जबकि राष्ट्रपति एक प्रकार से सुपर–प्रधानमंत्री हो गया है।

स्थायी कार्यपालिका–

प्रत्येक राजनीतिक व्यवस्था में स्थायी लोक सेवकों का होना अपरिहार्य है। उनकी महत्त्वपूर्ण भूमिका की उपेक्षा नहीं की जा सकती। विभागों के स्थायी अध्यक्षों की प्रशासनिक कुशलता केवल सचिवों (मन्त्रियों) के लिए नहीं बल्कि राष्ट्रपति के लिए भी अत्यन्त लाभकारी है। अमेरिकी संविधान में यह कहा गया है कि काँग्रेस (संसद) अपने कानूनों द्वारा प्रशासकीय विभागों तथा उनके स्टाफ के बारे में कानून बनायेगी। लेकिन राष्ट्रपति उनके अध्यक्षों तथा स्टाफ की नियुक्तियाँ करेगा, जिन्हें बाद में सीनेट का अनुमोदन मिल जाना चाहिए।

अतः जब **1789 में अमेरिकी संविधान लागू हुआ** तो राष्ट्रपति ने ऐसे अध्यक्षों तथा उनके स्टाफ की नियुक्तियाँ की। इस दिशा में पक्षपात का जोर बढ़ता चला गया। लोक सेवाओं में भाई–भतीजावाद आ गया, जिसे **लूट व्यवस्था** कहा गया। 1881 में राष्ट्रपति **गारफील्ड** की हत्या ने इस अभिशाप को उजागर किया। तभी **पेंडलेटन कानून** बना, जिसने 1883 में **सिविल सेवा आयोग** का गठन किया। इसके तीन सदस्यों को राष्ट्रपति नियुक्त करता है जिनके नामों को सीनेट अनुमोदित करती है। ये सदस्य राष्ट्रपति के प्रसादकाल में कार्य करते हैं। **अतः लूट**

व्यवस्था की जगह पात्रता के आधार पर लोकसेवकों के चयन की व्यवस्था आई।

ब्रिटेन की तरह अमेरिका में भी कार्यपालिका की दो परतें हैं। **ऊपरी परत** में राष्ट्रपति तथा उसके सचिवगण (मन्त्रीगण) आते हैं। जिनके पद अस्थायी होते हैं, जो राजनीति में सक्रिय भाग लेते हैं तथा प्रशासनिक मामलों में दक्षता नहीं रखते। **निचली परत** में स्थायी लोक सेवक आते हैं जिनका पात्रता के आधार पर चयन होता है।

जिनके पद स्थायी होते हैं जिन्हें समय–समय पदोन्नति मिलती है, जो राजनीति से दूर रहते हैं तथा जो अपने विभागीय अध्यक्ष के आदेशों के अनुसार कार्य करते हैं।

राष्ट्रपति तथा उसके मन्त्रीगण नौसिखुए या अनाड़ी होते हैं, इसलिए वे अपने कुशल एवं अनुभवी लोक सेवकों के सहयोग पर निर्भर होते हैं। इसीलिए लोकतन्त्र नौकरशाही में बदल जाता है। इस नौकरशाही के चार स्तर हैं–

(1) कुल 12 विभाग हैं– विदेश, कोष, सुरक्षा, न्याय, डाक, गृह, कृषि, वाणिज्य, श्रम, स्वास्थ्य शिक्षा एवं कल्याण, आवास एवं शहरी विकास तथा यातायात। प्रत्येक विभाग का अध्यक्ष कोई सचिव (मन्त्री) होता है लेकिन उसके नीचे बड़ा स्टाफ होता है।

(2) 9 स्वतन्त्र नियामक आयोग है; जैसे– अन्तःराज्य वाणिज्य आयोग, संघीय व्यापार आयोग, संघीय ऊर्जा आयोग, प्रत्याभूति एवं विनिमय आयोग आदि।

(3) 9 स्वतन्त्र निकाय हैं; जैसे– संयुक्त राष्ट्र सूचना निकाय, अणु शक्ति आयोग, सिविल सेवा आयोग, ऐतिहासिक स्मारक आयोग आदि।

(4) 3 राजकीय निगम है; जैसे– टेनेसी घाटी प्राधिकरण, पनामा नहर कम्पनी, संघीय जमा बीमा निगम मण्डलों या आयोगों के नियन्त्रणाधीन हैं किन्तु उन्हें काफी हद तक स्वायत्तता प्राप्त है।

नौकरशाही की भूमिका–

नौकरशाही की महत्त्वपूर्ण भूमिका को अग्र तीन सन्दर्भों में भली प्रकार देखा जा सकता है–

1. **नौकरशाही तथा राष्ट्रपति–** राष्ट्रपति के पास नौकरशाही का विशाल तन्त्र है जो उसे अपने विशेषज्ञतापूर्ण परामर्श देते हैं, जिसके आधार पर वह अपनी गृह या विदेश नीति बनाता है तथा उसके क्रियान्वयन के लिए आदेश जारी करता है। **बजट ब्यूरो** राष्ट्रपति के नीचे काम करता है जो सारी नौकरशाही पर अपना प्रभावी नियन्त्रण बनाये रखता है। यह कहावत प्रचलित है कि, **"यदि राष्ट्रपति को छींक आ जाये तो नौकरशाही को जुकाम हो जाता है।"** प्रत्येक मन्त्री के नीचे लोक सेवकों का स्टाफ होता है। इसलिए कैबिनेट की बैठकों में मन्त्रीगण जो सुझाव देते हैं, उनके पीछे नौकरशाही के परामर्श के तत्त्व को देखा जा सकता है।

2. **नौकरशाही तथा काँग्रेस (संसद)–** काँग्रेस (संसद) अपने कानून से विभागों की रचना करती और वही बजट के प्रावधानों के अनुसार विभागों को धन प्रदान करती है। अतः लोक सेवक प्रभावशाली प्रतिनिधियों तथा सिनेटरों से अच्छे सम्बन्ध बनाये रखते हैं ताकि वे अपने विभागों के लिए बेहतर अनुदान प्राप्त कर सके। यह भी हो सकता है कि उच्च–स्तरीय स्थायी अधिकारीगण प्रतिनिधियों या सिनेटरों को प्रभावित करने के लिए लाबिंग करें जिसे **प्रशासनिक लाबिंग** कहते हैं, जो वैधानिक दृष्टि से वर्जित है। यह भी हो सकता है कि बड़े अधिकारीगण हितबद्ध संगठनों को गुप्त तरीकों से सूचना प्रषित करें ताकि उनके सहयोग से काँग्रेस (संसद) के प्रभावशाली सदस्यों को प्रभावित कर सके।

3. **नौकरशाही तथा हितबद्ध गुट–** अमेरिका में बहुलवादी समाज है, अतः वहाँ असंख्य हितबद्ध समूह हैं जो राजनीतिक प्रक्रिया में सक्रिय भाग लेते हैं। इन समूहों के नेतागण उच्चस्तरीय सरकारी अधिकारियों से अपने गुप्त सम्बन्ध बनाये रखते हैं जो उन्हें विशेष लाभ पहुँचाते हैं। यह कहा जाता है कि ऐसे अधिकारीगण राज्य की सेवा नहीं करते बल्कि

हितों की रक्षा करते हैं। अतः कुछ धनी गुट बड़े अधिकारियों को अपने प्रभाव में रखते हैं जो अपने मन्त्रियों तथा राष्ट्रपति को ऐसा परामर्श देते हैं कि अमुक कम्पनी से शस्त्र खरीदे जाएँ या अमुक कम्पनियों से सेना के लिए कपड़ा या खाद्य सामग्री ली जाए। 1958 में राष्ट्रपति **आइजेनहोवर** ने स्पष्ट शब्दों में कहा कि, **"अमेरिका का राज्य औद्योगिक–सैनिक योग है, इसलिए प्रशासन उन्हीं उद्योगों को संरक्षण देगा जो सैनिक आवश्यकताओं की पूर्ति करते हैं।"**

नौकरशाही एक अभिशाप है क्योंकि यह लोकतान्त्रिक व्यवस्था का हनन करती है। स्थायी अधिकारीगण जो जनता के प्रति उत्तरदायी नहीं होते, राष्ट्रपति तथा मन्त्रियों के ऊपर अपना प्रभावी नियन्त्रण स्थापित कर लेते हैं। मंत्रीगण जनता या व्यवस्थापिका के प्रति उत्तरदायी होते हैं लेकिन यह भी एक तथ्य है कि नौकरशाही अपरिहार्य हो गई है।

सरकारी अधिकारियों का जाल इतना लम्बा–चौड़ा हो चुका है कि उस पर राष्ट्रपति का प्रभावी नियन्त्रण स्थापित नहीं हो सकता। राष्ट्रपति **फ्रैंकलिन डी० रूजवेल्ट** ने स्वयं यह कहा कि, **"अब कोष विभाग इतना वृहत एवं विस्तृत हो चुका है कि मुझे यह लगभग असम्भव लगता है कि मैं उससे वह काम करा लूँ या ऐसे परिणाम प्राप्त करूँ जैसा मैं चाहता हूँ।"** कभी–कभी राष्ट्रपति के गलत प्रयास भी नौकरशाही की स्थिति को सुदृढ़ करते हैं। बढ़ते हुए साम्यवाद को रोकने के लिए 1947 में राष्ट्रपति **ट्रूमैन** ने निष्ठा समीक्षा मण्डल बनाया ताकि ऐसे लोक सेवकों को दण्डित किया जा सके जो किसी न किसी रूप में साम्यवाद से सहानुभूति रखते हों। 1953 में राष्ट्रपति **आइजेनहावर** ने इसे तोड़ दिया। वास्तव में, जागरूक जनता ही भीमकाय नौकरशाही पर अपना प्रभावी नियन्त्रण रख सकती है। **"निंदा तेजी से लेकिन प्रशंसा धीरे–धीरे, जनता बिल्कुल निश्चित तौर से संघीय कार्यपालिका पर अपने दबाव का प्रयोग करती है।"**

13

स्विस संघीय कार्यपालिका
(Swiss Federal Executive)

स्विट्जरलैण्ड की **'संघीय परिषद्'** या **'बुन्डेसराट'** ;ठनदकमेतंजद्ध एक असाधारण या विचित्र संस्था है, इसके कुछ लक्षण ब्रिटिश संसदीय व्यवस्था से तो कुछ अन्य लक्षण अमेरिकी अध्यक्षीय व्यवस्था से मेल खाते हैं। किन्तु वास्तव में स्विस संघीय कार्यपालिका दोनों कार्यपालिकाओं से मूलतः भिन्न है और इसका उदाहरण विश्व की किसी अन्य शासन व्यवस्था में नहीं मिलता। इसका रूप **बहुल** है क्योंकि इसका एक अध्यक्ष नहीं है; सभी राष्ट्रपति समान हैं क्योंकि स्विस लोग किसी राजा या प्रधानमन्त्री को अध्यक्ष बनाकर उसका अधिनायकवाद स्थापित करना नहीं चाहते। यह कहा जा सकता है कि विश्व के किसी अन्य देश की कार्यपालिका व्यवस्था इतने ध्यान के आकर्षण की पात्र नहीं है जितनी स्विट्जरलैण्ड की। फ्राँस में संसदीय एवं अध्यक्षीय व्यवस्थाओं के मिश्रण ने दोनों के गुणों को लिया लेकिन अवगुणों को त्यागा है। किन्तु स्विस नमूना ऐसी कुशलता से आगे निकलकर सभी को चकित कर देता है।

1. **गठन–** स्विस संघीय परिषद् (कार्यपालिका) में कुल **7 सदस्यगण** हैं जिन्हें **संघीय सभा** (संसद) अपने संयुक्त अधिवेशन में **4 वर्षों** के लिए चुनती है। इनमें वरिष्ठता के क्रम को ध्यान में रखते हुए एक सदस्य को एक वर्ष के लिए परिसंघ का राष्ट्रपति और उससे कम वरिष्ठ सदस्य को एक वर्ष के लिए उप–राष्ट्रपति घोषित किया जाता है। राष्ट्रपति की स्थिति मात्र औपचारिक है क्योंकि कुछ ऐसे काम हैं जो एक व्यक्ति ही

कर सकता है; जैसे– किसी विशेष अवसर पर ध्वज आरोहण करना या विदेशी अतिथि का स्वागत करना या कोई महत्त्वपूर्ण घोषणा करना आदि। स्विस संघीय सभा (संसद) अपने सदस्यों में से ही इन मन्त्रियों का चुनाव करती है किन्तु पद ग्रहण करने से पूर्व उन्हें संघीय सभा (संसद) की सदस्यता त्यागनी पड़ती है। एक कैन्टन से एक से अधिक राष्ट्रपति नहीं हो सकता किन्तु एक स्वस्थ परम्परा के अनुसार ज्यूरिश, बर्न तथा वाड के बड़े कैन्टनों को अवश्य प्रतिनिधित्व मिलना चाहिए। इसमें किसी राजनीतिक दल के दो से अधिक सदस्य नहीं हो सकते। सामान्यता ऐसा हो गया है कि **04 सदस्य जर्मन–भाषी प्रान्तों** से, **02 सदस्य फ्रैंच–प्रान्तों** से तथा **01 सदस्य इटेलियन–भाषी प्रान्त** से लिये जाते हैं। इस प्रकार इस कार्यपालिका के गठन से तीनों प्रमुख भाषाओं के प्रान्तों तथा प्रमुख राजनीतिक दलों को प्रतिनिधित्व दिया जाता है।

2. **कार्यकाल–** संघीय परिषद् (कार्यपालिका) का कार्यकाल राष्ट्रीय परिषद् के कार्यकाल से मेल खाता है क्योंकि जब नई राष्ट्रीय परिषद् का गठन होता है, तभी इसका गठन किया जाता है। **यदि बीच में राष्ट्रीय परिषद् भंग हो जाये तो संघीय परिषद् (कार्यपालिका) भी भंग हो जाती है** तथा नये चुनाव के बाद इसका नया गठन होता है। यदि बीच में कोई स्थान रिक्त हो जाये तो संघीय सभा (संसद) के सत्र में शेष अवधि के लिए किसी अन्य व्यक्ति को चुनकर खाली स्थान भर दिया जाता है। यह एक स्वस्थ परम्परा पड़ चुकी है कि उन्हीं लोगों को बार–बार चुन लिया जाता है जब तक कि कोई अपनी अनेच्छा व्यक्त न करे। लोग विनम्र स्वभाव के व्यक्ति को पसन्द करते हैं, इसीलिए ऐसे लोगों का चुनाव हो सकता है जो अपने सार्वजनिक जीवन में अपनी विनम्रता का परिचय दे चुके हों। यही कारण है कि आम तौर पर 15 या 20 वर्षों तक वही लोग संघीय परिषद् (कार्यकाल) के सदस्य बने रहते हैं। **सिगनोर मोटा लगभग 35 वर्षों तक अपने पद पर कार्य करते रहे।**

3. **विभाग–** संघीय परिषद् (कार्यपालिका) का सारा काम सात विभागों के पास है– राजनीतिक, गृह, न्याय एवं पुलिस, सेना, वित्त एवं

उत्पाद शुल्क, लोक अर्थव्यवस्था तथा डाक व रेलवे। संघीय परिषद् (कार्यपालिका) का प्रत्येक सदस्य अपने विभाग का अध्यक्ष तथा किसी अन्य विभाग का स्थानापन्न अध्यक्ष होता है। संघीय परिषद् (कार्यपालिका) ही यह तय करती है कि विभागों के बीच कार्यों का वितरण किस प्रकार किया जाये। कभी–कभी विभागों के अध्यक्षों में परिवर्तन हो सकता है। संघीय परिषद् (कार्यपालिका) की बैठकें गुप्त होती हैं लेकिन बहुमत के आधार पर निर्णय लिये जाते हैं। समान मत की स्थिति को हटाने के लिए अध्यक्ष अपना निर्णायक वोट दे सकता है। बैठक में कम से कम चार सदस्यों की उपस्थिति आवश्यक है।

4. **परिसंघ का अध्यक्ष–** संघीय परिषद् (कार्यपालिका) का कोई अध्यक्ष नहीं है, यह **बहुल कार्यपालिका** का रूप है। फिर भी, कुछ औपचारिक कार्यों को करने के लिए एक वर्ष के लिए किसी सदस्य को परिसंघ का अध्यक्ष बना दिया जाता है। वह राजदूतों की नियुक्ति करता है तथा विदेशी राजदूतों का स्वागत करता है। राष्ट्रीय एवं अन्तर्राष्ट्रीय सम्मेलनों में अपने देश का प्रतिनिधित्व करता है तथा असाधारण स्थिति में संकट काल की घोषणा कर सकता है। अमेरिकी राष्ट्रपति या ब्रिटिश प्रधानमन्त्री की तरह वह अपने मन्त्रियों का चयन नहीं करता, न ही वह संघीय सभा (संसद) से पास बिलों को रोक सकता है। उसे नाममात्र का मान प्राप्त है। इसीलिए स्विस लोग अपने सभी राष्ट्रपतियों या उनमें से बहुतों के नाम जानते हैं लेकिन वे यह भूल जाते हैं कि परिसंघ का अध्यक्ष कौन है।

शक्तियाँ तथा कार्य–

संघीय परिषद् (कार्यपालिका) की व्यापक शक्तियाँ तथा कार्य निम्नलिखित हैं–

(1) संघीय परिषद् संघीय सरकार का कार्यपालिका अंग है। संघीय परिषद् (कार्यपालिका) परिसंघ के संविधान तथा संघीय कानूनों एवं आदेशों के अनुसार देश का प्रशासन चलाती है। संघीय सभा (संसद) के कैन्टनों के संविधानों को जो प्रत्याभूतियाँ प्राप्त हैं, संघीय परिषद् (कार्यपालिका) उन पर अपनी दृष्टि

रखती है और यह देखती है कि किसी प्रान्त के संविधान में कोई ऐसी व्यवस्था तो नहीं है जो परिसंघ के संविधान के प्रतिकूल हो। कैन्टनों के बीच होने वाली सन्धियों तथा किसी कैन्टन की किसी विदेशी राज्य के साथ होने वाली गैर–राजनीतिक सन्धि का परीक्षण करना इसी संघीय परिषद् (कार्यपालिका) का काम है। संघीय परिषद् (कार्यपालिका) विदेशी सम्बन्धों को बनाये रखती है, देश के विदेशी हितों की सुरक्षा करती है, देश को बाहरी आक्रमणों से बचाती है तथा स्विट्जरलैण्ड की स्वतन्त्रता एवं निष्पक्षता को बरकरार रखती है। संघीय परिषद् (कार्यपालिका) सैनिक बलों पर अपना नियन्त्रण रखती है।

(2) विधायन के क्षेत्र में संघीय परिषद् (कार्यपालिका) बिलों या प्रस्तावों को तैयार करके उन्हें संघीय सभा (संसद) में पेश करती है। संघीय परिषद् (कार्यपालिका) संघीय सभा (संसद) में बिलों के मसविदे पेश करती है जो वहाँ से पास होने के बाद कानून बन जाते हैं। जनमत संग्रह कराना भी संघीय परिषद् (कार्यपालिका) का काम है। संघीय परिषद् (कार्यपालिका) कैन्टनों के कानूनों एवं अध्यादेशों का परीक्षण करती है और यदि आवश्यक हो तो यह उनके प्रशासन का निरीक्षण भी करती है। संघीय परिषद् (कार्यपालिका) अपने किये गये कार्यों की रिपोर्ट संघीय सभा (संसद) में पेश करती है तथा देश में कल्याण या सुधार सम्बन्धी प्रस्ताव भी रख सकती है जिन प्रस्तावों पर संघीय सभा (संसद) विचार करती है और वहाँ से पास होने के बाद यह उन्हें लागू करती है। संघीय परिषद् (कार्यपालिका) के सदस्य संघीय सभा (संसद) के सदस्य नहीं हो सकते, फिर भी वे उसके सत्र में भाग लेते हैं, बोलते हैं तथा पूछे गये प्रश्नों का उत्तर देते हैं किन्तु वोट नहीं दे सकते।

(3) संघीय परिषद् (कार्यपालिका) संघीय वित्त पर नियन्त्रण रखती है। संघीय परिषद् (कार्यपालिका) बजट तैयार करती है तथा सरकारी आय–व्यय का ब्यौरा संघीय सभा (संसद) में पेश

करती है। संघीय परिषद् (कार्यपालिका) राजस्व की उगाही करती है तथा बजट द्वारा मान्य व्ययों का निरीक्षण करती है।

(4) संघीय परिषद् (कार्यपालिका) को न्यायिक कृत्य भी प्राप्त है। संघीय परिषद् (कार्यपालिका) सरकार के विभागों तथा संघीय रेलवे प्रशासन के खिलाफ लोगों की शिकायतें भी सुनती है। यदि प्रान्तीय सरकारें प्राथमिक स्कूलों में भेदभाव, व्यापार से सम्बन्धी सन्धियों, पेशों या आवास से जुड़ी समस्याओं, प्रान्तीय चुनावों, सैनिक कर आदि के बारे में कोई निर्णय लेती है तो उनके खिलाफ संघीय परिषद् (कार्यपालिका) में अपील की जा सकती है। जो ऐसे निर्णय को बरकरार रख सकती है या बदल सकती है। किन्तु इसका निर्णय अन्तिम नहीं है, उसे संघीय प्रशासकीय न्यायालय में चुनौती दी जा सकती है।

ब्रिटिश तथा अमेरिकी कैबिनेटों से तुलना–

उपर्युक्त विवरण से यह स्पष्ट हो जाता है कि संघीय परिषद् (कार्यपालिका) की व्यापक शक्तियाँ हैं। किन्तु यदि स्विस संघीय परिषद् (कार्यपालिका) की ब्रिटिश तथा अमेरिकी कैबिनेटों से तुलना की जाये तो कुछ विशेष लक्षण देखे जा सकते हैं। जैसे–

1. **स्विस कार्यपालिका बहुल है–** सातों राष्ट्रपतियों की शक्तियाँ बराबर हैं। परिसंघ का अध्यक्ष नाम मात्र का है जो प्रत्येक वर्ष बदल जाता है। इसका गठन किसी एक नेता के हाथ में नहीं है। बल्कि सातों सदस्यों को संघीय सभा (संसद) चुनती है।

इससे भिन्न, ब्रिटिश कैबिनेट प्रधानमन्त्री तथा अमेरिकी कैबिनेट राष्ट्रपति की अध्यक्षता के अधीन हैं, इसीलिए वे एकल कार्यपालिका कही जाती हैं।

2. **संघीय सभा (संसद) अपने संयुक्त सत्र में इन सातों पार्षदों को चुनती है–** यह चुनाव सामान्यतया चार वर्षों के लिए किया जाता है क्योंकि जब राष्ट्रीय परिषद् भंग होती है तो संघीय परिषद् (कार्यपालिका) भी भंग हो जाती है। जब नई राष्ट्रीय परिषद् बनती है तो

संघीय परिषद् (कार्यपालिका) का नया गठन हो जाता है। स्वस्थ परम्परा के अनुसार बार–बार उन्हीं लोगों को चुना जाता है। अतः ये पार्षद बहुत लम्बे समय तक अपने पदों पर कार्य करते रहते हैं।

यह स्थिति भी ब्रिटिश तथा अमेरिकी व्यवस्थाओं से भिन्न है, जहाँ मन्त्रीगण थोड़े–थोड़े समय के बाद बदलते रहते हैं और ऐसी स्वस्थ परम्परा नहीं है कि उन्हें बार–बार चुना जाये।

3. **संघीय परिषद् (कार्यपालिका) राष्ट्रीय कार्यपालिका है, किन्तु वह संघीय सभा (संसद) के नीचे है–** संघीय परिषद् (कार्यपालिका) संघीय सभा (संसद) के कानूनों तथा उसके द्वारा स्वीकृत योजनाओं एवं कार्यक्रमों को लागू करती है। संघीय परिषद् (कार्यपालिका) संघीय सभा (संसद) को अपने कृत्यों की रिपोर्ट भेजती है।

संघीय परिषद् (कार्यपालिका) संघीय सभा (संसद) में अपने द्वारा तैयार किये बिलों के मसविदे पेश करती है। किन्तु उनका पास करना संघीय सभा (संसद) के अधिकार क्षेत्र में आता है। यदि कोई बिल पास नहीं होता तो संघीय परिषद् (कार्यपालिका) के कार्यकाल पर उसका कोई प्रभाव नहीं पड़ता।

यह स्थिति भी ब्रिटेन तथा अमेरिका से बिल्कुल भिन्न है। ब्रिटेन में कैबिनेट द्वारा स्वीकृत बिल (सरकारी बिल) संसद में पेश होता है जिसे पास होना चाहिए, क्योंकि ऐसा बिल यदि कॉमन्स सभा में गिर जाएँ तो उसका अर्थ अविश्वास प्रस्ताव पास होना है। सरकार मतदान के समय अपने राचेतको का प्रयोग करती है। अमेरिका में परस्पर सहयोग या लाबिंग की तकनीकों का प्रयोग किया जाता है।

4. **स्विस कार्यपालिका मिश्रित है–** स्वस्थ परम्पराओं के अनुसार एक कैन्टन से एक से अधिक तथा एक दल से दो से अधिक पार्षद नहीं हो सकते। अतः संघीय परिषद् (कार्यपालिका) सदैव मिली–जुली सरकार की तरह काम करती है। सभी पार्षद् संघीय सभा (संसद) की बैठक में भाग ले सकते हैं। किन्तु वे उसके सदस्य नहीं है और इसलिए वे अपना वोट नहीं दे सकते।

यह स्थिति भी ब्रिटिश तथा अमेरिकी व्यवस्थाओं से भिन्न है। ब्रिटेन

में सारे मन्त्रीगण सांसद होते हैं तथा वे व्यक्तिगत व सामूहिक उत्तरदायित्व के नियमाधीन होते हैं। अतः उनके विरुद्ध कॉमन्स सभा अविश्वास प्रस्ताव पास कर सकती है। अमेरिका में कोई मन्त्री सांसद नहीं हो सकता और न ही वह काँग्रेस (संसद) के प्रति उत्तरदायी है। इस सूरत में स्विस तथा अमेरिकी कार्यपालिकाएँ समान कहीं जा सकती हैं लेकिन दोनों के बीच बड़ा अन्तर है। अमेरिकी मन्त्रीगण स्वतन्त्र होकर कार्य करते हैं। जबकि स्विस पार्षदों को संघीय सभा (संसद) के नीचे रहकर काम करना पड़ता है।

5. **स्विस कार्यपालिका एक अर्थ में गैरदलीय संगठन है–** यह ठीक है कि सभी पार्षद किसी न किसी पार्टी से जुड़े होते हैं। किन्तु यहाँ दलीय कट्टरता को कोई जगह नहीं है। स्वस्थ परम्परा के अनुसार किसी पार्टी के दो से अधिक पार्षद् नहीं हो सकते।

अतः संघीय परिषद् (कार्यपालिका) गठबन्धन जैसी लगती है। चूँकि स्विस लोगों का स्वभाव अपनी विनम्रता के लिए जाना जाता है। अतः यहाँ दलगत राजनीति के आधार पर संघर्ष नहीं होते।

इसके विपरीत, ब्रिटिश तथा अमेरिकी कैबिनेट दलगत आधार पर बनती एवं कार्य करती हैं। यदि ब्रिटेन में सत्ताधारी दल अपनी कैबिनेट बनाता है, तो विपक्ष की छाया कैबिनेट बनती है। अमेरिका में राष्ट्रपति अपनी कैबिनेट में अपनी पार्टी के अलावा अन्य लोगों को भी शामिल कर सकता है। लेकिन वह अपनी सरकार को विपक्ष की आलोचना से बचा नहीं सकता।

इन विशेषताओं को देखकर यह कहा जा सकता है कि स्विस कार्यपालिका न तो संसदीय और न ही अध्यक्षीय प्रतिमानों से मेल खाती है। इसमें दोनों नमूनों के गुणों का समावेश देखा जा सकता है, किन्तु इसकी विचित्रता की उपेक्षा नहीं की जा सकती। **"इस छोटे–से विचित्र देश की यह विचित्र संस्था निस्सन्देह संघीय परिषद् (कार्यपालिका) है। इसमें लोकतान्त्रिक संसदीय एवं अध्यक्षीय नमूनों का समावेश है। किन्तु अपने संचालन की दृष्टि से इसमें ऐसे गुण भरे हैं जिन्हें स्विस लोग शासन के प्रत्येक स्तर पर अनिवार्य समझते हैं– स्थायित्व, गुमनामता तथा कुशलता।"**

14

फ्राँस की राष्ट्रीय कार्यपालिका

(National Executive of France)

पाँचवें गणतन्त्र के संविधान में कार्यपालिका की दो परतें हैं– राष्ट्रपति तथा सरकार। राष्ट्रपति राज्य का अध्यक्ष है, किन्तु प्रधानमंत्री एवं मंत्रिमण्डल (सरकार) उसके अधीन है। उल्लेखनीय बात यह है कि राष्ट्रीय कार्यपालिका (राष्ट्रपति) को काफी हद तक संसद के नियन्त्रण से बचाकर रखा गया है। फ्रांस का राष्ट्रपति ब्रिटिश राजा की तरह नामधारी राज्यप्रभु नहीं है, वह अमेरिकी राष्ट्रपति का अनुकरण भी नहीं है। उसकी स्थिति दोनों के बीच किसी बिन्दु पर स्थित की जा सकती है। संविधान ने राष्ट्रीय कार्यपालिका को काफी स्वतन्त्रता सुनिश्चित की है ताकि राष्ट्रपति अपने प्रधानमन्त्री एवं मन्त्रियों के साथ संसद के नियन्त्रण से मुक्त होकर कार्य कर सके। **"राष्ट्रपति नये गणतन्त्र की मेहराब की आधारशिला है– वह पुनः क्रियान्वित कार्यपालिका शक्ति का प्रतीक एवं उसका यन्त्र दोनों है।"**

राष्ट्रपति (President)–

फ्राँस में ब्रिटिश तथा अमेरिकी शासन प्रणालियों का अद्‌भुत मिश्रण देखा जा सकता है, यद्यपि अमेरिकी व्यवस्था के प्रति उसका अधिक झुकाव है। केन्द्रीय कार्यपालिका दोहरी है, क्योंकि राष्ट्रपति राज्य एवं शासन दोनों का अध्यक्ष है। जबकि प्रधानमन्त्री उसकी कैबिनेट शासन का रूप हैं। जो राष्ट्रपति के नीचे रहकर काम करते हैं तथा संसद के प्रति

उत्तरदायी हैं। उल्लेखनीय बात यह है कि अब गणतन्त्र के राष्ट्रपति को अधिक महत्त्व दिया गया है। **कार्यपालिका का मुख्य केन्द्र प्रधानमन्त्री नहीं, बल्कि राष्ट्रपति है।** फ्रांस के संविधान ने कार्यपालिका को प्रभावी स्वतन्त्रता दी है। गणतन्त्र के राष्ट्रपति को अत्यधिक राजनीतिक सत्ता उपहारस्वरूप प्राप्त हुई है। संविधान के बनाने वाले राष्ट्रपति को ऐसे विशेषाधिकार एवं मान देना चाहते थे ताकि वह राज्य की निरन्तरता को बनाये रख सके तथा फ्राँस एवं उसके उपनिवेशों के बीच कड़ी को मजबूती से जोड़े रख सके और संविधान के संचालन की देख–रेख कर सके।

1. **निर्वाचन–** संविधान में कहा गया है कि **राष्ट्रपति का चुनाव अप्रत्यक्ष तरीके से एक निर्वाचक मण्डल द्वारा 07 वर्षों के लिए किया जायेगा।** 1962 में इस प्रणाली में संशोधन हो गया। यह व्यवस्था अपनाई गई कि **राष्ट्रपति का चुनाव वयस्क मताधिकार से होगा, जिसमें द्वितीय मतदान प्रणाली का प्रयोग होगा** अर्थात् जीतने वाले उम्मीदवार को कुल शुद्ध मतों का आधे से अधिक अंश मिलना चाहिए। यदि पहले मतदान में ऐसा नहीं होता है तो अगले दो सप्ताह के भीतर दुबारा मतदान होगा, जिसमें उन्हीं दो को खड़े होने का अधिकार होगा जो सबसे ऊपर हैं।

उम्मीदवार का नाम कम से कम 100 महत्त्वपूर्ण लोगों द्वारा समर्थित हो। जैसे– संसद या सामाजिक एवं आर्थिक परिषद् के सदस्यगण या सामान्य विभागीय पार्षद तथा महापौर (जिनमें 10 समुद्रपारीय विभागों एवं प्रदेशों द्वारा निर्वाचित होने चाहिए)। उसे 2,000 डालर्स की जमानत राशि जमा करनी होगी जो जब्त हो जाएगी यदि उसे कुल पड़े शुद्ध मतों का कम से कम 5 प्रतिशत अंश नहीं मिला। अपना प्रचार करने के लिए प्रत्येक उम्मीदवार को रेडियो एवं दूरदर्शन पर बराबर समय दिया जायेगा। यदि किसी उम्मीदवार की जमानत राशि जब्त होने से बच गई तो उसे अपने चुनावी खर्चे की भरपाई के लिए राज्य की ओर से 20,000 डालर की राशि दी जाएगी।

लेकिन अनेक महत्त्वपूर्ण बिन्दुओं पर संविधान मौन है। उम्मीदवार की आयु, देश में उसके निवास की अवधि तथा उसके पुनः निर्वाचन के

बारे में कुछ नहीं लिखा है। चुनाव का निरीक्षण, नियन्त्रण व निर्देशन तथा उसमें अनियमितताओं एवं भ्रष्टाचार के मामलों की जाँच का कार्य संवैधानिक परिषद् को सौंपा गया है। संविधान में यह स्पष्ट कर दिया गया है कि वर्तमान राष्ट्रपति के हटने के कम से कम 20 या अधिक से अधिक 35 दिनों के भीतर नये राष्ट्रपति का चुनाव होना चाहिए। यदि राष्ट्रपति त्यागपत्र देता है या उसकी मृत्यु हो जाती है या किसी अन्य कारण से उसका पद रिक्त हो जाता है तो **सीनेट का अध्यक्ष कार्यवाहक राष्ट्रपति के रूप में कार्य करेगा जब तक कि नया राष्ट्रपति नहीं आता**। यदि संवैधानिक परिषद् यह घोषणा करती है कि राष्ट्रपति स्थायी तौर से अयोग्य है तो सीनेट का अध्यक्ष इस पद पर कार्य करेगा और तब कम से कम 20 या अधिक से अधिक 35 दिनों के भीतर नये राष्ट्रपति का चुनाव हो जाएगा।

कार्यवाहक राष्ट्रपति की वही शक्तियाँ होंगी जो राष्ट्रपति को प्राप्त हैं। लेकिन वह कुछ कार्य नहीं कर सकेगा; जैसे– राष्ट्रीय सभा {निम्न सदन (577 सदस्य, 05 वर्ष अवधि)} को भंग करना, संविधान में संशोधन के लिए किसी बिल को लोक निर्णय के लिए प्रस्तुत करना तथा ऐसी परिस्थितियाँ बनाना जिनमें सरकार को अपदस्थ किया जा सके। राष्ट्रपति के चुनाव का सारा कार्य संवैधानिक परिषद् को दिया गया है। यह परिषद् कुछ दशाओं में राष्ट्रपति के चुनाव को स्थगित कर सकती है; जैसे– परिणाम घोषित होने से पूर्व किसी उम्मीदवार की मृत्यु हो जाये या वह किसी कारणवश स्थायी रूप से अयोग्य हो जाये। ऐसी स्थिति में सारी प्रक्रिया पुनः शुरू होगी।

2. **कार्य तथा शक्तियाँ–** राष्ट्रपति को कार्यपालिका एवं व्यवस्थापिका की वे सभी शक्तियाँ प्राप्त हैं जो लोकतान्त्रिक देशों में राज्यों के अध्यक्षों को प्राप्त होती हैं। इसके अतिरिक्त, उसे संकटकालीन शक्तियाँ भी प्राप्त हैं, जिनके प्रयोग से राष्ट्रपति अपने राष्ट्र की रक्षा कर सकता है तथा देश की सुरक्षा एवं एकता की दुहाई देकर अपने शत्रुओं को कुचल भी सकता है। वह सामान्य काल में अपनी वास्तविक सत्ता का प्रयोग करता है। लेकिन आपातकाल में उसे लगभग असीमित सत्ता का प्रयोग प्राप्त है। उसकी प्रमुख शक्तियाँ निम्नलिखित हैं–

(क) **प्रशासकीय क्षेत्र में–** राष्ट्रपति राज्य एवं शासन का अध्यक्ष है। सारा प्रशासन उसी के नाम से चलता है। राष्ट्रपति कैबिनेट की बैठक में अध्यक्षता करता है जो देश की नीति का निर्धारण तथा उसका क्रियान्वयन करती है। राष्ट्रपति अपने प्रधानमन्त्री की नियुक्ति करता है और उसकी सिफारिश पर अन्य मन्त्रियों की नियुक्ति करता है। **राष्ट्रपति प्रधानमन्त्री तथा अन्य मन्त्रियों के त्यागपत्र स्वीकार करता है तथा किसी भी समय प्रधानमन्त्री को बर्खास्त कर सकता है।** वह राज्य के अनेक उच्च अधिकारियों (जैसे– सामाजिक व आर्थिक परिषद् के सदस्यगण, सेनाओं के अध्यक्षों, राजदूतों आदि) को नियुक्त करता है। वह अपने द्वारा नियुक्त अधिकारियों को अपने कुछ दायित्व सौंप सकता है। विदेशों से सम्बन्ध बनाये रखने के लिए वह अपने राजदूत भेजता है तथा विदेशी राजदूतों का स्वागत करता है। सभी सेनाओं का सर्वोच्च अध्यक्ष होने के नाते वह युद्ध एवं शान्ति के बारे में निर्णय लेता है। राज्य का अध्यक्ष होने के नाते उसे दया का विशेषाधिकार है, अतः वह किसी अपराधी को क्षमा कर सकता है या उसके दण्ड को घटा सकता है।

(ख) **विधायी क्षेत्र में–** इस क्षेत्र में राष्ट्रपति को अनेक शक्तियाँ प्राप्त हैं। जब कोई कानून बन जाता है तो वह 15 दिनों के भीतर उसके लागू होने के आदेश जारी करता है। अपनी अनुमति देने से पूर्व वह किसी बिल को संसद में पुनर्विचार के लिए भेज सकता है, संसद राष्ट्रपति के सुझावों को नकार नहीं सकती। यदि संसद का सत्र चल रहा है तो राष्ट्रपति अपनी सरकार के सुझाव पर या दोनों सदनों (सीनेट एवं राष्ट्रीय सभा) के संयुक्त प्रस्ताव के आधार पर किसी महत्त्वपूर्ण बिल को लोक निर्णय के लिए प्रस्तुत कर सकता है। यदि लोक निर्णय उसके पक्ष में है तो अगले 15 दिनों के भीतर वह उसे कानून के रूप में लागू कर सकता है। अपने **प्रधानमन्त्री, राष्ट्रीय सभा एवं सीनेट के परामर्श से राष्ट्रपति राष्ट्रीय सभा को भंग कर सकता है; किन्तु अगले कम से कम 20 और अधिक से अधिक 40 दिनों के भीतर नये चुनाव कराये जाएँगे।** राष्ट्रपति संसद को अपने संदेश भेज सकता है तथा अपने किसी

संदेश पर विचार करने हेतु उसका विशेष सत्र बुला सकता है। दोनों सदनों (सीनेट एवं राष्ट्रीय सभा) में वह संदेश पढ़ा जाएगा, किन्तु उस पर चर्चा नहीं होगी। राष्ट्रपति राज्य परिषद् के अध्यक्ष तथा उसके 3 सदस्यों को मनोनीत करता है। राष्ट्रपति संसद के किसी कानून, नियम या विनियम को लागू करने से पूर्व संवैधानिक परिषद् की सलाह ले सकता है। **संसद से पास किये गये बिलों पर राष्ट्रपति को वीटो शक्ति प्राप्त नहीं है,** लेकिन वह अपना संदेश भेजकर यह कह सकता है कि अमुक बिल पर पुनः विचार किया जाये और उसके ऐसे सन्देह को संसद नकार नहीं सकती।

(ग) **आपातकालीन शक्तियाँ–** यदि गणतन्त्र की स्थापना, राष्ट्र की स्वतन्त्रता, देश की अखण्डता या सरकार की अन्तर्राष्ट्रीय प्रतिबद्धताओं को गम्भीर संकट हो या संवैधानिक प्रशासनिक अधिकारियों के नियमित कार्य संचालन में बाधा पड़े तो गणतन्त्र का राष्ट्रपति परिस्थितियों को देखते हुए अपने प्रधानमन्त्री, राष्ट्रीय सभा, सीनेट {उच्च सदन (321 सदस्य, 9 वर्ष प्रत्येक 3 वर्ष बाद 1/3 सदस्य अवकाशग्रस्त)} एवं संवैधानिक परिषद् के अध्यक्ष से परामर्श करने के बाद अनिवार्य कदम उठाएगा। राष्ट्रपति अपने प्रयासों की अपने सन्देश द्वारा पूरे राष्ट्र को सूचना देगा। इन प्रयासों के पीछे यह मन्तव्य होगा कि कम से कम समय के भीतर संवैधानिक प्रशासनिक अधिकारियों को ऐसे उपायों से लैस कर दिया जाये कि वे अपने क्षेत्र के कृत्यों का निष्पादन कर सकें। ऐसे प्रयासों के किये जाने से पूर्व संवैधानिक परिषद् का परामर्श लिया जायेगा और संघीय सभा (संसद) का सत्र होता रहेगा। ऐसे आपातकाल के दौरान राष्ट्रीय सभा को भंग नहीं किया जा सकता। ऐसी अवधि में राष्ट्रपति संसद से और अधिक शक्तियाँ प्राप्त कर सकता है या वह देश के बाहर हो तो अपनी कैबिनेट को अपनी शक्तियाँ हस्तान्तरित कर सकता है।

3. **स्थिति–** फ्राँस का राष्ट्रपति ब्रिटिश राजा की तरह राज्य का अध्यक्ष है। किन्तु मात्र रबड़ की मुहर की तरह नहीं है; वह स्विट्जरलैण्ड के राष्ट्रपति की तरह परिसंघ का औपचारिक अध्यक्ष भी नहीं है। फ्रांस का राष्ट्रपति ब्रिटिश प्रधानमन्त्री की तरह सबके बीच समान किन्तु प्रथम

भी नहीं है। वह अमेरिकी राष्ट्रपति की तरह राज्य का वास्तविक अध्यक्ष है लेकिन वास्तव में उससे बढ़कर है। क्योंकि उसकी प्रशासकीय तथा विधायी शक्तियाँ अतिप्रभावशाली हैं। अमेरिकी राष्ट्रपति को वीटो शक्ति प्राप्त है, वह काँग्रेस (संसद) से पास किये बिल को अस्वीकार कर सकता है। लेकिन यदि उसी बिल को काँग्रेस (संसद) पुनः अपने 2/3 बहुमत से पास कर दे तो वह राष्ट्रपति की अनुमति के बिना कानून बन जायेगा। फ्राँस के राष्ट्रपति को वीटो शक्ति प्राप्त नहीं है।

लेकिन वह बिल पर अप्रत्यक्ष तरीके से ऐसी शक्ति का प्रयोग कर सकता है। यदि कोई बिल संसद से पास हो गया है जो राष्ट्रपति की इच्छा के विरुद्ध है तो वह अपना संदेश भेजकर संसद को कह सकता है कि उस बिल पर पुनः विचार किया जाये, उसके संदेश को नकारा नहीं जा सकता। यह भी हो सकता है कि राष्ट्रपति ऐसे बिल को लोक निर्णय के लिए पेश कर दे और फिर बहुमत उसकी इच्छा को देखते हुए उसका समर्थन न करे। वास्तव में, पाँचवें गणतन्त्र का राष्ट्रपति सरकार एवं संसद दोनों को, यद्यपि भिन्न तरीकों से, अपने अभिकरण समझता है तथा जिन क्षेत्रों को वह महत्त्वपूर्ण समझता है। वहाँ राष्ट्रपति शासन करता है या उसके नाम से शासन होता है।

शासन (Government)–

फ्राँस में शासन का अर्थ है– **राष्ट्रपति,** उसका **प्रधानमन्त्री** तथा अन्य **मन्त्रीगण**। राष्ट्रपति राज्य का अध्यक्ष है जो अपने स्वविवेक से अपने प्रधानमन्त्री एवं उसकी सिफारिश पर अन्य मन्त्रियों को नियुक्त करता है। **प्रधानमन्त्री राष्ट्रपति के प्रसादपर्यन्त कार्य करता है, इसलिए राष्ट्रपति जब चाहे अपने प्रधानमन्त्री को बर्खास्त कर सकता है।** राष्ट्रपति कैबिनेट की बैठक में अध्यक्षता करता है और उसके निर्णयों पर हस्ताक्षर करता है। अतः राष्ट्रपति अपने शासन का अभिन्न अंग है। फिर भी, संविधान ने राष्ट्रपति तथा शासन के बीच इस आधार पर अन्तर किया है कि जबकि पूर्वोक्त का काम संविधान के संरक्षण को बनाये रखना है, उपरोक्त का काम शासन चलाना है।

1. **गठन–** राष्ट्रपति प्रधानमन्त्री को नियुक्त करता है और फिर उसकी सिफारिश पर अन्य मन्त्रियों को नियुक्त करता है। चूँकि राष्ट्रीय

सभा (निम्न सदन) में अनेक दलों के गठबन्धन से सरकार बनती है; अतः प्रधानमन्त्री अपने मन्त्रिमण्डल का आकार निश्चित करता है तथा उनके बीच विभागों का वितरण करता है। प्रधानमंत्री की कैबिनेट में लगभग 20 सदस्य होते हैं। कुछ राज्य–स्तर के मन्त्रीगण भी हो सकते हैं, जिन्हें कोई विभाग नहीं सौंपा जाता। मन्त्रियों की सहायता के लिए उपमन्त्रीगण नियुक्त किये जाते हैं। ब्रिटेन में मन्त्रिपरिषद् का अर्थ है प्रधानमन्त्री से लेकर नीचे उप–मन्त्री या संसदीय सचिव तक सभी लोग। जबकि कैबिनेट का अर्थ है प्रधानमन्त्री एवं उसके अति–महत्त्वपूर्ण मन्त्रीगण। **फ्राँस की** स्थिति भिन्न है।

यहाँ **कैबिनेट का अर्थ** है **प्रधानमन्त्री तथा उसके सारे मन्त्रीगण एवं उप–मन्त्रीगण जिसकी बैठक की अध्यक्षता राष्ट्रपति करता है।** जबकि **मन्त्रिपरिषद् का अर्थ है प्रधानमन्त्री एवं उसके अति–महत्त्वपूर्ण मन्त्रीगण जिसकी बैठक की अध्यक्षता प्रधानमन्त्री करता है।** इससे विदित होता है कि मन्त्रिपरिषद् की अपेक्षा कैबिनेट अधिक शक्तिशाली है, क्योंकि उसी की बैठक में सारे महत्त्वपूर्ण निर्णय लिये जाते हैं तथा यह तय किया जाता है कि क्या राष्ट्रीय सभा (निम्न सदन) का विघटन किया जाये? यह भी चकित करने वाली बात है कि यदि कोई गम्भीर त्रुटि हो जाये तो उसकी जिम्मेदारी राष्ट्रपति पर नहीं बल्कि प्रधानमन्त्री पर है और प्रधानमंत्री को अपना पद छोड़ना पड़ेगा। अब राष्ट्रपति ही गणतन्त्र का वास्तविक नेता है।

2. **शक्तियाँ तथा कार्य–** शासन का मुख्य काम राष्ट्र की नीति का निर्धारण करना तथा उसके क्रियान्वयन का निर्देशन करना है। शासन संसद की अनुमति से अध्यादेश जारी कर सकता है। जो कानून की तरह लागू होगा किन्तु एक तारीख निश्चित कर दी जाती है। जिसके भीतर उसे संसद द्वारा समर्थित होना चाहिए अन्यथा समय बीतने के बाद वह स्वतः रद्द हो जायेगा। संसद के सत्र में प्रधानमन्त्री किसी विधायन को प्रस्तावित कर सकता है। सारी सेवाएँ शासन के अधीन हैं। प्रधानमन्त्री पर गणतन्त्र की सुरक्षा का दायित्व है।

इसका यह अर्थ नहीं निकाला जाना चाहिए कि प्रधानमन्त्री की स्थिति बहुत कमजोर है। प्रधानमंत्री की सिफारिश पर राष्ट्रपति अन्य

मन्त्रियों की नियुक्ति करता है तथा उनके विभागों का वितरण करता है। प्रधानमंत्री के निर्देशानुसार प्रशासन होता है तथा उस पर गणतन्त्र की सुरक्षा का भार है। प्रधानमंत्री देखता है कि संसद द्वारा निर्मित कानूनों को प्रभावी ढ़ंग से लागू किया जाये। प्रधानमंत्री की सिफारिश पर राष्ट्रपति अनेक उच्च अधिकारियों की नियुक्ति करता है। किसी महत्त्वपूर्ण मामलें पर विचार करने हेतु प्रधानमंत्री राष्ट्रपति को संसद का विशेष सत्र बुलाने की सिफारिश कर सकता है।

प्रधानमंत्री संविधान में संशोधन सम्बन्धी प्रस्ताव राष्ट्रपति को विचार करने हेतु प्रेषित कर सकता है। यदि किसी बिल को यथाशीघ्र पास करना है या संसद के दोनों सदनों के बीच गतिरोध पैदा हो गया है तो प्रधानमंत्री उनकी संयुक्त बैठक बुला सकता है। यदि राष्ट्रपति राष्ट्रीय सभा (निम्न सदन) को भंग करना चाहता है तो उसे प्रधानमन्त्री से परामर्श करना जरूरी है। **राष्ट्रपति नहीं बल्कि प्रधानमन्त्री अपने द्वारा किये गये या न किये कार्यों के लिए संसद के प्रति उत्तरदायी है। इसके निम्नलिखित आयाम हैं–**

(1) प्रधानमन्त्री राष्ट्रीय सभा (निम्न सदन) से अपनी नीति की स्वीकृति ले। यदि उसके पक्ष में साधारण बहुमत से प्रस्ताव पास हो जाता है तो उसका अर्थ है सदन का शासन में विश्वास होना।

(2) प्रधानमन्त्री राष्ट्रीय सभा (निम्न सदन) में विश्वास प्रस्ताव पेश करता है; यदि वह साधारण बहुमत से पास हो जाता है तो वह अपने पद पर बना रहता है।

(3) प्रधानमन्त्री राष्ट्रीय सभा (निम्न सदन) में कोई महत्त्वपूर्ण बिल पेश करके उस बिल पर अपनी सरकार के जीवन का दांव लगा सकता है। यदि उसके पक्ष में साधारण बहुमत से प्रस्ताव हो जाता है तो वह बिल पास हो जायेगा अन्यथा सरकार गिर जायेगी।

(4) यदि राष्ट्रीय सभा (निम्न सदन) के कम से कम 1/10 सदस्यगण सरकार के विरुद्ध अविश्वास या प्रस्ताव पेश करें तो अगले 48

घण्टों के बाद उस पर चर्चा की जायेगी और यदि ऐसा प्रस्ताव सदन के पूर्ण या स्पष्ट बहुमत से पास हो गया तो सरकार गिर जाएगी। यदि ऐसा प्रस्ताव पास न हो सके तो उसी सत्र में उन्हीं सांसदों के हस्ताक्षर से अविश्वास या निन्दा का नया प्रस्ताव नहीं आ सकता; किन्तु अन्य सांसदों के हस्ताक्षर से आ सकता है। यह शर्त उस स्थिति में लागू नहीं होगी कि यदि प्रधानमन्त्री किसी बिल को पास कराने हेतु अपनी सरकार के जीवन को दांव पर लगा दे। स्थिति की विचित्रता इस तथ्य में देखी जा सकती है कि सरकार को अपने बचाव के लिए सदन का साधारण बहुमत चाहिए, विपक्ष द्वारा प्रस्तुत सरकार गिराने का प्रस्ताव सदन के पूर्ण या स्पष्ट बहुमत से पास होना चाहिए।

फ्रेंच शासन की ब्रिटिश संसदीय प्रणाली तथा अमेरिकी अध्यक्षीय प्रणाली से तुलना–

यदि फ्रैंच शासन प्रणाली की ब्रिटिश संसदीय प्रणाली तथा अमेरिकी अध्यक्षीय प्रणाली से तुलना की जाये तो समानता एवं भिन्नता के अनेक बिन्दु देखे जा सकते हैं। जैसे–

(1) **अमेरिका की तरह फ्राँस के मन्त्रीगण संसद के सदस्य नहीं हो सकते,** ब्रिटेन की तरह यहाँ के मन्त्रीगण संसद की कार्यवाही में भाग ले सकते हैं। किन्तु प्रधानमन्त्री या उसका कोई मन्त्री किसी व्यावसायिक पद या श्रम संगठन का कोई पद ग्रहण नहीं कर सकता। यदि कोई सांसद मन्त्री बनता है तो वह अपना पद छोड़ता है जो तुरन्त उसके स्थानापन्न को मिल जाता है। **चुनाव के समय सांसदों एवं उनके स्थानापन्नों का चुनाव होता है।** इसलिए बीच में किसी उप–चुनाव की आवश्यकता नहीं होती।

(2) फ्रैंच नमूना रूसी नमूने के समान है। राष्ट्रपति अपनी इच्छा से अपने प्रधानमन्त्री की नियुक्ति करता है। यदि वह उससे प्रसन्न न हो तो उसे पद्मुक्त कर सकता है और फिर अपनी पसन्द

के किसी अन्य व्यक्ति को प्रधानमन्त्री बना सकता है। चूँकि राष्ट्रपति मन्त्रिपरिषद् की बैठक की अध्यक्षता करता है। अतः सरकार राष्ट्रपति के नियन्त्रण, निरीक्षण एवं निर्देशन के अधीन कार्य करती है।

(3) यदि राष्ट्रीय सभा (निम्न सदन) में किसी पार्टी को पूर्ण बहुमत नहीं मिलता, इसलिए मिली–जुली सरकार बनती है। संसदीय प्रणाली के अन्तर्गत प्रधानमन्त्री को अनेक दलों के साथ तालमेल बिठाना पड़ता है।

यही स्थिति फ्रैंच प्रधानमन्त्री की है किन्तु उसे गठबन्धन बनाने वाले दलों का सांझा नेता नहीं समझना चाहिए। प्रधानमंत्री तो राष्ट्रपति की पसन्द का व्यक्ति है। प्रधानमंत्री को संसद का विश्वास प्राप्त होना चाहिए। यहाँ भी फ्रैंच कार्यपालिका की ब्रिटिश कार्यपालिका से समानता देखी जा सकती है।

(4) फ्रैंच कार्यपालिका की स्थिति ब्रिटिश तथा अमेरिकी कार्यपालिकाओं की स्थिति से इस अर्थ में भिन्न है कि इसे अपने बचाव के लिए राष्ट्रीय सभा (निम्न सदन) का साधारण बहुमत चाहिए। जबकि प्रधानमंत्री को हटाने का प्रस्ताव सदन के पूर्ण बहुमत से पास होना चाहिए। यहाँ राज्य परिषद् का भी हवाला दिया जा सकता है जिसकी विशेषज्ञतापूर्ण सलाह से सरकार काम करती है तथा संसद में विधायन के प्रस्ताव पेश करती है।

(5) फ्रैंच प्रधानमन्त्री ब्रिटिश प्रधानमंत्री की तरह शक्तिशाली नहीं है, क्योंकि वह राष्ट्रपति के अधीन होकर काम करता है। **फ्रैंच राष्ट्रपति** अमेरिकी राष्ट्रपति से अधिक शक्तिशाली है। क्योंकि वह **07 वर्षों** के लिए चुना जाता है। बार–बार चुना जा सकता है तथा बीच में उसे पद से हटाया नहीं जा सकता। केवल देशद्रोह के आरोप पर हाईकोर्ट में उस पर महाभियोग का केस चलाया जा सकता है।

उपर्युक्त बिन्दुओं को देखकर यह कहा जा सकता है कि, **"यह सच**

है कि विभिन्न राजनीतिक दलों के लोग अब भी सरकार बनाते हैं, लेकिन गणतन्त्र का राष्ट्रपति जिसे अपने सात–वर्षीय कार्यकाल के पद से हटाया नहीं जा सकता; अब वही उसका वास्तविक अध्यक्ष है तथा कार्यपालिका की शक्तियाँ सामान्य रूप से बहुत बढ़ गई हैं।"

15

रूसी संघीय कार्यपालिका

(Federal Executive of Russia)

रूसी संघ की कार्यपालिका फ्राँस के नमूने पर बनी है। राष्ट्रपति राज्य का अध्यक्ष है जो अपने प्रधानमन्त्री तथा अन्य मन्त्रियों को नियुक्त करता है। राष्ट्रपति अपनी सरकार एवं संघीय सभा (संसद) के निर्णयों को पलट सकता है। **संविधान ने निश्चित रूप से कार्यपालिका के पक्ष में सत्ता का हस्तान्तरण किया है।** सबसे ऊपर राष्ट्रपति है जो ब्रिटिश राजा या जर्मनी के राष्ट्रपति की तरह नामधारी प्रभु नहीं है, किन्तु वह अमेरिका तथा फ्राँस के राष्ट्रपति से अधिक शक्तिशाली है। उसके पास इतनी अधिक सत्ता है कि इस संविधान को प्राधिकारवादी कहा जाता है। फिर भी इसे **'बोनापार्टवादी'** नहीं कहा जा सकता। **राष्ट्रपति का चुनाव 04 वर्षों के लिए किया जाता है, वह दो से अधिक बार इस पद पर नहीं रह सकता तथा उसे महाभियोग की प्रक्रिया से हटाया जा सकता है।**

राष्ट्रपति (President)–

अमेरिका तथा फ्राँस की तरह राष्ट्रपति को राज्य का अध्यक्ष बनाया गया है। किन्तु संविधान की विचित्र भाषा के अनुसार कार्यपालिका शक्ति सरकार के पास है। जिसका अध्यक्ष प्रधानमन्त्री है। प्रधानमन्त्री तथा उसकी मन्त्रिपरिषद् संघीय सभा (संसद) के प्रति उत्तरदायी है। स्टेट ड्यूमा {निम्न सदन (450 सदस्य, 04 वर्ष कार्यकाल)} अविश्वास का

प्रस्ताव पास करके सरकार को अपदस्थ कर सकती है। लेकिन राष्ट्रपति स्टेट ड्यूमा (निम्न सदन) भंग करके नये चुनाव का आदेश दे सकता है। यह कहा जा सकता है कि ऐसी स्थिति कभी राष्ट्रपति एवं प्रधानमन्त्री और कभी राष्ट्रपति तथा संघीय सभा (संसद) के बीच संघर्ष पैदा कर सकती है। जिसमें राष्ट्रपति की विजय अवश्यम्भावी है।

1. **चुनाव तथा महाभियोग–** राष्ट्रपति के चुनाव में रूसी संघ के सभी वयस्क नागरिक भाग लेते हैं। इसमें वही उम्मीदवार खड़ा हो सकता है। जो–

(i) रूसी संघ का नागरिक हो।

(i) उसकी आयु 35 वर्ष से अधिक हो।

(i) जो देश में कम से कम 10 वर्षों से स्थायी तौर से वास कर रहा हो।

चुनाव में द्वितीय मतदान प्रणाली का प्रयोग होता है, अतः जीतने वाले उम्मीदवार को कुल पड़े शुद्ध मतों का आधे से अधिक भाग मिलना चाहिए। यदि ऐसा न हो तो चुनाव दूसरी बार किया जायेगा ताकि जीतने वाले उम्मीदवार को कुल पड़े शुद्ध मतों की आधे से अधिक संख्या मिल जाये। चुनाव में सफल होने के बाद राष्ट्रपति संघीय सभा {संसद (संघ की परिषद् एवं स्टेट ड्यूमा)} तथा संवैधानिक न्यायालय के सदस्यों की उपस्थिति में जनता के प्रति अपने पद की शपथ ग्रहण करता है। इसके बाद वह अपना कार्यभार सँभालता है। यदि मृत्यु, गम्भीर बीमारी, त्यागपत्र, महाभियोग या किसी अन्य कारण से यह पद खाली हो जाये तो प्रधानमन्त्री कार्यवाहक राष्ट्रपति के रूप में कार्य करेगा। लेकिन वह कुछ विशेष काम नहीं कर सकेगा; जैसे– स्टेट ड्यूमा को भंग करना या किसी महत्त्वपूर्ण विषय को लोक निर्णय हेतु पेश करना या संविधान में संशोधन के प्रस्ताव का सूत्रपात करना। जब तक नया राष्ट्रपति नहीं आ जाता, पुराना राष्ट्रपति या कार्यवाहक राष्ट्रपति उस पद पर कार्य करता रहेगा।

लेकिन महाभियोग की प्रक्रिया से राष्ट्रपति को हटाया जा सकता है। यदि स्टेट ड्यूमा उस पर देशद्रोह या किसी गम्भीर त्रुटि का आरोप

लगायेगी तो ऐसा प्रस्ताव समूचे सदन के 2/3 बहुमत से पास होना चाहिए। फिर वह प्रस्ताव संघ की परिषद् {उच्च सदन (178 सदस्यगण, 89 घटक, प्रत्येक घटक से 2 स्थान)} में जायेगा जहाँ उसी बहुमत से पास होना जरूरी है। लेकिन इस प्रक्रिया का सूत्रपात तभी होगा यदि आरोप–पत्र पर स्टेट डयूमा (निम्न सदन) के कम से कम 1/3 सदस्यों के हस्ताक्षर हों तथा उसके द्वारा एक विशेष आयोग ने उस आरोप की पुष्टि की हो।

यह भी जरूरी है कि सुप्रीम कोर्ट ने भी उसी के पक्ष में कहा हो तथा संवैधानिक न्यायालय ने भी यह कहा दिया हो कि निर्धारित प्रक्रिया का ठीक प्रकार पालन किया जा चुका है।

स्टेट ड्यूमा (निम्न सदन) से प्रस्ताव होने के बाद संघ की परिषद् (उच्च सदन) से ऐसा प्रस्ताव तीन महीनों के भीतर पास होना चाहिए और इसी अवधि में सुप्रीम कोर्ट तथा संवैधानिक न्यायालय का समर्थन भी मिल जाना चाहिए।

2. **राष्ट्रपति की शक्तियाँ तथा कार्य–** निस्सन्देह राष्ट्रपति को व्यापक शक्तियाँ तथा कार्य प्राप्त है। कार्यपालिका के क्षेत्र में उन्हें इस प्रकार इंगित किया जा सकता है–

(1) स्टेट ड्यूमा (निम्न सदन) की सहमति से शासन के अध्यक्ष (प्रधानमन्त्री) को नियुक्त करना और फिर उसकी सलाह से अन्य मन्त्रियों को नियुक्त करना तथा प्रधानमन्त्री एवं उसकी सरकार के त्यागपत्र आने पर जरूरी कार्यवाही करना।

(2) मन्त्रिपरिषद् की बैठक की अध्यक्षता करना।

(3) रूसी संघ के महाप्रोक्युरेटर तथा सुप्रीम कोर्ट एवं संवैधानिक कोर्ट के न्यायाधिशों को नियुक्त करना, जिनके नाम संघ की परिषद् (उच्च सदन) द्वारा अनुमोदित होने चाहिए।

(4) अपनी सुरक्षा परिषद् का गठन करना तथा उसके अध्यक्ष को नामांकित करना, संघ की सेना सम्बन्धी नियमों को स्वीकार करना, अपना सचिवालय गठित करना, सेना का सर्वोच्च अधिकारी

होने के नाते देश में आपातकाल घोषित करना या सैन्य कानून लागू करना, तीनों सेनाओं के अध्यक्षों को नियुक्त करना तथा किसी को किसी आधार पर बर्खास्त करना।

(5) विदेशी सम्बन्ध बनाये रखने के लिए अपने राजदूत नियुक्त करना एवं अन्य देशों के राजदूतों को मान्यता देना, विदेशी सन्धियों पर हस्ताक्षर करना तथा उन्हें क्रियान्वित करना।

(6) संविधान एवं संघीय कानूनों को ठीक प्रकार से लागू करने के लिए यथा आवश्यकता आदेश जारी करना। यदि किसी घटक इकाई का संविधान या उसके कानून रूसी संघ के संविधान के प्रावधानों से टकराता है तो उसके क्रियान्वयन को स्थगित करना तथा कानूनी परामर्श के लिए उसे उपयुक्त न्यायालय को भेजना।

(7) रूसी नागरिकता से सम्बन्धी विवादों को निपटाना, क्षमादान करना तथा पुरस्कारों एवं सम्मानों का वितरण करना।

(8) संविधान में उसके सामान्य आभार दिये गये हैं; जैसे– ;द्ध संविधान की सुरक्षा एवं उसका संरक्षण करना, ;इद्ध मानव एवं नागरिक अधिकारों तथा स्वतन्त्रताओं की रक्षा करना, ;बद्ध राज्य की प्रभुसत्ता, अखण्डता तथा एकता की रक्षा करना, ;कद्ध सरकार की सभी शाखाओं के बीच समन्वय एवं अन्तःक्रिया बनाये रखना, ;मद्ध देश की गृह एवं विदेश नीति के आधारभूत उद्देश्यों का निर्धारण करना, तथा ;द्धि अन्तर्राष्ट्रीय सम्मेलनों में देश का प्रतिनिधित्व करना।

इसके अतिरिक्त, विधायन के क्षेत्र में राष्ट्रपति की शक्तियाँ निम्नलिखित हैं–

(1) देश के संविधान तथा संघीय कानूनों के अनुसार स्टेट ड्यूमा (निम्न सदन) के चुनाव करना।

(2) स्टेट डयूमा (निम्न सदन) को भंग करना तथा नये चुनावों की घोषणा करना।

सरकार के त्याग–पत्र को स्वीकार या अस्वीकार कर सकता है। यदि अगले तीन महीनों के भीतर स्टेट ड्यूमा (निम्न सदन) ने फिर अविश्वास प्रस्ताव पास किया तो राष्ट्रपति अपनी सरकार का त्यागपत्र स्वीकार कर सकता है या स्टेट ड्यूमा (निम्न सदन) को भंग कर सकता है। अविश्वास प्रस्ताव पास होने के बाद भी प्रधानमन्त्री सदन में विश्वास प्रस्ताव रख सकता है। यदि यह प्रस्ताव पास हो जाता है तो फिर उसे त्यागपत्र नहीं देना पड़ेगा। प्रधानमन्त्री का त्यागपत्र स्वीकार करने के साथ राष्ट्रपति उससे कह सकता है कि वह नई सरकार के गठन होने तक अपना कार्य करता रहे।

अतः यह कहा जा सकता है कि शासन देखने में स्टेट ड्यूमा (निम्न सदन) के प्रति किन्तु वास्तव में राष्ट्रपति के प्रति उत्तरदायी है। संसद के लोकप्रिय सदन (स्टेट ड्यूमा) को यह समझ लेना चाहिए कि यदि उसने राष्ट्रपति की इच्छा का अनादर किया तो वह उसकी आत्महत्या के कृत्य के अनुरूप होगा।

16

चीन की केन्द्रीय कार्यपालिका
(Central Executive of China)

राष्ट्रपति (President)–

अमेरिका, स्विट्जरलैण्ड तथा फ्राँस की तरह चीन गणतन्त्र है, अतः राष्ट्रपति को राज्य का अध्यक्ष बनाया गया है। 1975 और फिर 1978 के संविधान ने इस पद को समाप्त कर दिया था। लेकिन 1982 के संविधान ने उसे पुनः स्थापित कर दिया। चीन की राष्ट्रीय जनवादी काँग्रेस (संसद) उसे पाँच वर्ष के लिए चुनती है। उसके पास तीन योग्यताएँ होनी चाहिए–

(1) वह चीन का नागरिक हो।

(2) उसकी आयु 45 वर्ष से ऊपर हो।

(3) वह चुनाव में भाग लेने का अधिकारी हो।

राष्ट्रपति की शक्तियाँ तथा कार्य–

अमेरिका के राष्ट्रपति की तरह चीन का राष्ट्रपति **दो बार** चुना जा सकता है। उसके कार्य तथा शक्तियाँ निम्नलिखित हैं–

(1) राष्ट्रपति प्रधानमन्त्री, उप–प्रधानमन्त्रीगण, राज्य परिषद् के महासचिव तथा आडीटर जनरल की नियुक्ति करता है एवं

उन्हें पदमुक्त कर सकता है। किन्तु राष्ट्रीय जनवादी काँग्रेस (संसद) या उसकी अनुपस्थिति में उसकी स्थायी समिति से उसका अनुमोदन होना चाहिए।

(2) राष्ट्रपति नागरिकों को सम्मान या पुरुस्कार या उपाधियाँ प्रदान करता है।

(3) राष्ट्रपति अपराधियों को क्षमादान दे सकता है तथा किसी अपराधी के दण्ड को कम कर सकता है।

(4) आपातकाल में राष्ट्रपति सैनिक कानून लागू कर सकता है तथा देश की सुरक्षा के लिए विशेष आदेश जारी कर सकता है। इस नाते राष्ट्रपति सेनाओं की लामबन्दी के आदेश जारी कर सकता है।

(5) राष्ट्रपति अन्य देशों के लिए अपने राजदूत भेजता है तथा अन्य देशों के राजदूतों का स्वागत करता है। विदेशी सन्धियों की पुष्टि करता है या किसी सन्धि को निरस्त कर सकता है। विदेश में राष्ट्रपति अपने देश का प्रतिनिधित्व करता है।

संविधान के प्रावधानों को देखते हुए राष्ट्रपति का पद शक्तिशाली नहीं है। क्योंकि राज्य परिषद् के पास वास्तविक सत्ता है और उसी के माध्यम से वह अपने कार्यों का निष्पादन करती है। राष्ट्रपति को राष्ट्रीय जनवादी काँग्रेस (संसद) से पास किये गये बिलों पर निषेधाधिकार भी प्राप्त नहीं है। किन्तु तथ्य भी ध्यान में रखना चाहिए कि दल का सर्वोच्च नेता होने के कारण उसकी स्थिति का शक्तिशाली होना स्वाभाविक है।

उप–राष्ट्रपति (Vice-President)–

राष्ट्रपति के नीचे उप–राष्ट्रपति का पद है, जिसे वही योग्यताएँ प्राप्त होनी चाहिए जो राष्ट्रपति को निर्धारित की गई है। राष्ट्रीय जनवादी काँग्रेस (संसद) या उसकी अनुपस्थिति में उसकी स्थायी समिति उपराष्ट्रपति का **05 वर्षों** के लिए चुनाव करती है। उप–राष्ट्रपति दो से अधिक बार इस पद को धारण नहीं कर सकता। वह राष्ट्रपति को सहयोग देता है तथा उसके निर्दिष्ट कृत्यों का निष्पादन करता है। यदि

किसी कारणवश राष्ट्रपति का पद रिक्त हो जाये या अस्वस्थ होने के कारण राष्ट्रपति काम न कर सके तो वह कार्यवाहक राष्ट्रपति के रूप में कार्य करेगा।

राज्य परिषद् (State Council)–

1. **गठन–** राज्य परिषद् राज्य की कार्यपालिका शक्ति तथा उसके प्रशासन का सर्वोच्च अंग है। प्रधानमन्त्री इसका अध्यक्ष है। उसके नीचे उप–प्रधानमंत्री, मन्त्रीगण, मन्त्रालयों एवं आयोगों के अध्यक्ष, एक महा–सचिव तथा एक आडीटर–जनरल होता है। प्रधानमन्त्री इसकी बैठक बुलाता है तथा उसकी अध्यक्षता करता है। इसका कार्यकाल राष्ट्रीय जनवादी काँग्रेस (संसद) के कार्यकाल से जुड़ा है अर्थात् 05 वर्ष है। इन्हें राष्ट्रपति नियुक्त करता है और वही किसी को पद से हटा सकता है। किन्तु इसके लिए राष्ट्रीय जनवादी काँग्रेस (संसद) या उसकी अनुपस्थिति में उसकी स्थायी समिति का समर्थन आवश्यक है।

2. **शक्तियाँ तथा कार्य–** राज्य परिषद् की शक्तियों तथा कार्यों का संविधान में इस प्रकार विवरण किया गया है–

(1) प्रशासनिक प्रयासों का विश्लेषण करना, प्रशासनिक नियमों एवं विनियमों को बनाना तथा देश के संविधान एवं कानूनों के अनुसार आदेश व निर्देश जारी करना।

(2) राज्य परिषद् के मन्त्रियों एवं आयोगों के अध्यक्षों के कृत्यों तथा दायित्वों का निर्धारण करना।

(3) केन्द्रीय सरकार तथा प्रान्तीय / क्षेत्रीय / स्थानीय सरकारों के बीच कार्यों का विभाजन करना।

(4) राज्य का बजट तैयार करना तथा राष्ट्रीय आर्थिक एवं सामाजिक विकास के लिए योजनाएँ बनाना और उन्हें लागू करना।

(5) शिक्षा, विज्ञान, संस्कृति, सार्वजनिक स्वास्थ्य तथा परिवार नियोजन सम्बन्धी कार्यों को निर्दिष्ट करना।

(6) नागरिक मामलों, लोक सुरक्षा, न्यायिक प्रशासन तथा अन्य सम्बन्धित मामलों को निर्दिष्ट करना।

(7) विदेशी सम्बन्ध बनाये रखना, अन्य राज्यों के साथ सन्धियाँ या समझौते करना तथा राष्ट्रीय सुरक्षा के लिए आवश्यक प्रयास करना।

(8) राष्ट्रीयताओं से सम्बन्धित मामलों का प्रबन्ध करना तथा अल्पसंख्यकों के अधिकारों की रक्षा करना।

(9) मन्त्रालयों या अधीनस्थ सरकारों द्वारा दिये गये अनुचित आदेशों को निरस्त करना।

(10) प्रान्तों, स्वायत्तशासी क्षेत्रों तथा केन्द्रीय सरकार के नीचे नगरपालिकाओं के भौगोलिक विभाजनों को स्वीकार करना, उनके आकारों का निर्धारण करना तथा वहाँ राष्ट्रीय कानूनों को लागू करना। राज्य परिषद् को राष्ट्रीय जनवादी काँग्रेस (संसद) या उसकी अनुपस्थिति में उसकी स्थायी समिति के प्रति उत्तरदायी रखा गया है।

यदि तुलनात्मक परिप्रक्ष्य में देखा जाये तो चीन की राज्य परिषद् ब्रिटिश, अमेरिकी तथा फ्रैंच की कैबिनेटों से बिल्कुल भिन्न है। इसे ब्रिटिश कैबिनेट के तुल्य नहीं कहा जा सकता क्योंकि प्रधानमन्त्री बहुमत दल का नेता नहीं है और न ही चीन में सामूहिक उत्तरदायित्व की व्यवस्था है। समानता का यह बिन्दु अवश्य है कि प्रधानमन्त्री तथा उसकी राज्य परिषद् के सभी सदस्य राष्ट्रीय जनवादी काँग्रेस (संसद) के सदस्य होते हैं। यह अमेरिकी कैबिनेट से भी भिन्न है क्योंकि राष्ट्रपति इसका अध्यक्ष नहीं है तथा सभी मन्त्रियों को राष्ट्रीय जनवादी काँग्रेस (संसद) के प्रति उत्तरदायी रखा गया है। यह फ्रैंच कैबिनेट से भी भिन्न है क्योंकि इसका अध्यक्ष राष्ट्रपति नहीं बल्कि प्रधानमन्त्री है जो वास्तव में राष्ट्रपति से अधिक शक्तिशाली है।

चीन में कार्यपालिका का रूप न संसदीय है, न अध्यक्षीय और न ही दोनों का मिश्रण। साम्यवादी व्यवस्था होने के कारण समस्त व्यवस्था दल की छत्रछाया के तले काम करती है। कहने को प्रधानमन्त्री तथा उसके मन्त्रीगण व्यवस्थापिका के प्रति उत्तरदायी हैं। किन्तु आज तक किसी प्रधानमन्त्री या उसकी सरकार के खिलाफ अविश्वास प्रस्ताव नहीं आया।

जबकि पार्टी के अध्यक्ष के इशारे पर कई प्रधानमन्त्री और मन्त्रीगण हटाये गये। प्रधानमन्त्री को अपनी सरकार, नौकरशाही तथा नीति–निर्माण में कुछ शक्ति प्राप्त हैं। वास्तव में, प्रधानमन्त्री किसी प्रकार से राष्ट्रपति या राष्ट्रीय जनवादी काँग्रेस (संसद) के प्रति उत्तरदायी नहीं है, प्रधानमन्त्री हमेशा अपनी पार्टी की स्थायी समिति का सदस्य बना रहता है। दल के नेतृत्व द्वारा उस प्रशासकीय स्थिति में उसका चयन किया जाता है ताकि वह (प्रधानमंत्री) दल की इच्छानुसार सेवा करे।

17

न्यायपालिका

(Judiciary)

न्यायपालिका का अर्थ–

सी०एफ० स्ट्रांग के अनुसार, **"न्यायपालिका शासन का वह विभाग है जिसका सम्बन्ध विधि का उल्लंघन करने वालों को दण्डित करने से है। न्यायपालिका सदा ही न्यायाधीशों का एक निकाय होती है।"** संक्षेप में, न्यायपालिका के अधिकारी न्यायाधीश कहलाते हैं और न्यायाधीश न्यायालय में प्रस्तुत मुकद्दमों का कानून के अनुसार निर्णय करते हैं। इस प्रक्रिया में न्यायधीश सम्बन्धित कानूनों की व्याख्या भी करते हैं।

इस प्रकार न्यायाधीश कानून के विकास में मदद देते हैं। न्यायपालिका की शक्ति विभिन्न शासन–पद्धतियों में विभिन्न प्रकार की होती है।

न्यायपालिका का महत्त्व–

सरकार के संगठन की दृष्टि से न्यायपालिका को सरकार का तृतीय अंग कहा जाता है, किन्तु महत्त्व की दृष्टि से इसका स्थान प्रथम है। लोकतान्त्रिक शासन प्रणाली में न्यायपालिका का अत्यधिक महत्त्व दिखाई पड़ता है। यह संविधान एवं नागरिकों की स्वतन्त्रता की रक्षा करती है, कानूनों की सामयिक व्याख्या करती है।

न्यायाधीशों का कार्यकाल तथा पद–मुक्ति–

आधुनिक युग में कार्यकाल की दृष्टि से न्यायाधीशों के सीमित कार्यकाल हैं तथा पुर्ननिर्वाचन की व्यवस्था को उचित नहीं माना जाता है। इसकी तुलना में इसकी व्यवस्था को अधिक उपयोगी पाया गया है कि न्यायाधीशों की एक बार नियुक्ति हो और उन्हें 65 या 70 साल की आयु तक कार्य करने का अवसर दिया जाए। इस आयु से पहले उनका कार्यकाल तभी समाप्त किया जाना चाहिए जब वे गम्भीर रूप से अस्वस्थ हो अथवा भ्रष्ट आचरण के दोषी हों। जब निम्न न्यायालयों के न्यायाधीश सदाचार से हीन या भ्रष्ट पाए जाएँ, तो उन्हें सर्वोच्च न्यायालय में मुकद्दमा चलाकर पद–मुक्त किया जाना चाहिए। उच्च न्यायालय एवं सर्वोच्च न्यायालय के ऐसे ही दोषी न्यायाधीशों को व्यवस्थापिका द्वारा महाभियोग की कार्यवाही द्वारा हटाया जाना चाहिए।

न्यायपालिका की स्वतन्त्रता की समस्या–

न्यायपालिका की स्वतन्त्रता का सिद्धान्त **उदारवादी संविधानवाद** की देन है। इसका सरल अर्थ है कि न्यायपालिका को कार्यपालिका एवं व्यवस्थापिका के नियन्त्रण से मुक्त रखा जाना चाहिए। ताकि वह अपने न्यायिक कार्यों को बिना किसी दबाव के कर सके।

न्यायपालिका की स्वतन्त्रता की आवश्यकता–

लोकतान्त्रिक व्यवस्था में न्यायपालिका की स्वतंन्त्रता की आवश्यकता एवं महत्त्व को इस प्रकार समझा जा सकता है–

(1) न्यायपालिका विभिन्न मुकद्दमों में निष्पक्ष निर्णग दे सकती है।

(2) न्यायपालिका प्रशासनिक अधिकारियों को सत्ता के दुरुपयोग से रोकती है।

(3) न्यायपालिका संविधान की रक्षक है।

(4) न्यायपालिका नागरिक स्वतन्त्रताओं एवं अधिकारों की रक्षा करती है।

(5) न्यायपालिका लोकतान्त्रिक व्यवस्था के सफल संचालन के लिए आवश्यक है।

एक स्वतन्त्र न्यायपालिका की स्थापना हेतु आवश्यक शर्तें–

(1) न्यायाधीशों की नियुक्ति की उचित प्रणाली।

(2) उच्च योग्यता एवं चरित्र।

(3) लम्बा कार्यकाल एवं पदोन्नति की व्यवस्था।

(4) पर्याप्त वेतन एवं भत्ता आदि ।

(5) पद की सुरक्षा।

(6) न्यायिक निर्णयों की सार्वजनिक एवं अनुचित आलोचना नहीं।

(7) अवकाश–प्राप्ति पर वकालत नहीं।

(8) कार्यपालिका से पृथक्करण।

अतः न्यायपालिका कार्यपालिका पर **विधि के नियन्त्रण** को लागू करती है। अप्रत्यक्ष रूप से न्यायपालिका विधि का निर्माण भी करती है।

न्यायपालिका के कार्य–

न्यायपालिका के कार्य निम्नलिखित हैं–

(1) सम्बन्धित समाज–व्यवस्था की रक्षा करना।

(2) न्याय–कार्य करना।

(3) कानूनों की व्याख्या करना।

(4) संविधान की रक्षा करना।

(5) न्यायालय द्वारा कानूनों का निर्माण करना।

(6) व्यक्ति की स्वतंत्रता एवं अधिकारों की रक्षा करना।

(7) परामर्शात्मक कार्य करना।

(8) घोषणात्मक निर्णय देना।

(9) अन्य विभिन्न कार्य करना।

न्यायपालिका के प्रकार–

न्यायपालिका के दो प्रमुख प्रकार हैं–

1. **प्रतिबन्धित न्यायपालिका–** सभी प्रकार के सर्वाधिकारवादी राज्यों में पाई जाती है। प्रतिबन्धित न्यायपालिका पर कार्यपालिका का नियन्त्रण रहता है और वह कार्यपालिका के अनुकूल आचरण करती है।

2. **स्वतन्त्र न्यायपालिका–** उदारवादी संविधान पर आधारित होती है। स्वतंत्र न्यायपालिका न केवल कार्यपालिका के नियन्त्रण से मुक्त होती है।
   अपितु कार्यपालिका के ऊपर कानून का नियन्त्रण लगाने में भी समर्थ होती है। स्वतंत्र न्यायपालिका संविधान, व्यक्ति की स्वतन्त्रता तथा लोकतान्त्रिक समाज–व्यवस्था की रक्षा करती है।

न्यायपालिका का संगठन–

(क) न्यायपालिका को पिरामिड के आकार में श्रृंखलाबद्ध रूप में संगठित किया जाता है।

(ख) न्यायालयों में पीठ व्यवस्था एवं एकल न्यायाधीश की व्यवस्था स्वीकारी जाती है।

विभिन्न प्रकार के न्यायालय संगठित किए गए हैं–

(1) संघीय राज्यों में दोहरा न्याय–संगठन।

(2) सामान्य एवं प्रशासकीय न्यायालयों का संगठन।

(3) विशिष्ट विषयों से सम्बन्धित न्यायालय।

(4) दौरा–न्यायालय।

न्यायाधीशों की नियुक्ति पद्धतियाँ–

1. **जनता द्वारा निर्वाचन–** यह प्रणाली लोकतन्त्र के अनुकूल है। न्यायपालिका सरकार के अन्य दो अंगों (कार्यपालिका एवं व्यवस्थापिका) के प्रभाव से मुक्त रहती है, किन्तु जनता द्वारा अयोग्य एवं अनुभवहीन व्यक्तियों को न्यायाधीश चुना जा सकता है। न्यायाधीश भी बहुसंख्यक मतदाताओं को प्रसन्न करने के लिए अनुचित आचरण कर सकते हैं ताकि अगली बार फिर निर्वाचित हो सकें; अतः यह अमान्य प्रणाली है।

2. **व्यवस्थापिका द्वारा निर्वाचन–** व्यवस्थापिका के सदस्य जनता के प्रतिनिधि होते हैं और अयोग्य भी होते हैं। अतः इस प्रणाली द्वारा योग्य न्यायाधीशों के निर्वाचन की आशा की जाती है और यह पद्धति भी लोकतान्त्रिक है। किन्तु इस पद्धति का सबसे बड़ा दोष यही है कि व्यवस्थापिका के सदस्य अपने राजनीतिक दल के निर्देश के अनुसार मतदान करते हैं।

यदि न्यायाधीश दलीय आधार पर निर्वाचित होते हैं तो न्यायपालिका का राजनीतिकरण हो सकता है; अतः यह प्रणाली भी अमान्य है।

3. **कार्यपालिका द्वारा नियुक्ति–** आधुनिक काल में कार्यपालिका द्वारा न्यायाधीशों की नियुक्ति की पद्धति सबसे अधिक प्रचलित है। किन्तु पद्धति में यह भय बना रहता है कि कार्यपालिका ऐसे न्यायाधीशों की नियुक्ति कर सकती है जो उसके साथ सहानुभूति रखते हों। इस दोष को समाप्त करने के लिए सार्थक प्रयासों को किए जाने की आवश्यकता है।

18

ब्रिटिश न्यायिक व्यवस्था

(British Judicial System)

इंग्लैंड में कानून की अवधारणा–

इंग्लैंड में कानून की अवधारणा निम्नलिखित हैं–

1. **दो महान् वैधिक पद्धतियाँ–** मानव इतिहास में विधि की अनेक पद्धतियाँ हैं, लेकिन उनमें से दो सर्वप्रधान हैं– **रोम की असैनिक विधि** और **इंग्लैंड की सामान्य अथवा सार्वजनिक विधि**। विश्व के किसी भी देश की न्यायिक व्यवस्था इन दो पद्धतियों से अछूती नहीं है। महादेशीय यूरोप, लैटिन अमेरिका के प्रजातन्त्र, दक्षिण अफ्रीका, जापान आदि देश रोम की न्यायिक विचारधारा से प्रभावित हुए हैं। जबकि आयरलैंड, संयुक्त राज्य अमेरिका, सामुद्रिक ब्रिटिश उपनिवेश एवं इंग्लैंड की सामान्य विधि के प्रभाव क्षेत्र में आते हैं। **मुनरो** ने कहा भी है कि, **"विश्व के अधिकतर भाग की यात्रा उन देशों से बिना गुजरे की जा सकती है जो इंग्लैंड या रोम की विधियों का आदर नहीं करते।"**

2. **अंगरेजों की विधि व्यावहारिक धारणा– 'मैग्नाकार्टा'** (1215) के बाद अँगरेजों ने **'विधि के शासन'** में विश्वास किया। इसके अलावा इन लोगों ने विधि की एक निश्चित, पर साधारण धारणा बनायी है। साधारणतः इतिहास ने विधि की दो धारणाओं को जन्म दिया। **प्रथम,** विधि सम्प्रभु की आज्ञा और **द्वितीय,** विधि विवेक की उपज है। लेकिन

अंग्रेजों ने विधि के व्यावहारिक रूप को स्वीकृत किया कि **विधि वह सिद्धान्त और नियम है जो न्यायालयों द्वारा स्वीकृत तथा लागू किया जाये।** अन्य सिद्धान्त या आदर्श जिन्हें भविष्य में लागू किया जा सकता है; प्रथा भले ही हो सकती है, लेकिन विधि नहीं।

ब्रिटिश न्याय–व्यवस्था की विशेषताएँ–

ब्रिटिश न्यायपालिका की निम्नलिखित विशेषताएँ हैं–

1. **न्यायिक स्वतन्त्रता–** ब्रिटेन में न्यायपालिका स्वतन्त्र है। सन् 1701 ईसवी के सेटेलमेन्ट एक्ट में व्यवस्था है कि **ब्रिटेन में न्यायाधीश अपने पद पर सदाचार–पर्यन्त रहेंगे और कार्यपालिका के प्रसाद–पर्यन्त नहीं रहेंगे।** इसलिए न्यायाधीशों को वहाँ पर नौकरी या सेवा की सुरक्षा प्राप्त है और वे निर्भय तथा निष्पक्ष होकर अपना निर्णय देते हैं। **न्यायाधीशों की नियुक्ति सम्राट के द्वारा होती है** और उनको संसद के प्रस्ताव पर ही सम्राट द्वारा हटाया जा सकता है।

2. **जूरी प्रणाली-- ब्रिटेन में जूरी प्रणाली है जो फौजदारी मामलों में प्रयोग की जाती है।** जूरी प्रणाली सर्वप्रथम इंग्लैण्ड में मुकद्दमों की छानबीन करने और अपराधों को सिद्ध करने के लिए प्रयोग की गई है। वहाँ पर सबसे छोटे न्यायालय तथा सबसे बड़े न्यायालय को छोड़कर शेष सभी न्यायालयों में गम्भीर मुकद्दमों में, जिनमें तीन माह से अधिक कैद की सजा दिए जाने की व्यवस्था हो, प्रतिवादी जूरी की माँग कर सकता है। इसके माध्यम से न्याय–सम्पादन में न्यायाधीशों को सहयोग देने के लिए **समाज के प्रतिष्ठित व्यक्तियों को न्यायालयों के साथ अस्थायी तौर पर सम्बद्ध कर दिया जाता है, इन्हें जूरी सदस्य कहते हैं।** न्यायाधीश निर्णय देने से पूर्व जूरी के सदस्यों की राय ज्ञात करता है। ब्रिटेन में जूरी सदस्य अपनी निष्पक्षता, निर्भीकता, अनुभव एवं सामान्य ज्ञान के लिए प्रसिद्ध है।

3. **न्यायिक स्वतन्त्रता का संरक्षण–** ब्रिटेन में न्यायालय और न्यायाधीश नागरिक अधिकारों तथा स्वतन्त्रताओं के संरक्षक हैं। ब्रिटेन में संविधान लिखा हुआ नहीं है। इसलिए नागरिकों के मौलिक अधिकार नहीं हैं। परन्तु वहाँ पर कानून (विधि) के शासन द्वारा नागरिकों की

स्वतन्त्रताएँ सुरक्षित है। इसका अभिप्राय यह है कि ब्रिटेन में किसी भी व्यक्ति को कानून के अनुसार ही दण्ड मिलेगा न कि किसी न्यायाधीश या अधिकारी की व्यक्तिगत इच्छानुसार।

4. **एकरूपता का अभाव–** ब्रिटेन में न्यायिक संगठन में एकरूपता का अभाव पाया जाता है। **इंग्लैण्ड** एवं **वेल्स** के न्याय–संगठन लगभग एक जैसे हैं, किन्तु इस प्रकार की एकरूपता **उत्तरी आयरलैण्ड** एवं **स्कॉटलैण्ड** के न्यायिक संगठन में नहीं पाई जाती। वहाँ न्यायालयों का संगठन भी भिन्न है। सन् 1873–76 तक अनेक कानूनों के माध्यम से इंग्लैण्ड तथा वेल्स की न्याय पद्धति में भिन्नता समाप्त कर दी गई।

5. **शीघ्र निर्णय–** ब्रिटेन में न्यायिक निर्णय बहुत शीघ्र होते हैं। आंशिक रूप से इस सफलता का श्रेय न्यायाधीशों को कानूनी जटिलताओं से व्यक्तिगत रूप से निपटने की स्वतन्त्रता के अधिकार तथा न्यायिक प्रक्रिया की स्पष्टता और प्रभावशीलता को जाता है। ब्रिटेन में न्याय प्रक्रिया के नियम एक समिति द्वारा बनाए जाते हैं। जिसमें लार्ड चान्सलर तथा दस अन्य सदस्य होते हैं। जो कानून से भली–भाँति परिचित होते हैं। वे नियमों को इस तरह बनाते हैं जिससे निर्णय शीघ्र हो।

6. **न्यायिक पुनरावलोकन का अभाव–** ब्रिटेन में संसद की सर्वोच्चता है। **संसद द्वारा निर्मित किसी भी कानून को अवैध घोषित करने का अधिकार किसी भी न्यायालय को नहीं है।** अमेरिका और भारत में न्यायालयों को न्यायिक पुनरीक्षण का अधिकार है। न्यायालय संसद द्वारा पारित विधियों को अवैधानिक घोषित कर सकते हैं।

7. **प्रशासकीय न्यायालयों का अभाव– फ्रॉस** तथा अन्य बहुत से देशों में **प्रशासकीय न्यायालय** पाए जाते हैं, जिनमें केवल प्रशासकीय अधिकारियों पर ही मुकद्दमें चलाए जाते हैं। जिसे प्रशासकीय न्याय व्यवस्था कहते हैं। जनता के लिए पृथक् न्यायालय होते हैं। ब्रिटेन में इस प्रकार की व्यवस्था नहीं है। वहाँ जनसाधारण तथा प्रशासकीय अधिकारी सभी सामान्य कानून के अधीन है।

8. **सम्पूर्ण कानूनी–संहिता का अभाव–** ब्रिटेन में अधिकांश

कानून अलिखित हैं जो सामान्य कानून पर आधारित हैं। इनके सम्बन्ध में न्यायाधीशों द्वारा समय–समय पर दिए गए निर्णय अत्यन्त महत्त्वपूर्ण हैं। इस समय में ग्रेट ब्रिटेन में न्याय पद्धति का आधार मुख्य रूप से 3000 संसद अधिनियमों, हजारों अधीनस्थ अधिनियमों और लगभग 3 लाख न्यायिक मुकद्दमों के निर्णय हैं।

9. **न्यायिक कार्यवाहियों को गुप्त नहीं रखा जाता–** न्यायाधीशों के निर्णय निष्पक्ष होते हैं। उन्हें गुप्त रखने की या गुप्त रूप से सुनने की आवश्यकता नहीं होती। निर्णय खुले रूप से सुनाए जाते हैं। उन्हें सुनने का जनता को अधिकार है। मुकद्दमें बन्द कमरे में नहीं होते और न ही निर्णय बन्द कमरे में सुनाए जाते हैं। इसलिए उनमें जनता की आस्था होना स्वाभाविक है।

10. **निःशुल्क कानूनी सहायता–** सन् 1949 के परामर्श एवं सहायता अधिनियम तथा कानूनी सहायता एवं सॉलीसीटर (स्कॉटलैण्ड अधिनियम, 1949) के अनुसार यह व्यवस्था की गई है कि जो लोग निर्धन हैं। उनको **इंग्लैण्ड** और **वेल्स** के उच्च न्यायालय एवं अपीलीय न्यायालयों तथा **स्कॉटलैण्ड** के सेशन न्यायालयों व शेरिफ न्यायालयों के समक्ष आने वाले दीवानी मुकद्दमों में सरकार की ओर से निःशुल्क कानूनी सहायता दिए जाने की व्यवस्था है।

11. **सर्किट न्यायालयों की व्यवस्था–** आर्थिक कठिनाइयों तथा आवागमन की असुविधाओं को ध्यान में रखते हुए कुछ **मोबाइल न्यायालयों** की व्यवस्था की गई, इन्हीं को **सर्किट न्यायालय** कहा जाता है। सर्किट न्यायालय बड़े न्यायालयों की शाखा के रूप में कार्य करते हैं। इन्हें Court of Assizes भी कहा जाता है। **ये न्यायालय वर्ष में तीन बार अपने कोर्ट लगाते हैं।** इनमें न्यायाधीश दूर–दूर जाकर मुकद्दमों को निपटाते हैं।

12. **विधि का शासन–** ब्रिटेन में **विधि या कानून का शासन** पाया जाता है। इसका अर्थ यह है कि ब्रिटेन में किसी व्यक्ति का शासन न होकर विधि का शासन है। विधि के ऊपर कोई भी व्यक्ति नहीं है। विधि की दृष्टि में सभी व्यक्ति समान हैं और समस्त व्यक्तियों के लिए एक समान दण्ड विधान है। व्यक्तिगत स्वतन्त्रता का भार विधि के ऊपर

है। किसी भी व्यक्ति को तब तक दण्ड नहीं दिया जा सकता। जब तक विधि द्वारा यह सिद्ध न हो जाए कि उसने विधि का उल्लंघन किया है। इसके द्वारा ही ब्रिटेन के नागरिकों की सुरक्षा होती है, यह ब्रिटेन में सामान्य विधि का एक भाग है।

13. **वकीलों के दो प्रकार–** ब्रिटेन में वकीलों की दो श्रेणियाँ हैं। विधिक परामर्श देने वाले वकीलों को **सॉलीसीटर** कहते हैं। **बैरिस्टर** सॉलीसीटरों द्वारा तैयार मामलों को न्यायालयों में प्रस्तुत करते हैं और वाद–विवाद एवं तर्क प्रस्तुत करते हैं। सॉलीसीटर अदालतों की कार्यवाही में भाग नहीं लेते हैं।

ब्रिटिश कानूनों के प्रकार–

ब्रिटेन में तीन प्रकार के कानून प्रचलित हैं–

1. **सामान्य या साधारण विधि–** साधारण विधि उन कानूनों को कहते हैं जिनको सम्राट अथवा संसद ने कभी नहीं बनाया। ये **कानून न्यायाधीशों के निर्णय और अभिलेखों के आधार पर विकसित हुए।** ब्रिटेन में जनता के मौलिक अधिकार एवं स्वतन्त्रताएँ सामान्य कानून द्वारा ही सुरक्षित है।

2. **कानून की समानता–** कुछ सामान्य कानूनों के दोषों को दूर करने के लिए न्यायाधीश अपनी न्याय भावना के अनुसार निर्णय देते हैं। ऐसे निर्णय भविष्य के लिए नजीरें बन जाते हैं। ब्रिटेन में उक्त निर्णयों के प्रशासन के सम्बन्ध में पृथक् से एक न्यायालय है।

3. **संविधि–** ये **वे विधियाँ हैं जिन्हें संसद पारित करती है।** यह विधि का मुख्य स्रोत हैं। संविधियाँ विकसित न होकर **लिखित एवं निर्मित** होती हैं। प्रारम्भ में राजा के द्वारा विधियों का निर्माण किया जाता था। आज यह कार्य **'संसद राजा रहित'** द्वारा किया जाता है। संविधि सामान्य विधि की तुलना में प्रमुख एवं प्रधान है। दोनों में विरोध होने पर संविधि मान्य है। संसद द्वारा पारित कोई संविधि सामान्य कानून को समाप्त कर सकती है और उसे संहिताबद्ध भी कर सकती है।

न्यायालयों का संगठन–

ब्रिटेन में न्याय–व्यवस्था का संगठन सन् **'1873 के न्यायालय**

अधिनियम' के अन्तर्गत किया गया था। **जिसे सन् 1925 में संशोधित किया गया।** इंग्लैण्ड यद्यपि एकात्मक शासन के अन्तर्गत शासित है किन्तु वहाँ न्याय–व्यवस्था का एकात्मक रूप नहीं पाया जाता है। **वेल्स तथा स्कॉटलैण्ड की न्याय व्यवस्था में अन्तर है।** इंग्लैण्ड में तीन प्रकार के न्यायालय पाए जाते हैं–

1.फौजदारी न्यायालय (Criminal Courts)–

इंग्लैण्ड में फौजदारी न्यायालयों का संगठन निम्नवत् है–

1. **पैटी सैशन्स या कोर्ट ऑफ समरी ज्यूरिसडिक्सन–** यह सबसे छोटे न्यायालय होते हैं। ग्रामीण क्षेत्रों एवं छोटे नगरों में इन न्यायालयों की अध्यक्षता जस्टिस ऑफ पीस एवं बड़े शहरों में वेतनभोगी दण्डाधिकारियों द्वारा की जाती है। इनकी नियुक्ति 7 वर्ष के अनुभव प्राप्त अधिवक्ताओं में से गृहमन्त्री द्वारा की जाती है। जबकि जस्टिस ऑफ पीस की नियुक्ति लॉर्ड चान्सलर काउण्टी के लॉर्ड लेफ्टीनेण्टों की सिफारिशों पर या डंची ऑफ लंकास्टर का चान्सलर करता है। दण्डाधिकारियों को जस्टिस ऑफ पीस के समान ही क्षेत्राधिकार प्राप्त है। इसके अतिरिक्त उन्हें कुछ अतिरिक्त शक्तियाँ भी प्राप्त हैं।

2. **भ्रमणशील न्यायालय–** ये उच्च न्यायालय की शाखाएँ हैं तथा वर्ष में तीन बार प्रत्येक काउण्टी, नगर एवं बड़े नगरों में चक्कर लगाते हैं और न्याय करते हैं। सम्पूर्ण देश को इस कार्य के लिए आठ जिलों या सर्किटों में विभक्त किया गया है। इन न्यायालयों की अध्यक्षता उच्च न्यायालय की राजा की पीठ–शाखा के न्यायाधीश करते हैं एवं जूरियों द्वारा उनकी सहायता की जाती है। **लन्दन में केन्द्रीय अपराधिक न्यायालय की बैठक वर्ष में 10 बार होती है।** इन न्यायालयों का क्षेत्राधिकार निम्नवत् है–

(1) आपराधिक मामलों में क्वार्टर सैशन्स के निर्णयों के विरुद्ध की अपीलें सुनना, तथा

(2) बदनामी, भ्रष्टाचार आदि दीवानी विवादों की सुनवाई।

3. **फौजदारी या आपराधिक अपीलीय न्यायालय–** क्वार्टर

सैशन्स एवं भ्रमणशील न्यायालयों के निर्णय के विरुद्ध अपीलें फौजदारी या आपराधिक अपील न्यायालयों में की जाती हैं। इनकी स्थापना आपराधिक अपील अधिनियम के अधीन की गई है। इस न्यायालय में लॉर्ड प्रधान न्यायाधीश एवं उच्च न्यायालय की राजा की पीठ न्यायालय शाखा के कम से कम तीन न्यायाधीश होते हैं।

लॉर्ड सभा देश का दीवानी एवं अपराधिक (फौजदारी) मामलों का सर्वोच्च न्यायालय है। सन् 1948 से लॉर्ड सभा ने अपने सदस्यों पर देशद्रोह तथा ऐसे ही अन्य अपराधों के लिए दण्ड देने के अधिकार त्याग दिए हैं, अतः लॉर्ड सभा को अब कोई मौलिक क्षेत्राधिकार प्राप्त नहीं है। अपीलीय न्यायालय के रूप में लॉर्ड सभा की अध्यक्षता लॉर्ड चान्सलर करता है। लॉर्ड सभा के केवल अपीलीय लॉर्ड या विधि लॉर्ड ही उसके न्यायिक कार्यों में भाग लेते हैं।

2.दीवानी न्यायालय (The Civil Courts)–

दीवानी न्यायालयों का संक्षिप्त विवेचन निम्न प्रकार है–

1. **काउन्टी न्यायालय–** दीवानी अभियोगों की सुनवाई के लिए ये न्यायालय सबसे छोटे हैं। इनकी स्थापना सन् 1848 में सस्ता और शीघ्र न्याय देने के लिए हुई थी। इन न्यायालयों में 400 पौण्ड तक की नालिशों के मामलें आ सकते हैं। **ये न्यायालय भी भ्रमण न्यायालय हैं** और अपनी काउन्टी में विभिन्न भागों में भ्रमण करते रहते हैं। **काउन्टियाँ (जो कि लगभग 500 हैं)** लगभग 70 सर्किटों में विभाजित है और प्रत्येक सर्किट में एक न्यायाधीश होता है। लन्दन नगर के लिए अलग काउन्टी न्यायालय है। इन न्यायालयों की अध्यक्षता लॉर्ड चांसलर द्वारा नियुक्त न्यायाधीश करते हैं।

2. **उच्च न्यायालय–** काउन्टी न्यायालयों के निर्णयों के विरुद्ध अपीलें तथा अधिक धनराशि से सम्बन्धित मुकद्दमें उच्च न्यायालय सुनता है। उच्च न्यायालय तीन डिवीजनों में बैठता है–

(क) **किंग्स बैंच डिवीजन–** यह विभाग प्रायः दीवानी मामलों को सुनता है, परन्तु फौजदारी मामलों को भी सुन सकता है।

इसका प्रधान लॉर्ड चीफ ऑफ जस्टिस होता है और 19 न्यायाधीश होते हैं। इनको एसाइजेज भी कहते हैं और इनमें से ही एसाइजेज न्यायालयों के न्यायाधीश नियुक्त होते हैं। किंग्स बैंच डिवीजन जहाँ अपना कार्य करती है, वह वहाँ का उच्च न्यायालय माना जाता है।

(ख) **चान्सरी विभाग–** इस न्यायालय का प्रधान लॉर्ड चान्सलर होता है तथा 5 अन्य न्यायाधीश हैं। यह न्यायालय मुख्य रूप से न्याय भावना से सम्बन्धित मामलों को सुनता है।

(ग) **सबूत, तलाक और जल सेना विभाग–** यह न्यायालय मृत व्यक्तियों के जायदाद सम्बन्धी मामलें, तलाक एवं विवाह सम्बन्धी मामलें और जहाजरानी सम्बन्धी मामलें सुनता है।

यद्यपि तीनों विभागों में तीनों न्यायालयों के कोई भी न्यायाधीश कार्य कर सकते हैं, पर व्यवहार में कार्य और न्यायाधीशों के अलगाव का कड़ाई के साथ पालन किया जाता है।

3. **अपीलीय न्यायालय–** काउन्टी न्यायालयों और उच्च न्यायालयों के उक्त तीनों विभागों के निर्णयों के विरुद्ध अपील के लिए ही यह अपीलीय न्यायालय है। अपील केवल विशेष मामलों में ही केवल कानून तथा तथ्य के प्रश्न पर ही की जाती है। इस न्यायालय में 5 न्यायाधीश होते हैं और छठा लॉर्ड चान्सलर इसका प्रधान होता है। इस न्यायालय की आज्ञा से दीवानी मामलों की अन्तिम अपील लॉर्ड सभा में हो सकती है।

4. **लॉर्ड सभा–** लॉर्ड सभा फौजदारी तथा दीवानी दोनों ही प्रकार के मामलों का अन्तिम अपीलीय न्यायालय है। लॉर्ड सभा में कोई मामला प्रारम्भ नहीं हो सकता है। लॉर्ड सभा के जो लॉर्ड अपील सुनते हैं उन्हें वेतन भी मिलता है। लॉर्ड सभा के समस्त सदस्य न्यायिक कार्य नहीं करते हैं। परम्पराओं के अनुसार केवल लॉर्ड चान्सलर, भूतपूर्व लॉर्ड चान्सलर, कानूनी लॉर्ड्स और वे सदस्य जो न्यायिक पदों पर रह चुके हैं, न्यायिक कार्य करते हैं। लॉर्ड सभा वर्ष में 50 से अधिक मामलों की सुनवाई नहीं करती। दीवानी तथा फौजदारी के दोनों अपीलीय न्यायालयों

के निर्णयों के विरुद्ध अपील उस समय ही सुनती है जब महान्यायवादी (अटार्नी जनरल) प्रमाणित करे कि मामलें में कानून का कोई महत्त्वपूर्ण प्रश्न ग्रस्त है।

3.विशेष न्यायालय–

1. **प्रिवी–परिषद् की न्यायिक समिति–** इसकी स्थापना सन् 1833 में हुई थी। इसका संगठन कुछ अन्तर के साथ लॉर्ड सभा के न्यायिक रूप के समान ही है। **इसका प्रधान भी लॉर्ड चान्सलर होता है** और अन्य सदस्यों में प्रिवी–परिषद् का लॉर्ड प्रेसीडेण्ट, कानूनी लॉर्ड्स तथा वे कुछ सदस्य जो न्यायिक पदों पर कार्य कर चुके हैं, होते हैं। प्रायः एक न्यायाधीश सम्बन्धित उपनिवेश (जहाँ का मामला सुनवाई के लिए होता है) के उच्च न्यायालय से भी लिया जाता है। प्रिवी परिषद् की न्यायिक समिति ब्रिटेन के उपनिवेशों एवं डोमिनियनों के लिए अन्तिम अपीलीय न्यायालय है। **भारत जब पराधीन था, तब भारत के लिए भी यही न्यायिक समिति अन्तिम न्यायालय थी।** वस्तुतः न्यायिक समिति राजा के पास आने वाले मामलों में परामर्शदात्री समिति है। इस न्यायिक समिति के क्षेत्राधिकार में तीन न्यायालय हैं–

(क) **प्राइज न्यायालय–** यह युद्धकालीन न्यायालय है, इनका कार्य युद्ध बन्दियों और युद्ध से सम्बन्धित अन्य मुकद्दमों का निर्णय देना है।

(ख) **धार्मिक न्यायालय**– ये न्यायालय धर्म से सम्बन्धित मामलों पर निर्णय देते हैं।

(ग) **उपनिवेशों के सर्वोच्च न्यायालय–** उपनिवेशों एवं अधीन देशों के मामलों की सुनवाई यहाँ होती है।

19

विधि का शासन

(Rule of Law)

विधि का शासन ब्रिटिश संविधान की अनुपम देन है। इसका अर्थ यह है कि **इंग्लैण्ड में विधि का शासन है न कि किसी व्यक्ति की निजी इच्छा का**। विधि के नियन्त्रण से कोई व्यक्ति चाहे वह कितना ही उच्च अधिकारी क्यों न हो, विधि के समक्ष समान है। **लॉर्ड हीवर्ट** के शब्दों में, **"विधि के शासन का अर्थ है– कानून की सर्वोच्चता।"**

प्रो० डायसी की व्याख्या–

प्रो० डायसी ने विधि के शासन की व्याख्या तीन अर्थों में की है–

1. **कानून की सर्वोच्चता– डायसी** के शब्दों में, **"उसी समय तक किसी व्यक्ति को सम्पत्ति या शारीरिक दण्ड नहीं दिया जाएगा जिस समय तक देश के न्यायालय द्वारा यह स्पष्ट नहीं कर दिया जाए कि उसने देश की विधि का उल्लंघन किया है।"** इसका अर्थ है कि उस समय तक किसी व्यक्ति को न बन्दी बनाया जा सकता है। न उसकी सम्पत्ति का हनन किया जा सकता है। न उसकी व्यक्तिगत स्वतन्त्रता का हनन किया जा सकता है और न ही उसे शारीरिक दण्ड दिया जा सकता है जिस समय तक न्यायालय उसे अपराधी घोषित न कर दे।

2. **विधि के समक्ष समानता– डायसी** के शब्दों में, **"कोई व्यक्ति विधि के क्षेत्र से बाहर नहीं है। प्रत्येक व्यक्ति चाहे उसका पद कुछ भी हो, राज्य की साधारण विधि के अधीन है**

और राज्य के साधारण न्यायालय के क्षेत्राधिकार के अन्तर्गत है।"

इसका अर्थ है कि ब्रिटेन में समस्त व्यक्तियों के लिए समान विधि और समान न्यायालय हैं। किसी भी व्यक्ति विशेष या वर्ग विशेष को किसी प्रकार के विशेषाधिकार प्रदान नहीं किए गए हैं। **डायसी** ने लिखा है कि, **"हमारी सामाजिक एवं राजनीतिक व्यवस्था में प्रत्येक अधिकारी प्रधानमन्त्री से लेकर कान्सटेबल और कर–संग्रहकर्त्ता तक प्रत्येक अपने अवैध कार्यों के लिए अन्य नागरिकों के समान ही उत्तरदायी है।"** इस प्रकार ब्रिटेन में फ्राँस के समान सार्वजनिक अफसरों को विशेष सुविधाएँ प्राप्त नहीं है।

3. **अधिकारों का स्रोत संविधान नहीं वरन् न्यायिक निर्णय है–** इसका अर्थ कि, ऐसे विषयों में, जिनके सम्बन्ध में विधान स्पष्ट नहीं है न्यायालयों के निर्णय ही अन्तिम माने जाएँगे। इसलिए विधान में व्यक्तिगत स्वतन्त्रता सम्बन्धी विधियाँ न्यायालयों के निर्णयों के परिणाम हैं। इसका अर्थ यह है कि **नागरिकों की स्वतन्त्रता का रक्षक न्यायालय है न कि संविधान।**

विधि के शासन के अपवाद–

यद्यपि **डायसी** का मत है कि विधि का शासन सभी पर लागू होता है। लेकिन **वेड, जेनिंग्स एवं रॉब्सन** ने विधि के शासन के निम्नलिखित अपवाद बताए हैं–

1. **राजमुकुट– सम्राट विधि के शासन से परे है,** वह कभी गलती नहीं करता। यदि वह अपने प्रधानमन्त्री को भी गोली मार दे तो उस पर मुकद्दमा नहीं चल सकता।

2. **सार्वजनिक अधिकारी–** अपने सरकारी कार्य में यदि किसी विधि का उल्लंघन करने वाले कोई कार्य करते हैं तो वह उसके लिए व्यक्तिगत रूप से उत्तरदायी नहीं होगा। इसके लिए राज्य उत्तरदायी होगा। **(मैकबैथ बनाम हल्डीमण्ड के अभियोग में स्थापित)**।

3. **सार्वजनिक अधिकारी संरक्षण अधिनियम (1893)–** सरकारी कर्मचारी को विशेष संरक्षण देता है–

(1) सरकारी कर्मचारी के विरुद्ध 6 माह के अन्दर कार्यवाही होनी चाहिए।

(2) यदि सरकारी कर्मचारी के विरुद्ध मुकद्दमें में कोई व्यक्ति हार जाता है तो उसे अत्यधिक खर्च देना पड़ता है।

4. **न्यायाधीश–** न्यायाधीश को भी अपने सरकारी कार्य का पालन करते हुए किसी न्यायालय के समक्ष व्यक्तिगत रूप से अपराधी नहीं कहा जा सकता। उसके गलत निर्णय देने का अधिकार क्षेत्र का अतिक्रमण करने पर भी उनके विरुद्ध कोई कार्यवाही नहीं की जा सकती।

विधि के नियम में शिथिलता के कारण–

विधि के शासन में शिथिलता उत्पन्न हो गई है; इसके अग्रलिखित कारण हैं–

(1) संसद ने समय–समय पर ऐसे **न्यायिक अधिनियम** पारित किए हैं, जो सरकारी कर्मचारियों को न्यायिक अधिकार प्रदान करते हैं।

(2) **प्रतिरक्षा अधिनियम** के कारण कार्यकारिणी को यह अधिकार प्राप्त हो गया है कि प्रजा की सुरक्षा के हित में वह किसी भी नागरिक को गिरफ्तार कर सकती है।

(3) ट्रेड यूनियन के अधिकारी तथा अफसरों द्वारा किसी प्रमाणित व्यापारिक झगड़े में किए गए किसी कार्य में उन पर किसी न्यायालय में कोई कार्यवाही नहीं की जा सकती।

(4) गृह सचिव को अधिकार है कि वह किसी विदेशी को नागरिकता प्रदान कर सकता है। गृह सचिव किसी विदेशी को ब्रिटेन से निष्कासित भी कर सकता है। इस मामलें में गृह सचिव पर किसी न्यायालय में कोई कार्यवाही नहीं की जा सकती।

अतः कहा जा सकता है कि विधि के शासन का सम्मान कम हुआ है। लेकिन अब भी विधि का शासन ब्रिटिश संविधान का महत्त्वपूर्ण सिद्धान्त है।

20

अमेरिका की न्यायपालिका

(American Judiciary)

संघीय न्यायपालिका की आवश्यकता–

वर्ष 1777 में जिस परिसंघ की स्थापना की गई थी, उसमें संघीय न्यायपालिका की कोई व्यवस्था नहीं थी और राज्यों के न्यायालय ही समस्त न्यायिक विवाद का निर्णय करते थे; परन्तु यह व्यवस्था दोषपूर्ण थी। विभिन्न राज्यों की न्याय व्यवस्था भिन्न–भिन्न होने से कभी–कभी निर्णय परस्पर विरोधी होते थे, जिसके कारण अनिश्चितता और अस्थिरता का वातावरण उत्पन्न हो जाता था। अमेरिका के संविधान निर्माताओं ने इस कमी को अनुभव किया और इसे दूर करने के लिए प्रयास किया। **हेमिल्टन** ने इसके लिए एक ऐसे सर्वोच्च न्यायालय का सुझाव दिया जो संघ की सर्वोच्चता के सिद्धान्त का प्रतिपादन करते हुए संघ और राज्यों के अन्य न्यायालयों के निर्णय के विरुद्ध अपीलों की सुनवाई करे और सारे देश में कानूनों की व्याख्या की एकरूपता बनाए रखे। इन्हीं कारणों से अमेरिकी संविधान में राष्ट्रीय न्यायपालिका का अभ्युदय हुआ।

सर्वोच्च न्यायालय का महत्त्व–

सर्वोच्च न्यायालय का महत्त्व निम्नलिखित है–

1. **सर्वोच्च न्यायालय कांग्रेस** (संसद) **का तीसरा सदन– प्रो० लास्की** का कथन है कि, **"अमेरिका का सर्वोच्च न्यायालय**

वास्तव में उस देश की कांग्रेस (संसद) **का तृतीय सदन है।" लास्की** के यह कहने का आधार इस कारण है क्योंकि सर्वोच्च न्यायालय न्यायिक कार्य करने के साथ–साथ विधि–निर्माण का कार्य भी करता है। जब कभी सर्वोच्च न्यायालय के न्यायाधीश किसी विधि का परीक्षण करते हैं तो उस समय के संविधान के शब्दों में न जाकर अपने निजी विचारों के आधार पर उसका अध्ययन करते हैं। कांग्रेस (संसद) का पास किया कानून– कानून नहीं रहता है बल्कि सर्वोच्च न्यायालय द्वारा बताया हुआ कानून होता है। इसीलिए **प्रो० लास्की** ने कहा है कि, **"सर्वोच्च न्यायालय महा–विधानमण्डल बन गया है।"**

2. **सर्वोच्च न्यायालय एक निरन्तर संविधान–निर्मात्री सभा–** संविधान की व्याख्याओं द्वारा सर्वोच्च न्यायालय ने संविधान की कठोरता को कम किया है और उसके सतत् विकास में, बिना औपचारिक संशोधनों के सहायता पहुँचाई है। **न्यायाधीश फ्रेंक फर्टर** का मत है कि, **"सर्वोच्च न्यायालय ही संविधान है।"**

3. **सर्वोच्च न्यायालय स्वतन्त्रता का संरक्षक–** अमेरिका के सर्वोच्च न्यायालय का महत्त्व इसीलिए भी है क्योंकि इसने नागरिकों की स्वतन्त्रता को बनाए रखा है। अधिकारों के हनन को रोका है। हनन करने वाला चाहे राष्ट्रपति भी है तो उसे भी प्रतिबन्धित किया गया है।

अमेरिकन न्यायिक प्रणाली की मुख्य विशेषताएँ–

अमेरिकन न्याय प्रणाली की मुख्य विशेषताएँ निम्न प्रकार हैं–

1. **निर्माण–** संविधान की **धारा 3, भाग 1** में कहा गया है कि, **"संयुक्त राज्य की न्यायपालिका शक्ति एक सर्वोच्च न्यायालय तथा उन निम्न न्यायालयों में निहित होगी, जिनकी स्थापना कांग्रेस (संसद) समय–समय पर अपने कानून द्वारा करेगी।"** इस आधार पर ही कांग्रेस (संसद) के नियमों के द्वारा न्यायालयों का संगठन, न्यायाधीशों की संख्या तथा उनके अधिकार निर्मित किए गए हैं।

2. **न्यायाधीशों की अवधि–** संविधान में व्यवस्था कर दी गई है कि न्यायाधीश अपने पद पर तब तक पदासीन रहेंगे जब तक उनका

आचरण अच्छा हो। संविधान की **धारा 3, भाग 1** में कहा गया है कि, **"सर्वोच्च और निम्न श्रेणी के न्यायालयों के न्यायाधीश सदाचरण–पर्यन्त अपने पद पर रहेंगे।"**

अमेरिका में न्यायाधीशों की स्थिति सुदृढ़ है। वे अपने पद से या तो अवकाश लेते समय हटते हैं या मृत्यु द्वारा। उनके अपराध के लिए महाभियोग की भी व्यवस्था है, इसलिए वे सदाचरण पर बहुत बल देते हैं।

3. **संविधान का संरक्षक–** अमेरिका के सर्वोच्च न्यायालय की एक विशेषता यह है कि वह संविधान का संरक्षक है। वहाँ न्यायपालिका की प्रभुता को अपनाया गया है। इसलिए कांग्रेस (संसद) और राष्ट्रपति के कार्यों पर न्यायपालिका का नियन्त्रण है। जिसमें कांग्रेस (संसद) और राष्ट्रपति संविधान के सिद्धान्तों के पालन के लिए बाध्य है। इसी प्रकार राज्यों की कार्यपालिकाओं और विधान सभाओं पर भी सर्वोच्च न्यायालय का प्रतिबन्ध लागू होता है। अतः सर्वोच्च न्यायालय संविधान का संरक्षक है।

4. **राजनीतिक दलबन्दी से अलग–** अमेरिका की न्यायपालिका राजनीतिक दलबन्दी से अलग है। उसका राजनीतिक प्रश्नों से कोई सम्बन्ध नहीं होता है। **न्यायाधीश स्टोरी** के मतानुसार, राजनीतिक बातों का सम्बन्ध कार्यपालिका और व्यवस्थापिका से है। न्यायपालिका को इन बातों की कोई आवश्यकता नहीं है।

5. **परामर्श का अधिकार नहीं–** अमेरिका के सर्वोच्च न्यायालय को राष्ट्रपति तथा कांग्रेस (संसद) को परामर्श देने का अधिकार नहीं है जैसा कि अन्य देशों के सर्वोच्च न्यायालयों को होता है। सन् 1793 में **जार्ज वाशिंगटन ने सर्वोच्च न्यायालय से सन् 1778 की फ्राँस की सन्धि के सम्बन्ध में कुछ परमार्श चाहा था।** जिस पर न्यायालय ने परामर्श देने से इन्कार कर दिया था और यह स्पष्ट कर दिया था कि न्यायालय उन्हीं मामलों पर निर्णय दे सकता है जो इसके समक्ष प्रस्तुत किए जाएँगे। अतः सर्वोच्च न्यायालय का परामर्श से कोई सम्बन्ध नहीं है।

6. **अपने निर्णयों को बदलने का अधिकार–** सर्वोच्च न्यायालय

अपने पूर्व निर्णयों को मान्यता देता है। लेकिन आवश्यकता पड़ने पर नये विवादों में अपने ही पूर्व निर्णयों को बदल भी सकता है।

7. **खर्चीली न्याय प्रणाली–** अमेरिका की न्याय प्रणाली बहुत खर्चीली है। साधारण व्यक्ति न्याय पाने के लिए सर्वोच्च न्यायालय में नहीं जा पाता है। इसलिए यह निर्धनों का न्यायालय नहीं है। यह विश्व की सर्वाधिक खर्चीली न्याय प्रणाली है।

8. **न्यायिक समीक्षा–** संविधान की **धारा 6, भाग 2** में **संविधान को देश का सर्वोच्च कानून बताया गया है** और इसी में यह कहा गया है कि **न्यायाधीश संविधान के अनुकूल कार्य कराएँ**। दूसरे शब्दों में, न्यायपालिका को विधायिका तथा कार्यपालिका के कार्यों की संवैधानिकता की जाँच करने का अधिकार भी प्राप्त है। सर्वोच्च न्यायालय संविधान का संरक्षक तथा उसका अन्तिम व्याख्याकार है।

9. **न्यायपालिका नागरिक अधिकारों की संरक्षक–** न्यायपालिका संयुक्त राज्य अमेरिका के नागरिकों के मूल अधिकारों की संरक्षक है। इस सम्बन्ध में न्यायपालिका आदेश जारी कर सकती है। जैसे– बन्दी प्रत्यक्षीकरण, परमादेश का लेख, रोकादेश आदि।

10. **न्यायपालिका की स्वतन्त्रता–** अमेरिका के न्यायाधीश जितने कार्यपालिका एवं विधायिका के नियन्त्रण से मुक्त हैं, उतने किसी अन्य देश के न्यायाधीश नहीं। उनकी नियुक्ति राष्ट्रपति सीनेट के अनुमोदन से करा सकता है। संघीय न्यायाधीशों को उनके पद से महाभियोग के द्वारा हटाया जा सकता है। उनके कार्यकाल में वेतन तथा अन्य सुविधाओं में कमी नहीं की जा सकती है।

11. **दोहरी न्याय प्रणाली–** अमेरिका में न्याय प्रणाली दोहरी है। एक ओर संघीय न्यायालय है जिसके शीर्ष पर सर्वोच्च न्यायालय है, दूसरी ओर राज्यों की अपनी अलग न्याय–व्यवस्था है।

12. **सर्वोच्च न्यायालय की व्यापक शक्तियाँ–** अमेरिका के सर्वोच्च न्यायालय को इतनी अधिक शक्तियाँ प्राप्त हैं कि उसे **'संविधान का सन्तुलन चक्र'** तथा **'कांग्रेस** (संसद) **का तीसरा सदन'** कहा जाता है।

संघीय न्यायपालिका का संगठन–

संघीय न्यायपालिका के दो प्रकार है–

1.व्यवस्थापिका न्यायालय–

ये वे न्यायालय हैं जिनकी स्थापना कांग्रेस (संसद) के किसी अधिनियम के द्वारा हुई है। इनका कार्य उन कानूनों के क्रियान्वयन में प्रशासन को सहयोग देना है। जिन्हें कांग्रेस (संसद) अपनी निहित शक्ति अथवा प्रदत्त शक्ति का प्रयोग करने के लिए निर्मित करती है। उदाहरणार्थ, कांग्रेस (संसद) ने सन् 1855 में **'Federal Court of Claims'** के नाम से एक न्यायालय स्थापित किया गया। जो कि संघीय सरकार के विरुद्ध दावों के मामलों को सुनता है।

व्यवस्थापिका न्यायालयों के प्रकार–

व्यवस्थापिका न्यायालयों के निम्न प्रकार हैं–

1. **दावा न्यायालय–** इसकी स्थापना सन् 1885 में की गई थी। इस न्यायालय में संघीय शासन के विरुद्ध नागरिकों के दावों को सुनते हैं, यह वाशिंगटन में स्थित है।
2. **आयात–निर्यात शुल्क न्यायालय–** इसमें आयात–निर्यात शुल्क एकत्रित करने वाले अधिकारियों के निर्णयों के विरुद्ध अपीलें सुनी जाती हैं।
3. **आयात–निर्यात तथा पेटेण्ट्स अपील न्यायालय–** यह न्यायालय आयात–निर्यात शुल्क और पेटेण्ट्स के निर्णयों के विरुद्ध तथा सीमा कर आयोग की आज्ञाओं के विरुद्ध अपीलों की सुनवाई करता है।
4. **कर न्यायालय–** इस न्यायालय में कर सम्बन्धी विवादों की सुनवाई होती है।
5. **सैनिक अपीलीय न्यायालय–** इसकी स्थापना सन् 1950 में हुई। इसमें 3 न्यायाधीश होते हैं, जिनकी नियुक्ति सीनेट की स्वीकृती से राष्ट्रपति द्वारा 15 वर्ष के लिए की जाती है। इसको

कोई भी प्रारम्भिक क्षेत्राधिकार प्राप्त नहीं है। जब किसी को निम्न सैनिक न्यायालय द्वारा मृत्यु दण्ड दिया गया हो तो यह न्यायालय निम्न सैनिक न्यायालयों के निर्णयों के विरुद्ध अपील सुनता है। इसे उन विवादों को भी सुनने का अधिकार है, जिनमें कोई जनरल अथवा एडमिरल अर्न्तग्रस्त होता है।

2.संवैधानिक न्यायालय–

संवैधानिक न्यायालय वे न्यायालय हैं। जिनकी स्थापना संविधान के **अनुच्छेद 3** के द्वारा की गई है। इस श्रेणी में तीन न्यायालय आते हैं–

1. **जिला न्यायालय–** संघीय न्यायालयों में ये सबसे नीचे के न्यायालय हैं। **पूरे अमेरिका में 91 जिले हैं जिनमें प्रत्येक जिले में एक जिला न्यायालय है।** अमेरिकी संघ के प्रत्येक राज्य में कम से कम एक जिला न्यायालय अवश्य होता है। किन्तु बड़े राज्यों में उनकी संख्या अधिक भी है। वर्तमान में किसी भी जिला न्यायालय में 1 से 16 तक न्यायाधीश होते हैं। जिला न्यायालयों के न्यायाधीशों की नियुक्ति महान्यायवादी (अटार्नी–जनरल) की सलाह पर राष्ट्रपति द्वारा की जाती है, जिस पर सीनेट की स्वीकृति आवश्यक होती है। जिला न्यायालय को केवल प्रारम्भिक क्षेत्राधिकार ही प्राप्त हैं। अपील सुनने का अधिकार प्राप्त नहीं है। जिला न्यायालय में संघीय कानून से सम्बन्धित दीवानी एवं फौजदारी, दोनों ही प्रकार के मुकद्दमें पेश किए जा सकते हैं।

2. **संघीय अपील न्यायालय–** पूरे अमेरिका में इस प्रकार के **11 न्यायालय** हैं जिनका संगठन क्षेत्रीय आधार पर किया गया है। प्रत्येक न्यायालय में 3 से लेकर 9 तक न्यायाधीश होते हैं। इसमें निर्णय करने के लिए कम से कम 2 न्यायाधीशों की आवश्यकता होती है। इन न्यायालयों को किसी भी प्रकार का प्रारम्भिक क्षेत्राधिकार नहीं दिया गया है। इन्हें केवल जिला न्यायालयों के निर्णयों के विरुद्ध अपील सुनने का अधिकार है। इन न्यायालयों में प्रत्येक अभियुक्त को अपील करने का अधिकार है। उसके लिए उसे विशेष आज्ञा नहीं लेनी पड़ती। इन न्यायालयों के निर्णयों के विरुद्ध अपील केवल सुप्रीम कोर्ट (सर्वोच्च न्यायालय) में की जा सकती है।

3. **सर्वोच्च न्यायालय–** सर्वोच्च न्यायालय **देश का अन्तिम अपीलीय न्यायालय** है। इसकी स्थापना सन् 1789 के **'The Judiciary Act'** के द्वारा की गई थी। पहले इसका मुख्यालय **न्यूयार्क** में था। फिर **फिलाडेल्फिया** में; किन्तु बाद में इसे **वाशिंगटन** में स्थानान्तरित कर दिया गया और तब से वहीं है।

सर्वोच्च न्यायालय की रचना–

1 फरवरी, 1790 से सर्वोच्च न्यायालय ने कार्य प्रारम्भ किया। संविधान ने सर्वोच्च न्यायालय के न्यायाधीशों की संख्या के निर्णय का भार कांग्रेस (संसद) पर छोड़ा है। न्यायालय की स्थापना के समय इसमें एक मुख्य न्यायाधीश तथा 5 अन्य न्यायाधीश थे। परन्तु सन् 1801 में इस संख्या को 5, बाद में सन् 1807 में 7 तथा सन् 1837 में 9 और सन् 1863 में 10 निश्चित की गई। परन्तु **सन् 1869 में यह संख्या 9 (एक मुख्य न्यायाधीश तथा 8 अन्य न्यायाधीश) निश्चित की गई और तब से यह 9 ही चली आ रही है।**

न्यायधीशों की नियुक्ति–

न्यायाधीशों की नियुक्ति राष्ट्रपति द्वारा सीनेट की सहमति से की जाती है। सामान्यतया इस पद के लिए राष्ट्रपति द्वारा प्रस्तावित नाम को सीनेट स्वीकार कर लेती है।

परन्तु कभी–कभी सीनेट किसी विशेष व्यक्ति की इस पद पर नियुक्ति को अस्वीकार भी कर देती है। उदाहरणार्थ– 9 अप्रैल, 1970 को **राष्ट्रपति निक्सन** ने सर्वोच्च न्यायालय में न्यायाधीश पद के लिए **हैल्ड कार्सवेल** का नाम प्रस्तावित किया था। किन्तु सीनेट ने इसे स्वीकृति नहीं दी।

न्यायाधीशों की योग्यताएँ–

संविधान में न्यायाधीशों की योग्यताओं के सम्बन्ध में कुछ भी नहीं कहा गया है। अतः राष्ट्रपति किसी भी ऐसे व्यक्ति को इस पद पर नियुक्त कर सकता है।

जिस पर सीनेट का अनुमोदन प्राप्त हो सके। व्यवहार में सर्वोच्च न्यायालय के न्यायाधीश नियुक्त होने वाले उच्च चरित्र के प्रमुख वकील एवं महान् योग्य व्यक्ति होते हैं।

न्यायाधीशों का कार्यकाल–

अमेरिका में सर्वोच्च न्यायालय का न्यायाधीश आजीवन के लिए नियुक्त होता है। वह अपने सदाचार–पर्यन्त न्यायाधीश बना रहता है यदि वह चाहे तो 70 वर्ष की अवस्था में त्यागपत्र के द्वारा हट सकता है। **अभी तक केवल एक न्यायाधीश सेमुअल चेज पर ही महाभियोग लगाया गया था। परन्तु वह भी निर्दोष सिद्ध हुआ।**

वेतन–

सर्वोच्च न्यायालय के न्यायाधीशों का वेतन कांग्रेस (संसद) द्वारा निश्चित किया जाता है। वेतन को उनकी कार्यावधि में कम नहीं किया जा सकता। लेकिन वृद्धि की जा सकती है। मुख्य न्यायाधीश को 40,000 डालर तथा अन्य न्यायाधीशों को 35,000 डालर वार्षिक वेतन प्राप्त होता है। यह वेतन आयकर रहित नहीं है। वेतन के अतिरिक्त न्यायाधीशों को अनेक प्रकार के भत्ते मिलते हैं।

कार्य–प्रणाली–

सर्वोच्च न्यायालय का कार्य **प्रतिवर्ष अक्टूबर से प्रारम्भ होकर मई के मध्य तक** चलता है। शीत और पतझड़ के समय दो सप्ताह की छुट्टी रहती है। मंगलवार से शुक्रवार तक मुकद्दमें सुने जाते हैं। शनिवार को न्यायाधीश आपस में मिलकर उन पर विचार–विमर्श करते हैं। **निर्णय बहुमत से लिया जाता है और सोमवार को सुना दिया जाता है।** मुकद्दमें की सुनवाई तथा निर्णय के लिए **'न्यायाधीशों की गणपूर्ति'** आवश्यक है। निर्णय के पक्ष में मत देने वाले किसी भी न्यायाधीश को निर्णय लिखने के लिए मुख्य न्यायाधीश कह सकता है, अतः सभी न्यायाधीश सभी मुकद्दमों में काफी सचेत रहते हैं। यद्यपि निर्णय बहुमत से होता है लेकिन कोई न्यायाधीश बहुमत के विरुद्ध भिन्न मत भी दे सकता है। भिन्न मत का कभी–कभी प्रचार के रूप में जनमत पर इसका पर्याप्त प्रभाव पड़ता है। सर्वोच्च न्यायालय के विचारों तथा निर्णयों को **'संयुक्त राज्य रिपोर्ट्स'** में प्रकाशित किया जाता है।

सर्वोच्च न्यायालय का क्षेत्राधिकार–

सर्वोच्च न्यायालय का क्षेत्राधिकार निम्न प्रकार हैं–

1. **प्रारम्भिक क्षेत्राधिकार–** संविधान द्वारा सर्वोच्च न्यायालय का प्रारम्भिक क्षेत्राधिकार सीमित ही रखा गया है। सर्वोच्च न्यायालय को दो प्रकार के अभियोगों में प्रारम्भिक क्षेत्राधिकार प्राप्त हैं–

(1) वे सभी विवाद जिनमें राजदूत, अन्य सार्वजनिक मन्त्री, वाणिज्य दूत अथवा विदेशी प्रतिनिधि कोई पक्ष हो।

(2) ऐसे सभी विवाद, जिनमें संयुक्त राज्य अमेरिका का संघ या अमेरिका संघ का कोई एक या अधिक राज्य एक पक्ष हो।

2. **अपीलीय क्षेत्राधिकार–** सर्वोच्च न्यायालय का अत्यन्त महत्त्वपूर्ण कार्यक्षेत्र अपीलीय क्षेत्राधिकार में आता है। निचले न्यायालयों के निर्णय की अपील सर्वोच्च न्यायालय में की जा सकती है। यद्यपि संविधान सर्वोच्च न्यायालय को कानून तथा तथ्यों के बारे में अपीलीय क्षेत्राधिकार देता है। परन्तु कांग्रेस (संसद) को इसे नियमित करने का अधिकार है। सन् 1925 के कांग्रेस (संसद) के अधिनियम द्वारा अपील का अधिकार केवल निम्नलिखित विषयों तक सीमित कर दिया गया है–

(1) जिनमें संघीय कानून तथा सन्धियों को राज्य के न्यायालय में संविधान के विरुद्ध घोषित कर दिया गया हो।

(2) जिनमें राज्य के किसी कानून को किसी संघीय न्यायालय में संघ के संविधान, किसी कानून अथवा सन्धि के विरुद्ध घोषित कर दिया गया हो; जबकि राज्यों के न्यायालय राज्य के उस कानून को वैध ठहराएँ।

उपरोक्त दोनों प्रकार के मामलों में सर्वोच्च न्यायालय को अपील अवश्य सुननी पड़ती है। अन्य मामलों में अपील का अधिकार है, परन्तु सर्वोच्च न्यायालय की इच्छा पर निर्भर है कि उनका पुनर्निरीक्षण करे या न करे। इस श्रेणी में संघीय अपीलीय न्यायालय के निर्णयों के विरुद्ध अपील शामिल है।

जिनमें किसी संघीय कानून अथवा सन्धि को असंवैधानिक घोषित कर दिया गया हो या जहाँ पर राज्य का कोई कानून अथवा संवैधानिक उपबन्ध इस आधार पर अवैध घोषित कर दिया गया हो कि यह संघीय

संविधान कानून अथवा सन्धि के विरुद्ध है। जिला न्यायालय के भी कुछ निर्णयों की अपील सीधे सर्वोच्च न्यायालय में की जा सकती है।

3. **न्यायिक पुनर्निरीक्षण–** अमेरिका के सर्वोच्च न्यायालय के मुख्य **न्यायाधीश मार्शल** ने सन् 1803 में **'मार्बरी बनाम मेडीसन'** विवाद में निर्णय देते हुए न्यायिक पुनर्निरीक्षण को इस प्रकार परिभाषित किया था कि, **"न्यायिक पुनर्निरीक्षण न्यायालयों द्वारा अपने समक्ष पेश विधायी कानूनों तथा कार्यपालिका अथवा प्रशासकीय कार्यों का वह निरीक्षण है जिसके द्वारा न्यायालय निर्णय करता है कि, क्या ये एक लिखित संविधान द्वारा निषिद्ध किए गए हैं? अथवा उन्होंने अपनी शक्तियों से बढ़कर कार्य किया है या नहीं।"** इस प्रकार व्यवस्थापिका द्वारा पारित ऐसे किसी भी कानून को सर्वोच्च न्यायालय अवैध घोषित करके रद्द कर सकता है। जो उसकी दृष्टि में संविधान के विपरीत हो। साथ ही सर्वोच्च न्यायालय कार्यपालिका द्वारा किए गए ऐसे किसी भी कार्य को रद्द कर सकता है। जो उसके अनुसार संविधान के विपरीत हो। सर्वोच्च न्यायालय की इसी शक्ति को न्यायिक पुनरावलोकन कहते हैं।

4. **संविधान नागरिक अधिकारों का रक्षक तथा अभिभावक है–** सर्वोच्च न्यायालय अमेरिकी जनता के अधिकारों, स्वतन्त्रताओं तथा संविधान का रक्षक एवं संघीय व्यवस्था का अभिभावक है। सर्वोच्च न्यायालय संविधान की अन्तिम व्याख्या पर उसका अन्तिम निर्वचन करता है। संविधान के विकास में अपनी संवैधानिक व्याख्याओं द्वारा सर्वोच्च न्यायालय ने बहुत सहयोग प्रदान किया है।

निहित शक्तियों का विकास करके सर्वोच्च न्यायालय ने केन्द्र की शक्तियों में वृद्धि की है। **सर्वोच्च न्यायालय** विभिन्न आदेश, परमादेश तथा लेख आदि के द्वारा नागरिकों के **मौलिक अधिकारों की रक्षा** करता है। सर्वोच्च न्यायालय नागरिकों की स्वतन्त्रता तथा अधिकारों को संरक्षण प्रदान करता है।

जे०एस० राइट ने सितम्बर, 1963 में **'रिपार्टर'** में प्रकाशित लेख **'The Role of Courts'** में कहा था कि, **"धार्मिक स्वतन्त्रता,**

फौजदारी कानून तथा जातिगत न्याय के क्षेत्र में न्यायालयों ने मानव अधिकारों के लिए विस्तृत भूमिका निभाई है।"

5. **अन्य अधिकार–** उपरोक्त कार्यों के अतिरिक्त अमेरिका का सर्वोच्च न्यायालय कुछ अन्य कार्य भी करता है। उदाहरणार्थ– सर्वोच्च न्यायालय से सम्बन्धित प्रशासकीय अधिकारियों की वह नियुक्ति करता है तथा अपने निर्णयों के पालन के लिए आदेश आदि प्रसारित करता है। सर्वोच्च न्यायालय के रिकार्ड आदि को व्यवस्थित ढ़ंग से सुरक्षित रखता है तथा उनके उचित प्रकाशन आदि की उचित व्यवस्था करता है।

सर्वोच्च न्यायालय की स्थिति–

अतः स्पष्ट हो जाता है कि सर्वोच्च न्यायालय की स्थिति बहुत महत्त्वपूर्ण है और वह संविधान की व्याख्या आदि के सम्बन्ध में सर्वोच्च है। **सी०एफ० स्ट्रांग** का मत है कि, **"संयुक्त राज्य अमेरिका में संविधान सर्वोच्च है, विधानमण्डल नहीं और इस तथ्य से न्यायापालिका को एक ऐसी शक्ति प्राप्त होती है जिससे न्यायपालिका विधानमण्डल तथा कार्यपालिका के समकक्ष हो जाती है।"**

21

स्विस न्यायिक व्यवस्था

(Swiss Judicial System)

संघीय न्यायालय का संगठन–

संघात्मक शासन–व्यवस्था में संविधान की सर्वोच्चता के संरक्षण तथा संघ एवं संघीय और संघीभूत इकाइयों के मध्य उत्पन्न विवादों को निपटाने के लिए निष्पक्ष संघीय न्यायालय की आवश्यकता होती है। स्विट्जरलैंड में सर्वप्रथम 1848 ई० के संविधान ने संघीय अधिकार क्षेत्र में न्याय–व्यवस्था के लिए एक न्यायालय की व्यवस्था की, परन्तु इस न्यायालय का अधिकार–क्षेत्र अत्यन्त सीमित था। वह पूर्णतया संघीय सभा (संसद) तथा संघीय परिषद् (कार्यपालिका) के अधीन था। राज्य–मण्डल और कैंटनों की विधियों में अन्तर अथवा विवाद का निर्णय करने का इसे अधिकार नहीं था। ऐसे विवादों का निर्णय स्वयं संघीय सभा (संसद) तथा संघीय परिषद् (कार्यपालिका) करती थी। संघ न्यायालय केवल उन्हीं विवादों पर विचार कर सकता था जिन्हें संघीय सभा (संसद) तथा संघीय परिषद् (कार्यपालिका) उसके पास भेजती थी। 1874 का संवैधानिक पुनर्निरीक्षण संघीय न्यायालय के संगठन और अधिकारों में कुछ महत्त्वपूर्ण परिवर्तन लाया। लेकिन ये परिवर्तन बहुत प्रभावी तथा क्रान्तिकारी नहीं थे। संविधान की **धारा 106** में केवल इतना ही कहा गया कि, **"एक संघीय न्यायाधिकरण की स्थापना की जाये, जो संघीय अधिकार क्षेत्र के सम्बन्ध में न्याय की व्यवस्था करेगा।"** फिर भी, इसके अधिकार क्षेत्र में संघीय विधियों तथा संविधानातिरिक्त

विकासों द्वारा निरन्तर वृद्धि होती रही है। **आज संघीय न्यायालय सही माने में देश का सर्वोच्च न्यायालय बन गया है।** यह सही है कि वर्तमान स्थिति को प्राप्त करने में इसे अन्य संघीय अंगों की तुलना में बहुत अधिक समय लगा। यह विधि के एकीकरण तथा स्विस जनता के अधिकारों की रक्षा के सम्बन्ध में महत्त्वपूर्ण भूमिका अदा करता है।

एकमात्र संघीय न्यायालय–

संयुक्त–राज्य अमेरिका में संघीय न्यायालय का संगठन एक पिरामिड की तरह है, जिसके शीर्ष पर सर्वोच्च न्यायालय है तथा सर्वोच्च न्यायालय के अधीन अनेक निम्न न्यायालय हैं। लेकिन स्विट्जरलैंड में समस्त संघीय क्षेत्र के लिए केवल एक ही न्यायालय है, जिसे **'संघीय न्यायालय'** कहते हैं।

स्विट्जरलैण्ड में संघीय न्यायापालिका के अतिरिक्त कैण्टनों की अपनी–अपनी पृथक् न्यायपालिका होती है। अधिकांश न्यायिक कार्य कैण्टनों के न्यायालयों द्वारा ही सम्पादित किए जाते हैं। कैण्टनों में तीन प्रकार के न्यायालय हैं– शिखर पर कैण्टनों के **उच्च न्यायालय**, उनके नीचे **जिला न्यायालय** एवं सबसे नीचे **जस्टिस ऑफ पीस के न्यायालय** हैं। संघीय न्यायालय एकमात्र राष्ट्रीय न्यायालय है। कैण्टनों के न्यायालयों द्वारा ही संघीय विधियाँ क्रियान्वित की जाती है। संघीय विधियों से सम्बन्धित कैण्टनों के न्यायालयों के निर्णयों की अपील संघ न्यायालय (फेडरल ट्रिब्युनल) में की जा सकती है।

स्विस संघीय न्यायालय (Swiss Federal Tribunal)–

स्विस संघीय न्यायालय का नाम **'बुण्ड्सजीरचट'** (Bundengericht) है। स्विस संघीय न्यायालय **'वाण्ड'** (Vand) नामक कैण्टन की राजधानी **लुसाने** में स्थित है। सभी न्यायाधीशों को वहीं रहना पड़ता है। परन्तु उन्हें राजनीतिक तथा नागरिक अधिकार इन्हीं कैण्टनों में प्राप्त होते हैं। जहाँ के वे निवासी हैं।

संगठन–

स्विस संविधान के **अनुच्छेद 106** में कहा गया है। **"संघीय मामलों के न्याय प्रशासन के लिए एक संघीय न्यायाधिकरण**

(Federal Tribunal) की स्थापना की जाएगी।"

संघीय न्यायाधिकरण ;थ्मकमतंस ज्तपइनदंसद्ध में 26 से 28 तक न्यायाधीश होते हैं। संविधान में न्यायाधीशों की संख्या निश्चित नहीं की गई है। स्विट्जरलैण्ड में वैकल्पिक जज की व्यवस्था की गई है, जिनकी संख्या 11 से 13 तक हो सकती है। न्यायाधीशों की नियुक्ति संघीय सभा (संसद) द्वारा 6 वर्ष के लिए की जाती है। संघीय सभा (संसद) ही इन न्यायाधीशों में से एक को अध्यक्ष तथा दूसरे को उपाध्यक्ष नियुक्त करती है। परम्परानुसार न्यायाधीशों का पुनर्निर्वाचन होता रहता है। जिससे न्यायाधीशों का कार्यकाल स्थायी जैसा हो जाता है। वहाँ यह परम्परा–सी पड़ गई है कि यदि न्यायाधीश इच्छुक हों तो उनका पुनर्निर्वाचन बार–बार हो सकता है। **केवल अध्यक्ष और उपाध्यक्ष का पुनर्निर्वाचन नहीं होता, अध्यक्ष और उपाध्यक्ष का कार्यकाल केवल दो वर्ष है।** संविधान में न्यायाधीशों की सेवानिवृत्ति की आयु का उल्लेख नहीं है। परम्परा से ऐसा प्रतीत होता है कि 70 वर्ष की आयु के पश्चात् न्यायाधीश स्वयं ही त्यागपत्र दे देते हैं।

योग्यताएँ–

संविधान में न्यायाधीशों की कोई योग्यता निश्चित नहीं की गई है। **अनुच्छेद 108** में केवल यह कहा गया है कि, **"प्रत्येक नागरिक जो राष्ट्रीय परिषद् का सदस्य होने की योग्यता रखता हो, संघीय न्यायालय का सदस्य नियुक्त किए जाने का पात्र होगा।"** संघीय सभा (संसद) के सदस्य, संघीय परिषद् (कार्यपालिका) के सदस्य तथा संघीय सभा (संसद) और संघीय परिषद् (कार्यपालिका) द्वारा नियुक्त अधिकारी संघीय न्यायाधिकरण (Federal Tribunal) के सदस्य नहीं हो सकते हैं।

संघीय न्यायाधिकरण (Federal Tribunal) के सदस्य स्विस राज्य मण्डल या कैण्टन में कोई अन्य नौकरी नहीं कर सकते हैं और न ही अपना कोई उद्योग या व्यवसाय चला सकते हैं।

संघीय सभा (संसद) संघीय न्यायाधिकरण (Federal Tribunal) के न्यायाधीशों को चुनते समय यह ध्यान रखती है कि स्विट्जरलैण्ड तीन

प्रमुख भाषायी क्षेत्रों, प्रमुख राजनीतिक दलों और दो बड़े धर्मों को उचित प्रतिनिधित्व मिल जाए।

वेतन–

संघीय न्यायालय के प्रत्येक न्यायाधीश को 53000 फ्रेंक वार्षिक वेतन मिलता है। संघीय न्यायाधिकरण (Federal Tribunal) के अध्यक्ष को 3600 फ्रेंक और उपाध्यक्ष को 2400 फ्रेंक अधिक वेतन मिलता है। वैकल्पिक न्यायाधीशों को वेतन नहीं मिलता, उन्हें केवल भत्ता मिलता है। न्यायाधीशों के लिए पेंशन की भी व्यवस्था है। यदि न्यायाधीश कम से कम 10 वर्ष तक इस पद पर कार्य कर चुके हों तो सेवा अवधि के आधार पर वेतन का 40 प्रतिशत से 60 प्रतिशत तक पेंशन के रूप में दिया जाता है।

संघीय न्यायाधिकरण (Federal Tribunal) के विभाग–

कार्य की सुविधा से संघीय न्यायालय ;थ्मकमतंस ज्तपइनदंसद्ध के निम्नलिखित विभाग है–

(1) संवैधानिक और प्रशासकीय न्यायालय,

(2) फौजदारी अपील न्यायालय, तथा

(3) दीवानी कानून न्यायालय।

प्रत्येक विभाग में 3 से लेकर 9 तक न्यायाधीश होते हैं। इन मुख्य विभागों के अतिरिक्त संघीय न्यायाधिकरण ;थ्मकमतंस ज्तपइनदंसद्ध के कुछ छोटे विभाग भी होते हैं। जैसे– ऋण तथा दिवालियापन का चैम्बर और दोषारोपण चैम्बर इनमें से प्रत्येक में 3 न्यायाधीश होते हैं। **न्यायालयों में जूरी प्रणाली का प्रयोग होता है।** प्रत्येक न्यायिक विभाग का एक अध्यक्ष होता है। इसमें निर्णय बहुमत से किए जाते हैं। बराबर मत आने पर अध्यक्ष निर्णायक मत देता है। न्यायाधिकरण की कार्यवाही जनता के लिए खुली होती है। कभी–कभी सुरक्षा की दृष्टि से कार्यवाही गुप्त भी रखनी पड़ती है। संवैधानिक न्यायालय में गणपूर्ति 7 एवं अन्य न्यायालयों में 5 रखी गई है।

संघीय न्यायाधिकरण (Federal Tribunal) का क्षेत्राधिकार–

संघीय न्यायाधिकरण (Federal Tribunal) को प्रारभिक तथा अपीलीय दोनों प्रकार के मुकद्दमें सुनने का अधिकार है।

1.प्रारम्भिक क्षेत्राधिकार–

(क)दीवानी मामलें–

(1) संघ सरकार तथा कैण्टनों के मध्य सम्पत्ति सम्बन्धी विवाद।

(2) राज्य संघ तथा किसी निगम अथवा निजी व्यक्ति के मध्य विवाद, जिसका मूल्य 8,000 फ्रेंक से कम न हो।

(3) कैण्टनों के मध्य होने वाले विवाद।

(4) राष्ट्रीयता के खोये जाने के विवाद।

(5) कैण्टनों की कम्यूनों में नागरिकता सम्बन्धी विवाद।

(6) यदि दोनों पक्ष विवाद को संघीय न्यायाधिकरण (Federal Tribunal) को सौंपने के लिए तैयार हों और उसका मूल्य 10,000 फ्रेंक से कम न हो तो संघीय न्यायाधिकरण (Federal Tribunal) ऐसे मामलों को निर्णय के लिए स्वीकार कर सकता है।

2.फौजदारी विवाद–

(1) राज्यमण्डल के विरुद्ध विद्रोह, संघीय अधिकारियों के विरुद्ध विद्रोह तथा हिंसा आदि के विवाद।

(2) अन्तर्राष्ट्रीय कानून के विरुद्ध विवाद।

(3) राजनीतिक अशान्ति के ऐसे विवाद, जिनमें संघीय हस्तक्षेप की आवश्यकता हो।

(4) जाली मुद्रा के सम्बन्ध में विवाद।

(5) कैण्टनों की सरकारों द्वारा संघ सरकार के पास प्रेषित विवाद।

(6) संघीय कर्मचारियों द्वारा अनेक अधीनस्थ कर्मचारियों पर लगाए

गए आरोपों के सम्बन्ध में विवाद।

फौजदारी मुकद्दमों को सुनने के लिए **स्विट्जरलैण्ड को 5 जिलों में बाँटा गया है।** प्रत्येक जिले में मुकद्दमें सुनने के लिए 12 व्यक्तियों की एक जूरी स्थापित की जाती है। न्यायाधीश जूरी की सहायता से मुकद्दमें सुनते हैं। प्रत्येक अभियोग में 5/6 जूरी की स्वीकृति लेनी आवश्यक है। तभी अपराधी को दोषी ठहराया जा सकता है।

2.अपीलीय क्षेत्राधिकार–

संघीय सभा (संसद) ने संघीय न्यायाधिकरण (Federal Tribunal) को उन मुकद्दमों में अपील सुनने का अधिकार प्रदान किया है, जिनको कैण्टनों के न्यायालय सुन सकते हैं और जिनका मूल्य 4,000 फ्रेंक से अधिक हो।

3.प्रशासकीय मुकद्दमों में क्षेत्राधिकार–

सन् 1925 में संघीय सभा (संसद) द्वारा संघीय न्याधाधिकरण (Federal Tribunal) को निम्न प्रशासकीय अधिकार दिए गए हैं–

(1) सरकारी कर्मचारियों की कानूनी क्षमता, योग्यता या क्षेत्राधिकार सम्बन्धी विवाद।

(2) रेलवें प्रशासन से सम्बन्धित विवाद।

(3) कराधान सम्बन्धी प्रशासनिक विवाद।

(4) यह राज्य के कर्मचारियों तथा नागरिकों के मध्य झगड़ों का निर्णय भी करता है।

4.संवैधानिक क्षेत्राधिकार–

ये क्षेत्राधिकार निम्नलिखित हैं–

(1) संघीय तथा कैण्टनों के कर्मचारियों के मध्य विवाद।

(2) कैण्टनों के ऐसे विवादों की सुनवाई संघीय न्यायाधिकरण (Federal Tribunal) करता है। जो कि सार्वजनिक कानून के अन्तर्गत आते हैं।

(3) नागरिकों की ऐसी शिकायतें, जिनका सम्बन्ध अन्तर्राष्ट्रीय कानून तथा समझौतों से है।

(4) नागरिकों को जो अधिकार कैण्टनों के संविधानों ने तथा संघीय संविधान ने प्रदान किए हैं। उनके विरुद्ध किए गए कार्यों की अपील संघीय न्यायालय (Federal Tribunal) सुनता है।

स्थिति–

स्विस संघीय न्यायाधिकरण (Federal Tribunal) को कैण्टनों के कानूनों तथा संविधान की किसी धारा को अवैध घोषित करने का अधिकार है। लेकिन संघीय कानून को अवैध घोषित करने का अधिकार नहीं है।

स्विस जनता संघीय न्यायाधिकरण (Federal Tribunal) को न्यायिक पुनर्निरीक्षण की शक्ति देने को तैयार नहीं है। सन् 1930 में जनमत संग्रह में संघीय न्यायालय (Federal Tribunal) को यह अधिकार देने का प्रस्ताव भारी बहुमत से रद्द कर दिया गया था।

स्विस संघीय न्यायाधिकरण (Federal Tribunal) की अमेरिकन सर्वोच्च न्यायालय (सुप्रीम कोर्ट) से तुलना–

इनकी तुलना निम्न आधारों पर की जा सकती है–

(1) स्विट्जरलैण्ड में संघीय न्यायाधिकरण (Federal Tribunal) के अतिरिक्त अधीन अन्य संघीय न्यायालय नहीं है। जबकि अमेरिका में सर्वोच्च न्यायालय की अधीनता में संघीय न्यायालयों की एक श्रृंखला है।

(2) स्विस संघीय न्यायाधिकरण (Federal Tribunal) में न्यायाधीशों की संख्या अमेरिकी सर्वोच्च न्यायालय की तुलना में कहीं ज्यादा है।

(3) स्विस संघीय न्यायाधिकरण (Federal Tribunal) के न्यायाधीशों का निर्वाचन संघीय सभा (संसद) द्वारा होता है। जबकि अमेरिका में सर्वोच्च न्यायालय के न्यायाधीशों की नियुक्ति राष्ट्रपति करता है। जिस पर सीनेट की सहमति आवश्यक होती है।

(4) स्विस संघीय न्यायाधिकरण (Federal Tribunal) के

न्यायाधीशों का निर्वाचन 6 वर्ष के लिए होता है। परन्तु पुनर्निर्वाचन के कारण वे सदाचरण काल तक अपने पद पर बने रहते हैं। जबकि अमेरिका में न्यायाधीश सदाचरण से आजीवन अपने पद पर बने रहते हैं।

(5) स्विस संघीय न्यायाधिकरण (Federal Tribunal) संघीय सभा (संसद) के अधीन रहकर कार्य करता है। जबकि अमेरिका में सर्वोच्च न्यायालय कांग्रेस (संसद) से स्वतन्त्र रहता है।

(6) स्विस संघीय न्यायाधिकरण (Federal Tribunal) को संघ के कानूनों का पुनर्निरीक्षण करने का अधिकार नहीं है। जबकि अमेरिकन सर्वोच्च न्यायालय को यह अधिकार प्राप्त है।

(7) स्विस संघीय न्यायालय (Federal Tribunal) को प्रशासनिक विवादों के सम्बन्ध में अधिकार प्राप्त है। जबकि अमेरिका में सर्वोच्च न्यायालय को यह अधिकार प्राप्त नहीं है।

(8) स्विस संघीय न्यायालय (Federal Tribunal) को दीवानी और फौजदारी मामलों में कायम अधिकार प्राप्त है। जबकि अमेरिका में यह अधिकार राज्य सरकारों को प्राप्त है। अतः इस सम्बन्ध में निर्णय राज्य के सर्वोच्च न्यायालय करते हैं।

रेपर्ड के शब्दों में, **"स्विट्जरलैण्ड के संघीय न्यायाधिकरण (Federal Tribunal) को अमेरिका के सर्वोच्च न्यायालय जैसी प्रतिष्ठा और स्वतन्त्रता प्राप्त नहीं है।"**

22

चीन की न्याय व्यवस्था

(Judicial System of China)

चीन की समस्त राज–व्यवस्था **कार्ल मार्क्स, लेनिन** और **माओ** के सिद्धान्तों पर आधारित है। अतः चीन की न्याय–व्यवस्था, विधि और न्याय का आधार भी यही है। स्वाभाविक रूप से यह न्याय व्यवस्था पाश्चात्य न्याय व्यवस्था से भिन्न है। पुरानी न्याय व्यवस्था जो साम्यवाद की स्थापना के पूर्व प्रचलित थी। के स्थापन पर 1949 में पूर्णतः नवीन न्यायिक व्यवस्था की स्थापना की गई। जिसका मुख्य उद्देश्य साम्यवादी व्यवस्था की रक्षा करना तथा अपराधियों एवं देशद्रोहियों को दण्डित करना है।

न्याय व्यवस्था की विशेषताएँ–

साम्यवादी चीन की न्याय व्यवस्था की निम्नलिखित विशेषताएँ हैं–

1. **न्यायपालिका की स्वतन्त्रता का दावा–** चीन के संविधान के अनुसार, **साम्यवादी चीन की न्यायपालिका स्वतन्त्र है।** कोई भी प्रशासकीय अंग या सार्वजनिक संगठन या व्यक्ति न्यायालयों के कार्यों में हस्तक्षेप नहीं कर सकता। वह केवल विधि के अधीन है। प्रत्येक नागरिक विधि की दृष्टि में समान है। **चीन में न्यायालयों को विधानमण्डल की विधियों को अवैधानिक घोषित करने का अधिकार नहीं है।** पश्चिमी प्रजातन्त्रों के समान चीन में व्यक्ति और राज्य के मध्य विचार मतभेद को स्वीकार नहीं किया जाता। चीन में

सरकार जनता ही मानी जाती है तथा शासन के विरुद्ध किया गया कोई भी कार्य जनता के विरुद्ध किया गया कार्य माना जाता है। ऐसे कार्य करने वाले व्यक्तियों का दमन करना चीन के न्यायपालिका का कार्य है। इसलिए पश्चिमी देशों की न्यायपालिका की स्वतन्त्रता की भावना चीन में नहीं मिलती।

2. **निर्वाचित न्यायाधीश–** चीन में न्यायाधीशों को कार्यपालिका नियुक्त नहीं करती है। सभी न्यायालयों के न्यायाधीशों को सम्बन्धित राष्ट्रीय जनवादी कांग्रेस (संसद) द्वारा निर्वाचित किया गया है। अन्य न्यायाधीशों को शासन द्वारा नियुक्त किया जाता है। **सर्वोच्च न्यायालय के प्रमुख न्यायाधीश को राष्ट्रीय जनवादी कांग्रेस (संसद) निर्वाचित करती है।** कुछ न्यायाधीशों को क्रान्तिकारी नेताओं और शेष को विधि विशेषज्ञों में से चुना जाता है। चीन में न्यायाधीशों को वेतन कम मिलता है।

3. **जन–निर्धारकों की नियुक्ति–** सभी जन–निर्धारक स्थायी एवं निर्वाचित होते हैं। वे वर्ष में केवल 10 दिन कार्य करते हैं। निर्णय बहुमत से होते हैं। चीन के न्यायालयों में जन–निर्धारकों की नियुक्ति की व्यवस्था है। जन–निर्धारक के दो लाभ हैं–

(1) न्याय प्रशासन का जनता से सम्पर्क होने के कारण न्यायालयों में रचनात्मक प्रवृत्ति का उदय होता है।

(2) न्यायाधीशों पर सार्वजनिक नियन्त्रण स्थापित हो जाता है।

4. **आत्म रक्षा का अधिकार– अनुच्छेद 125** के अनुसार अपराधियों को आत्म–रक्षा का अधिकार प्राप्त है। वह स्वयं या वकील द्वारा अपनी पैरवी कर सकता है। चीन में निजी वकील नहीं होते हैं। वहाँ सरकारी वकीलों की एक सूची शासन द्वारा तैयार की जाती है। अभियुक्त को इस सूची में से ही किसी को अपनी पैरवी के लिए चुनना होता है। चीन में वकील राज्य एवं जनता के हितों को ध्यान में रखकर ही अभियुक्त का बचाव करते हैं।

5. **सार्वजनिक सुनवाई– अनुच्छेद 125** के अनुसार राज्य के सुरक्षा सम्बन्धी विवादों को छोड़कर शेष सभी विवादों की जन–न्यायालय

में सार्वजनिक सुनवाई होती है। जिन मुकद्दमों की सुनवाई सार्वजनिक रूप से होती है। उनमें जनता के किसी भी व्यक्ति को न्यायालय में न्यायाधीश के सम्मुख विचार रखने का अधिकार होता है।

6. **कार्य पद्धति सरल–** चीन में विवादों का निर्णय शीघ्र किया जाता है। चीन में न्यायालय शिक्षा एवं सुधार के कार्य करते हैं। अधिकतर मध्यस्थता तथा समझौते पर बल दिया जाता है। अनावश्यक रूप से विवाद को लम्बे समय तक नहीं खींचा जाता है। प्रारम्भिक एवं सामान्य विवादों में न्यायालायों द्वारा समझौता समितियाँ नियुक्त की जाती हैं। जिनमें जनता के निर्वाचित प्रतिनिधि होते हैं। इस तरह न्यायिक कार्य पद्धति सरल है।

7. **कठोर दण्ड का अभाव–** अधिकांश विवादों में कठोर दण्ड नहीं दिया जाता। लेकिन क्रान्ति विरोधी कार्यों को अवश्य दबा दिया जाता है। अन्य अपराधों के सम्बन्ध में दण्ड एवं सुधार की नीति को अपनाया जाता है।

8. **राष्ट्रीय जनवादी कांग्रेस (संसद) के प्रति उत्तरदायी–** पाश्चात्य देशों में न्यायपालिका का उत्तरदायित्व व्यवस्थापिका या कार्यपालिका के प्रति नहीं होता, लेकिन **चीन में न्यायपालिका का उत्तरदायित्व व्यवस्थापिका के प्रति होता है। अनुच्छेद 128** के अनुसार, **"जन–न्यायालय अपने–अपने स्तर पर राष्ट्रीय जनवादी कांग्रेस (संसद) और उसके स्थायी अंग (स्थायी समिति) के प्रति उत्तरदायी है। विभिन्न स्तरों पर राष्ट्रीय जनवादी कांग्रेस (संसद) द्वारा जनवादी न्यायालयों के अध्यक्षों की नियुक्ति की जाती है और पदच्युति भी की जा सकती है।"**

9. **एकल न्यायपालिका–** चीन के संविधान में न्यायपालिका एकल रूप में पाई जाती है। सर्वोच्च न्यायालय से लेकर अधीनस्थ न्यायालय तक सभी एक कड़ी के रूप में जुड़े हैं। निम्न न्यायालयों के फैसलों की अपील क्रमशः उच्च एवं अन्त में सर्वोच्च न्यायालय में की जा सकती हैं।

10. **न्यायिक पुनर्रीक्षण का अभाव–** चीन के संविधान में वहाँ के

न्यायालय को संविधान और कानून की व्याख्या करने की शक्ति नहीं दी गई है। जो भारत और अमेरिका में प्राप्त है। चीन में कानूनों और संविधान की व्याख्या का दायित्व राष्ट्रीय जनवादी काँग्रेस (संसद) की स्थायी समिति को दिया गया है। इसलिए **चीन में न्यायालय संविधान का संरक्षक और नागरिक अधिकारों का रक्षक नहीं होता है।**

11. **न्यायाधीशों का अल्प कार्यकाल–** चीन में न्यायाधीश भारत तथा अमेरिका की भाँति लम्बे समय के लिए नहीं चुने जाते। इनका कार्यकाल **5 वर्ष** होता है। **अनुच्छेद 124** के अनुसार, **"सर्वोच्च न्यायालय का मुख्य न्यायाधीश दो बार से अधिक नहीं चुना जा सकता है।"**

न्यायिक संगठन–

चीन में तीन प्रकार के न्यायालय पाए जाते हैं–

1. **सर्वोच्च जन–न्यायालय–** यह चीन का सर्वोच्च न्यायालय है। जिसमें एक अध्यक्ष, उपाध्यक्ष तथा अन्य न्यायाधीश होते हैं। इसके अध्यक्ष का निर्वाचन और पदच्युति का अधिकार राष्ट्रीय जनवादी कांग्रेस (संसद) को है। उपाध्यक्ष तथा अन्य न्यायाधीशों को राष्ट्रीय जनवादी कांग्रेस (संसद) की स्थायी समिति नियुक्त करती है और वही इन्हें पदच्युत भी कर सकती है। न्यायाधीशों की संख्या निश्चित नहीं की गई है।

सर्वोच्च जन–न्यायालय के **दीवानी** और **फौजदारी** दो विभाग होते हैं। सर्वोच्च जन–न्यायालय को मौलिक और अपीलीय क्षेत्राधिकार प्राप्त हैं। उच्च न्यायालयों एवं विशिष्ट न्यायालयों के निर्णयों की अपीलें सर्वोच्च न्यायालय में होती है। न्यायिक पुनर्रीक्षण की पद्धति के अधीन सर्वोच्च जनवादी प्रोक्यूरेटर द्वारा जिन विवादों की सूचना दी जाती है। उनकी सुनवाई न्यायालय करता है।

2. **स्थानीय जन–न्यायालय–** चीन में तीन प्रकार के स्थानीय जन–न्यायालय हैं–

(क) **उच्चतर जन–न्यायालय–** इनकी संख्या **28** है। यह भारत के उच्च न्यायालयों के समान हैं।

(ख) **मध्य जन–न्यायालय–** इनकी संख्या **200** है। ये भारत के

जिला न्यायालयों के समान हैं।

(ग) **प्रारम्भिक जन–न्यायालय–** इनकी संख्या **3000** है। ये छोटी अदालतें हैं।

उच्च न्यायालयों की स्थापना केन्द्रीय सरकार द्वारा की जाती है, जबकि मध्य और प्रारम्भिक जन–न्यायालयों की स्थापना सम्बन्धित क्षेत्रीय शासनों द्वारा की जाती है। प्रारम्भिक जन–न्यायाल तीन प्रकार के होते हैं–

(1) **काउन्टी एवं नगर न्यायालय**

(2) **जिला न्यायालय**

(3) **स्वायत्त काउन्टी न्यायालय**।

विशेष विवादों के लिए जन–न्यायाधिकरणों की भी व्यवस्था है। इन जन–न्यायालयों के अध्यक्षों को समान स्तरीय जन–कांग्रेस निर्वाचित करती है और उपाध्यक्ष तथा अन्य न्यायाधीशों की नियुक्ति एवं पदच्युति का कार्य समान स्तरीय प्रशासनिक शासन द्वारा किया जाता है। इन्हें दीवानी और फौजदारी दोनों प्रकार के क्षेत्राधिकार प्राप्त हैं।

3. **विशिष्ट जन–न्यायालय–** इनमें सैनिक, रेलवे, यातायात एवं जलीय यातायात सम्बन्धी न्यायालय आते हैं। राष्ट्रीय जन–कांग्रेस (संसद) द्वारा इनकी स्थापना के समय इनका संगठन निर्धारित कर दिया जाता है। विशिष्ट जन–न्यायालय प्रशासनिक स्तर पर सर्वोच्च जन–न्यायालय के अधीन होते हैं।

महान्यायवादी–

अनुच्छेद 130 के अनुसार **सर्वोच्च जन–न्यायवादी** के पद की व्यवस्था की गई है। मुख्य प्रोक्यूरेटर की शक्तियाँ अत्यन्त व्यापक होती हैं तथा उसके क्षेत्राधिकार में शासन के सभी अंग एवं सभी व्यक्ति आते हैं। प्रमुख प्रोक्यूरेटर राष्ट्रीय जनवादी कांग्रेस (संसद) द्वारा **5 वर्ष** के लिए निर्वाचित किया जाता है और उसी के द्वारा पदच्युत भी किया जा सकता है। इसका एक कार्यालय भी होता है। इस कार्यालय में उप–मुख्य

प्रोक्यूरेटर एवं अन्य प्रोक्यूरेटर तथा प्रोक्यूरेटर समिति के अन्य सदस्य होते हैं। जो राष्ट्रीय जन कांग्रेस (संसद) की स्थायी समिति द्वारा नियुक्त एवं पदच्युत किए जाते हैं। अन्य स्तरों पर स्थानीय प्रोक्यूरेटर तथा सैनिक एवं विशिष्ट प्रोक्यूरेटर की व्यवस्था भी की गई है।

23

फ्राँस की न्यायिक व्यवस्था

(Judicial System of French)

फ्राँस में 1789 ई० की महान् क्रांति से पूर्व कोई संगठित न्याय–व्यवस्था नहीं थी। देश में वैधिक एकरूपता का नितांत अभाव था। न्याय–प्रशासन राजाओं की आज्ञाप्तियों, अध्यादेशों, राजाज्ञाओं आदि द्वारा होता था। क्रमबद्ध न्यायपालिका का अभाव था और भिन्न–भिन्न कानून लागू थे। **वाल्टेयर** ने इसका सही चित्र प्रस्तुत किया है। **"देश में एक ओर से दूसरी ओर तक जाने वाले यात्री को जितनी बार घोड़ा बदलना पड़ता था, उससे अधिक प्रकार के कानूनों को बदलना होता था।"** राज्य क्रांति ने सही–सही न्यायिक व्यवस्था को छिन्न–भिन्न कर दिया। तत्पश्चात् न्यायिक पद्धति एवं विधियों में सुधार के अनेक प्रयास हुए। लेकिन ये प्रयास अल्पकालीन तथा टुकड़े–टुकड़े रूप में हुए।

सर्वप्रथम नेपोलियन बोनापार्ट ने फ्रांसिसी विधि को संहिताबद्ध करने का महान कार्य अपने हाथ में लिया और उस योजना को अपनी विशिष्ट शक्ति एवं क्षमता से कार्यान्वित करते हुए कुछ ही वर्षों के अन्दर पूर्ण कर दिया। **नेपोलियन बोनापार्ट** द्वारा कानून के संग्रह को **'नेपोलियन–संहिता'** कहते हैं। आज के फ्राँस की विधियाँ प्राथमिक रूप से **'नेपोलियन संहिता'** पर आधारित हैं। यह ठीक है कि नवीन परिस्थितियों एवं आवश्यकताओं के अनुसार विगत डेढ़ सौ वर्षों में उसे संशोधित एवं परिवर्द्धित किया जा रहा है। लेकिन उसे पूर्ण रूप से ठुकराया नहीं जा सकता है। वह फ्राँस की न्यायिक व्यवस्था के एक सजीव एवं गतिशील अंग के रूप

में आज भी सुरक्षित है।

इस प्रसंग में यह उल्लेखनीय है कि फ्राँस की न्यायिक एवं वैधानिक व्यवस्था में रोम की वैधानिक पद्धति, फ्राँस की प्राचीन सामन्तवादी व्यवस्था, राजाओं द्वारा निर्मित विधियों, **1789 ई० की राज्य क्रान्ति** तथा **नेपोलियन बोनापार्ट** द्वारा संग्रहित एवं निर्मित विधियों का प्रभाव पड़ा है। मध्ययुगीन सामन्तवादी रूढ़ियों तथा निरंकुश राजतन्त्रीय शासन की इस पर अमिट छाप है। लेकिन सबसे अधिक प्रभाव **नेपोलियन बोनापार्ट** का पड़ा है। **नेपोलियन बोनापार्ट** ने प्रथम बार फ्राँसीसी विधियों को संहिताबद्ध किया और वही संहिता आज तक कतिपय परिवर्तनों के साथ चली आ रही है।

विशेषताएँ–

फ्राँस की न्याय व्यवस्था की विशेषताएँ निम्नलिखित हैं–

1. **लिखित कानून–** फ्राँस में सभी कानून लिखित रूप में पाये जाते हैं।

2. **संसदीय कानून–** फ्राँस में सभी कानून संसद या अन्य संगठित संस्था द्वारा निर्मित हैं। वहाँ न्यायाधीशों द्वारा निर्मित कानूनों का विकास नहीं पाया जाता है।

3. **न्यायपालिका स्वतन्त्र नहीं–** ब्रिटेन, अमेरिका या भारत के समान फ्राँस में न्यायपालिका स्वतन्त्र न होकर प्रशासन का एक भाग मात्र है। फ्राँस में न्यायिक कार्यों पर सरकारी वकील का पर्याप्त नियन्त्रण पाया जाता है।

4. **न्यायिक पुनर्विलोकन का अभाव–** अमेरिका या भारत के समान फ्राँस में न्यायपालिका को कानूनों की रांवैधानिकता की जाँच करने का अधिकार नहीं है। यह अधिकार वहाँ **संवैधानिक परिषद्** को दिया गया है।

5. **न्यायाधीशों की नियुक्ति–** फ्राँस में न्यायाधीशें की नियुक्ति ब्रिटेन, अमेरिका या भारत की तरह न होकर सरकारी पदाधिकारियों के समान होती है। वहाँ न्यायाधीशों की नियुक्ति **प्रतियोगी परीक्षा** के परिणामों के आधार पर **उच्च न्यायिक**

परिषद् करती है।

6. **नजीरें निर्णयों का आधार नहीं–** ब्रिटेन तथा भारत में पूर्व निर्णयों (नजीरों) को आने वाले मुकद्दमों के लिए मार्गदर्शन माना जाता है, परन्तु फ्राँस में ऐसा नहीं पाया जाता। वहाँ सभी निर्णय दीवानी संहिता, वाणिज्य संहिता, दीवानी व्यवहार संहिता, दण्ड व्यवहार संहिता और दण्ड विधान के आधार पर किये जाते हैं।

7. **दो प्रकार के न्यायालय–** ब्रिटेन, अमेरिका और भारत में एक ही प्रकार के न्यायालय पाये जाते हैं। जबकि फ्राँस में **साधारण न्यायालय** और **प्रशासकीय न्यायालय** दो प्रकार के न्यायालय पाये जाते हैं। साधारण न्यायालय नागरिकों के मध्य विवादों को हल करने के लिए हैं और प्रशासकीय न्यायालय प्रशासकीय कानूनों को लागू करने और साधारण नागरिकों तथा सरकारी पदाधिकारियों के विवादों को हल करने के लिए हैं। फ्राँस में ब्रिटेन और अमेरिका के समान भ्रमणशील न्यायालय नहीं पाये जाते हैं।

न्यायालयों का संगठन–

फ्राँस में पाँच प्रकार के न्यायालय पाये जाते हैं–

1.सामान्य न्यायालय–

ये न्यायालय सामान्य नागरिकों के विवादों को हल करने के लिए हैं। इनका संगठन निम्न प्रकार है–

1. **शान्ति न्यायाधीश के न्यायालय–** यह सबसे **निम्न स्तर के न्यायालय** हैं। इस प्रकार के न्यायालय प्रत्येक कैप्टन में पाये जाते हैं और बड़े–बड़े शहरों में इनकी संख्या एक से अधिक होती है।

इनमें एक न्यायाधीश होता है। जिसे **'Justice of Peace'** कहा जाता है। इन न्यायालयों का कार्य दीवानी और फौजदारी दोनों प्रकार के विवादों का फैसला करना है।

इन न्यायालयों का मुख्य कार्य विवादों को होने से रोकना है। इन न्यायालयों के न्यायाधीश विधवाओं और अल्पवयस्कों के हितों की रक्षा

का कार्य भी करते हैं। फ्राँस में इन न्यायालयों के निर्णय के विरुद्ध प्रारम्भिक न्यायालय में अपील की जा सकती है।

2. **प्रारम्भिक न्यायालय– 'कोर्ट ऑफ जस्टिस ऑफ पीस'** से ऊपर **'प्रारम्भिक न्यायालय'** होते हैं। ये न्यायालय प्रत्येक एरोण्टाइजमेण्ट में पाये जाते हैं। इसमें 3 से 15 तक न्यायाधीश होते हैं। इन न्यायालयों को दीवानी मामलों में 3,000 फ्रेंक से अधिक राशि के मुकद्दमें में प्रारम्भिक क्षेत्राधिकार है। इन्हें फौजदारी मामलों में चोरी, गबन, मारपीट एवं दुराचार आदि में मौलिक क्षेत्राधिकार प्राप्त है। इनमें **Court of Justice of Peace** के निर्णयों की अपील की जा सकती है।

3. **अपील के न्यायालय–** ये न्यायालय प्रारम्भिक न्यायालयों के ऊपर होते हैं। इस प्रकार के फ्राँस में 27 न्यायालय हैं। इनका कार्य क्षेत्र कई प्रान्तों तक होता है। इसमें दीवानी विभाग, फौजदारी विभाग और दोषारोपण विभाग होता है। जिसका कार्य यह देखना होता है कि किसी व्यक्ति पर दोषारोपण किया जाये अथवा नहीं। तीनों विभागों में 5–5 न्यायाधीश होते हैं और इनका कार्य प्रारम्भिक न्यायालयों के दीवानों मामलों के निर्णय के विरुद्ध अपील सुनना है।

4. **एसाइज न्यायालय–** ये न्यायालय बड़े–बड़े शहरों में फौजदारी मामलों का फैसला करते हैं। इस न्यायालय में प्रारम्भिक न्यायलय के दो और अपीलीय न्यायालय का एक न्यायाधीश होता है। इस न्यायालय में फौजदारी मामलें में प्रथम न्यायालय के निर्णय की अपील की जाती है। इस न्यायालय में जूरी के द्वारा कार्य किया जाता है। इसमें 12 सदस्य होते हैं और इसका निर्णय अन्तिम होता है।

5. **सर्वोच्च या विराम न्यायालय–** यह फ्राँस का सर्वोच्च न्यायालय है जिसमें एक महाध्यक्ष, 3 विभागी अध्यक्ष, 45 अन्य न्यायाधीश (पार्षद) होते हैं। इस न्यायालय में याचिका विभाग, दीवानी विभाग और दण्ड विभाग, इस प्रकार तीन विभाग होते हैं। यह न्यायालय केवल अपीलीय न्यायालय है।

यह अपनी ओर से कोई निर्णय नहीं देता है। यदि कोई निर्णय संविधान के अनुकूल नहीं होता तो यह उसे अपने मत के साथ दूसरे न्यायालय को पुनर्विचार के लिए प्रेषित कर देता है।

2.प्रशासकीय न्यायालय–

फ्राँस में प्रशासकीय न्यायालय दो प्रकार के हैं–

1. **प्रादेशिक परिषद्–** प्रशासनिक न्यायालय में सबसे निम्न स्तर पर प्रादेशिक परिषद् होती है। इनका क्षेत्राधिकार निर्धारण सम्बन्धी विवादों, सार्वजनिक निर्माण, स्थानीय निर्वाचन तथा ठेका भंग होना आदि तक है। प्रशासन सम्बन्धी विवादों को इन्हीं न्यायालयों में दाखिल किया जाता है। इसके निर्णय के विरुद्ध अपील राज्य परिषद् में होती है।

2. **राज्य परिषद्–** यह **सर्वोच्च प्रशासकीय न्यायालय** है। इसमें 1 अध्यक्ष, 1 उपाध्यक्ष एवं 5 विभागाध्यक्ष होते हैं। यह न्यायालय प्रादेशिक परिषदों के निर्णयों के विरुद्ध अपील सुनता है। इसका कार्य मन्त्रि–परिषद् को उसके आदेशों और आज्ञाप्तियों के सम्बन्ध में परामर्श देना और सरकारी विभागों के मध्य विवादों का निपटारा करना है।

3.संवैधानिक परिषद्–

फ्राँस में कानूनों की संवैधानिकता की जाँच करने का अधिकार संवैधानिक परिषद् को दिया गया है।

रचना–

इसमें 9 सदस्य होते हैं, जिनकी नियुक्ति 9 वर्ष के लिए होती है। प्रत्येक 3 वर्ष पश्चात् 1/3 सदस्य अवकाश लेते रहते हैं और नये सदस्य नियुक्त होते रहते हैं। इसके सदस्यों में से 3 को राष्ट्रपति, 3 को राष्ट्रीय सभा का सभापति और शेष 3 को सीनेट का सभापति नियुक्त करता है। **इन सदस्यों की पुनर्नियुक्ति नहीं हो सकती, फ्राँस का पूर्व राष्ट्रपति इस परिषद् का पदेन सदस्य होता है।**

संवैधानिक परिषद् के कार्य–

संवैधानिक परिषद् के निम्नलिखित कार्य हैं–

(1) कानून के अन्तर्गत राष्ट्रपति का निर्वाचन करना और निर्वाचन से सम्बन्धित आरोपों की जाँच करना तथा अपना निर्णय देना।

(2) विधेयकों, संसद के स्थायी आदेशों, अन्तर्राष्ट्रीय प्रपत्रों और आंगिक कानूनों की संवैधानिकता पर निर्णय देना। यह संवैधानिक परिषद् का सर्वाधिक महत्त्वपूर्ण कार्य है।

(3) संसद के किसी सदस्य पर निर्वाचन सम्बन्धी आरोपों पर निर्णय देना।

(4) फ्रेंच सरकार की प्रार्थना पर इस बात पर निर्णय देना कि क्या राष्ट्रपति अपने पद पर बने रहने में असमर्थ हो गया है?

(5) यदि राष्ट्रपति संविधान की **धारा 165** से प्राप्त शक्ति का प्रयोग करते हुए आपातकाल की घोषणा करना चाहता है तो राष्ट्रपति को प्रधानमन्त्री, संसद के दोनों सदनों (सीनेट एवं राष्ट्रीय सभा) तथा संवैधानिक परिषद् से मन्त्रणा करना आवश्यक है। संवैधानिक परिषद् इस बात पर विचार करती है कि **धारा 16** में दी गयी शर्तें पूरी हुई हैं अथवा नहीं और इसी आधार पर अपना परामर्श देती है।

यद्यपि संवैधानिक परिषद् का परामर्श राष्ट्रपति के लिए बाध्यकारी नहीं है, परन्तु संवैधानिक परिषद् के परामर्श के आधार पर जनता राष्ट्रपति के इस कदम पर अपना निर्णय दे सकती है।

(6) संवैधानिक परिषद् जनमत संग्रह की स्थिति में जनमत संग्रह की व्यवस्था करती है और उसके परिणाम की घोषणा करती है।

संवैधानिक परिषद् अपने निर्णय संविधान के आधार पर ही करती है तथा संवैधानिक परिषद् के निर्णय सात या अधिक सदस्यों द्वारा ही लिये जाते हैं। संवैधानिक परिषद् का वाद–विवाद और मतदान पूर्णतया गोपनीय रखे जाते हैं तथा अल्पमत निर्णय प्रकाशित नहीं किये जाते हैं।

शक्तियों की सीमाएँ–

संवैधानिक परिषद् की शक्ति इन बातों से सीमित हो जाती है–

(1) संवैधानिक परिषद् केवल निर्णय लेने वाली संस्था है। उसे

अपने निर्णय लागू करने की शक्ति प्राप्त नहीं है।

(2) संवैधानिक परिषद् किसी भी कानून की वैधानिकता पर तभी विचार कर सकती है। जब लागू करने से पहले राष्ट्रपति या प्रधानमन्त्री या संसद के दोनों सदनों (सीनेट एवं राष्ट्रीय सभा) में से किसी सदन का सभापति उस कानून को संवैधानिक परिषद् द्वारा विचार के लिए उसके सामने रखे। यदि इनमें से कोई भी संवैधानिक परिषद् से उसकी सम्मत्ति न माँगे तो संवैधानिक परिषद् के पास अपने विचारों को अभिव्यक्त करने का कोई अन्य मार्ग नहीं है।

(3) संविधान के **अनुच्छेद 5** ने राष्ट्रपति को संविधान की व्याख्या करने की शक्ति प्रदान की है। जिससे संवैधानिक परिषद् का कार्यक्षेत्र और भी सीमित हो गया है।

4.उच्च न्यायिक परिषद्–

पाँचवें गणतन्त्र के संविधान के आठवें अध्याय में न्यायधीशों की नियुक्ति एवं कुछ न्यायिक कार्यों के सम्पादन के लिए एक उच्च न्यायिक परिषद् के गठन, अधिकार तथा कार्यों का उल्लेख किया गया है। **उच्च न्यायिक परिषद् का सभापति राष्ट्रपति होता है।**

संविधान की **धारा 64** के अनुसार, **"राष्ट्रपति न्यायपालिका की स्वतन्त्रता का रक्षक है और न्यायिक परिषद् इस कार्य में उसकी सहायता करती है।"** न्यायिक परिषद् सर्वोच्च न्यायालय के न्यायाधीशों तथा अपीलीय न्यायालयों के न्यायाधीशों के अध्यक्ष नियुक्त करती है तथा इसे न्यायिक–क्षेत्र में अनुशासनात्मक निर्णय लेने का भी अधिकार प्राप्त है।

5.न्याय का उच्च न्यायालय–

यह एक **राजनीतिक न्यायालय** है। संसद के दोनों सदन (सीनेट एवं राष्ट्रीय सभा) समान संख्या में इसके सदस्य निर्वाचित करते हैं। न्यायालय के सदस्यों में से ही इसका अध्यक्ष चुना जाता है। जब कभी

संसद राष्ट्रपति या किसी मन्त्री पर देशद्रोह या राष्ट्रीय सुरक्षा के विरुद्ध कार्य करने का आरोप लगाती है तो यह न्यायालय ही उन आरोपों की जाँच करता है और अपना निर्णय देता है।

24

प्रशासकीय विधि
(Administrative Law)

फ्राँस में प्रशासकीय विधि पायी जाती है जो शासकीय कर्मचारियों से सम्बन्धित होती है। तथा सामान्य जनता के कानूनों से पृथक् होती है। इसके न्यायालय भी सामान्य जनता के न्यायालयों से पृथक् होते हैं।

जिंक के शब्दों में, **"प्रशासकीय विधि उन नियमों का निकाय है। जो प्रशासन या प्रशासनिक अधिकारियों एवं नागरिकों के सम्बन्धों को व्यवस्थित करते हैं।"**

डायसी के शब्दों में, **"फ्राँस की प्रशासकीय विधि प्रशासनिक अधिकारियों के अधिकारों एवं कर्तव्यों के वे सिद्धान्त हैं। जिनके आधार पर राजसत्ता के प्रतिनिधि के रूप में राज्य कर्मचारियों और जनता के पारस्परिक व्यवहार का निर्णय व नियमन होता है।"**

जेनिंग्स के शब्दों में, **"प्रशासन सम्बन्धी विधि प्रशासकीय विधि है और यह प्रशासकीय अधिकारियों के संगठन, शक्तियों एवं कर्तव्यों का निर्धारण करती है।"**उपरोक्त परिभाषाओं के आधार पर कहा जा सकता है कि प्रशासकीय विधि सरकारी विभागों में कार्य करने वाले कर्मचारियों के कार्य और व्यवहार से सम्बन्धित है। ये जनता और सरकार के सम्बन्धों को निरूपित करते हैं।

प्रशासकीय विधि के सिद्धान्त–

डायसी ने दो सिद्धान्त दिये हैं–

(1) शासन एवं उसके कर्मचारियों को राष्ट्र के प्रतिनिधि के रूप में विशेषाधिकार एवं उन्मुक्तियाँ प्राप्त होती हैं जो व्यक्तियों को नागरिकों के रूप में प्राप्त अधिकारों एवं उन्मुक्तियों से पृथक् होती हैं।

(2) प्रशासकीय विधि के अनुसार न्यायाधीशों को प्रशासकीय अधिकारियों के कार्य में किसी प्रकार का हस्ताक्षर करने, कर्मचारियों एवं शासकीय कार्यों के विरुद्ध कोई कार्यवाही करने से निषिद्ध कर दिया गया है।

प्रशासकीय विधि की विशेषताएँ–

प्रशासकीय विधि की **डायसी** ने चार विशेषताएँ बतायी हैं। जो निम्नलिखित हैं–

(1) राज्य के कर्मचारियों एवं व्यक्तियों के सम्बन्ध एक पृथक् विधि द्वारा नियमित किये जाते हैं। जो नागरिकों के पारस्परिक सम्बन्धों को निर्धारित करने वाली विधि से भिन्न होते हैं। यह प्रशासकीय विधि है।

(2) फ्राँस में शासकीय कर्मचारियों सम्बन्धी समस्त विवाद प्रशासकीय न्यायालयों द्वारा ही निर्णित किये जाते हैं। न्यायालयों को प्रशासकीय विवादों के निर्णय सम्बन्धी अधिकार प्रदान करना सामान्य फ्राँसीसी दृष्टि में शक्ति पृथक्करण के सिद्धान्त का अतिक्रमण है।

(3) प्रशासकीय न्यायालयों एवं सामान्य न्यायालयों के मध्य क्षेत्राधिकार सम्बन्धी विवाद उत्पन्न होने पर इसका निर्णय विवाद न्यायालय (Court of Conflicts) द्वारा किया जाता है।

(4) राज्य कार्य के सन्दर्भ में किसी व्यक्ति की स्वतन्त्रता में हस्तक्षेप करने के लिए किसी राज्य कर्मचारी को कोई दण्ड नहीं दिया जा सकता।

विधि का शासन और प्रशासकीय शासन की तुलना–

डायसी ने दोनों की तुलना करते हुए दोनों में समानता और

असमानता का वर्णन किया है–

समानताएँ–

डायसी के अनुसार दोनों में निम्नलिखित समानताएँ हैं–

1. **समान आदर्श–** ब्रिटेन में **बेकन** का मत था कि विशेषाधिकार सामान्य विधि से ऊपर होते हैं। फ्राँस में भी यह माना गया कि नीति सम्बन्धी मामलों में प्रशासन की स्वविवेकीय सत्ता को न्यायालय द्वारा नियन्त्रित नहीं किया जा सकता।

2. **न्यायालय द्वारा निर्मित विधियाँ–** फ्राँस की प्रशासकीय विधि और ब्रिटेन का सामान्य कानून न्यायिक निर्णयों पर आधारित है।

3. **ऐतिहासिक समानता–** जिस प्रकार फ्राँस में कार्यपालक एवं न्यायिक कार्यों के पृथक्करण के फलस्वरूप **'काउन्सिल ऑफ स्टेट'** सर्वोच्च प्रशासकीय न्यायालय में परिवर्तित हो गई। इसी प्रकार ब्रिटेन में **'प्रिवी परिषद्'** की न्यायिक समिति सर्वोच्च औपनिवेशिक पुनरावदेनीय न्यायालय के रूप में परिवर्तित हो गई।

4. **न्यायिक विधि विकास का योग–** दोनों देशों की विधि विकास का परिणाम है।

असमानताएँ–

प्रशासकीय विधि और विधि के शासन में कुछ अन्तर भी हैं–

(1) फ्राँस में सामान्य विधि और प्रशासकीय विधि में अन्तर है। ब्रिटेन में ऐसा अन्तर नहीं होता है।

(2) ब्रिटेन में यदि कोई शासकीय कर्मचारी अपने वरिष्ठ अधिकारी के आदेश पर संसद द्वारा प्रदत्त अधिकारों का अतिक्रमण करता है तो वह इस त्रुटि के लिए स्वयं उत्तरदायी होता है और वह यह कहकर नहीं बच सकता कि अमुक कार्य उसने अपने वरिष्ठ अधिकारी की आज्ञा से किया। परन्तु फ्राँस में राज्य कर्मचारी राज्य सम्बन्धी दायित्व एवं कार्य के लिए किसी भी न्यायालय के समक्ष उत्तरदायी नहीं होगा।

25

सोवियत रूस की न्याय व्यवस्था (Judicial System of Soviet Russia)

रूस में न्यायपालिका को सोवियत समाजवादी व्यवस्था के अनुसार बनाया गया है। वहाँ न्याय व्यवस्था पूर्णतः सर्वहारा वर्ग के अधीन रखी गई है। **रूस में न्यायपालिका का उद्देश्य समाजवादी व्यवस्था को सुदृढ़ता प्रदान करना है।**

संविधान ने तीन शिखर न्यायालयों की स्थापना की है– संवैधानिक न्यायालय, सर्वोच्च न्यायालय तथा सर्वोच्च पचांट न्यायालय। राष्ट्रपति इन न्यायालयों के न्यायाधिशों को नियुक्त करेगा लेकिन संघ की परिषद् उनका अनुमोदन करेगी। दीवानी, फौजदारी तथा प्रशासनिक मामलों में सर्वोच्च न्यायालय सबसे ऊपर है। सर्वोच्च पंचाट भिन्न है, इसमें 19 न्यायाधीश हैं। इसे संविधान का संरक्षक बनाया गया है इसे न्यायिक समीक्षा की शक्ति प्राप्त है। राष्ट्रपति, प्रधानमंत्री या उसकी सरकार, संघ की परिषद्, स्टेट ड्यूमा, सर्वोच्च न्यायालय, सर्वोच्च पंचाट न्यायालय या रूसी संघ की किसी घटक इकाई का विधायी अंग इस न्यायालय में किसी कानून या आदेश को चुनौती दे सकता है और यदि वह कानून या आदेश रूसी संघ के संविधान या किसी अन्तर्राष्ट्रीय संघ के विरुद्ध है तो यह न्यायालय उसे रद्द कर सकता है। यह न्यायालय उस सन्धि को भी रद्द कर सकता है जो संघ के संविधान का अतिक्रमण करती है। यदि राष्ट्रपति के खिलाफ देशद्रोह या किसी गम्भीर त्रुटि या आरोप है तो संघ की परिषद् इस न्यायालय से परामर्श ले सकती है कि उस अपराध का

क्या अर्थ निकाला जाये तथा महाभियोग की कार्यवाही के लिए क्या प्रक्रिया अपनाई जाये? इस न्यायालय को यथा आवश्यकता संविधान के प्रावधानों की व्याख्या करने की शक्ति भी प्राप्त है।

सोवियत न्याय व्यवस्था की विशेषताएँ–

सोवियत रूस की न्यायपालिका की विशेषताएँ निम्नलिखित हैं–

(1) सोवियत रूस में न्यायपालिका को शासन के एक अंग के रूप में स्वीकार किया गया है। वहाँ **न्यायपालिका स्वतन्त्र न होकर अन्य मन्त्रालयों के समान एक मन्त्रालय है।**

(2) सर्वोच्च न्यायालय को संविधान की व्याख्या करने का और सुप्रीम सोवियत द्वारा पारित कानूनों को अवैध घोषित करने का अधिकार नहीं है।

(3) सोवियत रूस में न्यायाधीशों का निर्वाचन निश्चित अवधि के लिए होता है।

(4) सोवियत रूस की न्यायपालिका का स्वरूप एकरूपीय है।

(5) सोवियत रूस में न्यायपालिका का उद्देश्य साम्यवाद के प्रसार और समाजवादी विचारधारा को शक्तिशाली बनाना है।

(6) संघीय गणराज्यों के न्यायालयों में स्थानीय भाषा का प्रयोग किया जाता है।

(7) सोवियत रूस में मुकद्दमों की सुनवाई सार्वजनिक रूप से की जाती है।

(8) सोवियत रूस में न्याय व्यवस्था सरल और सस्ती है।

(9) सोवियत रूस में सभी विवादों के लिए जन–निर्धारकों की व्यवस्था है।

(10) सोवियत रूस में निर्णय नजीरों (Precedents) पर आधारित नहीं होते।

(11) सोवियत रूस में न्यायाधीशों के निर्वाचन की व्यवस्था है।

(12) प्रत्येक न्यायालय के लिए वकीलों का एक मण्डल होता है। किसी भी व्यक्ति को किसी भी विवाद की पैरवी करने के लिए नियुक्त किया जा सकता है।

(13) सोवियत रूस में सुधारवादी सिद्धान्त को अपनाया गया है। वहाँ अपराधी को सुधारने का प्रयास किया जाता है।

(14) सोवियत रूस में न्यायिक सर्वोच्चता को स्थान नहीं दिया जाता है।

(15) सोवियत रूस की न्याय व्यवस्था में प्रोक्यूरेटर जनरल के पद की स्थापना की गई है। इसके माध्यम से सरकार न्यायपालिका पर अपना नियन्त्रण रखती है।

(16) सोवियत रूस में न्यायाधीशों को निर्वाचक मण्डल वापस भी बुला सकता है।

न्यायालयों का संगठन–

सोवियत रूस में न्यायालयों का संगठन निम्न प्रकार है–

1. **जन–न्यायालय–** ये सबसे निम्न स्तर के न्यायालय हैं। इन्हें **जिला न्यायालय** भी कहा जाता है। ये प्रत्येक जिले में होते हैं। इसमें न्यायाधीश 5 वर्ष के लिए चुने जाते हैं और जन–निर्धारक (एसेसर) ढ़ाई वर्ष के लिए। दीवानी और फौजदारी मामलों में इसे प्रारम्भिक क्षेत्राधिकार प्राप्त है।

2. **साथी न्यायालय–** इन न्यायालयों की स्थापना फैक्ट्री, जेलों आदि में की जाती है। इनका कार्य विवेक के आधार पर झगड़ों को निपटाना होता है।

3. **गणराज्यों के उच्च न्यायालय–** ये न्यायालय स्वायत्त गणराज्यों में पाये जाते हैं। इनमें एक अध्यक्ष, एक उपाध्यक्ष, कुछ सदस्य और कुछ जन निर्धारक (एसेसर) होते हैं। इनका कार्य प्रारम्भिक और अपीलीय दोनों प्रकार का होता है।

4. **संघीय गणराज्यों के सर्वोच्च न्यायालय–** गणराज्यों में ये

न्यायालय सर्वोच्च होते हैं। इनके न्यायाधीशों का निर्वाचन 5 वर्ष लिए और जन–निर्धारकों (एसेसरों) का ढ़ाई वर्ष के लिए होता है।

यह गणराज्यों में स्थित न्यायालयों के कार्यों का निरीक्षण करता है तथा उनके निर्णयों पर पुनर्विचार कर सकता है।

5. **विशिष्ट संघीय न्यायालय–** सुप्रीम सोवियत (संसद) इन न्यायालयों का क्षेत्राधिकार निश्चित करती है। ये दो प्रकार के होते हैं–

(1) सैनिक न्यायालय, तथा

(2) रेल एवं जल यातायात न्यायालय।

6. **सोवियत संघ का सर्वोच्च न्यायालय–** यह सोवियत रूस का सर्वोच्च न्यायालय है। इसके सदस्यों को चुनने का अधिकार सर्वोच्च सोवियत (संसद) को है। इनमें 1 अध्यक्ष, 2 उपाध्यक्ष, 13 न्यायाधीश तथा गणतन्त्रीय उच्च न्यायायालों के 15 न्यायाधीश होते हैं। इसको पाँच भागों– फौजदारी, माल, सैनिक, रेल यातायात तथा जल यातायात में बाँटा गया है।

अधिकार और कर्त्तव्य–

सर्वोच्च न्यायालय के अधिकार और कर्तव्य निम्नलिखित हैं–

(1) संघीय गणराज्यों के पारस्परिक संघर्षों का निर्णय करना।

(2) अधीनस्थ न्यायालयों के विरुद्ध अपील करना।

(3) संघीय कानूनों की व्याख्या करना।

(4) अधीनस्थ न्यायालयों की कार्यप्रणाली पर नियन्त्रण रखना।

(5) संघीय अधिकारियों के विरुद्ध आरोपों की जाँच करना।

(6) सोवियत रूस की समाजवादी व्यवस्था को सुदृढ़ करना।

(7) सभी न्यायालयों के आचरण को नियमित करने के लिए अनुदेश जारी करना।

(8) संघीय गणराज्य के निर्णयों के विरुद्ध उचित कार्यवाही करना।

महान्यायवादी (Procurator General)–

इसकी नियुक्ति सर्वोच्च सोवियत (संसद) द्वारा की जाती है और यह प्रेसीडियम के प्रति उत्तरदायी होता है। इसकी नियुक्ति 5 वर्ष के लिए होती है।

अधिकार और कर्त्तव्य–

महान्यायवादी के अधिकार और कर्तव्य निम्नलिखित हैं–

(1) यह देखना कि समस्त संघ में संघीय कानूनों का पालन हो रहा है अथवा नहीं।

(2) महान्यायवादी कानूनों को भंग करने वाले व्यक्ति को बन्दी बनाये जाने का आदेश दे सकता है।

(3) महान्यायवादी सार्वजनिक अधिकारी के विरुद्ध आरोप लगा सकता है।

(4) महान्यायवादी की आज्ञा के बिना कोई नागरिक गिरफ्तार नहीं किया जा सकता।

(5) महान्यायवादी किसी भी विवाद को एक न्यायालय से दूसरे न्यायालय में भेज सकता है।

(6) महान्यायवादी न्यायालय के निर्णय की वैधानिकता की जाँच कर सकता है।

(7) फौजदारी मामलों में महान्यायवादी राज्य की ओर से वकालत कर सकता है।

(8) कानूनों का प्रभाव स्थापित करने में महान्यायवादी का महत्त्वपूर्ण स्थान होता है।

विशिन्स्की के शब्दों में, **"महान्यायवादी कानून का रक्षक, समाजवादी दल का नेता और समाजवाद का समर्थक है।"**

वर्तमान स्थिति–

दिसम्बर, 1991 से पूर्व सोवियत संघ का साम्यवादी स्वरूप नष्ट हो

चुका है। पूर्व सोवियत संघ का विघटन हो चुका है और साम्यवादी व्यवस्था समाप्त हो चुकी है। सोवियत रूस में कम्युनिस्ट पार्टी का एकाधिकार समाप्त हो चुका है। कुछ अन्य दल भी उभरकर सामने आये हैं। वर्तमान सोवियत रूस परिवर्तन के जिस दौर से गुजर रहा है, वह चिन्ताजनक है। सोवियत रूस में लोकतन्त्र रूपी वृक्ष की कोपलें फूटने लगी हैं। इसका प्रभाव न्याय–व्यवस्था पर भी भविष्य में दृष्टिगोचर होगा, ऐसी आशा की जाती है।

विभिन्न देशों में न्यायाधीशों से सम्बन्धित तथ्य–

(1) फ्रांस में अद्भुत न्यायापालिका पाई जाती है; वहाँ दो प्रकार के न्यायालय हैं–

(क) **सामान्य न्यायालय,** तथा

(ख) **प्रशासकीय न्यायालय**।

प्रशासकीय न्यायालय केवल प्रशासनिक अधिकारियों के लिए हैं। फ्रांस में संविधान परिषद् जैसी अद्भुत न्यायिक संस्था है। जिसे फ्रांस का सर्वोच्च न्यायालय कह सकते हैं।

(2) चीन जैसे साम्यवादी राष्ट्रों में प्रतिबद्ध न्यायपालिका पाई जाती है।

(3) न्यायाधीशों की नियुक्ति अलग–अलग देशों में विभिन्न प्रकार से होती है। स्विट्जरलैण्ड के कुछ कैण्टनों में न्यायाधीशों का चयन आम जनता द्वारा किया जाता है। जबकि कुछ देशों में न्यायाधीश कार्यपालिका द्वारा चयनित होते हैं।

(5) भारत में सर्वोच्च एवं उच्च न्यायलय के न्यायाधीशों की नियुक्ति एक निर्वाचक मण्डल के परामर्श से राष्ट्रपति करता है।

(6) कुछ देशों; जैसे– चीन एवं स्विट्जरलैण्ड में न्यायाधीशों का कार्यकाल 10 से 12 वर्ष है। जबकि कुछ देशों में न्यायाधीशों का कार्यकाल आजीवन रहता है; जैसे– अमेरिका में।

(7) न्यायिक पुनरावलोन न्यायालय की वह शक्ति है जिसके माध्यम से वह विधायिका एक कार्यपालिका के कार्यों को वैध या अवैध घोषित कर सकता है।

(8) जब न्यायपालिका कानूनी प्रक्रियाओं में ढ़ील देते हुए सीधे नागरिकों की दशा सुधारने के लिए कार्य करने लगे तो उसे **न्यायिक सक्रियता** कहते हैं। न्यायिक सक्रियता के पहलू हैं– जनहितयाचिकावाद, कार्यपालिका के स्वविकेक पर नियन्त्रण एवं पूर्ण न्याय आदि।

अमेरिकी तथा स्विस सर्वोच्च न्यायालय में तुलना–

(1) स्विट्जरलैण्ड में संघीय स्तर पर केवल एक न्यायालय है, अन्य कोई निम्न न्यायालय नहीं है। जबकि अमेरिका में संघीय स्तर पर न्यायालय का श्रृंखलाबद्ध संगठन है, जिसके शीर्ष पर सर्वोच्च न्यायालय तथा नीचे सर्किट एवं जिला न्यायालय है।

(2) स्विस संघीय न्यायालय में न्यायाधीशों की संख्या बहुत ज्यादा है। इसमें 26 न्यायाधीश और 13 वैकल्पिक न्यायाधीश है। जबकि अमेरिकी न्यायालय में केवल 08 न्यायाधीश हैं।

(3) स्विस न्यायाधिकरण के न्यायाधीशों का निर्वाचन संघीय सभा (संसद) द्वारा होता है। जबकि अमेरिकी सर्वोच्च न्यायालय के न्यायाधीशों की नियुक्ति राष्ट्रपति करता है जिस पर सीनेट की सहमति ली जाती है।

(4) स्विस संघीय न्यायालय के न्यायाधीश छः वर्ष के लिए निर्वाचित होते हैं लेकिन पुनर्निर्वाचन की व्यवस्था के कारण वे **'सदाचरण काल'** तक पदासीन रह सकते हैं। जबकि अमेरिका में न्यायाधीश सदाचार पर्यन्त **'आजीवन'** अपने पद पर आसीन रहते हैं।

(5) स्विस संघीय न्यायालय को संघीय सभा (संसद) के अधीन रहकर अपने कार्यों का सम्पादन करना पड़ता है। जबकि अमेरिकी सर्वोच्च न्यायालय कांग्रेस (संसद) से स्वतन्त्र रहकर अपना कार्य करता है।

(6) स्विस संघीय न्यायालय को न्यायिक पुनर्निरीक्षण का अधिकार प्राप्त नहीं है। जबकि अमेरिकी सर्वोच्च न्यायालय का प्रमुख

कार्य न्यायिक पुनर्निरीक्षण का है।

(7) स्विस संघीय न्यायालय का क्षेत्राधिकार अमेरिकी सर्वोच्च न्यायालय से अधिक विस्तृत है। उसे दीवानी और फौजदारी मामलों में व्यापक अधिकार प्राप्त है। जबकि इस सम्बन्ध में अमेरिकी सर्वोच्च न्यायालय की शक्तियाँ सीमित है। अमेरिका में दीवानी और फौजदारी कानून बनाने का अधिकार राज्य सरकारों को प्राप्त है। अतः इस सम्बन्ध में निर्णय राज्यों के सर्वोच्च न्यायालय ही करते हैं।

(8) स्विस न्यायालय को प्रशासनिक विवादों के सम्बन्ध में अधिकार प्राप्त है। जबकि अमेरिकी सर्वोच्च न्यायालय को प्रशासनिक मामलों में अधिकार प्राप्त नहीं है।

26

दलीय प्रणाली

(Party System)

वर्तमान युग लोकतांत्रिक व्यवस्था की लोकप्रियता का युग है। अतः लोकतंत्रीय शासन की सफलता के महत्त्वपूर्ण तत्त्वों में एक से अधिक दलों का होना आवश्यक है। जिससे कि वे एक–दूसरे से मुक्त रूप से प्रतिस्पर्धा कर सकें। **डब्ल्यू०बी० मुनरो** के शब्दों में, **"स्वतंत्र राजनीतिक दलों का शासन लोकतंत्रीय शासन का ही दूसरा नाम है। जहाँ अनेक राजनीतिक दल नहीं रहे, वहाँ स्वतंत्र शासन कभी नहीं रहा।"** राजनीतिक दलों के महत्त्व पर ही **हूवर** ने कहा कि, **"प्रजातंत्रीय यन्त्र के चालन में राजनीतिक दल तेल के तुल्य हैं।"** किन्तु एकदलीय व्यवस्था के समर्थक दावा करते हैं कि वे बहुसंख्यकों के समर्थन के आधार पर अधिक प्रजातंत्रीय हैं।

राजनीतिक दल के परिभाषीकरण में समस्या यह आती है कि इस विषय में उदारवादी तथा साम्यवादी विचारकों में दृष्टिकोण का भारी अंतर है। **बर्क** ने राजनीतिक दल को एकताबद्ध लोगों का ऐसा निकाय माना जो किन्हीं विशेष सिद्धान्तों पर राष्ट्रीय हित को बढ़ावा देने पर सहमत होते हैं।

डिजराइली ने राजनीतिक दल की परिभाषा कुछ निश्चित सिद्धान्तों का अनुकरण करने के लिये एकीकृत व्यक्तियों के समूह में की है। **बेजामिंन कांसटेंट** के अनुसार, **"राजनीतिक दल समान राजनीतिक सिद्धान्त में आस्था रखने वाले व्यक्तियों का समूह है।"**

इन परिभाषाओं से निष्कर्ष निकाला जा सकता है कि आधारभूत बिन्दु सार्वजनिक महत्त्व के सिद्धान्त से जुड़ा है जिनसे दल के सभी सदस्य सहमत होते हैं। परन्तु **अमेरिका में राजनतिक दल को मात्र सत्ता प्राप्ति का उपकरण समझा जाता है**।

राजनीतिक दल का दबाब गुट शब्द से इस बात में अंतर किया जा सकता है कि जहाँ दल किसी मुद्दे को बातचीत या बहुमत से आधार पर सुलझाते हैं वहीं गुट से हिंसा या असहिष्णुता का बोध होता है।

राजनीतिक दल सिर गिनकर निर्णय करते हैं। जबकि दबाब गुट सिर फोड़कर। राजनीतिक दल की परिभाषा के तीन अनिवार्य तत्त्व हैं–

(1) यह उन व्यक्तियों का संगठन है जो न्यूनाधिक रूप में सार्वजनिक नीति के महत्त्वपूर्ण बिन्दुओं पर सहमत होते हैं।

(2) यह ऐसा संगठन है जिसका लक्ष्य सत्ता हेतु संघर्ष में भाग लेना है।

(3) यह ऐसा निकाय है जिसके सदस्य संवैधानिक साधनों से सत्ता पाकर अपनी नीतियों और कार्यक्रमों को लागू करने का निर्णय सामूहिक रूप से करते हैं।

प्रजातांत्रिक शासन में दल प्रणाली–

प्रजातंत्रीय देशों में **द्वि–दलीय** या **बहुदलीय शासन पद्धति** आवश्यक रूप से पायी जाती है, क्योंकि सत्ता प्राप्ति के लिये दलों में खुली प्रतिस्पर्धा आवश्यक है। अन्य दल विपक्ष की भूमिका निभाकर सत्ता को जवाबदेह बनाते हैं। दलों में मुख्य रूप से मूल्यों तथा विचारधारा की विभिन्नता पायी जाती है।

सर्वाधिकार शासन में दल प्रणाली–

सर्वाधिकार व्यवस्था में मात्र **एक दल ही सत्ता का उपयोग करता है** तथा दल को चुनौती देने वाले दण्डित किया जाता है। सत्ताधारी दल एक विशेष विचारधारा का समर्थन करता है।

अन्य विचारधाराओं को कोई अवसर नहीं दिया जाता। **संविधान में लिखित रूप से एकदलीय व्यवस्था को मान्य ठहराया जाता है।**

राजनीतिक दलों के आवश्यक तत्त्व–

राजनीतिक दल के कुछ निश्चित लक्ष्य होते हैं। जिनके आधार पर इनका अन्य संगठनों तथा सामूहिक गतिविधियों से अंतर किया जा सकता है। राजनीतिक दलों के आवश्यक तत्त्व निम्नलिखित हैं–

(1) आधारभूत सिद्धान्तों पर एकता अर्थात् दल विचारों पर विभाजित नहीं होना चाहिए। यदि ऐसा होता है तो इसका परिणाम नये दल के गठन के रूप में सामने आता है।

(2) निश्चित संगठन होना आवश्यक है, चुनावों के समय विरोध करने में संगठन महत्त्वपूर्ण होता है। संगठन के बिना विचारों के बिखरे समूहों का कोई महत्त्व नहीं हो सकता।

(3) राजनीतिक दल सभी संगठनों या समूहों से सत्ता–प्राप्ति की लालसा के आधार पर पहचाने जा सकते हैं। राजनीतिक दल सत्ता प्राप्ति करना चाहते हैं ताकि वे अपने विचारों तथा नीतियों को मूर्त रूप दे सकें।

(4) राष्ट्रीय हित में वृद्धि राजनीतिक दल का कार्य है। किसी राजनीतिक दल से राष्ट्रीय हित विरोधी बात को अलगाव समझा जाता है। इसी कारण तथा **'अन्तर्राष्ट्रीय राजनीतिक दल'** जैसे शब्द नहीं सुनाई पड़ते।

(5) संवैधानिक शासनों में विश्वास व्यक्त करते हुये राजनीतिक दल अपनी गतिविधि संचालित करते हैं। यदि राजनीतिक दल संवैधानिक साधनों में अविश्वास व्यक्त करें तो निश्चित ही वे आंतकवादी संगठन कहलायेंगे।

राजनीतिक दलों के निर्माण के आधार–

राजनीतिक दलों के निर्माण के आधार निम्नलिखित हैं–

(1) राजनीतिक दल प्रजातांत्रिक व्यवस्था के साथ उदय हुये। इसका कारण अभिव्यक्ति की स्वतत्रता, आर्थिक विकास, धर्मनिरपेक्षता एवं प्रादेशिकता के विचार माने जा सकते हैं।

(2) मानव स्वभाव राजनीतिक दलों के अस्तित्त्व में मुख्य भूमिका

निभाता है। रूढ़िवादी, उदारवादी, क्रान्तिकारी विचारों वाले लोग इन्हीं आधारों पर दलों को समर्थन देते हैं। ब्रिटेन में अनुदार दल, लिबरल पार्टी तथा लेबर पार्टी का यही आधार है। **रोहमर** ने लिखा है कि, **"स्वभाव से किशोर प्रगतिवादी, युवक उत्तरवादी, अधेड़ मनुष्य स्थितिपालक एवं वृद्ध रूढ़िवादी एवं प्रतिक्रियावादी होते हैं।"**

(3) आर्थिक आधार दल के निर्माण में महत्त्वपूर्ण भूमिका निभाता है। समाजवादी दलों तथा उदारवादी दलों के उदय को **'आर्थिक अहस्तक्षेप की नीति'** के सन्दर्भ में समझा जा सकता है। मनुष्य की समस्त भौतिक आवश्यकताओं की पूर्ति आर्थिक व्यापारों से ही पूरी होती है। अतः दक्षिणपंथी तथा वामपंथी के विभाजन का आधार आर्थिक ही माना जायेगा।

(4) धार्मिक आधार पर भी दलों का गठन होता है, किन्तु इसमें राजनीतिक दल केवल अपने धर्मावलम्बियों के बारे में ही सोचने तक सीमित होते हैं। यद्यपि राष्ट्र की एकता की बात अवश्य करते हैं।

वास्तव में ये विशुद्ध राजनीतिक दल नहीं कहलाते, क्योंकि इनके उद्देश्य सम्पूर्ण समाज के हित में नहीं होते। ये दल सार्वजनिक कल्याण की पूर्णतः अनदेखी करते है।

(5) मनुष्य का स्वार्थी स्वभाव भी राजनीतिक दल निर्माण में भूमिका निभाता है। यदि किसी व्यक्ति को दल में अपने स्वार्थ या अहमं को ठेस पहुँचती है तो वह अपने समर्थकों के साथ एक नया दल बना लेता है।

(6) संघीय राज्यों जिनमें संसदीय प्रणाली हो, प्रादेशिकता आधार पर दलों का निर्माण कर दिया जाता है। प्रादेशिक स्तर पर व्याप्त समस्याओं को उभारकर राष्ट्रीय स्तर पर लाना तथा समाधान के लिये (केन्द्रीय सरकार का समर्थन या विरोध) दबाव डालना इनका कार्य होता है।

(7) विचारधारा भी राजनीतिक दलों के निर्माण में मुख्य भूमिका

निभाती है। नाजी या राष्ट्रवाद ने नाजी तथा फासिस्ट पार्टी का निर्माण किया तो साम्यवादी विचारधारा कई साम्यवादी दलों के निर्माण का आधार है।

(8) क्रान्तिकारी नेतृत्व भी राजनीतिक दल के गठन में भूमिका निभाता है। ऐसा **लेनिन, माओ, चारू मजूमदार** एवं **डॉ० लोहिया** आदि के सन्दर्भ में देखा जा सकता है।

राजनीतिक दलों के कार्य–

आधुनिक प्रजातांत्रिक व्यवस्था में राजनीतिक दल महत्त्वपूर्ण भूमिका निभाते हैं। राजनीतिक दल कुछ कार्यों का संचालन करते हैं जो प्रजातंत्रीय व्यवस्था का आधार होते हैं। साथ ही राजनीतिक दल कुछ गैर–राजनीतिक यथा– सहायता कार्य भी करते हैं–

(1) राजनीतिक दल राजनीतिक प्रक्रिया को संगठित करते हैं, सरल बनाते तथा कभी–कभी विखण्डित होने वाले प्रशासनिक ढ़ाँचे में संगति स्थापित करते हैं। उदारणार्थ, अमेरिका का डेमोक्रेटिक दल संघीय व्यवस्था में विभिन्न प्रशासकीय ढ़ाँचों की एकता पर बल देता है।

(2) राजनीतिक दल सत्ता पर अधिकार जमाने के लिये संघर्ष करते हैं ताकि अपनी नीतियों को लागू करा सकें। उदाहरणार्थ, ब्रिटेन का रूढ़िवादी दल।

(3) राजनीतिक दल सरकार तथा जनता के बीच सम्पर्क सूत्र का काम करते हैं। साथ ही दल व्यवसायिक एवं सामाजिक संस्कारोत्पत्ति के लिये कुछ संघो अथवा संगठनों का गठन तथा उन पर नियन्त्रण कर सकते हैं।

(4) राजनीतिक दल राजनीतिक गतिविधि का क्षेत्र बढ़ाते हुये तथा जनता की भागीदारी के आधार को विस्तृत करते हुये राजनीतिक नेताओं की भर्ती का महत्त्वपूर्ण कार्य करते हैं।

(5) राजनीतिक दल मुद्दे प्रस्तुत करते हैं, वे समाज के मूल्यपरक लक्ष्य निर्धारित करते हैं। सभी दलों का दार्शनिक आधार होता

है, इससे कोई अंतर नहीं पड़ता कि वह कितना अस्पष्ट है तथा राजनीतिक दल के वास्तविक व्यवहार से कितना दूर है।

(6) राजनीतिक दल जन–जागरण, लौकिकीकरण तथा चेतना उत्पन्न करने का कार्य करते हैं। जनमत निर्माण में तथा नये विचारों के प्रणयन में राजनीतिक दल महत्त्वपूर्ण भूमिका निभाते हैं।

(7) विकासशील देशों जहाँ अभी राजनीतिक आदतों तथा परम्पराओं का विकास होता है, वहाँ राजनीतिक दल राजनीतिक आधुनिकीकरण का कार्य करते हैं।

(8) राजनीतिक दल समाज कल्याण के कार्यों को भी सम्पन्न करते हैं, जिन्हें गैर–राजनीतिक गतिविधि कहा जाता है। राजनीतिक दल अकाल, महामारी, युद्धों आदि के दिनों में लोगों के कष्ट दूर करने का प्रयास करते हैं।

राजनीतिक दलों की संरचना–

राजनीतिक दलों की एक विशिष्ट संरचना होती है जिस कारण वे अन्य संगठन तथा समूहों से अलग हो जाते हैं। राजनीतिक दलों की रचना के निम्नलिखित सिद्धान्त हैं–

1. **विभाजन सिद्धान्त–** किसी देश के लोग धर्म, सम्प्रदाय, जाति, नस्ल आदि के आधार पर बंटे होते हैं। उनके परस्पर विरोधी हित होते हैं और इसलिये वे अलग–अलग राजनीतिक दल बनाते हैं। **सीमोर एम०लिप्सेट** इसी धारणा के समर्थक हैं।

2. **विकासात्मक या आधुनिकतावादी सिद्धान्त– ऐप्टर, पाई, हंटिग्टन, वीनर** का मत है कि राजनीतिक दल राष्ट्र निर्माण का कार्य करते हैं। व्यवस्था सम्बन्धी संकटों का मुकाबला करते हैं। संघर्षों का समाधान करते हैं तथा राजनीतिक आधुनिकीकरण और राजनीतिक विकास में अपना योगदान देते हैं।

3. **पुनर्गठबन्धन सिद्धान्त– जेम्स बर्नहम** का मत है कि राजनीतिक सहभागिता के उत्थान के साथ राजनीतिक दलों की भूमिका में परिवर्तन आ जाता है। दलीय भावनाओं में गहनता एवं विभाजकता बढ़ जाती है

तथा राजनीतिक और आर्थिक हितों में तनाव–टकराव तेज हो जाता है।

4. **भीतरगठन सिद्धान्त– मोरिस डुवेर्जर** का सिद्धान्त है कि राजनीतिक दलों को भीतर से देखा जाना चाहिए और तभी हम किसी राजनीतिक दल के भीतर कुंडली या प्रकोष्ठ या काडर या उनकी खुली शाखाओं का जाल आदि का अध्ययन कर सकते हैं।

5. **मुद्दों की दूरी का सिद्धान्त– जियोवानी सारटोरी** की यह मान्यता है कि राजनीतिक दलों के सिद्धान्तों में बड़ा अन्तर नहीं होता, विशेष मुद्दों पर मतभेद होने के कारण उनके बीच दूरी बहुत बढ़ जाती है। यह बिन्दु अमेरिका के रिपब्लिकन तथा डेमोक्रोटिक दलों में देखा जा सकता है।

प्रजातांत्रिक राज्यों में राजनीतिक दल–

प्रजातांत्रिक दल प्रणाली में राजनीतिक दल के संगठन के अनेक स्तर होते हैं, जो अन्ततः व्यक्ति तक पहुँचते हैं। केन्द्र में व्यक्ति या व्यक्ति समूह होता है। फिर कक्षाओं में राज्य स्तर, जिला और ब्लाक स्तर होते हैं। सबसे बाहरी कक्षा में व्यक्ति होते हैं।

राजनीतिक दलों में राजनीतिक भर्ती सदस्यता द्वारा की जाती है तथा दूसरा माध्यम व्यक्ति द्वारा आवेदन करना है। सदस्यता शुल्क के साथ व्यक्ति दल का सदस्य बन जाता है। किसी राजनीतिक दल का सदस्य बन जाने पर दल व्यक्ति की जाति बन जाती है।

सर्वाधिकारवादी राज्य में राजनीतिक दल–

सर्वाधिकारवादी प्रणाली में भी राजनीतिक दलों की लगभग यही संरचना होती है। किन्तु राजनीतिक भर्ती का प्रकार भिन्न होता है। एक ही राजनीतिक दल होने के कारण व्यक्ति के पास कोई विकल्प नहीं होता। सदस्य बनने से पूर्व व्यक्ति को प्रमाणित करना होता है कि सम्बन्धित राजनीतिक दल की विचारधारा में उसकी निष्ठा है। तब दल से जुड़ा कोई व्यक्ति उसका नाम प्रस्तुत करेगा और अन्य सदस्य उसका समर्थन करेंगे। यह व्यक्ति की प्राथमिक सदस्यता होती है। इसी प्रकार से व्यक्ति अगले स्तरों पर बढ़ता जाता है।

राजनीतिक दलों के प्रकार–

राजनीतिक दलों को विभिन्न आधारों पर विभाजित किया जा सकता है। इसका आधार पार्टी की उत्पत्ति, नेतृत्व, विचारधारा, कार्यशैली आदि से किया जाता है। साथ ही राजनीतिक दलों की संख्या भी महत्त्वपूर्ण आधार है। नेतृत्व के आधार पर दलों को दो भागों में बाँटा जा सकता है–

1. **नीति या विचारधारा आधारित राजनीतिक दल–** राजनीतिक दल का निर्माण नीति या विचारधारा के फलस्वरूप होता है। विचारधारा मुख्य होती है तथा व्यक्ति विचारधारा को लागू करने के लिये तत्पर रहते हैं। विचारधारा के विरुद्ध जाने पर व्यक्ति को राजनीतिक दल से निकाल दिया जाता हैं। राजनीतिक दल का आधार विचारधारा होती है न कि कोई व्यक्ति विशेष, भारत में कम्युनिष्ट पार्टी इसका उदाहरण है।

2. **व्यक्ति आधारित राजनीतिक दल–** जब राजनीतिक दल का निर्माण किसी व्यक्ति द्वारा किया जाये तथा व्यक्ति पूरी तरह दल का आधार हो। व्यक्ति एक शक्तिपुंज के रूप में कार्य करता है। सभी नीतियाँ इस **'हाई कमान'** से निर्गत होती हैं। आन्तरिक लोकतंत्र दिखावा मात्र होता है। व्यक्ति पूजा इसकी सबसे पड़ी विशेषता है।

व्यक्ति को शक्ति देने की प्रवृत्ति पिछड़े तथा विकासशील समाजों में पायी जाती है। **हंटिग्टन** ने इसके पीछे राजनीतिक ह्रास का कारण बताया। व्यक्ति विचारधारा की अपेक्षा **'व्यक्ति विशेष'** को अपने पास अधिक पाते हैं। क्योंकि राजनीतिक शिक्षा का अभाव होता है। साथ ही विचारधारा के गूढ़ तत्त्व समझना जनता के लिये कठिन होता है। जनता भावना को अधिक महत्त्व देती है।

संसदीय तथा अध्यक्षीय व्यवस्था के आधार पर भी राजनीतिक दलों का विभाजन किया जा सकता है। द्वि–दलीय व्यवस्था अध्यक्षीय प्रणाली में पायी जाती है। जबकि संसदीय प्रणाली बहुदलीय व्यवस्था को प्रोत्साहन देती है। किन्तु ब्रिटेन तथा फ्रांस अपवाद हैं।

संसदीय प्रणाली में दल–

इस प्रणाली में राजनीतिक दल का महत्त्व निर्वाचन से लेकर सरकार

के गठन, संचालन एवं विघटन तक रहता है। क्योंकि संसदीय सरकार उत्तरदायित्व पर चलती है। इस व्यवस्था में राजनीतिक दल सदा क्रियाशील रहते हैं।

अध्यक्षीय प्रणाली में दल–

इस प्रणाली में चुनावों में राजनीतिक दलों का महत्त्व अपने चरम पर होता है तथा मात्र सत्ता प्राप्ति के साधन समझे जाते हैं और राजनीतिक दल चुनाव के बाद निष्क्रिय हो जाते हैं। किसी नीति के सम्बन्ध में राजनीतिक दल के सदस्यों का एक मत का होना आवश्यक नहीं होता, क्योंकि इस प्रणाली में दलीय अनुशासन का अभाव होता है।

राजनीतिक दलों की संख्या के आधार पर–

राजनीतिक दलों के प्रकारों या वर्गीकरण में **'दलों की संख्या'** को महत्त्वपूर्ण आधार माना जाता है। इस वर्गीकरण को सभी के द्वारा स्वीकार किया जाता है। यही आधार लोकतंत्र अथवा अधिनायकतंत्र में अंतर करता है। एकदलीय, द्वि–दलीय तथा बहुदलीय व्यवस्था के वर्गीकरण का आधार सत्ता प्राप्ति के लिये संघर्षरत् राजनीतिक दलों की संख्या है।

1.एकदलीय व्यवस्था–

रूस में 1917 में लेनिन के नेतृत्व में साम्यवादी राज्य की स्थापना के साथ एकदलीय व्यवस्था का जन्म हुआ। एकदलीय शासन प्रणाली में एक ही राजनीतिक दल होता है। जिसे संविधान द्वारा मान्यता प्राप्त रहती है। यह उदारवादी लोकतंत्र के प्रतिकूल व्यवस्था है। अधिकतर इस प्रणाली में गुप्त मतदान दिखावा मात्र तथा चुनाव में प्रतिद्वन्द्वी का अभाव होता है। चुनाव में मतदाता के समक्ष केवल हाँ या नहीं का विकल्प होता है। एकदलीय प्रणाली में राजनीतिक दल पहले किसी व्यक्ति को खड़ा करते हैं, फिर वह व्यक्ति दल को नियन्त्रित करता है। पार्टी आफिस तथा राष्ट्राध्यक्ष सर्वशक्तिमान होते हैं। इस प्रणाली में सरकार द्वारा जनमत तैयार किया जाता है, इसका माध्यम मुख्य–पत्र होते हैं। एकदलीय व्यवस्था का विस्तृत अध्ययन निम्न शीर्षकों के अन्तर्गत किया जा सकता है–

1. **अलोकतांत्रिक–** एकदलीय व्यवस्था में व्यक्ति के समक्ष केवल

एक ही विकल्प होता है। व्यक्ति राजनीतिक दल की विचारधारा स्वीकार कर सकता है नकार नहीं सकता। विचारधारा विरुद्ध जाने पर व्यक्ति के विरूद्ध कड़ी कार्यवाही की जाती है। लोकतंत्र के सहिष्णुता तथा **'असहमत होने की छूट'** के विरुद्ध व्यवस्था लोकतांत्रिक नहीं हो सकती।

2. **संविधान में व्यवस्था–** स्पष्ट रूप से संविधान में लिखित होता है कि राज्य में एक ही राजनीतिक दल होगा, जिसका कोई भी प्रतिद्वन्द्वी दल नहीं होगा। इस प्रणाली में सत्ताधारी अपने दल के विरोधियों को कुचल देते हैं।

3. **प्रतिद्वन्द्वी का अभाव–** इस व्यवस्था में राजनीतिक दल अपनी इच्छा से किसी व्यक्ति को नामित करता है, किन्तु उसका कोई विकल्प प्रस्तुत नहीं करता। व्यक्ति के पास केवल हाँ या ना का ही विकल्प होता है।

4. **मत देना अनिवार्य–** इस प्रणाली में व्यक्ति को मत देने के लिये मजबूर किया जाता है। व्यक्ति सहमत या असहमत होने के लिये स्वतंत्र नहीं होता। वह व्यक्ति व्यवस्था के वैध होने की पुष्टि भी नहीं कर सकता या विरोध भी नहीं कर सकता।

5. **गुप्त मतदान दिखावा मात्र–** एकाधिकारीवादी दल व्यवस्था में चुनाव वास्तव में गुप्त नहीं होते। सत्ताधारी पक्ष विरोध में मत देने वालों का पता लगाकर उनका दमन कर देते हैं। इन प्रणालियों में **'राष्ट्रीय पंजिका'** होती है, जिनमें मतदान की पहचान होती है। मतदाता ने क्या निर्णय किया? इसका पता लगाया जा सकता है।

6. **व्यक्ति आधारित–** पहले राजनीतिक दल किसी व्यक्ति को सहमति चुनता है फिर वह व्यक्ति दल की नीति का निर्धारण करता है। दल की विचारधारा एक ही व्यक्ति के चारों ओर घूमती है।

7. **पार्टी आफिस सर्वशक्तिमान–** एकदलीय व्यवस्था में पार्टी तय करती है कि दल का नेता कौन होगा तथा कैसे नेतृत्व करेगा? राजनीतिक दल की विचारधारा से बाहर जाने वाले व्यक्ति को दल से बाहर कर दिया जाता है। **1966 में माओ ने 'सांस्कृतिक क्रान्ति' से**

राष्ट्रपति 'ली स्व ची' को पद से हटा दिया था; उनका अंतिम समय एक कैदी की भाँति बीता।

8. **मुख–पत्र–** एकदलीय प्रणाली में जनमत तैयार किया है जिसके लिये प्रचार माध्यम, जैसे– मुख–पत्र होना आवश्यक है। राजनीतिक दल मुख–पत्र से जनता को अपनी नीतियों के बारे में बताता हैं। पार्टी तय करती है कि जनता को किस तरह सोचना चाहिए।

एकदलीय व्यवस्था वाले राजनीतिक दलों में **पूर्व सोवियत संघ** की **सी०पी०एस०यू०, चीन** की **सी०पी०पी०आर०सी०, हिटलर** की **नाजी पार्टी, मुसोलिनी** की **फासिस्ट पार्टी, मिस्र** में **कर्नल नासिर** की **अरब सोशलिस्ट यूनियन, बर्मा** में **जनरल नेविन** की **सोशलिस्ट पार्टी, इंडोनेशिया** में **सुहार्तो** की **गोलकार पार्टी** तथा **इराक** में **सद्दाम** की **बाथ पार्टी** आदि प्रमुख रहीं। वर्तमान समय में **मैक्सिको** एवं **मैडागास्कर** आदि राज्यों की **एकदलीय व्यवस्था** को इसी श्रेणी में रखा जा सकता है।

एकदलीय प्रणाली का मूल्यांकन–

एकदलीय व्यवस्था के पक्ष में तथा विपक्ष में कई तर्क दिये जाते हैं। एकदलीय शासन में सरकार स्थिर होती है, विरोधी दल के अभाव में शासन सुचारू रूप से चल पाता है। जनता के समक्ष राजनीतिक दल राज्य की नीति तथा उद्देश्य स्पष्ट रूप से रख पाता है। जिससे दीर्घकालीन योजनाओं का क्रियान्वयन किया जा सकता है। आर्थिक विकास विपक्ष की अड़ंगेबाजी के अभाव में तीव्र होता है। राजनीतिक दल की सदस्यता सीमित होने से अनुशासन बना रहता है, राष्ट्रीयता का परिचय मिलता है; क्योंकि गुटबंदी का भय नहीं रहता। साथ ही एकदलीय व्यवस्था के समर्थक इसे प्रजातांत्रिक मानते हैं, क्योंकि वास्तव में यह जनता का शासन होता है किसी विशेष दल या समूह का नहीं।

एकदलीय व्यवस्था के विरोध में दलीलों में सार है। यह प्रणाली तानाशाही का प्रतीक होती है, क्योंकि इसमें मत स्वतंत्रता एवं दलबंदी को स्थान नहीं दिया जाता। यह प्रणाली प्रजातांत्रिक नहीं होती, क्योंकि विपक्ष का अभाव होता है। राज्य तथा नागरिक समाज का अन्तर

(1) यह मतदाताओं की पसन्द को सीमाओं में बाँध देती है। मतदाताओं को अपने सामने दो में से एक विकल्प का चयन करना पड़ता है। हो सकता है कि वे दोनों दलों का नापसन्द करें, फिर भी उन्हें एक के पक्ष में अपना निर्णय देना पड़ता है। इस प्रकार यह जनमत की अभिव्यक्ति पर निश्चित अंकुश लगा देती है।

(2) कहा जाता है कि राष्ट्र का केवल दो राजनीतिक दलों में विभाजन स्पष्ट रूप में लगभग अवास्तविक या एकपक्षीय है, क्योंकि यह सुझाव देना मूर्खता होगी कि राष्ट्र में केवल दो ही चिन्तन धाराएँ हो सकती हैं।

(3) यह शासन (मन्त्रिमण्डल) की स्थिति को इस सीमा तक दृढ़ बना देती है कि विधायिका (संसद) की स्थिति स्खलित हो जाती है। मन्त्री सुरक्षित कार्य–काल का उपभोग करते हैं तथा वे विपक्षी नेताओं की आलोचना की अधिक चिन्ता नहीं करते। सत्ताधारी दल को सुविधाजनक बहुमत का समर्थन प्राप्त होता है। जिसके परिणामस्वरूप विधायिका की शक्ति कम हो जाती है। इससे **'मन्त्रिमण्डलीय अधिनायकवाद'** का विकास होता है।

(4) यह नेताओं तथा उनके नेतृत्वाधीन लोगों दोनों में बुद्धिमत्तापूर्ण सराहना तथा चयन के बजाय अन्धश्रद्धा को स्थापित करती है। दो प्रमुख दलों के नेताओं को अनावश्यक महत्त्व दिया जाता है और उनके अनुयायी अपनी व्यक्तिगत स्थिति खो देते हैं।

इसके बावजूद यह कहा जा सकता है कि एक–दलीय व्यवस्था अधिनायकवादी है। जबकि द्विदलीय व्यवस्था प्रजातान्त्रिक है।

3.बहुदलीय शासन व्यवस्था–

बहुदलीय प्रणाली प्रजातंत्रीय व्यवस्था को व्यक्त करती है। बहुदलीय प्रणाली एकदलीय तथा द्वि–दलीय प्रणाली का विकल्प प्रस्तुत करती है। बहुदलीय व्यवस्था में निर्वाचन की प्रक्रिया में बहुत सारे राजनीतिक दल भाग लेते हैं तथा किसी एक या गठबंधन द्वारा गठित सरकार सत्ता संचालित करती है।

फ्रांस, हालैण्ड, बेल्जियम, जर्मनी, इटली, स्विट्जरलैण्ड, रूस, कनाडा, आस्ट्रेलिया तथा **भारत** इसके प्रमुख उदहारण है। दलीय व्यवस्था का रूप इतना तरल होता है कि बड़ी संख्या में दबावकारी समूह भी राजनीतिक दलों जैसा व्यवहार करते रहते हैं।

बहुदलीय प्रणाली में मतदाताओं को अधिक स्वतंत्रता प्राप्त रहती है। वह अपने विचारों के प्रतिनिधि दल को अपना समर्थन दे सकता है। इस प्रणाली में मंत्रिमण्डल तथा व्यवस्थापिका में भी सभी विचारधाराओं का प्रतिनिधित्व बना रहता है। मंत्रिमण्डल गठबंधन के कारण तानाशाह नहीं बन पाता। लेकिन बहुदलीय प्रणाली ऐसे दोषों से घिरी रहती है कि इसके गुण गौण हो जाते हैं। सरकार में अस्थिरता, नीति की अनिश्चितता, कार्यपालिका की निर्बल स्थिति, संगठित विपक्ष का अभाव, उत्तरदायित्व की भावना की कमी तथा कार्यकुशलता की कमी आदि इसके मुख्य दोष हैं।

बहुदलीय व्यवस्था में देखा जाता है कि एक बार एक ही राजनीतिक दल सत्ता पर काबिज रहता है शेष दल बिखरे विपक्ष की भूमिका में रहते हैं। **भारतीय शासन में 1951 से 1967 की समयावधि को इसी कारण रजनी कोठारी ने 'कांग्रेस प्रणाली' कहा।** एकदलीय प्रभुत्त्व, एकदलीय व्यवस्था से इन अर्थों में भिन्न होता है कि इसमें दलों की संख्या पर किसी प्रकार से रोक नहीं होती। **चिली** की **पी०आर०आई०** एकदलीय प्रभुत्त्व का उदाहरण है।

राजनीतिक दलों की प्रणाली के विषय में उपरोक्त अध्ययन से निष्कर्ष निकाले जा सकते हैं। दलीय प्रणाली काफी हद तक जनता की मनोवृत्ति की झलक देती है। इसे ब्रिटेन, फ्रांस तथा भारत के सन्दर्भ में समझा जा सकता है। एकदलीय प्रणाली में प्रजातंत्र की हत्या कर दी जाती है अर्थात् यह प्रणाली गैर–प्रजातांत्रिक है। द्वि–दलीय व्यवस्था में विचारों का सही प्रतिनिधित्व नहीं हो पाता, जबकि बहुदलीय प्रणाली अस्थिर सिद्ध होती है; फिर भी ये प्रणालियाँ प्रजातांत्रिक हैं। अतः चार या पाँच दलों वाली व्यवस्था सबसे अधिक प्रभावी सिद्ध हो सकती है। किन्तु किसी देश की अपनी स्थिति पर निर्भर है कि वह कौन से नमूने को अपनाएँ, लेकिन व्यवस्था के संचालन को सफलता मिलनी चाहिए। प्रत्येक हालात में दोनों (द्वि–दलीय एवं बहुदलीय) में से किसी एक

व्यवस्था के गुण तथा दोष उस देश की बुद्धिमत्ता एवं संस्कृति से जुड़े हैं।

दलीय व्यवस्था के गुण–

दलीय व्यवस्था के निम्नलिखित गुण हैं–

(1) यह तर्क दिया जाता है कि राजनीतिक दलों का होना मानव प्रकृति के अनुकूल है।

(2) राजनीतिक दल लोगों के विचारों एवं मतों के वाहक तथा चुनाव कराने के शक्तिशाली उपकरण के रूप में कार्य करता है।

(3) राजनीतिक संचरण तथा भर्ती के माध्यम से राजनीतिक दल देश में लोगों को एकताबद्ध करते हैं।

(4) राजनीतिक दल निरंकुशवाद, जिसे **'सीजरवाद'** तथा **'बोनापार्टवाद'** के उपनामों से भी जाना जाता है। की प्रवृत्ति पर अंकुश लगाने का कार्य करते हैं।

(5) राजनीतिक दलों की भूमिका के बिना शासन का संसदीय रूप नहीं चल सकता।

(6) यह भी कहा जाता है कि राजनीतिक दल लोगों को राजनीतिक शिक्षण प्रदान करते हैं।

(7) राजनीतिक दल देश को धूर्त नेताओं द्वारा उत्पन्न की जाने वाली राजनीतिक उथल–पुथल से बचाते हैं।

दलीय व्यवस्था के दोष–

दलीय व्यवस्था के निम्नलिखित दोष हैं–

(1) दलीय व्यवस्था का उदय तथा विकास किसी अस्वाभाविक राजनीतिक परिवेश की तरह है।

(2) अधिकांश मामलों में राजनीतिक दल अपने हितों के लिए लड़ते हैं।

(3) दलीय व्यवस्था मानव की वैयक्तिकता को नष्ट कर देती है।

(4) राजनीतिक दल निहित स्वार्थों के हाथों में उपकरण मात्र बन जाते हैं।

(5) दलीय व्यवस्था राष्ट्रीय शासन के स्तर से लेकर नगरीय तथा ग्रामीण प्रशासन तक अनावश्यक राजनीतिकरण का फैलाव करती है।

उपर्युक्त विवरण से स्पष्ट होता है कि दल प्रणाली को यदि प्रजातंत्र के लिये आवश्यक माना गया है तो दूसरी ओर इसमें ऐसे दोष हैं, जिनसे मुँह मोड़ना प्रजातंत्र की व्यवस्था के लिये घातक होता है। इन दोषों को जानना तथा इनका निवारण करना आवश्यक है अन्यथा तो प्रजातंत्रीय व्यवस्था के लिये राजनीतिक दल ही खतरा बन जायेगें।

दलहीन प्रजातन्त्र का यह विचार सर्वप्रथम अमेरिकी राष्ट्र के संस्थापकों ने प्रस्तुत किया। **वाशिंगटन, मैडीसन** एवं **एडम्स** जैसे नेताओं ने राजनीतिक दल को **'भीड की हिंसा'** कहकर यूरोप के देशों में विकसित दल व्यवस्था की निन्दा की, परन्तु यह अमेरिका में नहीं चल सका। दो वर्ष बाद ही समूह विकसित हो गए, जिन्होंने अन्ततः राजनीतिक दलों का रूप ग्रहण कर लिया। भारत में इस विचार की कल्पना **महात्मा गाँधी** ने की जब स्वतन्त्रता के तुरन्त बाद उन्होंने यह सलाह दी कि राजनीतिक दल के रूप में भारतीय राष्ट्रीय कांग्रेस को भंग करके इसे **'समाज सेवा संघ'** में परिवर्तित कर दिया जाए। उनके निधन के उपरान्त **आचार्य विनोबा भावे** तथा **जयप्रकाश नारायण** जैसे उनके अनुयायियों ने **'दल–विहीन प्रजातन्त्र'** का सिद्धान्त प्रस्तुत किया। **एम०एन० राय** ने मानव की वैयक्तिकता को कुचलने के कारण दलीय व्यवस्था की निन्दा की तथा जनता के वास्तविक प्रजातन्त्र की स्थापना की भूमिका के रूप में देश में **'सांस्कृतिक पुनर्जागरण'** का सूत्रपात करने का सुझाव दिया।

परन्तु आलोचक बड़ी सरलता से यह कह सकता है कि दल–विहीन प्रजातन्त्र का सम्पूर्ण विचार कपोल कल्पना है। **"दल ही ऐसी प्रमुख संस्थाएँ हैं, जिनके माध्यम से शासकों के उत्तरदायित्व को लागू**

किया जाता है। यदि राजनीतिक दल इस कार्य को करने में असमर्थ हैं तो अन्य संस्थाएँ जिनमें प्रयोजन उसी तरह के हैं, उसी प्रकार असफल होंगी।"

वास्तव में, दलीय व्यवस्था के सबल तथा निर्बल दोनों पक्ष हैं और यदि आरोपों के आधार पर कोई निर्णय दिया जाता है तो यह व्यवस्था को न तो दोषी ठहराएगा न निर्दोष; बल्कि यह बहुत अतिश्योक्तिपूर्ण होगा। किन्तु सभी दुर्बलताओं के बावजूद राजनीतिक दलों का अस्तित्त्व अनिवार्य है। अतः इस समस्या का समाधान व्यवस्था का सुधार करना है ताकि यह यथासम्भव सन्तोषजनक ढ़ंग से कार्य कर सके।

राजनीतिक दलों के सफल संचालन के लिए सुझाव–

राजनीतिक दलों के सफल संचालन हेतु निम्नलिखित सुझाव दिये जा सकते हैं–

(1) राजनीतिक दलों की संख्या अनावश्यक रूप से विशाल नहीं होनी चाहिए। हो सके तो संख्या चार–पाँच तक हो तथा अनावश्यक संख्या पर वैधानिक प्रतिबंध हो।

(2) नये गठित दल को कुछ समय परीविक्षा में विशिष्ट नीति होने के आधार पर मान्यता मिलनी चाहिए। यदि समान कार्यक्रम हो तो उस दल का विलय कर देना चाहिए।

(3) राजनीतिक दलों में विचारधारा, नीति, कार्यक्रम आदि को महत्त्व दिया जाना चाहिए न कि व्यक्ति के आग्रह या सनक को।

(4) उन्हीं राजनीतिक दलों का मान्यता मिलनी चाहिए जो प्रजातांत्रिक मूल्यों तथा संविधान में विश्वास करते हों।

(5) राजनीतिक दलों के कोष का समय–समय पर अंकक्षेण होना चाहिए। धन कहाँ से प्राप्त हुआ तथा कहाँ खर्च हुआ? इसकी जाँच होनी।

(6) सैनिक भाव तथा किसी भी रूप में निजी सैनिक या अर्द्धसैनिक रखने वाले राजनीतिक दलों को वर्जित कर दिया जाना चाहिए।

(7) साम्प्रदायिक तथा समुदायिक राजनीतिक दलों के गठन को तभी मान्यता देनी चाहिए जब वह प्रजातंत्र, धर्मनिरपेक्षता एवं राष्ट्र–विरोधी भावना न रखते हों।

(8) दलीय नियन्त्रण की प्रवृत्ति की समाप्ति तथा राजनीतिक दल के भीतर आंतरिक लोकतंत्र की स्थापना आवश्यक है।

(9) सबसे बढ़कर देश के लोगों को जागरूक होना चाहिए। विशिष्ट तथा निर्विवाद सत्यनिष्ठा वाले नेता को ही समर्थन देना चाहिए।

दलीय प्रणाली के सिद्धान्त–

दलीय प्रणाली किस प्रकार विकसित होती है? किस प्रकार कार्य करती है? किन उद्देश्यों की पूर्ति करती है? तथा राजनीतिक दल किस प्रकार की सामाजिक शक्तियों को संगठित करता है? इनके विषय में अनेक विद्वानों ने विभिन्न सिद्धान्त दिये हैं। जिनमें से प्रमुख सिद्धान्त निम्नलिखित हैं–

1.लेनिन का सिद्धान्त–

लेनिन का विचार है कि विचारों की विभिन्नता वहाँ पायी जाती है जहाँ वर्ग पाए जाते हैं। वर्गविहीन समाज में एकमात्र समाजवादी विचार पाया जाता है। अतः एक ही राजनीतिक दल की आवश्यकता होती है। **लेनिन** ने एक स्थल पर कहा है कि, हमने कहा था कि मजदूर लोग अभी इस योग्य नहीं है कि उनगें समाजवादी चेतना उत्पन्न हो सके। उनके अन्दर चेतना केवल बाहर से लाई जा सकती है। सभी देशों के इतिहास से प्रमाणित होता है कि अपने अनन्य प्रयत्नों से मजदूर वर्ग केवल मजदूर सभाएँ एवं चेतना विकसित कर सकता है अर्थात् केवल वह मालिकों के विरुद्ध लड़ने और सरकार को आवश्यक श्रमिक विधान पास करने को बाध्य करने के लिये मजदूर सभा का निर्माण करने की आवश्यकता अनुभव कर सकता है।

अतः सर्वहारा दल अति आवश्यक है जिससे कि वह पूँजीवाद विरोधी संघर्ष में अग्रिम पंक्ति की भूमिका निभा सके। सर्वहारा दल उस

कार्य को करेगा जो वास्तव में सर्वहारा को करना चाहिए। **लेनिन** ने 1905 में दलीय संगठन के सिद्धान्त को निरुपित करते समय **'प्रजातंत्रीय केन्द्रवाद'** का प्रयोग किया; जिसका अभिप्राय था कि–

(1) राजनीतिक दल के सभी ऊँचे–नीचे निदेशक अंगों का गठन निर्वाचन द्वारा किया जायेगा।

(2) राजनीतिक दल के सभी सदस्य अपने–अपने संगठनों के पास अपनी गतिविधियों का नियमित विवरण भेजेंगे।

(3) राजनीतिक दल में कठोर अनुशासन रहेगा तथा अल्पमत को बहुमत का निर्णय मानना पड़ेगा।

(4) उच्चतर अंगों के सब निर्णय निम्नतर अंगों तथा राजनीतिक दल के सभी सदस्यों के लिये बाध्यकर होंगे।

इस प्रकार के केन्द्रीय प्रजातंत्र का अर्थ है कि सदस्य दल की नीतियों की विस्तृत चर्चा तो कर सकेंगे; परन्तु एक बार जो निर्णय ले लिया गया हो उसे पूरी निष्ठा के साथ लागू किया जायेगा।

आलोचना–

लेनिन के साम्यवादी दल सिद्धान्त की आलोचना निम्न आधारों पर की जाती है–

(1) यह सिद्धान्त वर्ग–संघर्ष में विश्वास करता है, जबकि उत्पादन के लिये वर्ग सौहार्द आवश्यक है।

(2) यह सिद्धान्त केवल साम्यवादी दल को मान्यता देता है अन्य दलों को नहीं।

(3) इस सिद्धान्त में मजदूरों की भावना एवं विवेक को स्थान नहीं दिया जाता है, मजदूरों को दल के हाथ की कठपुतली मान लिया गया है।

(4) दल के अन्दर लोकतंत्र को कोई स्थान नहीं दिया गया है।

(5) **'प्रजातंत्रीय केन्द्रवाद'** व्यवस्था में प्रजातंत्र केवल नाममात्र

के लिये है। उसमें चुनाव मात्र औपचारिकता होते हैं। उम्मीदवार का चुनाव भी दल के अधिकारी तंत्र के हाथों में रहता है।

इस प्रकार सर्वहारा दल के अधिनायकवाद के स्थान साम्यवादी दल का अधिनायकवाद पाया जाता है।

2.मोरिस डुवेर्जर का विश्लेषण–

फ्रांसीसी राजनीति–वैज्ञानिक **मोरिस डुवेर्जर** ने अपनी प्रसिद्ध कृति **'पोलिटिकल पार्टीज'** (1955) के अन्तर्गत लिखा है कि, **"राजनीतिक दलों की उत्पत्ति को समझना बड़ा सरल है।"** राजनीति दल का गठन तथा कार्यविधि का अध्ययन कुछ वैज्ञानिक आधार पर किया जा सकता है। **डुवेर्जर** के मतानुसार, **"राजनीतिक दल कोई समुदाय नहीं, बल्कि समुदायों के समूह हैं; देश–भर में फैले हुये छोटे समूहों (शाखाओं, जुंडलियों, स्थानीय संघों) का संघ है तथा यह समन्वित संस्थाओं से जुड़ा है"**। **डुवेर्जर** ने राजनीतिक दल के समतल तथा लम्बवत् तत्त्वों के प्रति व्यापक दृष्टिकोण अपनाया है।

डुवेर्जर ने दल के माध्यम से कार्य कर रहे प्रत्येक संगठन को **'अप्रत्यक्ष दल'** कहकर राजनीतिक दल में सम्मिलित किया है। जिसके उदाहरण समूहों, संगठनों, समितियों, नियमों, व्यवसायिक निकायों आदि में देखे जा सकते हैं। साथ ही, राजनीतिक दल के संगठन तथा कार्यविधि का प्रयोगात्मक परीक्षण अनेक भीतरी चक्रों की भूमिका प्रदर्शित करता है; जैसे–

1. **जुंडली–** यह बहुत छोटी इकाई; जैसे– चौकड़ी, केन्द्रीय समिति की तरह सीमित प्रकृति की होती हैं। इसका आकार जानबूझकर यथासम्भव छोटा रखा जाता है। इसकी शक्ति सदस्यों की संख्या पर नहीं, बल्कि गुणों पर निर्भर करती है। वास्तव में, यह अपने प्रभाव के करण चयनित **'विशिष्ट लोगों'** का बहुत छोटा समूह होता है। जुंडली निर्णय–निर्माण की प्रक्रिया में महत्त्वपूर्ण भूमिका निभाता है। चुनावों के समय इसका महत्त्व शिखर पर पहुँच जाता है।

2. **शाखा–** यह जुंडली की अपेक्षा कम केन्द्रीकृत होता है। जुंडली जहाँ जानबूझकर जनता से दूर रहती है, वहीं शाखा जनता से जुडने का आहवान् करती है। साधारणतः **शाखा समाजवादी दलों की खोज है**, जो व्यापक रूप से लोगों से सम्पर्क स्थापित करना चाहती है। इसका एक केन्द्रीय ढ़ाँचा होता है और निर्वाचन क्षेत्रों में भौगोलिक इकाईयाँ होती हैं। शाखा की राजनीतिक गतिविधियाँ निरन्तर चलती रहती हैं। **'जर्मन सोशलिस्ट डेमोक्रेटिक पार्टी'** इसका श्रेष्ठ उदाहरण है।

3. **प्रकोष्ठ–** इसे **'कोशिका दल'** भी कहा जाता है। **प्रकोष्ठ क्रान्तिकारी समाजवादी दलों की उपज है।** प्रकोष्ठ का संगठनात्मक ढ़ाँचा कार्यस्थल से ही जुड़ा रहता है। शासक दल की ऐसी **'व्यवसायिक इकाईयाँ'** देशभर में फैली होती हैं। प्रकोष्ठ के सदस्य दल के अन्य सदस्यों से महत्त्वपूर्ण होते हैं। कोशिका दलों (प्रकोष्ठ) की दिलचस्पी चुनाव जीतने से ज्यादा गुप्त गतिविधियों में रहती है। **यूरोपीय कम्युनिष्ट पार्टी** इसका उदाहरण है।

4. **नागरिक सेना (सैनिक दस्ते)–** इन संगठनों के सदस्य असैनिक रूप से रहते हैं। यद्यपि इन्हें सैनिक प्रशिक्षण दिया जाता है। ये वर्दियाँ पहनते हैं। दल का चिन्ह धारण करते हैं तथा दल के सर्वोच्च नेता के अधीन रहते हैं। **मुसोलिनी** के **'हलचल दस्ते', हिटलर** के **'तुफानी दस्ते'** तथा **माओ** के **'लाल रक्षक'** इसके उदाहरण हैं।

प्रजातंत्रीय राजनीतिक दल की सदस्यता की प्रकृति को देखते हुए **डुवेर्जर** ने प्रजातंत्रीय तथा सर्वाधिकारवादी राजनीतिक दलों में निम्नलिखित अंतर किया है–

1. **संवर्गयुक्त दल** ;म्सपजपेज च्तजलद्ध– यह विशिष्ट जनों का समूहीकरण है जो राजनीतिक दल के ढ़ाँचे का निर्माण करते हैं। यह **'चयन'** के सिद्धान्त में विश्वास करता है। किसी व्यक्ति की प्रतिष्ठा, चुनाव लड़ने की कला में उसकी निपुणता तथा संगठन के लिये वित्तीय संसाधन जुटाने में उसकी शक्ति

को बहुत महत्त्व दिया जाता है। इन्हें संभ्रान्तों का दल कहा जा सकता है।

2. **जन दल** ;डें च्तजलद्ध– काफी मात्रा में मताधिकार की वृद्धि ने संवर्गीय दलों को जन दलों में परिवर्तित करने का काम किया है। इसकी सदस्यता खुली रहती है तथा उस प्रत्येक व्यक्ति के लिये उपलब्ध होता है जो इसकी आधारभूत नीति में निष्ठा रखता है।

राजनीतिक दलों के जन्म तथा विकास को दृष्टि में रखते हुए डुवेर्जर ने दो प्रकार के दल सुझाए हैं–

1. **भीतर से उपजे दल**– जिन दलों का जन्म विधायिका की गतिविधियों के कारण होता है। शुरु–शुरु में संसद में कुछ मुद्दों के बारे में सहमति के आधार पर कुछ समूह उभरकर आते हैं तथा फिर निर्वाचन समितियाँ बनती है। इन दोनों तत्त्वों का स्थायी सम्बन्ध अंततः राजनीतिक दलों को जन्म देता है। कभी–कभी व्यक्तिगत स्वार्थ, परस्पर लाभ का विचार भी लोगों को निकट ला देता है। ऐसे राजनीतिक दल अपने लक्ष्यों की पूर्ति में अधिक प्रभावशाली सिद्ध होते हैं। क्योंकि सत्ता के स्रोत तक उनकी सीधी पहुँच होती है। जैसे– **फ्रांस** में **ब्रेटन क्लब**।

2. **बाहर से उपजे दल**– इस प्रकार के दल का उदय देश की विधायिका के क्षेत्र से बाहर होता है तथा निश्चित रूप से यह सत्ताधारी दल अथवा समूह को गम्भीर चुनौती पेश करता है। इनमें **बोल्शेविक दल, ब्रिटिश लेबर पार्टी, भारतीय राष्ट्रीय कांग्रेस** आदि आते हैं। इन दलों में कठोर अनुशासन देखा जाता है तथा केन्द्रीकरण की प्रखर प्रवृत्ति होती है।

डुवेर्जर ने दलीय संरचना का वर्गीकरण **1955** में प्रस्तुत किया। लेकिन आज दलों के गठन तथा संरचना में भारी बदलाव आये हैं। अतः यह वर्गीकरण पुराना पड़ गया है। **जीन ब्लोन्डेन** ने माना कि **डुवेर्जर** ने जिन दलों को **'गुट–बैठक'** और **'जन–पुंज शासन'** की संज्ञा दी है, उन्हें क्रमशः **'अप्रत्यक्ष शासन'** तथा **'प्रत्यक्ष शासन'** में बाँटा जा सकता है। **जीन ब्लोन्डेन** ने तर्क दिया कि वर्गीकरण संख्या के आधार

पर न करके नेता और अनुयायिओं के परस्पर सम्बन्ध के आधार पर होना चाहिए।

3.मिशेल्स के विचार–

जर्मन समाज वैज्ञानिक **रॉबर्ट मिशेल्स** ने अपनी पुस्तक **'पालिटिकल पार्टी'** में विचार व्यक्त किया कि राजनीतिक दल का चरित्र अपने समय की ऐतिहासिक अवस्था से निर्धारित होता है। **मिशेल्स** का विचार है कि, **"जिस राजनीतिक दल के सारे निर्णय करने की शक्ति कुछ ही लोगों के हाथ में होती है तो उसे खतरा बना रहता है कि जनता की लहर आयेगी और उनके छोटे–छोटे गुटों को बहा ले जायेगी।"** इस कारण कोई भी राजनीतिक दल अपने संगठन को विस्तृत आधार देना चाहता है, जिससे अधिक लोग उससे जुड़ सकें। इससे राजनीतिक दल का आधार विशाल एवं जटिल हो जाता है।

मिशेल्स ने माना कि, **किसी भी राजनीतिक दल की निर्णय करने की शक्ति अंततः एक छोटे गुट के पास आ जाती है। लेकिन राजनीतिक दल उस गुटतंत्रीय चरित्र को छिपाकर लोकतंत्रीय होने का दिखावा करते हैं।** या यहूँ कहें, राजनीतिक दल चाहे स्वयं को कितना भी लोकतंत्रीय दिखाने का प्रयास क्यों न करें, लेकिन सदैव ही शासन सूत्र एक छोटे से गुट के पास रहता है। इसे **मिशेल्स** ने **'गुटतंत्र या अल्पतंत्र का लौह नियम'** कहा है।

मिशेल्स ने नेतृत्व को अपने विचारों का आधार बनाया है, जो (नेतृत्व) गुटतंत्र के कारण धीरे–धीरे राजनीतिक दल से दूर हो जाता है। **"संगठन का विचार ही ऐसे तर्क पर आधारित है, जिससे निर्वाचित लोग निर्वाचकों पर अपना प्रभुत्त्व स्थापित कर लेते हैं। जो आज्ञा लेकर आये थे, आज्ञा देने लगते हैं। जो सेवा करने आये थे, सेवक नहीं रह जाते; बल्कि स्वामी बन जाते हैं।"** इस तरह व्यवहार में जनता का शासन काल्पनिक वस्तु बन जाता है।

मिशेल्स ने अपने विचार अत्यन्त सशक्त शैली में व्यक्त किये हैं, किन्तु उसके विचार दलीय गुटतंत्र के विषय में भ्रांतिपूर्ण हैं। वह तकनीकी विशेषज्ञता और राजनीतिक नेतृत्व में स्पष्ट अंतर नहीं ढूँढ़ पाया

है और जटिल संगठनों में नेतृत्व के लिए अनेक समूहों में जो प्रतिस्पर्धा चलती है; उसकी ओर भी **मिशेल्स** का पूरा ध्यान नहीं गया है। लेकिन यह मानना पड़ेगा कि **मिशेल्स** ने संगठनों के गुटतंत्रीय चरित्र को उजागर तो किया ही है।

4.सार्टोरी का सिद्धान्त–

इतावली राजनीतिक वैज्ञानिक **जियोवानी सार्टोरी** ने अपनी महत्त्वपूर्ण कृति **'पार्टीज एण्ड पार्टी सीस्टेमः ए फ्रेमवर्क फॉर एनालीसिस'** (1976) के अन्तर्गत बहुदलीय प्रणालियों के विश्लेषण का एक ढ़ाँचा प्रस्तुत किया। **सार्टोरी** ने दो तरह के बहुदलीय प्रणालियों में अंतर का सुझाव दिया–

(क) संयत बहुलवादी प्रणालियाँ,

(ख) ध्रुवीकृत बहुदलीय प्रणालियाँ।

सार्टोरी के अनुसार, ध्रुवीकृत बहुलवादी प्रणाली राजनीतिक गतिहीनता को जन्म देती है। और कभी–कभी लोकतंत्र को छिन्न–भिन्न कर देती है। **सार्टोरी** ने चार लक्षणों के आधार पर ध्रुवीकृत बहुदलीय प्रणाली को अन्य बहुदलीय प्रणाली से भिन्न माना है–

(1) ध्रुवीकृत बहुदलीय प्रणाली में आमतौर पर पाँच विचारणीय दल पाये जाते हैं। लेकिन इसका अर्थ यह नहीं कि ये चुनाव जीतने में समर्थ हो; किन्तु प्रचलित व्यवस्था में उसका महत्त्व रहता है। मिली–जुली सरकार में इसकी भूमिका रहती है।

(2) **'विचारणीय दलों'** के बीच बहुत ज्यादा विचारधारात्मक या अन्य प्रकार से दूरी पायी जाती है। राजनीतिक मतभेद इतने गहरे होते हैं कि न तो दलों का नेतृत्व एकमत होता है और न ही जनता के स्तर पर उनके अनुयायी।

(3) यह प्रणाली बहुदलीय होती है अर्थात् इसमें दो से अधिक दल पाये जाते हैं, जिनमें एक केन्द्रीय ध्रुव हो सकता है। इस तरह एक केन्द्रीय विचारधारा के परे अनेक परस्पर विरोधी विचारधाराएँ पाई जाती हैं।

(4) ध्रुवीकृत बहुदलीय प्रणाली में उग्र बहुलवाद के कारण अपकेन्द्रीय प्रवृत्ति पाई जाती है। विभिन्न दलों की प्रतिस्पर्धा मतभेद को बढ़ावा देती है।

ध्रुवीकृत बहुलवादी प्रणाली के अन्तर्गत प्रायः सारी राजनीति एक केन्द्रीय दल के चारों ओर मंडराती है। इसमें विपक्ष की रचनात्मक या उत्तरदायित्वपूर्ण भूमिका की विशेष भूमिका नहीं रहती। विरोधी दल प्रायः सरकार पर प्रहार करते हैं तथा निश्चित रहते हैं कि विपक्ष के तौर पर वे जो कुछ आश्वासन देंगे उसके लिये नहीं पकड़े जाएँगे।

इस कारण उनमें कभी उत्तरदायित्व की भावना विकसित नहीं हो पाती। इससे सारी राजनीतिक प्रणाली में गतिहीनता आ जाती है और यह प्रणाली भंगुर सिद्ध होती है। अतः भीतर से या बाहर से आघात लगने पर यह प्रणाली छिन्न–भिन्न हो जाती है।

सार्टोरी ने बहुदलीय प्रणाली का विश्लेषण कर इसकी कमियों की ओर इशारा किया, किन्तु केन्द्रीय दल को वह शाश्वत मानने की भूल करता है। भारत में 1967 के लोकसभा चुनाव **सार्टोरी** के सिद्धान्त के प्रतिकूल जाते हैं। साथ ही, यह ढ़ाँचा सारी राजनीति को वामपंथी और दक्षिणपंथी प्रवृत्तियों के संदर्भ में देखता है।

राजनीतिक दल तथा दबाव समूह–

दबाव समूह राजनीति में रुचि लेते हैं, किन्तु राजनीतिक दलों की भाँति राजनीति में सक्रिय नहीं रहते हैं। राजनीतिक दलों से दबाव समूहों का अंतर सीमित उद्देश्य, सीमित सदस्यता तथा संगठन के स्वरूप के आधार पर किया जा सकता है। दबाव समूह सत्ता प्राप्ति को उद्यत नहीं रहते तथा संवैधानिक–असंवैधानिक साधनों का प्रयोग भी करते हैं। दबाव समूह राजनीतिक दलों को चुनावों में समर्थन भी देते हैं।

दबाव समूहों का वर्गीकरण–

दबाव समूहों का वर्गीकरण निम्नलिखित है–

1.ब्लोण्डेन का वर्गीकरण–

(क) **साम्प्रदायिक–** प्रथागत एवं संस्थागत।

(ख) **संगठनात्मक–** संरक्षणात्मक एवं उत्थानात्मक।

2.आमण्ड का वर्गीकरण–

(क) **संस्थात्मक दबाव समूह–** कर्मचारी संगठन।

(ख) **संघबद्ध दबाव समूह–** मजदूर संगठन।

(ग) **संघेत्तर दबाव समूह–** धार्मिक एवं जातीय संघ।

(घ) **अकस्मात् उत्पन्न उपद्रवकारी समूह–** गुर्जर आन्दोलन।

3.राबर्ट सी० बोन का वर्गीकरण–

(क) परिस्थितिजन्य दबाव समूह, तथा

(ख) अभिवृत्तिजन्य दबाव समूह।

27

विरोधी दल की भूमिका

(Role of Opposition)

ब्रिटेन में प्रतिपक्ष
(The Opposition in Britian)

संसदीय व्यवस्था में प्रतिपक्ष का अस्तित्त्व एवं उसकी सकारात्मक भूमिका अत्यन्त आवश्यक है। इसीलिए ब्रिटेन में प्रतिपक्ष का अध्ययन अपनी प्रासंगिकता रखता है। इसे **'ताज का वफादार प्रतिपक्ष'** कहते हैं। इसके पाँच विशेष लक्षण है–

(1) यह **सुसंगठित** है, यह सरकार को अपने द्वारा चयनित सभी मुद्दों पर एकताबद्ध चुनौती पेश करता है।

(2) यह **स्थायी** है और इसलिए यह राजनीति के उतार–चढ़ाव के साथ न उभरता है, न डूबता है।

(3) यह **प्रतिनिधात्मक** है, क्योंकि इसमें वास्तव में समर्पित नेतागण होते हैं; जो मूलतः देश के आम लोगों से जुड़े होते हैं।

(4) यह **वैकल्पिक** है, क्योंकि यदि सरकार गिर जाए तो यह तुरन्त नई सरकार बनाने का विकल्प पेश कर सकता है।

(5) यह **सहभागी** है अर्थात् सदन की कार्यवाही में भाग लेता है तथा प्रत्येक संकट के समय सरकार को सहयोग देने को तत्पर रहता है।

चूँकि **ब्रिटेन में द्वि–दलीय व्यवस्था है**, इसलिए बहुमत वाली पार्टी सरकार बनाती है तो दूसरी पार्टी प्रतिपक्ष तैयार करती है। **जनादेश के अनुसार दो बड़ी पार्टियों के बीच सत्ता का हेर–फेर होता रहता है**। प्रतिपक्ष के नेता को वेतन एवं भत्ता मिलता है जो अपने विशेष सहयोगियों को लेकर अपनी **'छाया कैबिनेट'** बनाता है। उसे सदन के नेता का प्रतिरूप भी कहा जाता है। प्रतिपक्ष का नेता अपनी **छाया कैबिनेट** के सहयोगियों की मदद से मन्त्रियों से प्रश्न पूछता है, काम रोको प्रस्ताव रखता है तथा सरकार पर कड़े प्रहार करता है ताकि सरकार के गिरने पर उसे सत्ता में आने का अवसर मिले।

किन्तु प्रतिपक्ष का यह कार्य नहीं है कि विरोध की खातिर विरोध करे। विरोध रचनात्मक होना चाहिए अर्थात् जहाँ सरकार त्रुटि करती है, उसकी निन्दा की जाए; किन्तु जहाँ सरकार को अप्रत्याशित सफलता मिले, उसकी सराहना की जानी चाहिए। यदि राष्ट्र के सम्मुख कोई बड़ा संकट हो तो प्रतिपक्ष को सरकार को पूर्ण सहयोग देना चाहिए और आवश्यकता पड़ने पर राष्ट्रीय सरकार में भागीदारी होनी चाहिए जैसा दूसरे महायुद्ध (1939–1945) के समय हुआ। **"प्रतिपक्ष का कठोर संगठन सरकार का सुनियोजित, सतत् एवं आलोचकों के अपरिहार्य समुच्चय के साथ सरकार से भिडन्त लेता है, जिन्होंने प्रतिपक्ष का दायित्व अपने ऊपर लिया है। प्रतिपक्ष का अपना उच्च स्तर होता है।"**

इससे विदित होता है कि प्रतिपक्ष सरकार पर प्रहार करके अपने पक्ष में जनमत का निर्माण करता है ताकि निर्वाचकगण आश्वस्त हो जाएँ कि वर्तमान शासकों की जगह उनके प्रतिपक्षीगण बेहतर शासन चला सकते हैं। **इस प्रकार प्रतिपक्ष लोकतान्त्रिक तरीके से जनता की सेवा करता है।** प्रतिपक्ष की भूमिका के कारण ही कैबिनेट का कॉमन्स सभा के प्रति उत्तरदायित्व परिपुष्ट होता है। प्रतिपक्ष के प्रहारों के रचनात्मक परिणाम होते हैं। सरकार को अपने गलत कदम पीछे करने पड़ते हैं। 1957 में प्रतिपक्ष के प्रहार के कारण प्रधानमन्त्री **एडिन** को त्याग–पत्र देना पड़ा। **1963 में प्रोफ्यूमों काण्ड (Profumo Scandal) के कारण प्रधानमन्त्री मैकमिलन हटे। "यदि प्रतिपक्ष नहीं होगा तो**

कैबिनेट की तानाशाही का मार्ग खुल जाएगा।"

छाया कैबिनेट–

रूढ़िवादी एवं श्रम दोनों दलों ने इस व्यवस्था को अपना लिया है। इसलिए जब एक पार्टी सत्ता में होती है तो वह अपनी कैबिनेट बनाती है। दूसरी पार्टी प्रतिपक्ष में होती है और उनका नेता अपनी **छाया कैबिनेट** बनाता है जिसमें वह अपने उन निकट सहयोगियों को लेता है जो किन्हीं क्षेत्रों में विशेषज्ञ होते हैं तथा उसी के अनुसार सदन में मन्त्रियों से टक्कर लेते हैं।

उदाहरण के लिए, वित्तीय मामलों का विशेषज्ञ वित्त मन्त्री पर प्रहार करता है तो विदेश मन्त्री का विरोध करना उसका कार्य है जो विदेशी मामलों में विशेषज्ञ होता है। सदन की कार्यवाही देखने वाले आसानी से समझ सकते हैं कि प्रतिपक्ष के नेता की **छाया कैबिनेट** में कौन **छाया मन्त्री** है। यदि अगले चुनाव में प्रतिपक्ष वाली पार्टी को बहुमत मिल जाए तो प्रधानमन्त्री अपने छाया मन्त्रियों की विशेषता या कुशलता को ध्यान में उनमें रखकर विभागों का वितरण करता है।

यदि ऐतिहासिक परिप्रेक्ष्य में देखा जाए तो यदा–कदा छाया कैबिनेटों के उदाहरण ढूँढ़े जा सकते हैं, लेकिन **छाया कैबिनेट की औपचारिक स्थापना 1955 में पूर्व प्रधानमन्त्री ऐटली ने की थी**; इसमें लगभग **20 सांसद** होते हैं जो समय–समय पर अपनी बैठकें करते हैं तथा सरकार पर प्रहार करने के बारे में अपनी रणनीति बनाते हैं। **लेबर पार्टी** इसे अपनी **'संसदीय समिति'** कहती है। प्रतिपक्ष का नेता इसका अध्यक्ष होता है, उसके नीचे उपाध्यक्ष, मुख्य सचेतक एवं संसदीय श्रम दल के नेता होते हैं तथा अन्य सदस्यों को कॉमन्स सभा के संसद चुनते हैं।

इस चुनाव में लॉर्ड्स सभा के पियरों को भी शामिल किया जा सकता है। यदि **'छाया प्रधानमन्त्री'** चाहे तो वह इसमें अपनी पार्टी के प्रवक्ताओं को भी ले सकता है। यह व्यवस्था बहुत उपयोगी सिद्ध हुई है। इसीलिए अब **छाया कैबिनेट ब्रिटिश संसदीय प्रणाली का अनिवार्य अंग बन गई है।** छाया कैबिनेट के मन्त्रीगण अपनी योग्यता का परिचय देते हैं तथा उनका अनुभव उस समय रंग दिखाता है जब वे

मन्त्रियों के पद ग्रहण करते हैं। अन्य दलों तथा दबावकारी गुटों के लोग भी छाया कैबिनेट के मन्त्रियों से निकट सम्पर्क बनाए रखते हैं। इस प्रकार प्रतिपक्ष का नेता तथा उसके प्रमुख सहयोगीगण संसदीय संग्राम में अपने संसाधनों का सर्वश्रेष्ठ उपयोग कर सकते हैं।

ब्रिटिश दल व्यवस्था तथा दबावकारी गुट–

लोकतन्त्र जनता का शासन है। लेकिन उसका संचालन जनता द्वारा निर्वाचित प्रतिनिधियों के हाथ में होता है। समय–समय पर चुनाव होते हैं। जिनसे जनता के प्रतिनिधियों की भर्ती की जाती है। इस प्रक्रिया में राजनीतिक दल सक्रिय रूप में भाग लेते हैं। यही कारण है कि प्रत्येक लोकतान्त्रिक देश में दल व्यवस्था विकसित या स्थापित होती है। लोकतन्त्र एक खुले या बहुलवादी समाज में चल सकता है।

जहाँ लोगों के विविध मसले या समस्यायें होती हैं और जिनके रक्षण एवं संवर्द्धन के लिए हितबद्ध समूहों का गठन किया जाता है। यह ठीक है कि दल एवं हितबद्ध समूह लोकतन्त्र को दूषित करते हैं। किन्तु उनके बिना काम भी नहीं चल सकता। विधायन या स्वस्थ परम्पराओं के द्वारा दोषों पर निरूपण रखा जा सकता है। **अमेरिकी नेता मैडीसन** का यह वक्तव्य ठीक है कि, **"यदि लोकतन्त्र को रखना है तो दलों एवं हितबद्ध समूहों को भी रखना पड़ेगा।"**

राजनीतिक दल (Political Parties)–

वर्तमान लोकतान्त्रिक व्यवस्था का राजनीतिक दलों के बिना संचालन नहीं हो सकता। यही कारण है कि जैसे–जैसे लोकतान्त्रिक व्यवस्था विकसित हुई उसी के साथ दल व्यवस्था का विकास भी हुआ। संसद के भीतर गुट बन गए जो एक–दूसरे का विरोध करते थे। एक को याचककर्त्ता कहा गया तो दूसरे को घृणाकर्त्ता। यही गुट **व्हिग** तथा **टोरी** कहे जाने लगे जो बाद में **लिबरल** एवं **कन्जर्वेटिव** पार्टियाँ बन गए। **1920 में लेबर पार्टी की स्थापना हुई।** जिसने उदारवादी पार्टी के महत्त्व को घटा दिया।

ब्रिटिश दलीय व्यवस्था के मुख्य लक्षण–

ब्रिटिश दलीय व्यवस्था के मुख्य लक्षणों को इस प्रकार इंगित किया

जा सकता है–

(1) **ब्रिटेन में द्वि–दलीय व्यवस्था है।** यहाँ दो बड़ी पार्टियाँ हैं, जिनके बीच सत्ता का हेर–फेर होता रहता है। कभी लेबर पार्टी तो कभी कन्जर्वेटिव पार्टी। यहाँ अनेक छोटी पार्टियाँ भी हैं; जैसे– लिबरल पार्टी, सोशल डेमोक्रेटिक पार्टी, कम्युनिस्ट पार्टी, **स्कॉटलैण्ड में** स्काटिश नेशनलिस्ट पार्टी, **वेल्स में** प्लेड साइमरो आदि लेकिन **ब्रिटेन** में इन **'तीसरी पार्टियों'** की कोई महत्त्वपूर्ण भूमिका नहीं है।

(2) **लेबर एवं कन्जर्वेटिव पार्टियों के सिद्धान्तों तथा कार्यक्रमों में आमूल अन्तर है। लेकिन कठोर विचारधारात्मक विभाजन नहीं है।** यह ठीक है कि कन्जर्वेटिव पार्टी धनी वर्गों की हितैषी है। किन्तु वह श्रमिकों की उपेक्षा नहीं करती। लेबर पार्टी मेहनतकशों की हितैषी है किन्तु वह व्यापारिक क्षेत्र का दमन नहीं करती। यही कारण है कि प्रशासन में निरन्तरता बनी रहती है। एक पार्टी जो काम अधूरा छोड़ जाती है, दूसरी पार्टी उसे आगे बढ़ाती है। इसीलिए दलीय शासन बदलने के बाद कोई चौंकाने वाला परिवर्तन नहीं होता।

(3) **दोनों पार्टियाँ सुसंगठित है वे अनुशासन के भीतर कार्य करती हैं।** इसीलिए दल में फूट या दल–बदल की घटनाएँ नहीं होती हैं। कैबिनेट प्रणाली सुचारु रूप से चलती है तथा राजनीतिक स्थिरता बनी रहती है। मध्यावधि चुनाव नहीं होते। जिनके उदाहरण अन्य लोकतांत्रिक देशों में देखे जा सकते हैं।

(4) **ब्रिटिश पार्टियाँ साम्यवाद, वैज्ञानिक समाजवाद या किसी प्रकार की उग्रवादी विचारधारा में आस्था नहीं रखती।** यदि कन्जर्वेटिव पार्टी पुरानी संस्थाओं को बनाए रखना चाहती है तो लेबर पार्टी भी उन्हें क्रान्तिकारी तरीकों से समाप्त नहीं करना चाहती। यह ठीक है कि **लास्की ने लॉर्ड्स सभा को तोड़ने का विचार दिया,** लेकिन कई बार सत्ता में होने के बावजूद लेबर सरकार ने ऐसा प्रयास नहीं किया। यहाँ तक कि **प्रधानमन्त्री विल्सन** ने अपने दल के

लोगों के विरोध को अपने ध्यान में रखते हुए 1969 में उस बिल को वापस कर लिया जिसका प्रयोजन लॉर्ड्स सभा के गठन को उग्र तरीके से सुधारना था। यह भी एक महत्त्वपूर्ण बिन्दु है कि ब्रिटेन की पार्टियाँ शान्तिपूर्ण, लोकतान्त्रिक या संवैधानिक साधनों के प्रयोग में अपनी पूर्ण आस्था रखती है। दलों के नेता उन साधनों की निन्दा करते हैं, जिनका प्रायः फ्राँस या अन्य साम्यवादी देशों में प्रयोग किया जाता है।

निष्कर्षतः ब्रिटेन में दो बड़ी पार्टियाँ हैं और उन्हीं के बीच सत्ता का हेर–फेर होता रहता है, अतः अब उनके कार्यक्रमों का कुछ विवरण प्रस्तुत करना उपयुक्त होगा। **कन्जर्वेटिव पार्टी** जैसा कि इसके नाम से विदित होता है। यह **रूढ़िवादी कही जाती है।** क्योंकि यह परिवर्तन के कार्यक्रमों का विरोध करती है। इस पार्टी के लोग अपनी पुरानी संस्थाओं का मान करते हैं। लेकिन अति आवश्यक परिस्थतियों में वे उनमें सुधार को स्वीकार भी कर लेते हैं। देश के धनी एवं चर्च से जुड़े लोग इसी पार्टी को अपना समर्थन देते हैं। जब साम्राज्यवादी का युग था, इस पार्टी ने किसी अधीन क्षेत्र को मुक्त करने के विचार का विरोध किया। **प्रधानमन्त्री चर्चिल ने 1942 में स्पष्ट कर दिया कि जब तक वह प्रधानमन्त्री है। भारत को स्वतन्त्रता देने का प्रश्न ही पैदा नहीं होता।**

इसके विपरीत, **लेबर पार्टी फेबियन समाजवाद में विश्वास करती है।** इसे देश के श्रम संघों का समर्थन प्राप्त है। मध्यम वर्ग वाले तथा जन–साधारण इसी को अपना समर्थन देते हैं। **लेबर पार्टी** राज्य को जन–कल्याण का साधन मानती है तथा आग्रह करती है कि सामाजिक न्याय की खातिर कृषकों, श्रमिकों, कारीगरों, मेहनतकशों आदि के हितों की रक्षा की जाए। राज्य सामाजिक बीमे की व्यवस्था को तथा गरीबी, बेकारी, भुखमरी, अज्ञानता, आश्रयाभाव जैसे रोगों को दूर करे। अन्तर्राष्ट्रीय क्षेत्र में यह पार्टी साम्राज्यवाद की निन्दा करती है तथा अधीन देशों की स्वतन्त्रता की हितैषी है। यही कारण है कि **1947 में लेबर सरकार ने भारत को स्वतन्त्रता प्रदान की।**

दबावकारी गुट (Pressure Groups)–

राजनीतिक दलों के अलावा दबावकारी गुट राजनीतिक प्रक्रिया में

अपनी महत्त्वपूर्ण भूमिका निभाते हैं। यदि ब्रिटिश वाणिज्य संघ एवं ब्रिटिश उद्योगों का परिसंघ, व्यापारियों के हितबद्ध गुट हैं तो राष्ट्रीय कृषक संघ, रेलवे कर्मचारियों का राष्ट्रीय संघ तथा खान कर्मचारियों का राष्ट्रीय संघ श्रमिक वर्ग के हितबद्ध समूहों के उदाहरण हैं। ब्रिटिश मेडिकल संघ, राष्ट्रीय शिक्षक संघ तथा ब्रिटिश वास्तुकारों का शाही संघ व्यावसायिक गुटों के उदाहरण कहे जा सकते हैं। ऐसे हितबद्ध समूहों की विशाल संख्या है। जो अपने हितों की सुरक्षा एवं उनके संवर्द्धन के लिए सत्ता के संघर्ष में भागीदारी करते हैं।

राजनीतिक दलों एवं दबावकारी गुटों के बीच दो–तरफा यातायात होता है। राजनीतिक दलों को अधिक से अधिक लोगों का समर्थन चाहिए, अतः दल इन गुटों से अपना सम्पर्क बनाए रखते हैं। दूसरी ओर, दबाव गुटों को नेतृत्व तथा राजनीतिक संरक्षण चाहिए। अतः वे बड़े राजनेताओं की छत्र–छाया में रहना चाहते हैं। यह हो सकता है कि विचारधारात्मक आधार पर सहमति होने के नाते कोई दबाव गुट किसी विशेष पार्टी से अपना स्थाई सम्बन्ध बनाए रखे या वह अवसरवादिता के बिन्दु पर जमे रहने के कारण समय–समय पर अपनी आस्था या सम्पर्क में परिवर्तन करता रहे। **व्यापारियों के गुट सदैव कन्जर्वेटिव पार्टी को समर्थन देते हैं तो कृषकों एवं श्रमिकों के गुट लेबर पार्टी से अपना नाता जोड़े रहते हैं,** लेकिन व्यावसायिक गुटों के बारे में ऐसा नहीं कहा जा सकता। इसीलिए चुनाव के समय उनके अप्रत्याशित रुख को **'तैरता हुआ वोट'** कहा जाता है।

यदि प्रशासन का तथ्यपरक अध्ययन किया जाए तो स्पष्ट होता है कि सरकार एवं ऐसी गैर–सरकारी संस्थाएँ सामान्यतः एक–दूसरे के सहयोग से काम करती हैं और इसी से दोनों को अपने–अपने ढ़ंग से लाभ प्राप्त होता है। दोनों के बीच औपचारिक तथा अनौपचारिक सम्पर्क बने रहते हैं। औपचारिक तरीकों को निम्न प्रमुख दिशाओं में देखा जा सकता है–

(1) जब कोई शाही आयोग या विभागीय जाँच कमेटी गठित होती है तो ये गुट उसके समक्ष अपने विचार रखते हैं तथा जाँच–पड़ताल करने वालों को अपने तरीके से प्रभावित करते हैं।

(2) सरकार के सभी मन्त्रालयों से सलाहकार समितियाँ जुड़ी हुई हैं। जब उनकी बैठकें होती हैं। तब दबावकारी गुटों के लोग लोक–सेवकों से मिलते हैं और उन्हें विशेषज्ञतापूर्ण सलाह एवं सामग्री देकर निर्णय–निर्माण को प्रभावित करते हैं।

(3) कभी–कभी मन्त्रालयों की ओर से परामर्श माँगे जाते हैं या सरकारी बैठकों में इन गुटों के विशेषज्ञ बुलाए जाते हैं, जो स्वयं उपस्थित होकर अपने ज्ञान एवं अनुभव के आधार पर निर्णय–निर्माताओं को प्रभावित करते हैं।

(4) लोक–प्रशासन की संचालन शैली बहुत बदल चुकी है। विभागों को बाहरी विशेषता पर आश्रित होना पड़ता है। निगमवादी या उत्तर–निगमवादी राज्य ऐसी व्यवस्था को बहुत प्रोत्साहन देता है।

(5) दबावकारी गुट सरकारी विभागों पर अपना ध्यान केन्द्रित करते हैं, क्योंकि वहीं से लोक–प्रशासन का संचालन होता है; लेकिन दबावकारी गुट सांसदों को भी अपना निशाना बनाते हैं। दबावकारी गुटों के प्रमुख मन्त्रियों से तालमेल स्थापित करते हैं तथा मुख्य सांसदों की सहायता से लाबिंग करते हैं। यही वजह है कि कभी–कभी मन्त्रियों के वक्तव्य बदल जाते हैं या किसी बिल के प्रावधानों में महत्त्वपूर्ण संशोधन किया जाता है, यहाँ तक कि उसे वापस भी कर लिया जाता है। इस तथ्य की उपेक्षा नहीं की जा सकती कि चाहे भला हो या बुरा, **आज ब्रिटिश सरकार ऐसी है जो लाबी के द्वारा चलती है।**

वर्तमान लोकतान्त्रिक व्यवस्था एक खुले एवं बहुलवादी समाज में कार्य करती है। अतः उसमें राजनीतिक दलों तथा हितबद्ध समूहों की प्रभावशाली भूमिका एक स्वाभाविक विकास है। जिसकी निन्दा की जा सकती है। किन्तु उसके प्रवाह को रोका नहीं जा सकता। इसी बढ़ते हुए प्रभाव को **नव–मध्ययुगवाद** की संज्ञा दी गई है।

अमेरिकी राजनीतिक दल तथा दबावकारी गुट

अमेरिकी शासन व्यवस्था में राजनीतिक दलों का अध्ययन इस तथ्य के कारण अपना अनूठा महत्त्व रखता है कि **यहाँ राजनीतिक दल**

पदबन्ध का विचित्र अर्थ लगाया जाता है तथा यहाँ दबावकारी गुटों की भूमिका राजनीतिक दलों की भूमिका से अधिक महत्त्वपूर्ण है। अमेरिका के राष्ट्र–निर्मातागण दल व्यवस्था के कटु आलोचक थे।

जार्ज वाशिंगटन ने दल को **'भीड़ या गुट की हिंसा'** कहा। उन्होंने ऐसी व्यवस्था रची जिसमें राजनीतिक दलों का कोई स्थान न हो, जिसके दूषित रूप यूरोप के देशों में देखे जा सकते थे। फिर भी, यहाँ दल व्यवस्था का उदय हुआ और आज **अमेरिका में द्वि–दलीय व्यवस्था है** लेकिन असंख्य हितबद्ध समूहों की भूमिका ने दलीय भूमिका को आच्छादित कर दिया है।

एक अमेरिकी लेखक के शब्दों में, **"लोकतन्त्र के बिना अमेरिका नहीं, राजनीति के बिना लोकतन्त्र नहीं, दलों के बिना राजनीति नहीं, समन्वय एवं समझौते के बिना कोई दल नहीं।"**

राजनीतिक दल (Political Parties)–

ब्रिटेन की तरह अमेरिका में भी दल व्यवस्था धीरे–धीरे विकसित हुई, इस नाते यह संविधानेत्तर विकास का रूप है। **1788 और 1792 के चुनावों में जार्ज वाशिंगटन को निर्विरोध राष्ट्रपति चुना गया।** राजनीतिक दल जैसी कोई वस्तु नहीं थी।

लेकिन उन्होंने यह आभास किया कि धीरे–धीरे दल व्यवस्था उपज रही है। इसीलिए उन्होंने सावधान किया कि इस विषैली परम्परा को विकसित होने से रोका जाये। **जार्ज वाशिंगटन** के उत्तराधिकारी **थामस जैफर्सन** ने भी ऐसे भाव व्यक्त किये, परन्तु इस विकास को रोका नहीं जा सका।

उन्नीसवीं सदी के मध्य तक दल व्यवस्था उभर आई। इस तथ्य की अनदेखी नहीं की जा सकती कि जब **फिलाडेल्फिया में संविधान की रचना** हो रही थी, उस समय दो विरोधी गुट उभर चुके थे। **हैमिल्टन संघवादी** था जो शक्तिशाली केन्द्र के पक्ष में था। **जैफर्सन संघवाद–विरोधी** था जो राज्यों की स्वायत्ता का पक्षधर था। जब **जार्ज वाशिंगटन राष्ट्रपति** हुए तो उन्होने अपनी कैबिनेट में दोनों गुटों

के नेताओं को स्थान दिया।

लोकतन्त्र में राजनीतिक दलों, समूहों एवं गुटों का होना एक स्वाभाविक या प्राकृतिक विकास है। **जैफर्सन के गुट को संघवाद–विरोधी** कहा गया और यही आगे चलकर **डेमोक्रेटिक पार्टी** बन गया। इस गुट के लोगों ने न केवल सबल संघ की स्थापना का विरोध किया, बल्कि कृषि एवं बागवानी करने वालों के हितों का समर्थन किया। इसके विपरीत, **हैमिल्टन** ने **शक्तिशाली संघ** की आवाज उठाई तथा शहरी उद्योग एवं व्यापार करने वालों के हितों का समर्थन किया और आगे चलकर यही गुट **रिपब्लिकन पार्टी** बन गया।

इसने **नीग्रो** लोगों को स्वतन्त्र कराने के लिए तथा दासता को समाप्त करने का समर्थन किया, जबकि डेमोक्रेटिक पार्टी ने ऐसे विचार का विरोध किया। इस प्रकार अमेरिका में दल व्यवस्था विकसित हो गई और **जार्ज वाशिंगटन** या **मैडीसन** जैसे नेताओं की सावधानियाँ धरी रह गयी तथा अपरिहार्यता को रोका न जा सका।

दलीय व्यवस्था की विशेषताएँ–

उन्नीसवीं शती के मध्य में अमेरिका में द्वि–दलीय व्यवस्था प्रकट हो गई जो अभी तक चली आ रही है। इसकी प्रमुख विशेषताओं को इस प्रकार इंगित किया जा सकता है–

(1) **ब्रिटेन की तरह अमेरिका में भी द्वि–दलीय व्यवस्था है।** रिपब्लिकन एवं डेमोक्रेटिक दो पार्टियाँ हैं, जिनके बीच सत्ता का हेर–फेर होता रहता है। कभी–कभी छोटी पार्टियाँ उभर आती हैं, लेकिन सत्ता के संघर्ष में उनका कोई महत्त्व नहीं है।

(2) **अमेरिकी दल व्यवस्था में विचारधारा की पावनता को कोई जगह नहीं है।** दोनों दल लोकतन्त्र में विश्वास रखते हैं और इसलिए दोनों की लोकतान्त्रिक विचारधारा है। दोनों दलों के कार्यक्रमों में अन्तर देखा जा सकता है। **डोमोक्रेटिक पार्टी** चाहती है कि सभी नागरिकों को समान सामाजिक अधिकार प्राप्त हो, नस्लीय भेदभाव न हो, युद्ध से बचा जाये, राज्यों को अधिक स्वायत्तता प्राप्त हो, संविधान के प्रावधानों

की कठोर व्याख्या की जाये तथा गुलाम देशों की स्वतन्त्रता का समर्थन किया जाये इत्यादि।

इसके विपरीत, **रिपब्लिकन पार्टी** संविधान की लचीली व्याख्या, राज्यों की स्वायत्तता की कीमत पर संघ की शक्ति में वृद्धि एवं औपनिवेशिक विस्तारवाद आदि की पक्षधर हैं लेकिन ऐसा अन्तर मात्र दिखावटी है। **लार्ड ब्राइस** ने दोनों दलों की तुलना **दो ऐसी बोतलों से की है। जिनमें मदिरा (शराब) समान हो, किन्तु उन पर लगे बिल्ले भिन्न हों।**

(3) **अमेरिकी पार्टियाँ हितों के समागम की तरह है।** देश में असंख्य हितबद्ध समूह हैं, जिनसे दोनों पार्टियाँ अपना राजनीतिक सम्बन्ध बनाये रखती हैं। राजनीतिक दल भी इन समूहों एवं गुटों से अपना तालमेल बिठाये रखते हैं। दलीय अनुशासन का स्पष्ट अभाव है। इसीलिए हितबद्ध समूह या गुट दलों की गतिविधियों पर हावी रहते हैं। अतः **'गुट कूटनीति'** दलीय नीति या कार्यक्रम पर हावी रहती है।

(4) **दोनों दलों में सत्ता के विकेन्द्रीकरण को देखा जा सकता है।** पार्टी की क्षेत्रीय इकाईयाँ बहुत मजबूत हैं, अतः पार्टी के राष्ट्रीय नेतागण अपनी क्षेत्रीय या स्थानीय इकाइयों को अपने कठोर प्रभावाधीन नहीं रख सकते।

(5) **चूँकि दलीय व्यवस्था बहुत लचीली या शिथिल है, इसीलिए चुनाव से पहले पार्टी ऐसे लोगों को भी टिकट देती है जो उसके कभी सदस्य न रहे हों।** व्यक्ति के प्रभावशाली महत्त्व को देखा जाता है और उसी आधार पर उसे राष्ट्रपति या सीनेट या प्रतिनिधि सभा के चुनाव के समय उम्मीदवार चुना जाता है। दल के कुछ बड़े नेता अपनी **जुडंली** बना लेते हैं और वही टिकट बाँटने का काम करते हैं।

उपर्युक्त बिन्दुओं को देखकर ऐसा लगता है कि अमेरिकी दल व्यवस्था ब्रिटिश दलीय व्यवस्था से बहुत भिन्न है। प्रत्येक दल की केन्द्र तथा प्रत्येक राज्य में अपनी शाखाएँ हैं, जो स्वायत्तशासी होने के नाते

स्वतन्त्र निर्णय लेती हैं। **इसीलिए कभी–कभी यह कहा जाता है कि अमेरिका में एक नहीं बल्कि 50 दल हैं।** इसमें सामन्तवादी व्यवस्था का लक्षण देखा जा सकता है, यह दूसरी बात है कि किसी पार्टी के पास अपना राजा नहीं है।

इन सबके पीछे यह कारण है कि दल व्यवस्था के बारे में अमेरिकी लोगों की विचित्र अवधारणा है। **अमेरिकी लोग दल को वोट खींचने वाली मशीन समझते हैं।** उनकी यह मान्यता है कि स्वतन्त्र देश के नागरिकों को दलीय व्यवस्था के बन्धनों से नियन्त्रित नहीं किया जा सकता। अमेरिकी लोग अपनी दलीय व्यवस्था को एक अनूठा राजनीतिक योगदान बनाते हैं। उदारवादी व्यवस्था के प्रशंसक फासीवाद, समाजवाद एवं साम्यवाद की निन्दा करते हैं तथा लोकतान्त्रिक विचारधारा की दुहाई देते हैं। उनके आग्रह की यह टेक है कि दल व्यवस्था ऐसी होनी चाहिए जो लोगों की जीवन शैली से मेल खाए। जैसा एक अमेरिकी लेखक ने कहा है कि, **"द्वि–दलीय व्यवस्था हमारे प्रशासनिक एवं राजनीतिक ढ़ाँचे का ऐसा अंग बन चुकी है कि अब इस बारे में कोई तर्क प्रस्तुत करने, व्याख्या करने या उसे समझने तक की आवश्यकता नहीं है।"**

दबावकारी गुट (Pressure Groups)–

प्रत्येक बहुलवादी समाज में अनेक हित होते हैं और वे सभी अपने हितों के संरक्षण एवं संवर्द्धन के लिए संघर्ष करते हैं। अतः अमेरिकी लोकतान्त्रिक व्यवस्था में दबावकारी गुटों ने दल व्यवस्था को आच्छादित कर दिया है। दबावकारी गुटों की राजनीति की मुख्य विशेषताओं को इस प्रकार इंगित किया जा सकता है–

(1) **अमेरिका में हितबद्ध बुटों की विशाल संख्या है और वे स्वायत्तशासी हैं।** ऐसे बड़े गुटों में– व्यापारियों एवं उत्पादकों का राष्ट्रीय संघ, वाणिज्य मण्डल, विद्युत कम्पनियों का राष्ट्रीय संघ आदि आते हैं। इसी प्रकार किसानों तथा मजदूरों का संगठन हैं; जैसे– अमेरिकी फार्म ब्यूरो संघ, राष्ट्रीय कृषक संघ, अमेरिका का श्रम संघ आदि। इन गुटों पर किसी विशेष दल का नियन्त्रण या प्रभाव नहीं है। इसीलिए ये गुट किसी

विचारधारात्मक बन्धन से नियन्त्रित नहीं हैं। ये गुट अपने हित साधना के लिए किसी पार्टी से तालमेल बैठा लेते हैं या जैसी हवा चले, उसी तरह बहने लगते हैं। इतना ही नहीं, प्रभावशाली गुटों के दबाव में आकर राजनीतिक दल अपनी नीति या रणनीति बनाते हैं और उस पर अमल करते हैं।

(2) **अमेरिका की शासन व्यवस्था ब्रिटिश शासन व्यवस्था से बहुत भिन्न है।** यहाँ **शक्तियों का पृथक्करण** है तथा **विरोधों एवं सन्तुलनों** की व्यवस्था है। सरकार का एक अंग अन्य दो अंगों पर अपना नियन्त्रण रखता है। अतः ये दबावकारी गुट अपनी राजनीतिक चालबाजियाँ खेलते हैं। यदि राष्ट्रपति उनके दबाव में नहीं आता तो वे काँग्रेस (संसद) को अपना निशाना बनाते हैं। कभी–कभी राष्ट्रपति द्वारा की गई नियुक्ति या विदेश सन्धि सीनेट से पुष्ट नहीं हो पाती। इसके पीछे किसी दबावकारी गुट की भूमिका देखी जा सकती है। यदि राष्ट्रपति तथा काँग्रेस (संसद) दोनों पर किसी दबावकारी गुट का प्रभाव कारगर न हो तो वह सुप्रीम कोर्ट का सहारा लेता है ताकि राष्ट्रपति के अमुक आदेश या काँग्रेस (संसद) के अमुक कानून को अवैध करा दिया जाए। इसीलिए यह कहा जाता है कि इन दबावकारी गुटों की भूमिका की कोई संस्थापिक सीमाएँ नहीं हैं।

(3) **अमेरिकी दबावकारी गुट खुलकर लाबिंग की तकनीक का प्रयोग करते हैं।** यह ठीक है कि प्रत्येक लोकतान्त्रिक देश में इस तकनीकी का थोड़ा–बहुत प्रयोग होता है, किन्तु इसे वैध नहीं माना जाता। इसके विपरीत, अमेरिका में इस तकनीक का खुलकर प्रयोग किया जाता है तथा 1946 के एक कानून ;थ्मकमतंस त्महनसंजपवद व िस्वइइलपदह ।बजद्ध में इसे व्यवस्थित करने के प्रावधान है। लाबी का मतलब उन प्रभावशाली लोगों के गुट से होता है, जो निर्णय लेने वालों को प्रभावित करके अपना हितसाधन करते हैं तथा अपना ध्येय पूरा करने के लिए वे किसी उचित या अनुचित हथकण्डे का प्रयोग

> कर सकते हैं। अमेरिकी लोगों के विचार में लाबिंग प्रतिनिधि शासन की एक अनिवार्य तकनीक है और इसे प्रोत्साहित करने तथा समझने की आवश्यकता है।

यह तथ्य छिपाया नहीं जा सकता कि **दबावकारी गुट समाज के सभी हितों का समान तौर से प्रतिनिधित्व नहीं करते और वे निर्णय लेने वालों पर तरह–तरह के अनुचित एवं अनैतिक दबाव डालने में संकोच नहीं करते।** यह भी देखा जा सकता है कि बहुत से गुट ऐसी गलत गतिविधियों में फँसे होते हैं कि उन्हें उनके प्रति उत्तरदायी नहीं ठहराया जा सकता। फिर भी, अमेरिकी लेखक इस प्रकार की राजनीति की प्रशंसा करते हैं। उनके विचार में, गुटों की राजनीति लोक–सहभागिता को प्रोत्साहित करती है तथा लोकतान्त्रिक व्यवस्था को सुदृढ़ एवं विकसित बनाती है और लोगों की राजनीतिक उदासीनता को मिटाकर उन्हें जागरूक नागरिक बनने की ओर आकृष्ट करती है। गुटो की राजनीति से बड़े–बड़े काण्डों (घटनाओं) का भण्डा फोड़ होता है; **निक्सन जैसे राष्ट्रपति को 1974 में त्यागपत्र देना पड़ा था।** संक्षेप में, हितबद्ध समूह समाज में उन हितों की पहचान करने में अपरिहार्य भूमिका निभाते हैं; जिनके प्रति राजनीतिक व्यवस्था को अनुक्रियाशील होना चाहिए।

स्विस राजनीतिक दल तथा दबावकारी गुट

हर तरह से स्विट्जरलैण्ड एक खुला तथा लोकतान्त्रिक देश है, अतः **स्विट्जरलैण्ड़ में राजनीतिक बहुलवाद** को देखा जा सकता है जैसा **ब्रिटेन** या **अमेरिका** जैसे देशों में है। **स्विट्जरलैण्ड़ में बहुदलीय व्यवस्था है**, साथ ही बहुत–से हितबद्ध समूह है जो राजनीतिक प्रक्रिया में अपनी सक्रिय भूमिका निभाते हैं। किन्तु यहाँ की लोकतान्त्रिक संस्कृति को देखकर यह आश्चर्य होता है कि लोग ऐसे राजनीतिक संघर्षों में नहीं फँसते, जिनका रूप विश्व के अन्य लोकतान्त्रिक देशों में देखा जा सकता है। अधिनायकवादी या प्राधिकारवादी दलों एवं गुटों को यहाँ सक्रिय होने का कोई अवसर नहीं है, क्योंकि लोग अपनी स्वतन्त्रताओं को बनाये रखने के लिए सदैव तत्पर रहते हैं। सभी राजनीतिक दल तथा गुट ऐसे वातावरण में काम करते हैं जहाँ उनके बीच विचारधारा या सामाजिक

संरचना के गम्भीर भेदभाव नहीं हैं। चूँकि लोगों में व्यवस्था एवं समन्वय के प्रति दृढ़ लगाव है, इसलिए स्विट्जरलैण्ड़ में ऐसा राजनीतिक अस्थायित्व नहीं देखा जा सकता जो इसके पड़ोसी राज्यों में देखा जा सकता है।

राजनीतिक दल (Political Parties)–

अन्य लोकतान्त्रिक देशों की तरह स्विट्रलैण्ड में भी राजनीतिक दल हैं। परिसंघ के संविधान में उनका कोई जिक्र नहीं है। फिर भी उनका विकास यह दिखाता है कि ब्रिटेन तथा अमेरिका की तरह यह परम्पराओं की देन है। जब 1918 में संवैधानिक संशोधन के तहत् राष्ट्रीय परिषद् के चुनाव में आनुपातिक प्रतिनिधित्व प्रणाली का सूत्रपात किया गया तो दल व्यवस्था के तथ्य को अप्रत्यक्ष तौर से मान्यता मिली, क्योंकि ऐसा अनुपात विभिन्न दलों के बीच होगा।

स्विस दलीय व्यवस्था के लक्षण–

स्विस दलीय व्यवस्था के प्रमुख लक्षणों को इस प्रकार इंगित किया जा सकता है–

(1) यह व्यवस्था संविधान या कानून में से नहीं उपजी बल्कि परम्परागत है।

(2) चूँकि स्विस लोग अपने स्वभाव से कोमल व विनम्र हैं, इसीलिए स्विट्जरलैण्ड में दलों के बीच कट्टरवादिता या तीखी प्रतिद्वन्द्वता नहीं देखी जा सकती जो अन्य देशों में चलती है। यही कारण है कि संघीय कार्यपालिका के सदस्यों के बीच दलगत भेदभाव या खींचतान कदापि नहीं होती।

(3) यह दल व्यवस्था विचारधारा के बन्धन से मुक्त है। स्विट्जरलैण्ड में साम्यवादियों या नाजीवादियों को कोई स्थान नहीं है। लोग अपनी स्वतन्त्रताओं को बनाये रखने के लिए किसी दमनकारी दल को सहन नहीं कर सकते। लोग तीन गुणों में आस्था रखते हैं– स्वतन्त्रता, तटस्थता तथा राष्ट्रीय व्यापार; इसलिए वे इन मूल्यों पर मतभेद नहीं रखते।

फ्राँस, इटली तथा **जर्मनी** जैसे देशों की तरह **स्विट्जरलैण्ड** में

बहुदलीय व्यवस्था है और सभी पार्टियों के कार्यक्रमों में भी अन्तर देखा जा सकता है। **'लिबरल पार्टी'** सबसे अधिक पुरानी है जिसे 1848 का उदारवादी संविधान देने का श्रेय प्राप्त है, लेकिन बीसवीं सदी में इसका प्रभाव कम होता गया; फिर भी कुछ प्रान्तों में इसके कार्यालय मौजूद हैं। जैसा नाम से स्पष्ट होता है। यह **खुली अर्थव्यवस्था का समर्थन करती है** और इसलिए राज्य के बढ़ते हुए कार्यक्षेत्र को ठीक नहीं समझती। **'कैथोलिक कंजर्वेटिव पार्टी'** (जिसे क्रिश्चियन सोशलिस्ट पार्टी भी कहते हैं) **कैथोलिक मत का समर्थन करती है।** यह राज्य के बढ़ते हुए कार्यक्षेत्र की आलोचक है। यह व्यक्ति के सम्पत्ति के अधिकार की पक्षधर है, किन्तु बदलते समय को देखकर यह कृषकों तथा श्रमिकों के हितों की रक्षा पर बल देती है। फिर भी इस पर **धर्मसापेक्ष संगठन** होने का आरोप लगाया जाता है।

'रेडिकल डेमोक्रेटिव पार्टी' धर्मनिरपेक्ष एवं केन्द्रवादी कार्यक्रम का समर्थन करती है। इस पार्टी ने उपक्रम एवं लोक निर्णय का सबल समर्थन किया है। यह पार्टी स्विस दल व्यवस्था के केन्द्र में अपनी जगह बना चुकी है क्योंकि **न यह प्रगतिवादी है और न प्रतिक्रियावादी।** हालिया समय में सोशल डेमोक्रेटिक पार्टी का महत्त्व बहुत बढ़ गया है। इसे औद्योगिक श्रमिकों, लोक सेवकों तथा व्यवसायिक वर्गों का समर्थन प्राप्त है। इसने अपने कार्यक्रम में **लोकतान्त्रिक समाजवाद** के बिन्दुओं को शामिल किया है; जैसे– श्रम कल्याण तथा सामाजिक बीमा। **'लेबर पार्टी' को वामपंथी संगठन कहा जा सकता है।** चूँकि इस देश में ऐसी विचारधारा को लोकप्रियता नहीं मिली, अतः यह पार्टी कोई उल्लेखनीय सफलता प्राप्त न कर सकी। **अमेरिका की तरह स्विट्‌जरलैण्ड के राजनीतिक दल सुसंगठित नहीं हैं, उन्हें शिथिल संगठनों की संज्ञा दी जा सकती है।**

स्विस दलीय व्यवस्था की समीक्षा–

यदि स्विस दल व्यवस्था की समीक्षा की जाये तो कुछ महत्त्वपूर्ण बिन्दु उजागर होते हैं–

(1) चूँकि स्विट्‌जरलैण्ड में प्रत्यक्ष लोकतन्त्र की संस्थाएँ (जैसे– उपक्रम एवं लोक निर्णय) चल रही हैं, अतः राजनीतिक दल

अपनी वह प्रभावी भूमिका नहीं निभा सकते जो अन्य लोकतान्त्रिक देशों में देखी जा सकती है।

(2) संघीय सभा (संसद) में न तो सचेतक है (जैसा कि ब्रिटिश पार्लियामेण्ट में) न लाबिंग होती है {जैसी कि अमेरिकी काँग्रेस (संसद) में}, अतः राजनीतिक दल साधारण लोगों पर अपनी इच्छा नहीं थोप सकते।

(3) स्विट्जरलैण्ड के मतदातागण संघीय सभा (संसद) के चुनाव के समय दलगत कार्यक्रम को महत्त्व देते हैं, लेकिन लोक निर्णय के समय मतदातागण अपने स्वतन्त्र विवेक से काम लेते हैं। लोग यह भूल जाते हैं कि संघीय सभा (संसद) के सदस्यों को उन्होंने दलगत राजनीति के आधार पर चुना है तथा संघीय परिषद् (कार्यपालिका) के सातों सदस्य किसी न किसी दल के सदस्य हैं।

(4) स्विट्जरलैण्ड में ऐसे चुनाव नहीं होते जो सारे राष्ट्र का ध्यान किसी बड़े नेता या किसी पार्टी के मुद्दों की ओर खींच लें; जैसा कि ब्रिटिश कॉमन्स सभा या अमेरिकी राष्ट्रपति के चुनावों में होता है।

(5) स्विट्जरलैण्ड में **'विविधता में एकता'** दिखाई देती है। इसलिए अलग–अलग भाषाओं, क्षेत्रों एवं व्यवसायों के लोग स्वतन्त्रता, तटस्थता तथा आर्थिक समृद्धि के मुद्दों पर सहमति रखने के कारण राजनीतिक दलों के विविध कार्यक्रमों को अधिक महत्त्व नहीं देते।

दबावकारी गुट (Pressure Groups)–

प्रत्येक खुली एवं बहुलवादी व्यवस्था में लोगों के असंख्य हित होते हैं। जिन्हें सुरक्षित तथा संवद्धित करने के लिए हितबद्ध समूहों का निर्माण होता है। जब ये **समूह राजकीय अधिकारियों पर अपना दबाव डालते हैं तो उन्हें दबावकारी गुट कहा जाता है**। देखने की बात है कि अमेरिका की तरह स्विट्जरलैण्ड में दल व्यवस्था अत्यन्त शिथिल

एवं कमजोर है; इसलिए दोनों देशों में दबावकारी गुटों की भूमिका अधिक प्रभावी तथा सक्रिय हो गई है। किन्तु **व्यवहार में स्विट्जरलैण्ड की राजनीति में दबावकारी गुटों की भूमिका अमेरिका से भी अधिक प्रभावशाली है।**

स्विट्जरलैण्ड में दबावकारी गुटों की भूमिका–

स्विट्जरलैण्ड में दबावकारी गुटों की भूमिका के कुछ विशिष्ट लक्षणों को इस प्रकार इंगित किया जा सकता है–

(1) दबावकारी गुटों की भूमिका राजनीतिक दलों की भूमिका में लिपट गई है जैसा अन्य देशों में होता है। चूँकि दलीय व्यवस्था विचारधारा या अनुशासन से सम्बन्धित नहीं है, अतः हितबद्ध गुट राजनीतिक दलों के प्रति अपना लगाव बदलते रहते हैं जैसा उन्हें उपयुक्त लगे।

(2) चूँकि राष्ट्रीय परिषद् के सदस्यों का चुनाव **आनुपातिक प्रतिनिधित्व** तथा **सूची प्रणाली** के अनुसार होता है, इसलिए दबावकारी गुटों को अपनी महत्त्वपूर्ण भूमिका निभाने का अवसर मिल जाता है।

(3) यहाँ सांसदों को वेतन एवं भत्तें नहीं दिये जाते, इसलिए पेशेवर राजनीतिज्ञों की बिरादरी पैदा नहीं हो पाती जो अन्य देशों में देखी जा सकती है। यही कारण है कि बड़े उद्योगपति या धनी लोग चुनाव लड़कर सांसद बनते हैं जिन्हें वेतन या भत्तों की कामना नहीं होती। ये लोग दलों की अपेक्षा गुटों के समर्थन को बेहतर समझते हैं।

(4) उपक्रम एवं लोक निर्णय की विधियों का अक्सर प्रयोग किया जाता है। इस काम में राजनीतिक दल नहीं बल्कि गुट अधिक सक्रिय होते हैं। संघीय परिषद् (कार्यपालिका) भी कभी–कभी परामर्श के लिए दलों के नेताओं को नहीं बल्कि गुटों के विशेषज्ञों को आमन्त्रित करती हैं।

स्विट्जरलैण्ड में अनेक हितबद्ध समूह हैं; जैसे– स्विस वाणिज्य एवं उद्योग संघ, स्विस कृषक संघ, स्विस श्रम संघ इत्यादि लेकिन यहाँ

महत्त्वपूर्ण बात यह है कि ऐसा प्रत्येक संघ एक प्रकार का परिसंघ है, जिसके भीतर घटक संघ शामिल है। उदाहरण के लिए, स्विस कृषक संघ में कई संगठन शामिल हैं। जैसे– पश्चिमी स्विट्जरलैण्ड का मदिरा उत्पादक संघ। स्विस श्रम संघ में कई घटक शामिल हैं, जैसे– वाणिज्य, परिवहन तथा खाद्य उद्योगों में कर्मिकों का संघ, धातु एवं घड़ी कार्मिकों का स्विस संघ इत्यादि। ऐसे गुटों के बल–बूते प्रभावशाली गुट संघीय सभा (संसद) या संघीय परिषद् (कार्यपालिका) में प्रवेश पाने में सफल हो जाते हैं।

इस सबके बावजूद यह तथ्य बना रहता है कि इस देश में **प्रत्यक्ष लोकतन्त्र** की संस्थाओं ने लोक प्रभुसत्ता को बनाये रखा है। इसीलिए राजनीतिक दल या दबावकारी गुट लोगों पर हावी नहीं हो पाते। लोग चतुर एवं व्यावसायिक राजनीतिज्ञों को पसंद नहीं करते। **लोग प्रत्येक रविवार को किसी न किसी मुद्दे पर होने वाले लोक निर्णय से भी ऊब चुके हैं।** मतदाताओं की पर्याप्त संख्या इन लोक निर्णयों में भाग नहीं लेती; अतः जितने वोट पड़ते हैं, उन्हीं के बहुमत को लोक निर्णय मान लिया जाता है। **"आम आदमी इसी विश्वास में जीता है कि चाहे बुरे से बुरा हो जाये, उसमें इतनी योग्यता है कि वह गलत को छोड़कर ठीक का चयन करेगा।"**

फ्राँस के राजनीतिक दल तथा दबावकारी गुट

फ्राँस के पाँचवें गणतन्त्र के निर्माता चार्ल्स डी गाला का मत था कि राजनीतिक दल देश में विभाजन एवं अस्थायित्व पैदा करते हैं तथा प्रशासन को लकवाग्रस्त बनाते हैं, फिर भी फ्राँस में दल व्यवस्था उभर आई। **अन्य लोकतान्त्रिक देशों की तरह फ्राँस में बहुलवादी समाज है।** लोगों के विविध हित हैं, जिनकी सुरक्षा के लिए वे गुट बनाते हैं जो खुले या छिपे तौर से देश की राजनीतिक प्रक्रिया में भाग लेते हैं तथा किन्हीं राजनीतिक दलों से अपना निकट सम्बन्ध बनाये रखते हैं।

राजनीतिक दल (Political Parties)–

अमेरिका की तरह फ्राँस की दलीय व्यवस्था में विचारधारा एवं अनुशासन दोनों की बहुत कमी है। यह देश बहुदलीय व्यवस्था के लिए जाना जाता है, क्योंकि यहाँ बड़े एवं छोटे दलों की संख्या बहुत अधिक

है। चूँकि **चुनावों में द्वितीय मतदान प्रणाली का प्रयोग किया जाता है।** अतः अनेक दल गठबन्धन का रास्ता अपनाते हैं; जहाँ दामपक्ष एवं वामपक्ष के तत्त्व उनके ध्रुवीकरण का काम करते हैं। **कुछ ऐसे गुट भी हैं जिन्हें 'क्लब' या 'परिवार' कहते हैं। जो राजनीतिक दलों जैसी भूमिका निभाते हैं।** इसीलिए यह कहा जाता है कि फ्राँस की दलीय व्यवस्था पाश्चात्य जगत में और कदाचित सारे विश्व में विचित्र है।

फ्राँस की दलीय व्यवस्था के लक्षण–

फ्राँस की दलीय व्यवस्था के प्रमुख लक्षणों को इस प्रकार इंगित किया जा सकता है–

(1) **फ्राँस में बहुदलीय व्यवस्था है।** बड़े व छोटे दलों की कुल संख्या 20 से ऊपर है। इतना ही नहीं, समय–समय पर दलों में टूट–फूट होती रहती है या कुछ दल किसी अन्य दल से मिल जाते हैं। इसी को विखण्डन तथा ध्रुवीकरण का परिदृश्य कहा जाता है।

(2) **फ्राँस के लोगों की अवधारणाएँ अत्यन्त लचीली एवं भ्रामक हैं।** सभी लोग उग्रवाद, बोनापार्टवाद, गॉलवाद, समाजवाद, साम्यवाद जैसे शब्दों का प्रयोग करते हैं; किन्तु उनके शुद्ध अर्थ के बारे में भयानक विविधता है।

उत्तरी व दक्षिणी क्षेत्रों के लोगों के दृष्टिकोण में गम्भीर अन्तर देखा जा सकता है। इसीलिए फ्राँस की दल व्यवस्था में विचारधात्मक स्पष्टता का अभाव है।

(3) **फ्रैंच दल व्यवस्था के दो लक्षण हैं–** ध्रुवीकरण एवं राष्ट्रपतीयकरण। '**ध्रुवीकरण**' का अर्थ है कि लोग चुनाव के समय वामपक्षी व दामपक्षी खेमों में विभक्त हो जाते हैं और उसी आधार पर सरकार बनती है। प्रधानमन्त्री एक पार्टी का होता है; किन्तु वह अपने सहयोगी दलों से तालमेल बनाकर शासन चलाता है।

'**राष्ट्रपतीयकरण**' का यह अर्थ है कि चूँकि यहाँ की शासन व्यवस्था में राष्ट्रपति का पद बहुत शक्तिशाली एवं प्रभावशाली

है; इसलिए सभी दल उस पर अपना ध्यान केन्द्रित करते हैं। इस दृष्टि से यहाँ की दल व्यवस्था में **'अमेरिकीकरण'** का लक्षण देखा जा सकता है।

(4) **फ्राँस के लोग दलीय संगठन या दलीय अनुशासन के नाम पर अपनी स्वतन्त्रताओं को बलिदान करना नहीं चाहते।** लोग महत्त्वपूर्ण मुद्दे पर अपने विचार बना लेते हैं और उनमें इतनी विविधता होती है कि राजनीतिक दल हो, राजनीतिक क्लब हो या राजनीतिक परिवार, सभी कभी पास आते हैं तो कभी दूर चले जाते हैं। कभी मिल जाते हैं तो कभी फूट जाते हैं।

इन्हीं कारणों से फ्राँस की दल व्यवस्था संगठनात्मक दृष्टि से कमजोर तथा शिथिल है। यहाँ सुनिश्चित प्रतिबद्धताओं का अभाव है तथा विविध रूपी एवं ढुलमुल नेताओं के समागम की तरह है।

फ्राँस के प्रमुख राजनीतिक दल–

वर्तमान समय में फ्राँस में तीन बड़े दल हैं– **मूवमेण्ट फॉर दि रिपब्लिक, यूनियन फॉर फ्रैंच डेमोक्रेसी** तथा **सोशलिस्ट पार्टी**। **मूवमेण्ट फॉर दि रिपब्लिक** गलिस्ट सूत्रों पर टिकी है, क्योंकि इसने **चार्ल्स डी गाल** के नेतृत्व का समर्थन किया। यह **दामपक्षी संगठन** है, जो फ्राँस की राष्ट्रीय स्वतन्त्रता तथा उसके सामाजिक एवं आर्थिक आधुनिकीकरण पर जोर देता है।

इसे रूढ़िवादी पार्टी नहीं कहा जा सकता; क्योंकि कभी **राष्ट्रपति डि गाल**, फिर **पाम्पेटू** और फिर **शिराक** ने सामान्य हित की खातिर समाज सुधार पर जोर दिया है। फिर भी इसे ब्रिटेन के रूढ़िवादी दल के समान समझा जाता है, क्योंकि देश के धनी एवं सम्पन्न वर्ग इसी को अपना समर्थन देते हैं।

यूनियन फॉर डेमोक्रेसी भी **दामपक्षी संगठन** है, किन्तु यह **गालवाद की विरोधी है**। इसे अनेक दामपक्षी किन्तु गालवाद–विरोधी गुटों का समागम कहा जा सकता है। **1974 के चुनाव में गिस्कार्ड डी एस्तांग राष्ट्रपति बने**। उन्होंने 1978 में इस पार्टी का गठन किया; इसे

'छाता संगठन' की उपमा दी जाती है। ये लोग **डि गाल** के अनेक कार्यक्रमों से अप्रसन्न थे। जैसे– राज्य का आर्थिक क्षेत्र में अधिक हस्तक्षेप होना, किन्तु धीरे–धीरे गालवाद का लोप हो गया। यही कारण है कि अब इस पार्टी तथा मूवमेण्ट फॉर दि रिपब्लिक के बीच स्पष्ट अन्तर रेखा नहीं है। राष्ट्रपति तथा संसद के चुनावों में दोनों के बीच गठबन्धन देखा जा सकता है।

सोशलिस्ट पार्टी वामपंथी संगठन है। जब 1981 में **मित्रां राष्ट्रपति** हो गये तो उसे इसकी आश्चर्यजनक सफलता माना गया। इसने सामाजिक एवं आर्थिक क्षेत्रों में उग्र सुधारों का समर्थन किया तथा **मित्रां** ने उन्हें क्रियान्वित करने की दिशा में कदम उठाये। इस दिशा में वांछित सफलता न मिल सकी। देश में अनेक आर्थिक समस्याएँ पैदा हो गयी, जिसकी वजह से **मित्रां** को पीछे हटना पड़ा। निजी उद्यम को प्रोत्साहन दिया गया। ऐसा करना इस पार्टी के कार्यक्रम के प्रतिकूल था, लेकिन पार्टी ने इसे उद्योग का आधुनिकीकरण तथा फ्रॉस की राजनीति के सामान्यीकरण का प्रयास कहा। यद्यपि सरकार ने राष्ट्रीय अर्थ–व्यवस्था में प्राण फूँकने की कोशिश की, किन्तु बेकारी बढ़ती चली गई; कुछ कैबिनेट मन्त्री भ्रष्टाचार में पकड़े गये और पार्टी की लोकप्रियता घटती चली गई। यहाँ तक कि **1995 के चुनाव में लायोनेल जोस्पीन** की पराजय हुई तथा संसद में भी इसके सदस्यों की संख्या बहुत घट गई।

कम्युनिस्ट पार्टी को इस अर्थ में एक अपवाद कहा जा सकता है कि विचारधारा की दृष्टि से यह **वामपक्षी** है। यह **श्रमिकों का संगठन** है तथा इसने सोवियत संघ को अपना आदर्श माना; लेकिन इसके नेता **मार्शे** ने यूरो–साम्यवाद की धारा का समर्थन करके वर्ग–संघर्ष तथा सर्वहारा के अधिनायकवाद जैसे सूत्रों को अमान्य कर दिया। 1991 में सोवियत संघ के विखण्डन के बाद इसके कार्यक्रम में आमूल संशोधन हुआ। फिर भी यह **कठोर अर्थ में वामपक्ष से जुडी हुई है और हमेशा राष्ट्रपति एवं सरकार की नीतियों तथा कार्यक्रमों की आलोचना करती रहती है।**

1980 के बाद **'नेशनल फ्रंट'** नामक एक अन्य पार्टी उभर रही है। **नेशनल फ्रंट को जातीय या नस्लीय संगठन कहा जा सकता है,**

क्योंकि वह देश में गैर–फ्रैंच लोगों की बढ़ती हुई घुसपैठ की कटु आलोचक है जो इसकी दृष्टि से बढ़ती हुई बेकारी का मुख्य कारण है। इसका नारा है **'फ्राँस फ्राँसीसियों के लिए।'**

'ग्रीन पार्टी' पर्यावरण की सुरक्षा चाहती है। यह परमाणु परीक्षणों पर प्रतिबन्ध लगाने के पक्ष में है, क्योंकि उनसे प्रदूषण फैलता है।

निस्सन्देह फ्राँस की दलीय व्यवस्था का अध्ययन विशेष आकर्षण एवं विचित्र कठिनाईयों से भरा है। **एम० स्टीड** ने ठीक कहा है कि, **"सभी राजनीतिक दल, बड़े या छोटे, अपने को फ्रैंच परम्परा का पुष्ट स्तर होने का दावा करते हैं।"**

दबावकारी गुट (Pressure Groups)–

ब्रिटेन तथा **अमेरिका** की तरह, **फ्राँस एक स्वतन्त्र राज्य है और उसका समाज बहुलवादी है।** अतः यहाँ असंख्य हितबद्ध समूह हैं जो राजनीतिक प्रक्रिया में अपनी भूमिका निभाते हैं और किसी न किसी राजनीतिक दल या दलों के गठबन्धन से अपना नाता जोड़ते हैं, जो अवसर के प्रभाव को देखकर बदलता रहता है। यह स्थिति काफी हद तक अमेरिकी स्थिति से मिलती–जुलती है, फिर भी इस आधार पर अन्तर देखा जा सकता है कि फ्राँस के राजनीतिक दल तथा दबाव गुट सामान्य कल्याण के साथ अपने ध्येयों का तालमेल नहीं कर पाते।

लक्षण–

फ्राँस में दबावकारी गुटों की भूमिका के कुछ सामान्य लक्षण निम्नलिखित हैं–

(1) यह कहा जाता है कि फ्राँस का राष्ट्रीय मस्तिष्क अत्यन्त सैद्धान्तिक है। इसलिए किसी मुद्दे पर उनके बीच सर्वसम्मति नहीं हो पाती।

(2) वामपक्ष एवं दामपक्ष ऐसे बिन्दु हैं। जिन पर लोगों की अलग–अलग अवधारणाएँ हैं और इसीलिए ऐसे गुटों की बहुत बड़ी संख्या है जो कभी इस गठबन्धन में शामिल हो जाते हैं तो कभी उस गठबन्धन में।

(3) राजनीतिक दलों की तरह दबाव गुटों में टूट–फूट व मिलन या पुनर्मिलन की प्रक्रिया चलती रहती है। जिससे उसका स्पष्ट एवं स्थायी मानचित्र नहीं बन सकता।

(4) फ्राँस में राजनीतिक दलों तथा दबावकारी गुटों के बीच ऐसा निकट तालमेल बना रहता है। बिगडता रहता है और फिर बनता रहता है कि दोनों के बीच वह अन्तर नहीं देखा जा सकता जो अन्य लोकतान्त्रिक देशों में है।

(5) चूँकि राजनीतिक दलों में अनुशासन का अभाव है। वही स्थिति गुटों की है।

(6) अन्य देशों में एक हित का एक गुट होता है। जो उसके संरक्षण एवं संवर्द्धन के लिए संघर्षरत् रहता है। किन्तु फ्राँस में एक ही हित वालों के अनेक संगठन देखे जा सकते हैं।

प्रमुख हितबद्ध संगठन तथा उनकी भूमिका–

फ्राँस में उद्योगपतियों, व्यवसायियों, श्रमिकों, कृषकों, बुद्धिजीवियों, छात्रों आदि के असंख्य गुट हैं। यदि मिल मालिकों की राष्ट्रीय परिषद्, लघु एवं मध्यम स्तर के व्यापारियों की राष्ट्रीय परिषद् और दुकानदारों एवं लघु व्यापारियों की सुरक्षा का संघ उद्योगपतियों तथा व्यापारियों के हितों की रक्षा करते हैं तो किसानों के अपने गुट हैं। जैसे– कृषकों का राष्ट्रीय संघ, कृषि का सामान्य परिसंघ, कृषि कार्मिकों का सामान्य परिसंघ आदि। श्रमिकों के अलग गुट हैं। जैसे– श्रम का सामान्य परिसंघ, लोकतान्त्रिक श्रम का फ्रैंच परिसंघ, श्रम बल का राष्ट्रीय परिसंघ आदि। इसके अतिरिक्त, राष्ट्रीय शिक्षा का राष्ट्रीय संघ, मानव के अधिकारों का संघ, फ्राँस के बौद्धिक कार्मिकों का परिसंघ आदि बुद्धिजीवियों के संगठन कहे जा सकते हैं। अन्य गुटों में फ्राँस के राष्ट्रीय छात्र संघ तथा वयोवृद्धों के गणतन्त्रीय संघ आदि का हवाला दिया जा सकता है।

संगठित गुटों की विविधता नहीं, बल्कि राजनीति में उनकी भूमिका अधिक महत्त्वपूर्ण विषय है। अन्य देशों की तरह फ्राँस में भी हितबद्ध गुट राष्ट्रीय हित की उपेक्षा करके अपने वर्गीय हितों को वरीयता देते हैं।

उनकी सबसे प्रबल तकनीक लाबिंग है। गुटो के नेता अपने प्रशासकों तथा विधायकों पर तरह–तरह के दबाव डालते हैं। गुटो के नेता चुनाव के समय चुनिन्दा नेताओं को वित्तीय सहायता देते हैं। नौकरशाही में अपनी पसन्द के लोगों को स्थापित करते हैं। समय–समय पर शासन को विशेषज्ञतापूर्ण परामर्श प्रस्तुत करते हैं तथा जनमत को अपने पक्ष में बनाने हेतु अपने पत्र एवं पत्रिकाएँ प्रकाशित करते हैं। चूँकि यहाँ राजनीतिक दलों तथा गुटो में अनुशासन का अभाव है। इसलिए कभी–कभी असन्तुष्ट गुट हिंसात्मक साधनों का प्रयोग करते हैं। जिससे व्यवस्था गड़बड़ा जाती है।

आलोचनात्मक समीक्षा की दृष्टि से यह कहा जा सकता है कि फ्राँस में राजनीतिक दल तथा हितबद्ध समूह अपने तरीके से वह स्वायत्तशासी उप–व्यवस्था नहीं बना सके हैं जिसका उदाहरण अन्य लोकतान्त्रिक देशों में मिलता है। इसके पीछे यह कारण है कि यहाँ लोगों की अवधारणाओं में अत्यधिक विविधता है तथा राजनीतिक दल और गुट विभेदीकृत एवं स्वायत्तशासी उप–व्यवस्थाएँ बनाते हैं अतः वे अन्तःगुफित हो चुके हैं।

रूस के राजनीतिक दल तथा दबावकारी गुट

प्रतिनिधि शासन में राजनीतिक दलों का होना नितान्त आवश्यक है क्योंकि वे जनमत बनाते हैं। चुनाव लड़ते हैं तथा सत्ता पक्ष या प्रतिपक्ष की भूमिका निभाते हैं। लेकिन साम्यवादी या फासीवादी देशों में स्थिति बिल्कुल बदल जाती है। इन देशों में एक दल सत्ता में होता है जो प्रतिपक्ष का बलपूर्वक दमन करता है। पूर्व सोवियत संघ में यही स्थिति थी। कम्युनिस्ट पार्टी सर्वहारा का हरावल दस्ता ही नहीं थी। बल्कि राज्य बन गई थी। साम्यवादी देशों में सत्ताधारी पार्टी सब कुछ है– राज्य, सरकार, देश एवं राष्ट्र। **अब रूसी संघ में उदार–लोकतान्त्रिक व्यवस्था आ गई है। इसलिए यहाँ बहुदलीय व्यवस्था देखी जा सकती है।** इसे रूसी संघ का सर्वाधिक महत्त्वपूर्ण परिवर्तन कहा जा सकता है।

राजनीतिक दल (Political Parties)–

रूसी संघ में अनेक राजनीतिक दल हैं। जैसे– **कम्युनिस्ट पार्टी,**

लिबरल डेमोक्रेटिक पार्टी, फ्री डेमोक्रेटिक पार्टी ऑफ रशिया, डेमोक्रेटिक रशियन मूवमेण्ट, सिविक यूनियन, काँग्रेस ऑफ रशियन कम्युनिटीज, फारवर्ड रशा, पार्टी ऑफ रशियन यूनिटी एण्ड एकार्ड आदि। इनमें कम्युनिस्ट पार्टी सबसे पुरानी तथा सुसंगठित है।

लक्षण–

रूसी संघ की दलीय व्यवस्था के कुछ विशेष लक्षण निम्नलिखित हैं–

(1) **रूसी संघ में विचारधारा का तत्त्व लुप्त हो चुका है।** कम्युनिस्ट पार्टी को छोड़कर अन्य सभी पार्टियाँ किसी बड़े नेता के व्यक्तित्त्व पर टिकी हैं। इसीलिए उन्हें उनके नेताओं के नाम से जाना जाता है; जैसे– लिबरल डेमोक्रेटिक पार्टी को **जीरोनोविस्की** की पार्टी कहा जाता है। यही कारण है कि जब नेताओं के व्यक्तित्त्व पर विवाद पैदा होता है, तभी पार्टी में फूट पड़ जाती है।

(2) **रूसी संघ की पार्टियों के पास मजबूत सामाजिक आधार नहीं है।** इसलिए उनके चुनाव क्षेत्र भी मजबूत नहीं हैं। राजनीतिक दलों के पास ऐसे अनुभवी एवं कुशल नेता नहीं हैं जो लोगों की सामाजिक, आर्थिक और राजनीतिक आकांक्षाओं को समझें तथा उन्हीं के अनुरूप अपना कार्यक्रम बनाकर उन्हें अपनी ओर आकृष्ट कर सकें।

(3) **रूसी संघ में राजनीतिक दलों का संगठन बहुत ढ़ीला–ढ़ाला है।** पार्टियाँ अनेक छोटे गुटों से तालमेल बनाकर चुनाव में कूद पड़ती है। उदाहरण के लिए, उर्जहावा पार्टी अनेक गुटों का गठबन्धन है। जैसे– नेशनल रिपब्लिकन पार्टी, रशियन क्रिश्चियन डेमोक्रेटिक मूवमेण्ट, स्टेट रिनेसांस पार्टी, सोशल डमोक्रेटिक पीपुल्स पार्टी आदि। ऐसे गठबन्धन निर्वाचकों के सामने स्पष्ट एवं पक्के कार्यक्रम नहीं रख सकते।

(4) **कम्युनिस्ट पार्टी के तौर–तरीकों ने लोगों के दिलों में**

भय पैदा कर दिया था जो अभी तक बरकरार है। आम लोग दलबन्दी से घृणा करते हैं, क्योंकि उनकी समझ में प्रत्येक दल में कठोर अनुशासन होता है जो उनकी वैयक्तिक स्वतन्त्रता को नष्ट कर देता है। इस भावना से राजनीतिक दलीय व्यवस्था के विकास पर निश्चित प्रभाव पड़ा है। लोग दलगत राजनीति के प्रति उदासीनता का ही नहीं, बल्कि घृणा का भाव रखते हैं।

(5) **राजनीतिक दल सबल जनमत बनाने में सफल नहीं हो रहे हैं, क्योंकि उनके पास वैकल्पिक कार्यक्रम नहीं हैं जो आम लोगों को अपनी ओर आकृष्ट कर सकें।** यही कारण है कि बदनाम होने के बावजूद कट्टरपंथियों की मदद से कम्युनिस्ट पार्टी चुनावों में काफी स्थान प्राप्त कर लेती है।

सिद्धान्तों तथा कार्यक्रमों की स्पष्टता को देखते हुए **कम्युनिस्ट पार्टी** को अपवाद कहा जा सकता है। जो **मार्क्सवाद–लेनिनवाद की दुहाई देती है।** अन्य दलों की विचारधारात्मक स्थिति बहुत शिथिल है। केवल मोटे चिन्हों को देखा जा सकता है। जैसे– **रशियन क्रिश्चियन डेमोक्रेटिक मूवमेण्ट** रूढ़िवाद का परिचय देते हुए समाज में **ईसाई धर्म के सूत्रों** को लागू करना चाहती है। जबकि **पेजेण्ट्स पार्टी ऑफ रशिया** कृषि में सुधारों की माँग करती है तथा **किसानों की सामूहिक कृषि व्यवस्था** का समर्थन करती है। **फ्री लेबर पार्टी** श्रमिकों के हितों की रक्षक है तथा **आर्थिक क्षेत्र में उदारीकरण** चाहती है।

दबावकारी गुट (Pressure Groups)–

प्रत्येक खुले समाज में लोगों के विविध हित होते हैं। इसीलिए हितबद्ध समूह बन जाते हैं। हितबद्ध समूह अपने हितों के लिए संघर्ष करते तथा राजनीतिक दलों में अपना तालमेल बनाये रखते हैं। अधिनायकवादी व्यवस्था में भी ऐसे हितबद्ध गुट होते हैं। किन्तु वे सत्ताधारी पार्टी के निष्ठावान अंग होकर रहते हैं तथा कार्य भी करते हैं। विरोधी गुट भूमिगत होकर अपना कार्य करते हैं।

सफल होने पर गुट सत्ता का उपयोग करते हैं। असफल होने पर

क्रूर तरीके से अपना दमन देखते हैं। पूर्व सोवियत संघ में कम्युनिस्ट पार्टी के तत्त्वाधान में किसानों, श्रमिकों, छात्रों, युवाओं आदि के ऐसे गुट थे। अब **रूसी संघ में बहुदलीय व्यवस्था है।** इसलिए दबावकारी गुटों की भूमिका भी उभर आई है।

रूसी संघ में दलीय व्यवस्था ने सुदृढ़ रूप धारण नहीं किया है, इसलिए अनेक दल इतने छोटे हैं और उनका कार्यक्रम इतना संकीर्ण है कि उन्हें गुट कहा जा सकता है अर्थात् यहाँ राजनीतिक दलों तथा दबावकारी गुटों के बीच अन्तर की स्पष्ट रेखा नहीं खींची जा सकती। सदस्य–संख्या भी काफी कम है। जो उन्हें राजनीतिक दल की श्रेणी में रखे जाने का विरोध करती है। उदाहरण के लिए, **ऐगरेरियन पार्टी** केवल **किसानों के हित** को मुखरित करती है। जबकि **वूमन ऑफ रशिया** का सरोकार **महिलाओं के अधिकारों** के लिए लड़ना है। रूसी संघ में धीरे–धीरे उदार–लोकतान्त्रिक व्यवस्था सुदृढ़ हो रही है। अतः यह आशा की जा सकती है कि आने वाले समय में रूसी संघ में भी वही स्थिति आ जायेगी जो अन्य विकसित देशों में है।

चीन में राजनीतिक दल तथा दबावकारी गुट

दलीय व्यवस्था विश्व के लगभग सभी देशों में देखी जा सकती है, जहाँ सर्व व्यस्क मताधिकार प्रणाली प्रचलित है तथा सावधिक चुनाव होते हैं। अतः **साम्यवादी देशों** में भी दल व्यवस्था का होना स्वाभाविक है। अन्तर की बात यह है कि ऐसे देशों में **एक–दलीय व्यवस्था** होती है तथा हितबद्ध समूहों को उसी दल के सहायक अनुचरों के रूप में कार्य करना पड़ता है। **प्रतिपक्ष वर्जित होता है।** इसलिए यदि कोई गुट या संगठन सत्ताधारी नेताओं का विरोध करता है तो उसे प्रतिक्रियावादी या प्रति–क्रान्तिकारी कहकर निन्दित किया जाता है और फिर उसे बलपूर्वक कुचल दिया जाता है। **चीन में 1966–68 में माओ के विरुद्ध जो लहर उठी, उसी का दमन किया गया।** लेकिन इस सारी क्रूर गतिविधि को अधिनायक ने सर्वहारा की महान **'सांस्कृतिक क्रान्ति'** कहा। ऐसा अनेक साम्यवादी देशों में हुआ; जैसे– पूर्व सोवियत संघ, पोलैण्ड, हंगरी, चकोस्लोवाकिया आदि। इस सबके बावजूद चीन की स्थिति अपनी भिन्न विशेषताओं की परिचायक है।

राजनीतिक दल (Political Parties)–

चीन को एक–दलीय व्यवस्था का राज्य कहा जाता है, क्योंकि यहाँ कम्युनिस्ट पार्टी के हाथ में सारी सत्ता है। **1973 में पार्टी ने अपना नया संविधान अपनाया,** जिसके सामान्य सूत्रों में यह कहा गया है कि यह सर्वहारा का संगठन एवं उसका हरावल दस्ता है। जो **मार्क्सवाद–लेनिनवाद** तथा **माओ** के विचारों से पथप्रदर्शित होता है। इसका आधारभूत लक्ष्य है– पूँजीवाद तथा अन्य शोषक वर्गों का पूर्ण तरीके से समापन, पूँजीवादी अधिनायकवाद की जगह सर्वहारा का लोकतान्त्रिक अधिनायकवाद स्थापित करना तथा पूँजीवाद एवं सामन्तवाद के ऊपर समाजवाद की स्थापना ताकि साम्यवाद के लक्ष्य को सिद्ध किया जा सके।

साम्यवादी दल की सदस्यता उन्हीं को मिल सकती है। जो सचेत रूप में मार्क्सवाद–लेनिनवाद तथा माओ के विचारों का अध्ययन करके संशोधनवाद की निन्दा करते हैं। 18 वर्ष से ऊपर का चीनी नागरिक इसकी प्राथमिक सदस्यता प्राप्त कर सकता है। किन्तु उसके आवेदन–पत्र पर पार्टी के दो सदस्यों की सिफारिश होनी चाहिए। जाँच–पड़ताल के बाद उसे सदस्यता मिल सकती है। दो वर्ष तक उसे संवीक्षा काल से गुजरना होगा। यदि उसके विरुद्ध कोई गम्भीर आरोप है तो उसकी सदस्यता समाप्त की जा सकती है।

दल का संगठन **लोकतान्त्रिक केन्द्रवाद** के सूत्र पर आश्रित है। इसलिए नीचे से ऊपर तक पार्टी की शाखाएँ फैली हैं। जिनमें पदाधिकारियों के चुनाव होते हैं। दल की बैठक में सभी को भाग लेने एवं बोलने का अधिकार है। पदाधिकारीगण अपनी दलीय शाखाओं के प्रति उत्तरदायी है। शिखर पर **'राष्ट्रीय दल काँग्रेस'** (National Party Congress) है। जिसका प्रत्येक **05 वर्ष** बाद सत्र होता है। लेकिन असाधारण परिस्थिति में इसकी किसी भी समय बैठक बुलाई जा सकती है। यह लगभग **300 सदस्यों** का निकाय है। इसलिए यह अपने प्रमुख सदस्यों को **केन्द्रीय समिति** (Central Committee) के लिए चुनती है जो पार्टी काँग्रेस की अनुपस्थिति में काम करती है। इससे भी छोटा निकाय **पोलित ब्यूरो** है। जिसमें केन्द्रीय समिति के अतिमहत्त्वपूर्ण लोग चुने

जाते हैं। **महासचिव सर्वोच्च अधिकारी है।** किन्तु केन्द्रवाद का तत्त्व यह है कि नीचे की इकाई को ऊपरी इकाई के आदेशों का पालन करना पड़ता है। अतः सर्वोच्च इकाई के हाथों में सत्ता का केन्द्रकरण हो जाता है। सारे महत्त्वपूर्ण निर्णय शिखर पर लिये जाते हैं जो सभी निचली इकाईयों को स्वीकार करने पड़ते हैं। इससे विदित होता है कि **लोकतान्त्रिक होने का तत्त्व मात्र दिखावटी है। केन्द्रवाद का तत्व वास्तविकता है।**

साम्यवादी राज्य में दल ही शासन हो जाता है। दल के उच्च नेतागण अपनी नीति के अनुसार सरकार को चलाते हैं। दल के उच्च नेतागण ही यह तय करते हैं कि उच्चपदों पर किन्हें स्थित किया जाये? कौन–से कानून बनाये जाएँ? संविधान में क्या संशोधन किया जाये? किन पदाधिकारियों को पदमुक्त किया जाये? आदि। यह वक्तव्य ठीक है कि, **"आज चीन में कम्युनिस्ट पार्टी अन्तिम राजनीतिक शक्ति तथा निर्णय लेने का सर्वोच्च केन्द्र है। यह सेना, सरकार, लोक राजनीतिक संगठन तथा वास्तव में शासन के असाधारण विस्तृत ढ़ाँचे का प्रत्येक तत्त्व है।"**

चीन की राजनीति में यह विचित्र लक्षण देखा जा सकता है कि यहाँ कुछ गैर–कम्युनिस्ट दल भी है। जिन्हें लोकतान्त्रिक पार्टियाँ कहा जाता है। वास्तव में, ये हितबद्ध समूह हैं जो सत्ताधारी दल की कृपा से राजनीतिक प्रक्रिया में भाग लेते हैं तथा चीनी नेताओं के इस आग्रह को सबल बनाते हैं कि यहाँ लोकतान्त्रिक व्यवस्था है। चूँकि ये हितबद्ध गुट हैं और यह समाज के किसी विशेष वर्ग का प्रतिनिधित्व करते हैं। उदाहरण के लिए, **चायना डेमोक्रेटिक लीग बुद्धिजीवियों का संगठन है तथा चायना डेमोक्रेटिक नेशनल कांस्ट्रक्शन एसोसिएशन व्यापारियों का संगठन है।** ये हितबद्ध गुट कम्युनिस्ट पार्टी के सहायक अंग है। जो उसे अपना सहयोग एवं विशेषज्ञापूर्ण परामर्श देते हैं। इन्हें चीन की लीक राजनीतिक सलाहकार समिति ;च्मवचसमश् ब्वदेनसजंजपअम ब्वउउपजजममद्ध में भागीदारी प्राप्त है। इसी के माध्यम से उनकी आवाज सरकार तक पहुँचती है। लेकिन ये संगठन कम्युनिस्ट पार्टी या सरकार का विरोध या उसकी आलोचना नहीं कर सकते। चीन

के संविधान की प्रस्तावना के अनुसार, **वे (संगठन) कम्युनिस्ट पार्टी के नेतृत्व के तले बहुदलीय सहयोग तथा राजनीतिक विचार–विमर्श के लिए एक व्यवस्था की रचना करते हैं।** इन संगठनों के महत्त्वपूर्ण सदस्यगण दल के नेतृत्व की कृपा से सरकार में उच्च पद प्राप्त कर सकते हैं। किन्तु वास्तव में, वे निष्ठावान गैर–प्रतिपक्ष के अलावा कुछ नहीं हैं।

वर्तमान स्थिति के बारे में एक अमेरिकी लेखक ने सटीक टिप्पणी की है कि, चीन की साम्यवादी पार्टी सभी प्रमुख राजनीतिक, सामाजिक एवं आर्थिक नीति के मुद्दों पर निर्णय लेने तथा सार्वजनिक क्षेत्र के सभी निकायों में अपने नेताओं को नियुक्त करने की शक्ति अपने हाथों में बनाये हुए हैं (चाहे वे सरकारी पद हों, सार्वजनिक संस्थाएँ हों या राज्य के स्वामित्व वाले उद्यम हों)। सरकारी अधिकारियों को पूरी तरह से पार्टी के सबल हस्तक्षेप एवं नियन्त्रणों के जाल में ऐसे फास दिया गया है कि आज चीन की राजनीतिक व्यवस्था के सामने यह बड़ा मुद्दा है कि पार्टी तथा सरकार के बीच सार्थक पृथक्करण कैसे किया जाये?

दबावकारी गुट (Pressure Groups)–

साम्यवादी देशों में **बन्द व्यवस्था** होती है। जो बहुलवादी समाज के उदय को रोकती है। चूँकि उदारीकरण एवं वैश्वीकरण के युग में चीन की आर्थिक व्यवस्था में बड़े सुधार हुए हैं। इसलिए चीन में अनेक हितबद्ध समूहों का उदय हुआ है। जिनके पीछे चीन की कम्युनिस्ट पार्टी का प्रोत्साहन तथा दिशा–निर्देशन देखा जा सकता है। यह कहा जाता है कि चीन साम्यवाद से उपभोक्तावाद की ओर अग्रसर हो रहा है। इसीलिए देश की कठोर राजनीतिक एवं आर्थिक व्यवस्था में गैर–सरकारी संगठनों को उभरने का अवसर मिल रहा है।

इस दिशा में कुछ प्रमुख संगठनों के नाम लिये जा सकते हैं। जैसे– आल–चायना फैडरेशन ऑफ ट्रेड यूनियन्स जो श्रमिकों के हितों का संरक्षण करती है, आल–चायना वूमेन्स फेडरेशन जो महिलाओं के हितों की सुरक्षा के लिए है। चीन में छात्रों के हितों से सम्बन्धित संगठन भी हैं। जैसे– आल–चायना स्टुडेन्ट्स फेडरेशन। युवाओं ने अपने हितों की रक्षा के लिए कुछ संगठन बनाये हैं। जैसे– यंग पायनियर्स, आल–यूथ

फेडरेशन तथा कम्युनिस्ट यूथ लीग। इसके अतिरिक्त चीन में अनेक दानार्थ तथा परोपकारी संगठन भी हैं।

फिर भी, यह बिन्दु ध्यान में रखना चाहिए कि सभी कुछ कम्युनिस्ट पार्टी की नीति एवं नेतृत्व के तत्त्वावधान में हो सकता है। **यह राजनीतिक बहुलवाद का मामला नहीं है। हाँ, इसे समाजवादी निगमवाद** (Socialist Corporatism) **की संज्ञा दी जा सकती है।** फिर भी इनका महत्त्व इस सन्दर्भ में आँका जाना चाहिए कि ये संगठन पार्टी तथा संगठित समूहों के बीच पहुँच के महत्त्वपूर्ण बिन्दु बनाते हैं। जो उन विशेष हितों का इस तरह मुखरन करते हैं कि दलीय प्रभुत्त्व को संकट न हो; अपितु नीति के निर्माण में उनका दबाव भी दिखाई दे।

28

चुनाव प्रणाली
(Electoral Process)

आधुनिक युग प्रजातंत्र का युग है। प्रजातंत्र **"जनता का, जनता के द्वारा, जनता के लिये"** शासन है। परन्तु आधुनिक विशाल राज्यों में बड़ी जनसंख्या के कारण यह सम्भव नहीं रह गया है कि समस्त जनता प्रत्यक्ष रूप से प्रशासक का कार्य स्वयं कर सके। इसलिये आज **अप्रत्यक्ष प्रजातंत्र** पाया जाता है। जिसे **प्रतिनिधियात्मक प्रजातंत्र** भी कहते हैं। इसमें जनता के प्रतिनिधि ही भाग लेते हैं। जिन्हें समय–समय पर जनता चुनती है। इन चुनावों को सम्पन्न करने के लिये एक राज्य या व्यवस्था की विशिष्ट चुनाव प्रणाली होती है। जिसके अन्तर्गत जनता अपने प्रतिनिधियों का चयन करती हैं।

प्रतिनिधित्व प्रणाली का जन्म एवं विकास–

प्राचीन काल में अकेला राजा ही कार्यपलिका, विधायिका तथा न्यायपालिका की भूमिका निभाता था। यद्यपि **यूनान के नगर–राज्यों तथा भारत के गणतांत्रिक जनपदों में प्रजातंत्र या प्रतिनिधित्व का शासन प्रारम्भ हो चुका था**। मध्यकाल में प्रतिनिधि शासन अधिक स्पष्ट हो गया। **जे०आर० कारी** का मत है कि **सम्भवतः चर्च में धार्मिक प्रतिनिधियों के एकत्रित होने से इसका प्रारम्भ हुआ**। धन संग्रहण तथा करारोपण के सम्बन्ध में राजा जनप्रतिनिधियों को आमंत्रित करने लगे। प्रतिनिधियों का समूह धीरे–धीरे प्रजातांत्रिक रूप धारणा करता चला गया। इसकी सफलता ने पूरे विश्व में प्रतिनिधियात्मक शासन

को प्रस्तुत तथा स्थापित किया। जैसे– **इंग्लैण्ड** में **'पार्लियामेंट'**, **फ्रांस** में **'इस्टेटस जनरल'**, **जर्मन** में **'डाइट'** और **स्पेन** में **'कोर्टेस'**।

प्रतिनिधित्व के सिद्धान्त–

प्रतिनिधित्व के अनेक सिद्धान्त हैं। जिनका आधार भिन्न–भिन्न हैं–

1. **उदारवादी प्रजातांत्रिक सिद्धान्त–** इस सिद्धान्त की मान्यता है कि **मनुष्य को अधिकार प्रकृति से ही प्राप्त हैं।** इस कारण शासन की शक्तियाँ सीमित हैं। इसमें मताधिकार सबको समान रूप से दिया जाता है। प्रतिनिधि व्यक्तियों के हितों एवं दृष्टिकोणों का प्रतिनिधित्व करता है। इसलिये प्रतिनिधि का निर्वाचन किसी वर्ग, व्यवसाय के आधार पर न करके क्षेत्र के आधार पर किया जाता है। इस सिद्धान्त के अनुसार **व्यक्ति अपने मत का प्रयोग बुद्धिमत्ता से करता है।** यह सिद्धान्त शासन की शाक्ति को सीमित मानकर जनसम्प्रभुता के सिद्धान्त में विश्वास रखता है।

2. **प्रतिनिधित्व का समूहवादी सिद्धान्त–** इस सिद्धान्त का विकास **19वीं शताब्दी में यूरोप में हुआ।** इस सिद्धान्त के समर्थकों ने प्रतिनिधित्व के उदारवादी सिद्धान्त को अस्वीकार करते हुए राज्य को वर्ग–संघर्ष बढ़ाने वाला बताया है, जिसमें धनिक वर्ग निर्धन वर्ग का शोषण करते हैं। इनके अनुसार प्रतिनिधित्व का आधार भौगोलिक न होकर बहुसंख्य शोषित वर्ग में से होना चाहिए। क्योंकि धनिक वर्ग निर्धनों के हितों का संरक्षण नहीं करते। इस प्रकार इन विचारकों ने जन–प्रभुता तथा बहुसंख्यक वर्ग की इच्छा पर एक साथ बल दिया। **सोवियत रूस के 1936 के संविधान में इसे अपनाया गया।** इस सिद्धान्त के समर्थकों का मानना था कि संस्थाएँ अधिक श्रेष्ठ हैं, क्योंकि यहाँ जनता की साझेदारी अधिक व्यापक है और प्रतिनिधि अपने निर्वाचकों की सामाजिक दृष्टि का सही चित्रण प्रस्तुत कर सकते हैं।

उपरोक्त के अतिरिक्त प्रतिनिधि के दो अन्य सिद्धान्त भी प्रचलित हैं–

3. **आदिष्ट प्रतिनिधित्व–** इस सिद्धान्त के अन्तर्गत प्रतिनिधि निर्वाचकों के अधीन होते हैं। उनकी इच्छाएँ स्वयं की नहीं होती। वे

निर्वाचकों की इच्छा को अभिव्यक्ति देते हैं अर्थात् प्रतिनिधि निर्वाचकों के आदेश का पालन मात्र करते हैं। ये प्रतिनिधि अपने निर्वाचकों के वक्ता होते हैं। जैसे– विदेशी राजदूत तथा अन्तर्राष्ट्रीय सम्मेलनों में विभिन्न राष्ट्रों के प्रतिनिधि। इस पद्धति में निर्वाचकों के हित सुरक्षित होते हैं। परन्तु यह सिद्धान्त अधिक उपयोगी नहीं है। क्योंकि निर्वाचकों की वास्तविक इच्छा तथा आदेश स्पष्ट नहीं होता। विधि निर्माण करते समय प्रतिनिधि निर्वाचकों से मिले, यह आज सम्भव नहीं है। आज राजनीतिक दलों के प्रतिनिधि अपने दल के आदेश को मानते हैं न कि जनादेश को।

4. **आदेशहीन प्रतिनिधित्व–** इस सिद्धान्त में न तो प्रतिनिधि निर्वाचकों का अभिकर्त्ता होता है और न ही उसके अधीन बना रहता है, बल्कि प्रतिनिधि निर्वाचकों के हितों के संरक्षक होते हैं तथा उनके हितों के लिए उचित नीतियों का निर्धारण करते हैं। इसके समर्थकों का मानना है कि यह सम्भव ही नहीं कि सैद्धान्तिक एवं व्यवहारिक दृष्टि से कोई भी जनप्रतिनिधि सभा निर्वाचकों के आदेशानुसार ही कार्य करे।

उपरोक्त के अतिरिक्त आर्थिक एवं प्रादेशिक के आधार पर प्रतिनिधित्व का सिद्धान्त दिया गया है–

5. **प्रादेशिक प्रतिनिधित्व–** इस सिद्धान्त का अर्थ है कि किसी देश या प्रदेश में चुनाव करने हेतु निर्वाचन जिलों को विभाजित कर देना चाहिए, चाहे वह प्रशासनिक जिलों के संगठन हो या नहीं। इन चुनावी जिलों को निर्वाचन क्षेत्र कहा जाता है। निर्वाचन क्षेत्र एक सदस्यीय या बहुसदस्यीय हो सकते हैं। परन्तु इस बात का ध्यान रखा जाता है कि जनसंख्या का अनुपात न्यूनाधिक रूप से समान हो। इस व्यवस्था की सफलता के लिये अनिवार्य है कि सभी निर्वाचक क्षेत्रों के हित लगभग समान हों तथा अल्पसंख्यकों को भी प्रतिनिधित्व मिलें, ऐसी व्यवस्था होनी चाहिए। साथ ही निर्वाचन क्षेत्रों के गठन आधार जनसंख्या होनी चाहिए।

यद्यपि प्रादेशिक प्रतिनिधित्व को पूरे विश्व में अपनाया जा रहा है। लेकिन **इस प्रक्रिया में कुछ गम्भीर दोष हैं–**

(1) यह जनसंख्या को ही एकमात्र आधार बनाता है व्यवसायों,

कार्यों तथा अन्य हितों का अलग से प्रतिनिधित्व की व्यवस्था नहीं करता।

(2) जनसंख्या के आधार पर प्रतिनिधित्व से **'गैरीमेण्डरिंग'** कुप्रथाएँ पनपती हैं।

(3) अल्पसंख्यकों को बड़ी हानि उठानी पड़ती है।

इन सभी दोषों के निवारण के लिये व्यवसायिक प्रतिनिधित्व तथा आनुपातिक प्रतिनिधित्व के तरीके निकाले गये हैं।

6. **व्यवसायिक प्रतिनिधित्व–** इस सिद्धान्त में प्रतिनिधित्व का आधार व्यवसाय होता है। अतः कहा जाये तो कृषि से कृषक, श्रमिकों से श्रमिक, अध्यापकों से अध्यापक, डाक्टरों से डाक्टर प्रतिनिधि चुने जाएँ। इस विधि के समर्थकों का मानना है कि भौगोलिक प्रतिनिधित्व सबका निर्वाचन करते–करते अंततः किसी भी वर्ग का प्रतिनिधित्व नहीं करता और एक ही व्यक्ति सभी हितों को पूरा नहीं कर सकता। इस सिद्धान्त के समर्थक आर्थिक घटक को सबसे अधिक महत्त्व देते हैं।

लेकिन इस पद्धति में दोष ही अधिक है। **डनिंग** ने लिखा है कि, **"व्यवसायिक प्रतिनिधित्व प्रणाली इतने अधिक दोषों से भरी हुई है कि यह प्रणाली प्रादेशिक प्रतिनिधित्व से बेहतर नहीं है।"** इसी तरह के विचार **एस्मीन** के हैं कि, **"यह पद्धति अराजकता की द्योतक है, जो विभिन्न व्यवसायों में वैमनस्य एवं घृणा उत्पन्न करती है।"** इस सिद्धान्त का प्रयोग **साम्यवादी रूस** में किया गया था।

निर्वाचन–

निर्वाचन सम्पन्न कराने के लिये कई पद्धतियाँ हैं। इनमें प्रयास किया जाता है कि निर्वाचन तथा उसका परिणाम लोकतंत्र को सार्थक करे। लेकिन जनता तथा शासन की आवश्यकताओं एवं व्यवहार से कई पद्धतियों का विकास हुआ है।

1.प्रत्यक्ष निर्वाचन–

प्रत्यक्ष निर्वाचन में मतदाता स्वयं अपने प्रतिनिधि को चुनते हैं। इस पद्धति में मतदाता मतदान केन्द्र में जाकर अपनी इच्छा के प्रतिनिधि को

मत देता है और मतगणना में जिसको सबसे अधिक मत मिलते हैं वह विजयी घोषित कर दिया जाता है। **भारत** की **लोकसभा, ब्रिटेन** की **कॉमन्स सभा, अमेरिका** के **हाउस ऑफ रिप्रेजेंटेटिव** (प्रतिनिधि सभा) की चुनाव व्यवस्था तथा अधिकांश देशों के निचले सदन में यह व्यवस्था प्रचलित है।

इसमें मतदाता स्वयं अपने नेता को चुनने में सक्षम होता है। इसी कारण यह प्रणाली सर्वाधिक लोकप्रिय है। इसमें प्रतिनिधि तथा निर्वाचक में प्रत्यक्ष सम्बन्ध होता है। प्रतिनिधि निर्वाचकों के हितों के विषय में सावधान रहते हैं। यह विधि जनता में राजनीतिक शिक्षा, समाजीकरण तथा भर्ती को बढ़ावा देती है। प्रतिनिधि विशाल जनता को भ्रष्ट नहीं कर सकते, अतः लुभावने कार्यक्रम रखते हैं; इन कारणों से यह अधिक लोकतंत्रीय है।

लेकिन प्रत्यक्ष निर्वाचन में कुछ दोष भी हैं। मतदाताओं के अशिक्षित, भावुक एवं अयोग्य होने के कारण वे ऐसे प्रतिनिधियों को चुन लेते हैं जो वाक्पटु, निकम्मे एवं स्वार्थी होते हैं। ऐसे में नेता व्यक्ति की संकीर्ण भावनाओं को उकसाते हैं। प्रत्यक्ष निर्वाचन अधिक खर्चीला एवं उत्तेजनापूर्ण वातावरण में होते हैं। इससे बुद्धिमान और योग्य व्यक्ति चुनाव में भाग नहीं लेना चाहते हैं। इस सिद्धान्त में दलबन्दी के सारे दोष पाये जाते हैं।

2.अप्रत्यक्ष निर्वाचन–

परोक्ष या अप्रत्यक्ष निर्वाचन प्रणाली में मतदाता स्वयं प्रतिनिधियों का निर्वाचन नहीं करते हैं। इसमें दोहरा मतदान होता है। इसमें पहले मतदाता एक मध्यस्थ का चुनाव करते हैं। जिसे निर्वाचक मण्डल कहा जाता है। यह निर्वाचक मण्डल ही प्रतिनिधियों को चुनता है। **परोक्ष निर्वाचन प्रणाली** का प्रयोग प्रायः विभिन्न राज्यों में **द्वितीय सदन** के सदस्यों को निर्वाचित करने के लिये किया जाता है।

भारत तथा **अमेरिका के राष्ट्रपति का चुनाव अप्रत्यक्ष ही होता है।** यह प्रणाली सार्वजनिक मताधिकार के दोषों का अंत करती है। निर्वाचक मण्डल निश्चित ही आम मतदाता से अधिक बुद्धिमान तथा व्यवहारिक होने के कारण अच्छे प्रतिनिधि का चुनाव करते हैं। **यह कम**

खर्चीली प्रणाली है तथा अधिक आबादी वाले देशों के लिये उपयुक्त है।

लेकिन अप्रत्यक्ष निर्वाचन कम लोकतंत्रीय है तथा मतदाताओं का प्रतिनिधियों से कोई सीधा सम्बन्ध नहीं होता। जनता में राजनीतिक शिक्षा एवं रुचि का अभाव होता है। इससे भ्रष्टाचार बढ़ता है। क्योंकि उम्मीदवार धन–बल से निर्वाचकों को अपने प्रभाव में कर लेते हैं।

3.बहुल या भारित मतदान प्रणाली–

19वीं शताब्दी में **जान स्टुअर्ट मिल** ने **'एक व्यक्ति एक वोट'** के सिद्धान्त की आलोचना की थी। **सिजविक** ने भी इस मत का समर्थन किया। उनका मत था कि जो व्यक्ति अधिक शिक्षित है। अधिक कर देते हैं तथा जिनकी आयु अधिक है उनको अशिक्षित, कर न देने वाले और कम आयु के व्यक्तियों की अपेक्षा अधिक मत देने का अधिकार होना चाहिए। ऐसा इसलिए ताकि मतदाता अपने मत का मूल्य समझ सकें।

टेन का मत था कि, **"मतों का गिनना नहीं तोलना चाहिए।"** इसके लिये दो प्रणालियाँ प्रयोग की जाती हैं–

1. **बहुसंख्यक मतदान–** इस प्रणाली में एक ही व्यक्ति को कर देने, सम्पत्ति होने, शिक्षित होने के आधार पर अलग–अलग मतदान का अधिकार दिया जाता है। **ब्रिटेन** में 1918 से पूर्व अनेक मतदाताओं को निवास के आधार पर, व्यवसाय के आधार पर और विश्वविद्यालय की डिग्री की योग्यता के आधार पर तीन मत देने का अधिकार था। **भारत में आज भी विधान परिषद् के मतदान में एक व्यक्ति तीन मत दे सकता है।**

2. **गुरुतापूर्ण मतदान–** इस प्रणाली में अधिक शिक्षित, अधिक टैक्स देने वाले और अधिक आयु वाले व्यक्ति को कम शिक्षित, कम कर देने वाले और कम आयु वाले व्यक्ति की अपेक्षा अधिक वोट देने का अधिकार होता है। **1893 के बेल्जियम संविधान में इसे लागू किया गया था। लेकिन दोषपूर्ण होने के कारण 1921 में इसे समाप्त कर दिया गया।**

बहुल या भारित प्रणाली के दोष यह है कि यह **अप्रजातांत्रिक** है। इसमें धनवानों का प्रभाव ज्यादा रहता है। सम्पत्ति को आधार बनाना अनुचित है, इससे समाज में विषमता बढ़ती है। साथ ही इस सिद्धान्त के कुछ गुण हैं; जैसे– इससे शिक्षा प्रसार को प्रोत्साहन मिलता है तथा सम्पत्तिशाली वर्ग अधिक उत्तरदायित्व का निर्वाह करता है।

4.गुप्त और खुला मतदान–

गुप्त मतदान में मतदाता अपनी पसंद के उम्मीदवार को अपना मत गुप्त रूप से देता है। मतदाता को मतदान केन्द्र में मत–पत्र मिलता है। जिस पर उम्मीदवारों के नाम लिखे होते हैं। जिसमें मतदाता अपनी पसन्द के उम्मीदवार के आगे निशान लगाकर मतपत्र को मोड़कर मत पेटी में डालते हैं।

इस प्रणाली में मतदाता स्वतंत्र रूप से बिना किसी दबाव के अपने अधिकार का प्रयोग करते हैं। इसमें दंगे, लड़ाई–झगडे और द्वेष की सम्भावना कम हो जाती है। **खुला मतदान वह होता है जिसमें मतदाता अपना मत खुले तौर पर हाथ उठाकर देता है।**

निर्वाचन क्षेत्र–

निर्वाचन क्षेत्र दो प्रकार के होते हैं–

1. **एक सदस्यीय निर्वाचन क्षेत्र प्रणाली–** यह प्रणाली सर्वाधिक लोकप्रिय है। इसमें सारे देश को उतने ही निर्वाचन क्षेत्रों में बाँटा जाता है, जितने प्रतिनिधि चुने जाने होते हैं। एक मतदाता एक ही उम्मीदवार को मत देता है; जैसे– उत्तर प्रदेश विधान सभा के लिए 425 सदस्य चुने जाते हैं तो उत्तर प्रदेश को 425 चुनाव क्षेत्र में बाँट दिया गया है।

2. **बहुसदस्यीय निर्वाचन क्षेत्र प्रणाली–** इसमें सारे देश को बड़े–बड़े निर्वाचन क्षेत्रों में बाँट दिया जाता है। प्रत्येक निर्वाचन क्षेत्र में से एक से अधिक सदस्य चुने जाते हैं। इसमें मतदाता उतने ही वोट दे सकता है, जितने प्रतिनिधि चुनने होते हैं।

अल्पसंख्यकों के प्रतिनिधित्व की प्रणालियाँ–

आधुनिक निर्वाचन प्रणाली, जिसमें एक सदस्यीय निर्वाचन क्षेत्र

होता है। इसमें अल्पसंख्यकों को उचित प्रतिनिधित्व नहीं मिल पाता है। **जे०एस० मिल** का विचार है कि, **"समस्त जनता की सरकार को केवल बहुसंख्यकों के हाथों में दे देना सदैव ही अनुचित और अप्रजातांत्रिक है। किसी भी राज्य में प्रत्येक या किसी भी वर्ग का प्रतिनिधित्व असमानुपात में वरन् समानुपात में होना चाहिए।"** अल्पसंख्यक भाषा, जाति, आर्थिक, सामाजिक एवं सम्प्रदाय आदि आधार पर पाये जाते हैं। प्रजातंत्र की सफलता अल्पसंख्यकों को साथ लेकर चलने में है, अन्यथा वह सरकार विशेष अधिकार वाली सरकार कहलाती है। **अल्पसंख्यकों को प्रतिनिधित्व देने की प्रणालियाँ निम्नलिखित हैं–**

1.आनुपातिक प्रतिनिधित्व प्रणाली–

अल्पसंख्यकों को उचित प्रतिनिधित्व देने के लिये महत्त्वपूर्ण एवं श्रेष्ठ प्रणाली आनुपातिक प्रतिनिधित्व प्रणाली है। इस प्रणाली का उद्देश्य सभी मत के वर्गों को उनके मतदाताओं की संख्या के अनुपात में प्रतिनिधित्व दिलाना है। इसका प्रणयन ब्रिटिश विद्वान **थामस हेयर** ने किया; अतः इस प्रणाली को **हेयर प्रणाली** भी कहा जाता है।

इस प्रणाली के अनुसार बहुसदस्यीय निर्वाचन क्षेत्र में प्रतिनिधियों का निर्वाचन साधारण टिकट द्वारा किया जाता है। मतदाता को उतनी संख्या में ही मत देने का अधिकार होता है। जितने उमीदवार चुने जाने हैं। विजयी उम्मीदवार को एक निश्चित अनुपात में या संख्या में मत प्राप्त करना अनिवार्य है। जिसे **चुनाव कोटा** कहा जाता है। इस प्रणाली के दो रूप हैं–

1. **एकल संक्रमणीय मत प्रणाली**– इस प्रणाली के लिये बहुसदस्यीय निर्वाचन क्षेत्र होना चाहिए। उस निर्वाचन क्षेत्र से चाहे जितने भी सदस्य चुने जाएँ, प्रत्येक मतदाता को ही मतपत्र पर अपना मत देना होता है। मतदाता जिस भी प्रतिनिधि को सबसे ज्यादा पसन्द करता है उसके आगे पहली पसन्द लिख दी जाती है।

जिसे मतदाता पहले से कम पसन्द करता है उसके आगे दूसरी पसन्द, फिर जितने सदस्य चुने जाने हैं। उतनी ही पसन्द क्रमानुसार

मतदाता मतपत्र पर लिख देता है। मतों की यह **'एकल संक्रमण'** प्रणाली कहलाती है। मतदाता प्रतिनिधियों की वरीयता तय करता है। उम्मीदवार को जीतने के लिये एक निश्चित मात्रा में मतों को प्राप्त करना होता है, जिसे **निर्वाचक कोटा** कहा जाता है। निर्वाचक कोटा जानने की दो विधि हैं –

एण्ड्रे सूत्र = कुल मतों की संख्या/चुने जाने वाले सदस्यों की संख्या

$$\textbf{हेयर सूत्र} = \frac{\text{कुल मतों की संख्या}}{\text{चुने जाने वाले सदस्यों की संख्या } +1} +1$$

यद्यपि **एण्ड्रे सूत्र** सरल है। किन्तु **हेयर सूत्र** का अधिक प्रयोग किया जाता है।

2. **सूची प्रणाली–** इस प्रणाली में निर्वाचन क्षेत्र में बहुसदस्यीय होता है। परन्तु निर्वाचन व्यक्तिगत आधार पर न होकर दलों के आधार पर होता है। निर्वाचन के उम्मीदवारों को राजनीतिक दलों के आधार पर अलग–अलग सूचियों में स्थान दिया जाता है। प्रत्येक राजनीतिक दल की अपनी अलग सूची होती है।

मतदान के समय मतदाता किसी एक दल के उम्मीदवारों की सूची से मतदान करते हैं। मतदान के पश्चात् दलों के मतों की गणना अलग–अलग होती है। प्रत्येक मतदाता स्थानों की संख्या के बराबर ही मत दे सकता है। किन्तु वह एक उम्मीदवार को एक से अधिक मत नहीं दे सकता। निर्वाचन का परिणाम एक **निर्वाचक कोटे** द्वारा ज्ञात किया जाता है–

$$\frac{\text{कुल वैध मत}}{\text{कुल स्थान } +1} +1$$

आनुपातिक प्रणाली का मूल्यांकन–

आनुपातिक प्रतिनिधित्व प्रणाली अधिक प्रजातांत्रिक है। क्योंकि यह सभी वर्गों को विधायिका में उचित अनुपात में प्रतिनिधित्व प्रदान करती है। इससे अल्पसंख्यकों के हित की रक्षा सुनिश्चित होती है। इस प्रणाली

में मतदाता को मत देने की अधिक स्वतंत्रता रहती है तथा मत व्यर्थ नहीं जाते हैं। विधायिका का बटा स्वरूप तानाशाही पर रोक लगाता है।

लेकिन यह प्रणाली अत्यन्त जटिल है। संसदीय प्रणाली में यह अस्थिरता को जन्म देती है। मतदाता तथा प्रतिनिधियों में प्रत्यक्ष सम्पर्क नहीं होता तथा उपचुनावों की कोई व्यवस्था नहीं होती। राजनीतिक दलों की संख्या में वृद्धि हो जाती है तथा यह अधिक महंगी प्रणाली है। सूची प्रणाली कम प्रजातंत्रीय है। सबसे महत्त्वपूर्ण है कि अल्पसंख्यकों की हितों की रक्षा संदेहपूर्ण है। क्योंकि संसद निर्णय बहुमत से करती है। अतः जागरूकता का अधिक महत्त्व है।

अल्पसंख्यकों के प्रतिनिधित्व की अन्य प्रणालियाँ–

लोकतंत्र चूँकि बहुमत का शासन है। किन्तु अल्पसंख्यकों के हितों की रक्षा भी आवश्यक है। इसलिये अल्पसंख्यकों की हित रक्षा के लिये कुछ अन्य प्रणालियाँ निम्नलिखित हैं–

1. **सीमित मतदान प्रणाली–** इस प्रणाली में निर्वाचन क्षेत्र बड़ा होता है। इसमें प्रतिनिधि कम से कम तीन या अधिक बार चुने जाने होते हैं। इसमें मतदाता को एक से अधिक, किन्तु निर्वाचित होने वाले सदस्यों की संख्या से कम मत देने का अधिकार होता है। इसमें मतदाता एक उम्मीदवार के पक्ष में एक से अधिक मत नहीं दे सकता। यदि 6 सदस्य चुने जाने हो तो मतदाता 5 मत देंगे। यदि 5 सदस्य बहुसंख्यकों के प्रतिनिधि होंगे तो 1 सदस्य अल्पसंख्यकों का प्रतिनिधि होगा।

2. **संचित मत प्रणाली–** इस प्रणाली में निर्वाचन क्षेत्र बहुसदस्यीय होता है। इसमें प्रत्येक मतदाता उतने मत दे सकता है जितने सदस्य उस क्षेत्र से चुने जाने होते हैं। इस प्रणाली में मतदाता अपने सभी मतों को किसी एक उम्मीदवार के पक्ष में या अलग–अलग बांटकर दे सकता है। इसमें एक अच्छी तरह संगठित अल्पसंख्यक दल भी विधानमण्डल में स्थान पा लेता है।

3. **द्वितीय मतदान प्रणाली–** इस प्रणाली में अल्पसंख्यकों के मतों का महत्त्व बना रहता है। जब एक ही निर्वाचन क्षेत्र से दो या अधिक उम्मीदवार खड़े हों तथा किसी को पूर्ण बहुमत प्राप्त न हो तो प्रथम दो

उम्मीदवारों के मध्य पुनः मतदान कराया जाता है। इस प्रकार दूसरे चरण में निश्चित रूप से नतीजा निकल आता है।

4. **पृथक् निर्वाचन प्रणाली–** इस प्रणाली को साम्प्रदायिक प्रतिनिधित्व का पर्याय माना जा सकता है। **1909 के भारतीय शासन अधिनियम में मुस्लिम अल्पसंख्यकों को पृथक् निर्वाचन क्षेत्र दिया गया।** इस प्रणाली में निर्वाचन के लिये जनसंख्या को धार्मिक या अन्य आधार पर बाँटा जाता है और विभिन्न सम्प्रदाय अपने पृथक् निर्वाचक संघ बनाते हैं। एक समुदाय स्वयं अपने समुदाय से विधानमण्डल में निश्चित संख्या में प्रतिनिधि भेजते हैं। इस प्रणाली से बहुसंख्यकों तथा अल्पसंख्यकों के बीच द्वेष तथा मतभेद बढ़ जाते हैं।

5. **सुरक्षित स्थानयुक्त निर्वाचन प्रणाली–** यह प्रणाली **स्वतंत्र भारत** में भी अपनायी गई। इस प्रणाली में व्यवस्थापिका में अल्पसंख्यकों के प्रतिनिधियों के लिये उनकी जनसंख्या के अनुपात में स्थान सुरक्षित कर दिये जाते हैं, परन्तु इन सुरक्षित स्थानों के लिये प्रतिनिधियों का चुनाव सभी मतदाताओं द्वारा होता है न कि अल्पसंख्यकों द्वारा। इसमें अल्पसंख्यकों का प्रतिनिधित्व भी हो जाता है और राष्ट्रीय एकता भी बनी रहती है।

6. **वैकल्पिक मत प्रणाली–** इस प्रणाली का प्रयोग केवल एक सदस्यीय निर्वाचन क्षेत्रों में ही किया जाता है। इस प्रणाली में मतदाता को अपनी पसन्द के उम्मीदवार को केवल एक मत देने का अधिकार होता है। परन्तु साथ ही उम्मीदवारों के लिए मतदाता अपनी दूसरी, तीसरी, चौथी पसन्द भी लिख सकता है। यदि किसी को पूर्ण बहुमत मिल जाता है तो वह विजयी घोषित कर दिया जाता है। यदि किसी को पूर्ण बहुमत प्राप्त नहीं तो द्वितीय पसन्द के मतों से निर्वाचन किया जाता है। द्वितीय चक्र तथा इसी प्रकार की गणना आगे तब तक की जाती है जब तक किसी को पूर्ण बहुमत प्राप्त न हो जाये।

7. **प्रादेशिक प्रतिनिधित्व–** प्रादेशिक प्रतिनिधित्व में प्रतिनिधि के निर्वाचन क्षेत्र का आधार प्रादेशिक होता है। यह सिद्धान्त इस मान्यता पर कार्य करता है कि एक स्थान के लोगों के सामान्य हित समान होते हैं। यह प्रणाली सीधी तथा सरल है। **भारत, ब्रिटेन** एवं **अमेरिका** आदि

अनेक देशों में यह प्रचलित है।

8. **आदर्श प्रतिनिधित्व की शर्तें–** आदर्श प्रतिनिधित्व आवश्यक रूप से सार्वजनिक व्यस्क मताधिकार पर होना चाहिए। निर्वाचन प्रत्यक्ष तथा गुप्त मतदान रीति से होना चाहिए। अल्पसंख्यक वर्गों के हितों की रक्षा आवश्यक है। प्रतिनिधि तथा निर्वाचकों में लगातार सम्पर्क रखने वाली प्रणाली होनी चाहिए। प्रादेशिक प्रतिनिधित्व अधिक श्रेष्ठ रीति से प्रतिनिधित्व प्रदान करती है।

29

शक्तियों के पृथक्करण का सिद्धान्त (Theory of Separation of Powers)

वर्तमान समय में सरकार के तीन अंग स्वीकार किये जाते हैं– **व्यवस्थापिका, कार्यपालिका** तथा **न्यायपालिका**। इन तीनों अंगों में परस्पर सम्बन्धों का निर्धारण करने के दो सिद्धान्त हैं– **शक्ति संलयन का सिद्धान्त** तथा **शक्ति पृथक्करण का सिद्धान्त।** यही आधार संसदीय तथा अध्यक्षीय शासन प्रणाली में भेद स्पष्ट करता है। शक्ति पृथक्करण का सिद्धान्त फ्रांसीसी विचारक **मान्टेस्क्यू** ने दिया।

उसके अनुसार **शासन के तीनों अंगों को पृथक् रह कर कार्य करना चाहिए, क्योंकि शक्तियों का एक हाथ में रहना निरंकुश शासन को जन्म देता है; जिससे व्यक्ति स्वातंत्र्य खतरे में पड़ जाता है।** यही सिद्धान्त अवरोध एवं संतुलन का आधार बन जाता है। वर्तमान में **संयुक्त राज्य अमेरिका** में **'शक्तियों के पृथक्करण'** सिद्धान्त का पालन किया जा रहा है।

सिद्धान्त का ऐतिहासिक विकास–

शक्तियों के पृथक्करण का विचार बहुत पुराना है। प्राचीन काल में **अरस्तू** ने अपनी पुस्तक **'पोलिटिक्स'** में शासन के तीन अंगों का– असेम्बली, मजिस्ट्रेसी तथा ज्यूड़ीशरी में विभाजन किया। **रोम** का संविधान लिखते हुए **पोबिलियस** एवं **सिसरो** ने इसकी श्रेष्ठता का श्रेय शक्तियों के पृथक्करण तथा नियन्त्रण एवं संतुलन की व्यवस्था को

दिया। मध्य युग (14वीं शताब्दी) में **मार्सीलियो ऑफ पेडुआ** ने विधायी तथा कार्यकारी विभागों में स्पष्ट विभाजन रेखा खींची। 16वीं शताब्दी में **जीन बोंदा** ने शक्ति पृथक्करण सिद्धान्त का जोरदार समर्थन किया। **ब्रिटेन में 1688 की रक्तहीन क्रांति** के नेताओं का मत भी शक्ति विभाजन के पक्ष में था। **जान लॉक** ने इसे बेहतर ढ़ंग से प्रस्तुत किया तथा माना कि, **"मानवीय कमजोरी के लिए यह बहुत बड़ा प्रलोभन होगा यदि जिन व्यक्तियों के हाथ में कानून बनाने की शक्ति है, उन्हीं के हाथों में उसे लागू करने की शक्ति भी देना उचित मान लिया जाये; जिससे वे स्वयं को उस कानून के पालन से मुक्त कर लें, जिसका वे निर्माण करते हैं।" लॉक** से पूर्व **बोंदा** ने भी स्वीकार किया कि राजा को कानून निर्माण तथा न्यायाधीश दोनों रूपों में एक साथ कार्य नहीं करना चाहिए।

इंग्लैण्ड के प्रसिद्ध न्यायशास्त्री **ब्लैक स्टोन** ने अपनी पुस्तक **'इंग्लैण्ड के कानूनों की टीकाएँ'** (1765) में इस सिद्धान्त का समर्थन किया है। अमेरिकी विचारक **मैडिसन** तथा **हैमिल्टन** ने भी इस सिद्धान्त का समर्थन किया।

माण्टेस्क्यू का योगदान–

माण्टेस्क्यू से पूर्व यद्यपि कतिपय विचारकों ने शक्ति पृथक्करण का विचार रखा; किन्तु सर्वप्रथम **माण्टेस्क्यू** ने ही इसका विधिवत् और वैज्ञानिक स्वरूप प्रस्तुत किया। **माण्टेस्क्यू** के समकालीन राजा **लुई चौदहवाँ** कहता था कि, **"मैं ही राज्य हूँ"**। अतः राजा की इच्छा ही कानून के रूप में मान्य होती थी। **माण्टेस्क्यू** इंग्लैण्ड की व्यवस्था से प्रभावित हुआ जो राजा को सम्पूर्ण अधिकार नहीं देती थी। शासन के सुचारू संचालन तथा व्यक्ति की स्वतंत्रता को निरकुंशता से बचाने के लिये **माण्टेस्क्यू** ने शासन के अंगों के पृथक्करण का सिद्धान्त दिया। **माण्टेस्क्यू** ने अपने विचार **'स्प्रिट ऑफ लॉज'** (1762) में व्यक्त किये। **माण्टेस्क्यू** ने माना कि यदि एक ही व्यक्ति या समूह कानून बनाये, उन्हें लागू करें और विवादों पर निर्णय करने लगे तो व्यक्ति की स्वतंत्रता बिल्कुल नष्ट हो जायेगी और राज्य अपनी मनमानी करने लगेगा।

इस प्रकार से **शक्ति पृथक्करण** का अर्थ है **शासन की शक्तियों**

का तीनों अंगों में बंटवारा ताकि कोई अंग शक्तिशाली बनकर स्वतंत्रता का हनन न करें तथा तीनों शक्तियाँ एक ही हाथ में न रहें।

सिद्धान्त का प्रभाव–

माण्टेस्क्यू के शक्ति पृथक्करण का प्रभाव **फ्रांस** और **अमेरिका** पर विशेष रूप से पड़ा। शक्ति पृथक्करण सिद्धान्त को अमेरिकी संविधान निर्माताओं ने लागू किया। अमेरिकी संविधान निर्माता **जान लॉक** के राजनीतिक दर्शन (व्यक्ति की स्वतंत्रता तथा सर्वोच्चता) से भी प्रभावित थे। संसदीय व्यवस्थाओं में भी न्यायपालिका को अन्य दो अंगों (कार्यपालिका एवं व्यवस्थापिका) से पृथक् रखा जाता है।

अनेक देशों के संविधान में इस सिद्धान्त को मान्यता दी गई है। यह सिद्धान्त **अध्यक्षात्मक शासन का आधार** है। **'फ्रांस के मनुष्यों के अधिकार की घोषणा'** में 16वीं धारा में स्वीकार किया गया कि शक्ति विभाजन के बिना कोई सरकार वैधानिक तथा प्रजातांत्रिक नहीं हो सकती। **फ्रांस** में **कार्यपालिका** को **न्यायपालिका** से पृथक् करने के लिये ही **'प्रशासकीय न्यायधिकरणों'** की स्थापना की गयी है। **अमेरिका** और **फ्रांस** के अतिरिक्त **मैक्सिको, अर्जेन्टाइना, आस्ट्रेलिया, ब्राजील, चिली** आदि देशों के संविधानों में **शक्ति पृथक्करण सिद्धान्त** का प्रयोग किया गया है।

भारतीय संविधान के अनुच्छेद 50 में न्यायपालिका तथा कार्यपालिका के पृथक्करण की व्यवस्था की गई है। विधायिका और कार्यपालिका के बीच शक्तियों के पृथक्करण के सिद्धान्त को स्वीकार नहीं किया गया है, इसीलिए भारत में राष्ट्रपति कार्यपालिका का औपचारिक अध्यक्ष है तथा संसद का भी अंग है।

सिद्धान्त का मूल्यांकन–

माण्टेस्क्यू ने शक्तियों के पृथक्करण का सिद्धान्त प्रस्तुत करके अनिरकुंशता तथा व्यक्ति की स्वतंत्रता एवं सक्षम शासन का लक्ष्य रखा; किन्तु इस सिद्धान्त में कुछ कमजोरियाँ आलोचना का विषय बनीं–

(1) शक्ति पृथक्करण सिद्धान्त कार्यों के पूर्ण पृथक्करण पर बल देकर गम्भीर त्रुटि करता है। शासन समग्र शरीर की तरह है

तथा इसके अंगों को डिब्बाबंद रूप में अलग रखना असम्भव है।

(2) शक्ति पृथक्करण सिद्धान्त तीनों अंगों को बराबरी का महत्त्व देता है; जबकि आधुनिक कल्याणकारी राज्यों ने कार्यपालिका की शक्ति में भारी बढ़ोत्तरी की है। यदि सिद्धान्त को कठोरता से लागू करें तो कल्याणकारी राज्य की स्थापना सम्भव ही नहीं है।

(3) **माण्टेस्क्यू** ने इंग्लैण्ड के शासन शक्ति पृथक्करण का आदर्श माना; जबकि वह शक्तियों के संलयन पर आधारित था।

(4) शक्ति संतुलन का सिद्धान्त कुशलता तथा उत्तरदायित्व दोनों पर प्रहार करता है। इस तरह यह प्रजातंत्र विरोधी बन जाता है।

(5) शक्तियों के पृथक्करण में स्वतंत्रता की गारण्टी नहीं हो सकती, बल्कि शासन के उपजे विवाद स्वतंत्रता पर ज्यादा खतरा डालेंगे। वास्तव में निरन्तर जागरूकता से ही स्वतंत्रता बनी रहेगी।

निष्कर्ष–

शक्ति विभाजन की इन आलोचनाओं के कारण इसे महत्त्वहीन नहीं कहा जा सकता। यदि इसका अर्थ तीनों विभागों का पूर्ण पृथक्करण गाना जाये तो इसे अपनाना सम्भव भी नहीं होता। किन्तु हम इस सिद्धान्त की निहित भावनाओं में जाएँ तो यह प्रजातंत्र की दिशा में बड़ा कदम माना जायेगा। व्यक्ति की स्वतंत्रता तथा शासन की निरंकुशता पर रोक लगाना इस सिद्धान्त का लक्ष्य है। जिसमें यह सफल भी होता है। इस सिद्धान्त का बेमिसाल उदाहरण **संयुक्त राज्य अमेरिका** की शासन व्यवस्था है।

नियंत्रण एवं संतुलन का सिद्धान्त–

शासन के तीनों अंग कभी भी विलग नहीं हो सकते; अतः वर्तमान में शक्ति पृथक्करण तीनों अंगों में परस्पर नियंत्रण एवं संतुलन का सिद्धान्त

हो गया है। इस सिद्धान्त में एक अंग दूसरे अंग पर नियन्त्रण करता है। जिस कारण कोई अंग इतना शक्तिशाली नहीं हो पाता कि वह अकेले शासन को चला सके। वर्तमान में अमेरिकी व्यवस्था इसका सर्वोत्तम उदाहरण है या यूँ कहें कि यह सिद्धान्त अमेरिकी व्यवस्था से उपजा है।

अमेरिकी राष्ट्रपति विधायिका से बने कानून को मंजूरी देता है तथा न्यायपालिका के सदस्यों की नियुक्ति करता है। किन्तु अमेरिकी कांग्रेस (संसद) राष्ट्रपति द्वारा की नियुक्ति तथा विदेशों से की गई संधि को मंजूरी देती है तथा न्यायपालिका यह देखती है कि कार्यपालिका तथा कांग्रेस (संसद) के कृत्य विधिसम्मत् हैं या नहीं। इस तरह तीनों अंग एक–दूसरे पर नियन्त्रण करते हैं।

संविधान द्वारा अमेरिकी राष्ट्रपति को कार्यपालिका की शक्तियाँ दी गई हैं। उदाहरणार्थ, वह युद्ध और शांति की घोषणा के लिए परिस्थिति उत्पन्न कर सकता है। परन्तु वह ऐसी घोषणा केवल कांग्रेस (संसद) की स्वीकृति से ही कर सकता है। राष्ट्रपति कांग्रेस (संसद) की अनुमति के बिना जनता पर टैक्स नहीं लगा सकता। बजट की स्वीकृति कांग्रेस (संसद) से लेनी पड़ती है। राष्ट्रपति के द्वारा की गई संधियाँ उसी समय लागू हो सकती हैं। जब सीनेट के द्वारा उसकी स्वीकृति प्राप्त हो जाए। प्रथम महायुद्ध (1914–1918) की समाप्ति के पश्चात् अमेरिका के राष्ट्रपति **वुडरो विल्सन** के अथक् प्रयासों से **वर्साय की संधि** तैयार की गई तथा **राष्ट्रसंघ की स्थापना** की गई। परन्तु **अमेरिका** की सीनेट ने दोनों पर अपनी स्वीकृति नहीं दी। फलतः **अमेरिका राष्ट्रसंघ का सदस्य नहीं बना सका।** इसके अतिरिक्त कांग्रेस (संसद) राष्ट्रपति को देशद्रोह, रिश्वत, संविधान का उल्लंघन करने तथा अन्य गम्भीर अपराधों के करने पर महाभियोग के द्वारा हटा सकती है। इस प्रकार राष्ट्रपति पर कांग्रेस (संसद) का नियन्त्रण रहता है।

सर्वोच्च न्यायालय भी न्यायिक पुनर्विलोकन शक्ति द्वारा राष्ट्रपति की शक्तियों को नियन्त्रित करता है। यदि राष्ट्रपति के कार्य संविधान के प्रतिकूल हैं तो सर्वोच्च न्यायालय उन्हें अवैध घोषित कर सकता है।

30

विधि के शासन की अवधारणा

(Concept of Rule of Law)

पश्चिमी राजनीतिक चिन्तन में विधि के शासन की अवधारणा की शुरूआत **प्राचीन यूनान** से ही दिखाई पड़ती है। **सुकरात** ने विधि के शासन को सार्वजनिक (राजनीतिक) जीवन का ऐसा सर्वोच्च सिद्धान्त माना था, जिसका कोई विकल्प सम्भव नहीं था। सुकरात ने विधि की पालना के लिए निर्दोष होते हुए भी, मृत्यु का स्वागत किया था। **सुकरात** से पहले **सोफिस्ट** विचारकों का मत था कि, **कानून कृत्रिम, काल्पनिक एवं अमूर्त (अभौतिक)** होते हैं और उनके आधार पर सार्वजनिक जीवन को व्यवस्थित रूप में नहीं चलाया जा सकता है; किन्तु **सुकरात** ने विधि को प्राकृतिक एवं दैवीय आदेश के रूप में भी स्वीकार किया है तथा इसे शासक एवं शासितों के बीच एक ऐसे अटल समझौते के रूप में भी स्वीकारा है जो दोनों पक्षों पर समान रूप से लागू होता है और कोई भी पक्ष इसका उल्लंघन नहीं कर सकता है।

मध्ययुगीन यूरोप में **सन्त थॉमस एक्वीनास** के चिन्तन में **विधि के शासन** के विचारों को सर्वोत्तम रूप में प्रस्तुत किया गया है। उसकी विचारधारा में **यूनानी** एवं **रोमन** चिन्तकों के विचारों का समन्वय दीख पड़ता है। **एक्वीनास** ने यूनानी विद्धानों की तरह विधि को **'विवेक की अभिव्यक्ति'** भी माना और **रोमन अर्थशास्त्रियों** की तरह **'सम्प्रभु की इच्छा'** भी। उसका मत है कि सृष्टि का आधार विधि है और राज्य एवं उसके शासक भी सदैव के अधीन होते हैं।

आधुनिक युग के प्रारम्भ में **मैकियावली** एवं **हॉब्स** ने विधि के शासन को स्वीकार तो किया। किन्तु उन्होंने विधि की व्याख्या इस प्रकार की है कि यह (विधि) एक निरंकुश एवं सर्वाधिकारवादी राज्य की स्थापना करती है। वास्तव में यह स्थिति विधि के शासन की मूल मान्यता के ही विपरीत है। **मैकियावली** एवं **हॉब्स** दोनों ने ही शासन को विधि का स्रोत माना है और इस प्रकार उनका शासन विधि के ऊपर है, विधि के अधीन नहीं। आधुनिक युग में विधि के शासन की अवधारणा के समर्थकों में **जान लॉक** का नाम सबसे महत्त्वपूर्ण है। **जान लॉक** ने विधि को ऐसी मर्यादा के रूप में स्वीकारा जो राज्य–शासक की शक्ति को नियन्त्रित करती है और व्यक्ति के प्राकृतिक अधिकारों की रक्षा करती है।

लॉक के अनुसार, **"जहाँ विधि समाप्त होती हैं। वहाँ से अत्याचार प्रारम्भ होता है.................. सरकार निश्चित उद्देश्यों के लिए क्रियाशील रहने वाली न्यायधारी शक्ति मात्र है।"** यद्यपि **लॉक** ने विधि के शासन का आधार प्राकृतिक विधि को बताया था, जो आज मान्य नहीं है। किन्तु उसके विधि के शासन की मूल भावना ऐसे सीमित शासन की स्थापना की समर्थक है। जो व्यक्ति के हितों के विपरीत न हो अर्थात् **जान लॉक** की विधि के शासन की अवधारणा सभी प्रकार के निरंकुश, सर्वाधिकारवादी एवं अत्याचारपूर्ण शासनों के विरोध की अवधारणा है और यही वह केन्द्रीय विचार है जिस पर उदारवादी विचारधारा तथा उसकी संविधानवादी विचारधारा खड़ी हुई है। आधुनिक युग में विधि के शासन की आवधारणा का **ब्रिटिश संविधान एवं राज्यव्यवस्था** से विशेष स्वीकारा जाता है। इसके विकास में **जान लॉक** के विचारों का विशिष्ट योगदान रहा है।

विधि का शासन (Rule of Law)–

विधि का शासन, **ब्रिटिश संवैधानिक व्यवस्था का मूलभूत आधार है।** विधि का शासन यूरोपीय महाद्वीप को छोड़ विश्व के सभी देशों में अपनाया जा रहा है। **विधि के शासन** का अर्थ है कि **शासन का संचालन किन्हीं विशेष व्यक्तियों की इच्छानुसार न होकर विधि के अनुसार होता है।** विधि सर्वोच्च है और कोई भी व्यक्ति विधि

नियन्त्रण से बाहर नहीं है। सभी व्यक्ति कानून के समक्ष समान हैं। **कोक** के अनुसार, **"स्वयं सम्राट को किसी अन्य व्यक्ति के अधीन न होकर ईश्वर एवं कानून के अधीन होना चाहिए।" सिसरो** के अनुसार, **"हम कानूनों में बंधे हुए हैं ताकि हम स्वतंत्र हो सकें।" लार्ड हीवर्ट** के शब्दों में, **"विधि के शासन का अर्थ है– कानून की सर्वोच्चता।" मान्टेस्क्यू** के शब्दों में, **"हम स्वतंत्र हैं, क्योंकि हम कानूनों के अधीन हैं।" अरस्तू** ने कानून की सर्वोच्चता को श्रेष्ठ शासन का चिन्ह माना है। **थामस एक्वीनास** ने अपनी पुस्तक **'सूमा थिमोलाजिका'** में विधि के शासन की विशेषताओं का वर्णन किया है। **आधुनिक युग में विधि के शासन** की अवधारणा के समर्थकों में **जान लॉक** का नाम सबसे महत्त्वपूर्ण है। विधि का शासन ऐसी शासन प्रणाली है, जिसके अन्तर्गत इन शर्तों को पूरा होना चाहिए–

(1) देश का कानून सर्वविदित होना चाहिए ताकि नागरिकों को मालूम हो कि यह उन्हें किस तरह प्रभावित करेगा।

(2) कानून का स्वरूप सर्वमान्य होना चाहिए अर्थात् सभी लोगों के लिये एक ही कानून होना चाहिए। किसी समूह–विशेष के लिये पृथक् कानून नहीं होना चाहिए।

(3) कानून का प्रयोग अतीत काल से प्रभावी नहीं होना चाहिए।

(4) शासन की शक्ति का प्रयोग केवल कानून में निहित प्रक्रिया, सिद्धान्तों और प्रतिबन्धों के अन्तर्गत होना चाहिए। अन्य किसी आधार पर नहीं।

डायसी का दृष्टिकोण–

विख्यात ब्रिटिश न्यायवेत्ता **ए०वी० डायसी** ने अपनी विख्यात कृति **'इंट्रोडक्शन टू दी स्टडी ऑफ दी कास्टीट्यूशन'** (1985) के अन्तर्गत **इंग्लैण्ड** के संविधान को **'विधि के शासन'** की संज्ञा दी। परन्तु आगे चलकर यह संविधानिक शासन का परिणाम बन गया। **डायसी** के अनुसार विधि के शासन के तीन निहितार्थ हैं–

(1) यहाँ कानून का प्रयोग करते समय निरकुंश शक्ति के प्रयोग की कोई गुंजाइश नहीं है। अतः कानून का उल्लंघन करने पर ही

किसी नागरिक को दण्ड दिया जा सकता है। अन्य किसी आधार पर नहीं।

(2) विधि का शासन सभी लोगों को कानून के समक्ष समानता प्रदान करता है। इसके अन्तर्गत साधारण नागरिक तथा सरकारी कर्मचारी एक ही कानून तथा न्यायालय से बंधे होंगे।

(3) **इंग्लैण्ड** में विधि का शासन यह संकेत देता है कि नागरिक के अधिकार संविधान द्वारा नहीं बल्कि देश के साधारण कानून में विहित उपचारों द्वारा प्राप्त हैं। वही इंग्लैण्ड के संविधान का आधार है।

विधि के शासन की आलोचना–

विधि के शासन की संकल्पना केवल कानूनी प्रक्रिया को नियमित करती है। स्वयं कानून की विषयवस्तु के बारे में यह मौन है। यदि सम्प्रभु संसद कोई भेदभावमूलक या अन्यायपूर्ण कानून बना दे तो **'विधि का शासन'** उसका कोई प्रतिकार करने में समर्थ नहीं होगा। **ब्रिटिश संसद सम्प्रभु है।** किन्तु संसद भी व्यवहार तथा मूल्यों से बंधी रहती है। **डायसी** ने कानून के समक्ष समानता को ब्रिटिश संविधान का मूल माना, किन्तु आज वहाँ **'प्रशासनिक न्यायाधिकरणों'** की निर्माण प्रवृत्ति पायी जाती है। वस्तुतः **डायसी** ब्रिटिश शासन को फ्रांसीसी शासन से भिन्न दिखाना चाहते थे। जहाँ सरकारी कर्मचारियों के लिये अलग से **'प्रशासनिक न्यायालय'** होते हैं। **डायसी** ने इस मत की अनदेखी की, कि विशेष समस्याओं के निराकरण विशेषज्ञ न्यायाधीशों द्वारा करना उत्तम रहता है। वास्तव में, प्रशासकीय न्यायाधिकरण प्रशासक को जनता के हित में पूरी ईमानदारी से कार्य करने के लिये बाध्य करते हैं। इनमें निश्चित रूप से न्याय तीव्रता से मिलता है। साथ ही **डायसी ने सम्राट तथा कुछ अन्य पदों एवं अभिकरणों को 'विधि के शासन' से ऊपर रखा है। 'विधि का शासन'** किसी सामाजिक दृष्टि से पिछडे वर्ग को विशेष व्यवस्था करने से रोकता है।

विधि के शासन के अपवाद–

ब्रिटेन में विधि के शासन के अपवाद में सम्राट के कार्य, अधिकारियों की

विवेकात्मक शैली, प्रशासनिक नियम व कानून, प्रदत्त व्यवस्थापन, विदेशी राजदूत एवं विदेशी शासक, सैनिक दल के सदस्य, गृहमंत्री के नागरिकता प्रदान करने सम्बन्धी कार्य तथा वर्गों के लिये विशेष व्यवस्था है।

कानून की यथोचित् प्रक्रिया–

यथोचित प्रक्रिया' के रूप में व्यक्त हुआ है। इसका ध्येय यह सुनिश्चित करना है कि शासन अपनी शक्ति का प्रयोग किसी व्यक्ति विशेष के विरुद्ध नहीं करेगा, वह अपनी शक्ति का प्रयोग केवल कानून की व्यवस्था के अनुरूप करेगा और अपनी शक्ति का प्रयोग करते समय वह व्यक्ति के अधिकारों को समुचित मान्यता अवश्य देगा। साधारणतः **'कानून की यथोचित प्रक्रिया'** के दो मुख्य पक्ष स्वीकार किये जाते हैं–

(1) प्रक्रियात्मक क्षेत्र में यह माँग की जाती है कि व्यक्ति के जो अधिकार राज्य की व्यवस्था पर आश्रित हैं, उनके प्रयोग के लिये नियत–निश्चित नियमों और कार्यविधि का अनुसरण किया जायेगा; तथा

(2) तात्विक क्षेत्र के अन्तर्गत व्यक्ति की बुनियादी वैयक्तिक और नागरिक स्वतंत्रताओं को मान्यता दी जायेगी।

'कानून की यथोचित प्रक्रिया' का सिद्धान्त दीवानी और फौजदारी दोनों तरह के मामलों पर लागू होता है। अब इसकी इतनी विस्तृत व्याख्या की जाती है कि यदि कोई कानूनी कार्यवाही **'प्राकृतिक न्याय'** की शर्त पूरी नहीं करती तो उसे **'कानून की यथोचित प्रक्रिया'** का उल्लंघन मान लिया जाता है। विवेक या तर्क–बुद्धि का प्रयोग करके जो निष्कर्ष निकाले जाते हैं, वे प्राकृतिक न्याय का आधार हैं।

निष्कर्षतः **'विधि का शासन'** तथा **'कानून की यथोचित प्रक्रिया'** न्याय के क्षेत्र में दो विचार हैं। **'कानून की यथोचित् प्रक्रिया'**, **'विधि के शासन'** से अधिक व्यापक तथा लचीली धारणा है।

31

न्यायिक पुनरावलोकन (Judicial Review)

न्यायिक समीक्षा या पुनरावलोकन न्यायालय की ऐसी शक्ति है जिससे यह **राज्य के किसी कानून या सरकारी कार्य को असंवैधानिक घोषित करके रद्द कर सकता है।** जिसे न्यायालय देश की मूल विधि या संविधान या विधि की उचित प्रक्रिया के विरुद्ध समझता है। न्यायिक समीक्षा का अधिकार **'नियन्त्रण एवं संतुलन'** को भी स्थापित करता है। संघीय राज्यों में संविधान के निर्वचन या व्याख्या का कार्य न्यायपालिका को सौंपा जाता है। साथ ही **न्यायालय व्यक्ति के अधिकारों** तथा **स्वतंत्रता की रक्षा** की अंतिम जिम्मेदारी का भी निर्वाह करता है। यही दो स्रोत न्यायिक पुनःरीक्षा को जन्म देते हैं। **अमेरिकी संविधान** के अति संक्षिप्त होने के कारण न्यायालय आवश्यक रूप से उसका निर्वचन करता है। **प्रो० हेनरी जे० अब्राहम** न्यायिक समीक्षा की परिभाषा ऐसी शक्ति के रूप में करते हैं जिससे कोई न्यायालय किसी कानून या इसके आधार पर कोई सरकारी कार्यवाही या किसी सार्वजनिक अधिकारी द्वारा किये गये कार्य को असंविधानिक और इस प्रकार कानून द्वारा अप्रवर्तनीय घोषित कर सकता है जिसे वह देश की मूल विधि के विरूद्ध समझता है। न्यायपालिका वास्तव में विधायिका तथा कार्यपालिका के कृत्य को असंवैधानिक समझते हुए अवैध घोषित कर सकती है।

ऐतिहासिक विकास–

न्यायिक समीक्षा की शक्ति का उद्‌गम **1803** में **अमेरिका** के

अग्रणी मुकद्दमें **'मारबरी बनाम मैडीसन'** में हुआ। यह विवाद इस तरह उत्पन्न हुआ कि 3 मार्च, 1801 की रात्रि को **राष्ट्रपति एडम्स** ने **मारबरी** को कोलम्बिया जिले का **'शान्ति न्यायाधीश'** नियुक्त कर दिया; परन्तु इस आदेश को जारी करने के पश्चात् राष्ट्रपति **एडम्स** का कार्यकाल समाप्त हो गया। उस समय तक वह आदेश **मारबरी** के पास नहीं पहुंचा था। नये राष्ट्रपति **जैफरसन** ने तुरन्त पद संभाला और **मैडीसन** को अपना राज्य सचिव नियुक्त कर दिया। **मैडीसन मारबरी** की नियुक्ति के विरुद्ध था। इसलिए उसने राष्ट्रपति **एडम्स** के आदेश को **मारबरी** तक पहुंचने से रोक दिया। **मारबरी** ने **मैडीसन** के विरुद्ध सर्वोच्च न्यायालय में अभियोग चलाया। जिसमें प्रधान न्यायाधिपति **मार्शल** ने **मारबरी** की नियुक्ति को अस्वीकार करने के कारण **जैफरसन** की कड़ी आलोचना की। **मार्शल** ने 1835 तक प्रधान न्यायाधिपति के रूप में कार्य किया और अपनी सूझबूझ से अविष्कृत न्यायिक समीक्षा की शक्ति को **'मैकुलाक बनाम में मेरीलैण्ड'** (1819), **'गिब्बन बनाम ओगडेन'** (1824) में फिर दोहराया। उसके उत्तराधिकारी **रोजन वी० ऑनी** ने **'स्कॉट बनाम स्टैनफोर्ड'** (1857) के वाद में कांग्रेस (संसद) द्वारा बनाए एक अधिनियम को असंवैधानिक घोषित किया। **'हैमर बनाम डेजनहर्ट'** (1918) विवाद में सर्वोच्च न्यायालय ने कांग्रेस (संसद) के उस कानून को अवैध घोषित किया। जिसके द्वारा उसने बच्चों के श्रम से उत्पादित वस्तुओं को वाणिज्य से निष्कासित करने की चेष्टा की। सन् 1922 में **'बेली बनाम फर्नीचर कम्पनी'** के मामलें में सर्वोच्च न्यायालय ने बच्चों के श्रम को उन्मूलित करने के कांग्रेस (संसद) के प्रयास को विफल किया। इस प्रकार अमेरिकी संघीय न्यायालय ने ऐसी शक्ति धारण कर ली जो समय के साथ और अधिक पुख्ता होती चली गयी। यहाँ तक इसका विस्तार राज्यों के कार्यकलापों तक पहुँच गये। **राष्ट्रपति जैफरसन** की यह बात कि तीनों अंग संविधान का अर्थ लगाने को स्वतंत्र हैं का कोई मूल्य नहीं रहा।

न्यायिक समीक्षा का आधार–

न्यायिक समीक्षा को सरसरी दृष्टि में संघीय तथा व्यक्ति स्वातंत्र्य के हितों की सुरक्षा की गारन्टी माना जाता है। **अमेरिकी** सर्वोच्च न्यायालय के न्यायाधीशों के अनुसार संविधान के चार सिद्धान्तों ने

न्यायिक समीक्षा के लिये आधार तैयार किया–

(1) यह संविधान का सर्वोच्च कानून है।

(2) सभी कानून तथा संधियाँ संविधान के अनुकूल होनी चाहिए।

(3) जो कानून या आदेश संविधान के अनुकूल होंगे उन्हें हम अर्थात् न्यायाधीश देश के सर्वोच्च कानूनों की कोटि में रखेंगे।

(4) सर्वोच्च न्यायालय संविधान का संरक्षक है और उसे समस्त कानूनों, आदेशों एवं संधियों की संवैधानिकता की जाँच की शक्ति हासिल है।

व्यवहार में देखा जाये तो **अमेरिकी संविधान** के अति संक्षिप्त रूप ने न्यायालय की समीक्षा के अधिकार में वृद्धि की, क्योंकि न्यायालय को ही संविधान का व्याख्याता माना गया। यही आधार विस्तृत होकर न्यायिक पुनराविलोकन तक बढ़ा जिसका वर्तमान स्वरूप अमेरिका के साथ अन्य संघीय तथा प्रजातांत्रिक राज्यों में भी देखा जा सकता है।

न्यायिक समीक्षा का क्षेत्र–

न्यायिक समीक्षा का क्षेत्र सभी देशों में अलग–अलग है। यदि वह **अमेरिका** में संघीय विधायिका, कार्यपालिका तथा प्रशासनिक निकायों तक विस्तृत है तो **इंग्लैण्ड** में यह **'प्रदत्त विधायन'** अर्थात् प्रशासनिक निकायों तक सीमित है।

इस अधिकार पर भी संसदीय प्रभुता का प्रभाव पड़ता है अर्थात् यदि संसद चाहे तभी न्यायालय कार्यवाही कर सकेगा। **भारत** की स्थिति संसदीय प्रभुता तथा न्यायिक सर्वोच्चता के बीच की है। यद्यपि संघीय न्यायालय होने के कारण वह पूरे देश के (राज्यों सहित) मामलों में विचारण कर सकती है।

यदि साम्यवादी देशों की न्यायिक पुनःरीक्षा पर ध्यान दे तो ज्ञात होता है कि वहाँ न्यायाधीशों का निर्वाचन विधान मण्डलों द्वारा होता है और उन्हें सत्तारूढ़ दलों के निर्णयों में मूर्त रूप नें निहित **'जनता की इच्छा'** को सर्वोच्च मानना पड़ता है अर्थात् न्यायालय न्याय लागू करने वाला या वैधता ठहराने वाले अभिकरण तक ही सीमित रहता है।

न्यायिक समीक्षा का आलोचनात्मक मूल्यांकन–

न्यायिक समीक्षा की उपयोगिता या महत्त्व किसी देश के संदर्भ में मूल्यांकित किया जाना श्रेयस्कर होगा। क्योंकि **अमेरिका** के लिये जहाँ यह व्यवस्था स्थिरता तथा व्यक्ति के अधिकार एवं स्वतंत्रता की रक्षक है; वहीं **ब्रिटेन, स्विट्जरलैण्ड** या **साम्यवादी देशों** में यह अस्थिरता का कारण बन सकती है।

न्यायिक समीक्षा अधिक से अधिक न्यायिक विवादों का मार्ग खोल देती है। जो **'वकीलों के लिये स्वर्ग'** बन जाता है। इससे प्रशासकीय तथा न्याय विभागों में टकराहट बढ़ जाती है। यह देखा जाता है कि न्यायालय अनुदार दृष्टिकोण रखता है। अतः प्रगति के मार्ग में बाधा डालता है। साथ ही न्यायालय अपने निर्णयों को बार–बार बदलता है जिससे विधि तथा न्याय के क्षेत्र में अनिश्चितता व्याप्त हो जाती है। यदि न्यायालय कोई निर्णय ठीक बहुमत अर्थात् 5–4 से देता है तो उसे स्वीकारना कठिन होता है। विधान मण्डल जो जनता का सीधा प्रतिनिधित्व करता है। पर अंकुश लगाना अनुचित होता है। संक्षेप में, न्यायिक समीक्षा न्यायालय को इतना ऊँचा कर देती है कि वह यह समझने लगता है कि जैसे वह **'तीसरा सदन'** या **विधायिका का सबसे उच्च सदन** है। इस प्रकार न्यायपालिका का राजनीतिकरण हो जाता है जो लोगों के चुने हुये प्रतिनिधियों की स्थिति को बहुत नीचा कर देता है।

उपर्युक्त आलोचनाओं के होते हुए भी न्यायिक समीक्षा का अपना विशेष महत्त्व है। न्यायिक समीक्षा संक्षिप्त संविधान तथा संघीय व्यवस्था की दशा में नागरिकों के अधिकारों का संरक्षण करती है। संविधान की व्याख्या निर्लिप्त भाव से न्यायालय ही कर सकता है विधानमण्डल नहीं। विधायिका अपने निर्णय बहुमत से करती है। जबकि न्यायालय सर्वकालिक तथा सर्वहित को ध्यान रखता है। न्यायिक समीक्षा के द्वारा न्यायालय संविधान को गति प्रदान करते हैं। केवल संविधानिक संशोधनों से यह कार्य सम्पन्न नहीं हो सकता। भारतीय न्यायपालिका ने भी प्रगतिशील दृष्टिकोण अपनाकर संविधान की सर्वथा नवीन व्याख्या की है।

सन्दर्भ ग्रन्थ सूची

1. बीरकेश्वर प्रसाद सिंह : "तुलनात्मक शासन एवं राजनीति", भारती भवन पब्लिशर्स एण्ड डिस्ट्रीब्यूटर्स, नई दिल्ली।

2. ओम प्रकाश गाबा : "तुलनात्मक राजनीति की रूपरेखा", मयूर पब्लिशिंग हाउस, नई दिल्ली।

3. सी०बी० गेना : "तुलनात्मक राजनीति", विकास पब्लिशिंग हाउस प्रा०लि०, नई दिल्ली।

4. परमात्मा शरण : "तुलनात्मक शासन एवं राजनीति", मीनाक्षी प्रकाशन, मेरठ।

5. जे०सी० जौहरी : "तुलनात्मक शासन एवं राजनीति", एस०बी०पी०डी०, आगरा।

6. पुखराज जैन : "तुलनात्मक सरकार एवं राजनीति", साहित्य भवन पब्लिकेशन्स, आगरा।

7. पी०डी० शर्मा : "तुलनात्मक राजनीतिक संस्थाएँ", कालेज बुक डिपो, जयपुर।

8. मणिशंकर प्रसाद : "तुलनात्मक राजनीति", भारती भवन पब्लिशर्स एण्ड डिस्ट्रीब्यूटर्स, नई दिल्ली।

9. चन्द्रदेव प्रसाद : "तुलनात्मक राजनीति", एटलांटिक पब्लिशर्स एण्ड डिस्ट्रीब्यूटर्स प्रा०लि०, नई दिल्ली।

10. तपन बिस्वाल : "तुलनात्मक राजनीति : संस्थाएँ और प्रक्रियाएँ", ओरियण्ट ब्लैक स्वान, नई दिल्ली।